CHAMPIONNAT du MONDE
POIDS MI-LOURDS
Dimanche 24 Septbre
APRÈS-MIDI à 15 Heures
G.CARPENTIER
CHAMPION du MONDE
CONTRE
LE SÉNÉGALAIS
BATTLING SIKI
AU STADE VÉLODROME
BUFFALO
PARIS - MONTROUGE
ARÈNE SPORTIVE du JOURNAL
POUR UNE BOURSE de 300.000 Francs
DONT 200.000 Francs au VAINQUEUR
PRIX des PLACES de 7 à 200 Francs
POUR LA LOCATION S'adresser au JOURNAL à L'ÉCHO des SPORTS et à BUFFALO

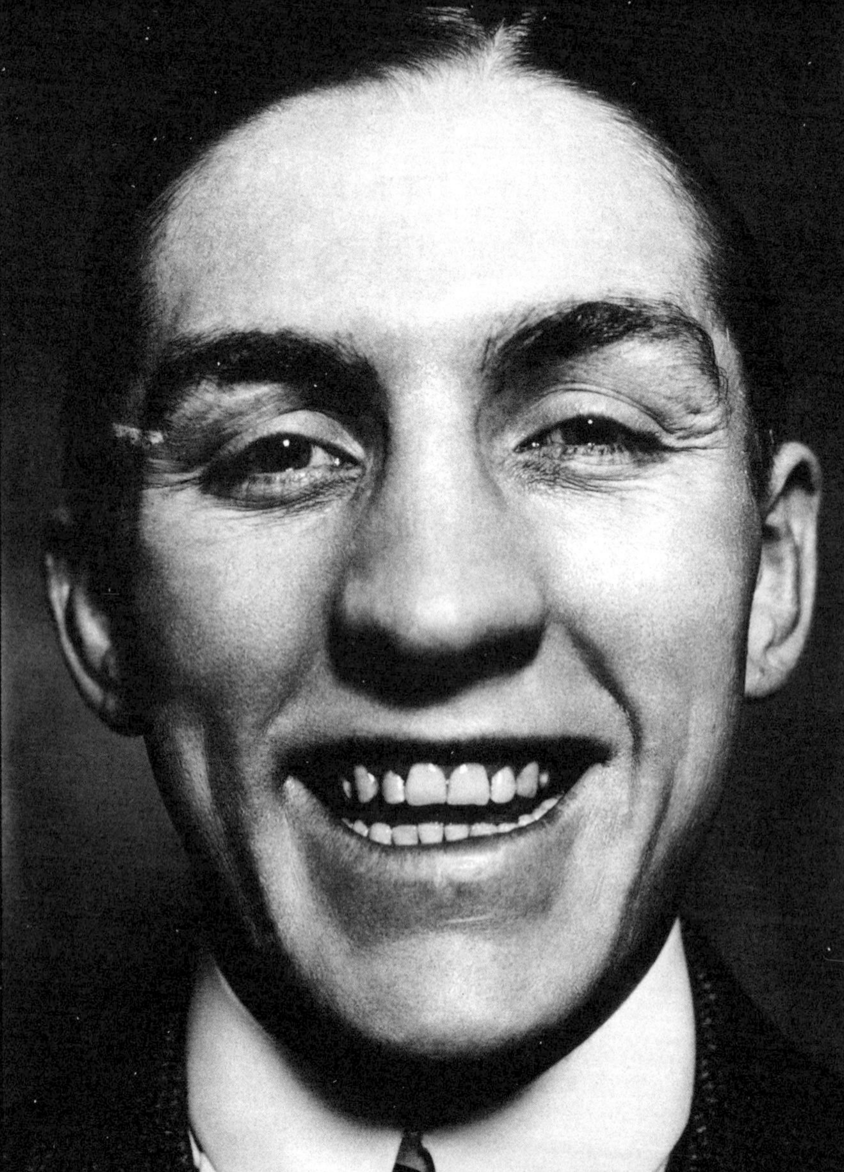

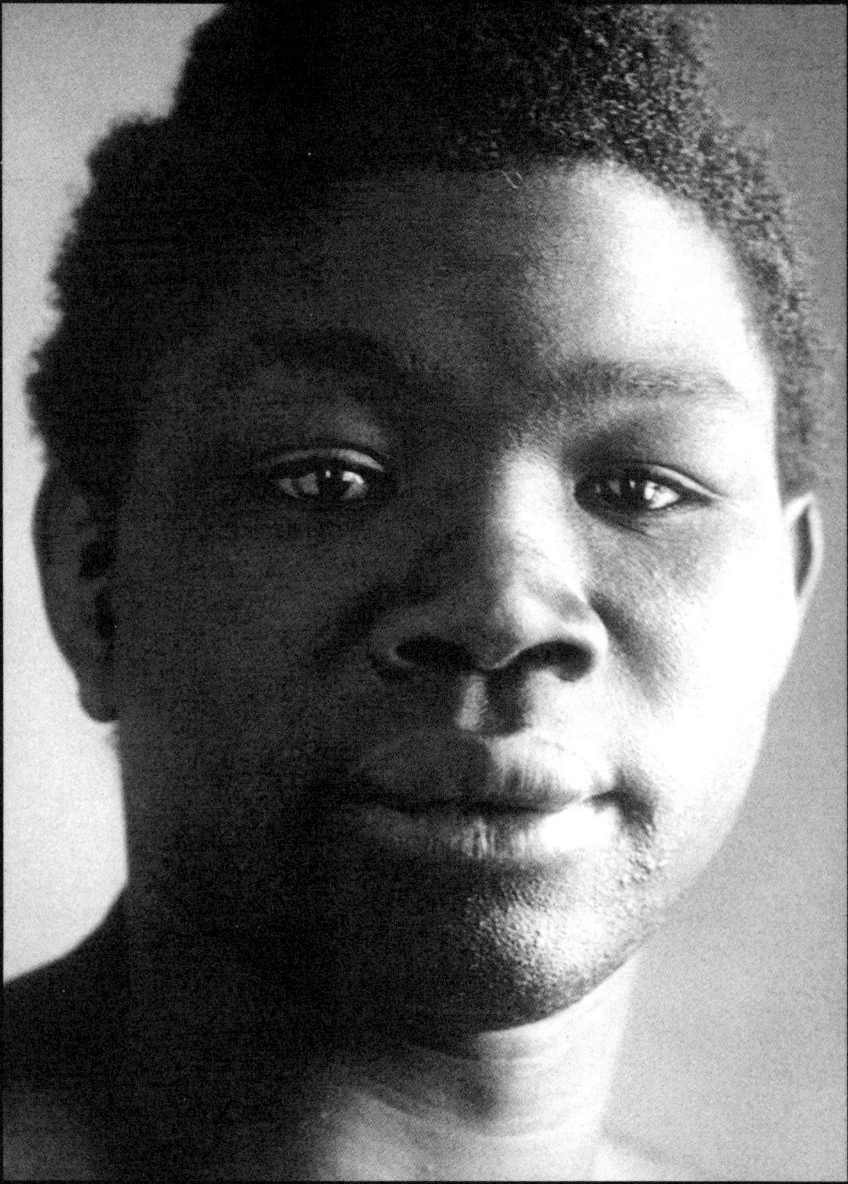

D 75

LÉGION D'HONNEUR.

NUMÉRO DE LA MATRICULE: 219 847

NOM Carpentier

PRÉNOMS : Georges Benoit D 75

né le : 12 Janvier 1894 1894

à LIEVIN (Pas de Calais)

CP AM.

a été nommé **Chevalier** de la Légion d'Honneur

par décret du 20 JANV. 1938 rendu sur le rapport du Ministre de ÉDUCATION NATIONALE

pour prendre rang du en qualité de

NUMÉRO D'INSCRIPTION :

Date de départ	de la délégation	du brevet	du livret de traitement

Carpentier, Georges, Benoit

S.O 30 MARS 1972

promu au grade d' **Officier** de la Légion d'Honneur

par décret du 28 MARS 1972 rendu sur le rapport du Ministre de Jeunesse et Sports

pour prendre rang du - 1 - JUIN 1972 en qualité de

Ancien champion du monde de boxe

NUMÉRO D'INSCRIPTION :

DROITS ACQUITTÉS

Date de départ	de la délégation	du brevet	du livret de traitement
- 5 AVR. 1972	10 MAI 1972	~~15 JUIN 1972~~	18 place du Marché St Honoré Paris 1e.

promu au grade de **Commandeur** de la Légion d'Honneur

par décret du rendu sur le rapport du Ministre de

pour prendre rang du en qualité de

NUMÉRO D'INSCRIPTION :

Date de départ	de la délégation	du brevet	du livret de traitement

Date du décès : 27 - 10 - 1975 à Paris

56061D

29-708-J. 2073-37. 32093

219 847

Rol 17037
17037

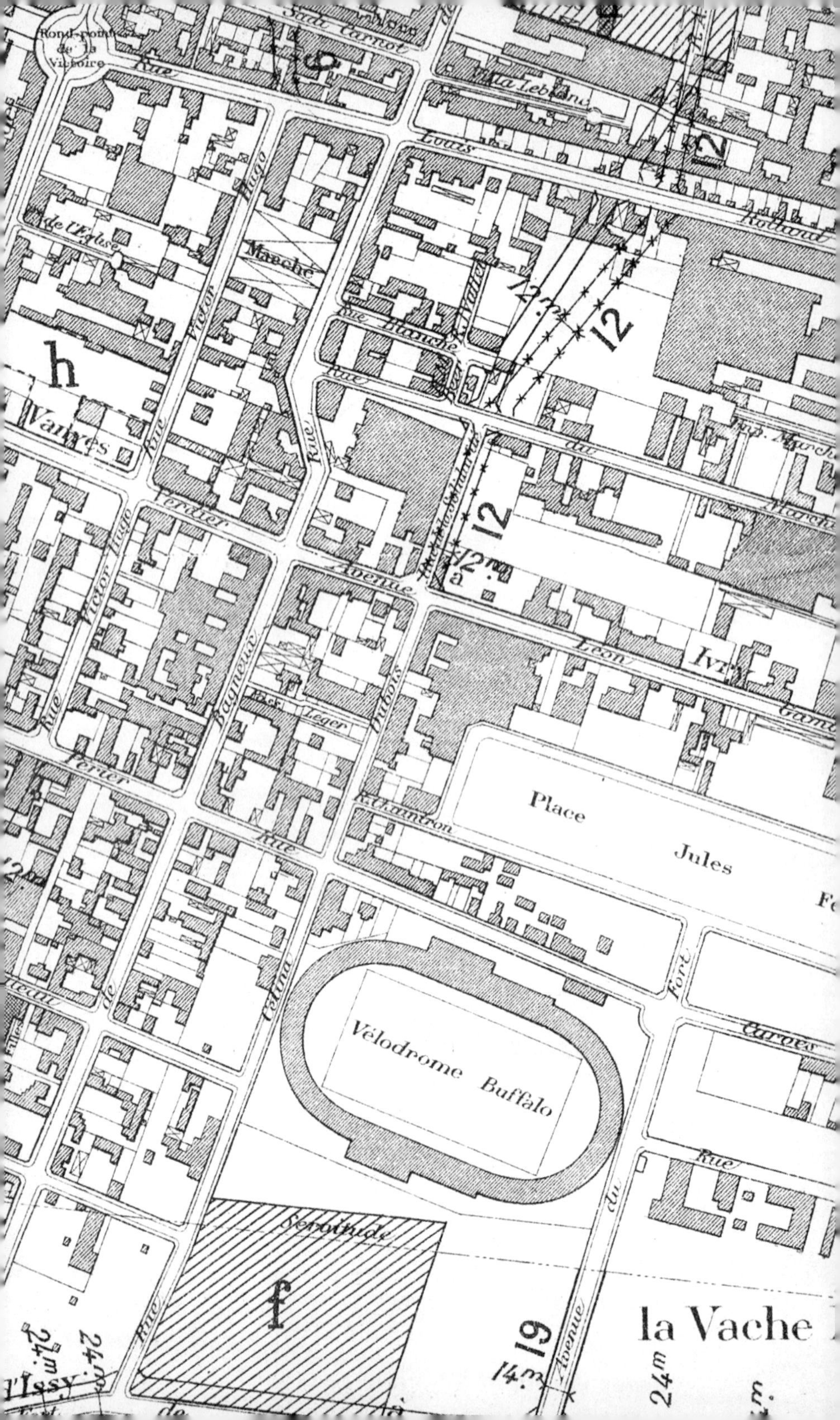

Rue
Sadi Carnot
Villa Leblanc
Louis
Rue
Victor Hugo
Marché
Rue Blanche
Rue
h
Vanves
Rue
Verdier
Avenue
Léon
Ivry
Rue Victor Hugo
Bagneux
Dubois
Rue
Rue
Perier
Place
Jules
Vélodrome Buffalo
Fort
Carrés
Rue
du
Avenue
Servitude
f
19
la Vache
12
12
12

CARPENTIER-BATTLING SIKI
STADE-VÉLODROME BUFFALO
N° 204 (Arène Sportive du *Journal*)
PARIS-MONTROUGE
PELOUSE PREMIÈRE
2e SÉRIE
Côté OUEST
SECTEUR I
(*Il n'est pas délivré de sortie.*)

PELOUSE PREMIÈRE
2e SÉRIE
50 fr.
(Tous droits compris.)
Entrée : PORTE B, rue Carvès
Accessible par la Place Jules-Ferry
et la
rue Carvès.
652

SOCIÉTÉ NATIONALE
ENTREZ LENTEMENT
Entrez Lentement
ENTRÉE
Porte d'Orléans

24
24
Entrez Lentement
24
30
ENTREE
40

W
COMESSA

J
I

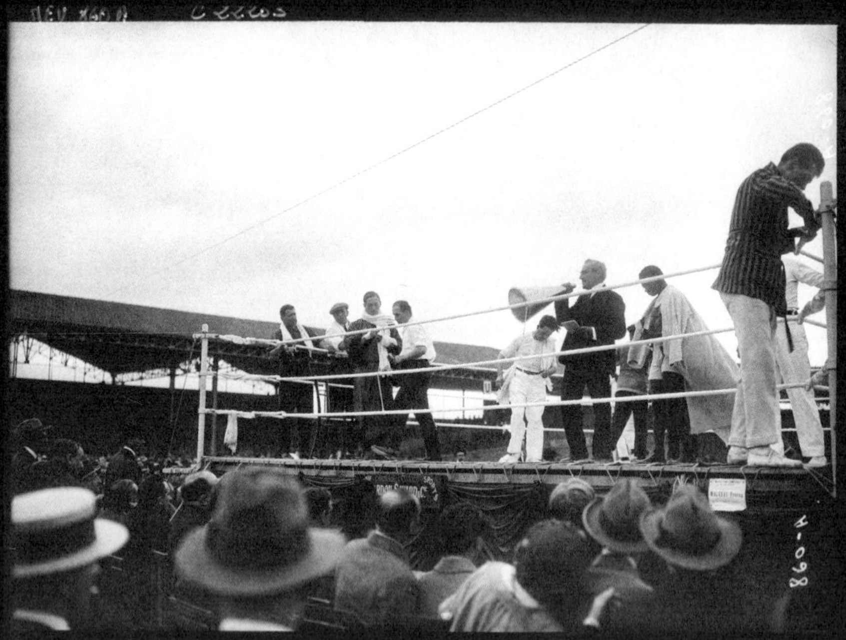

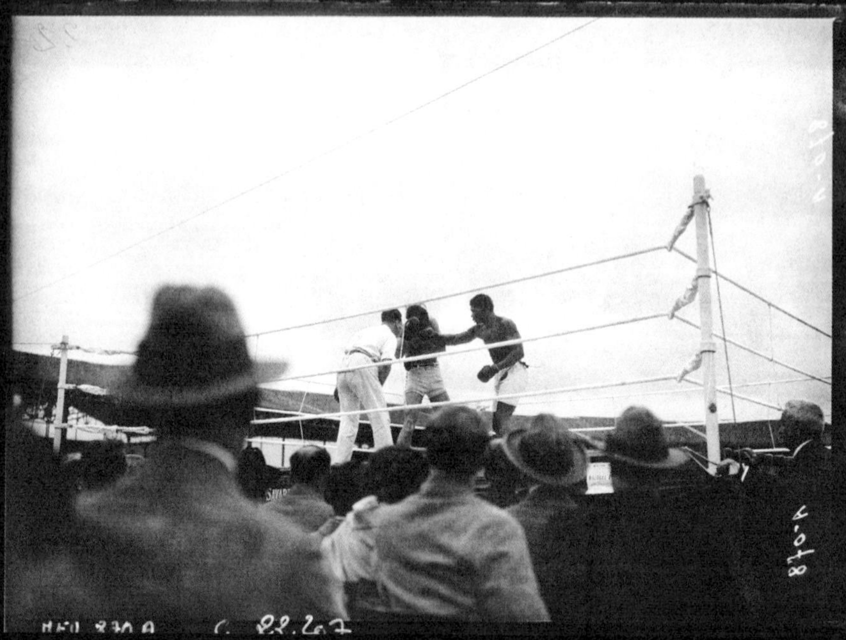

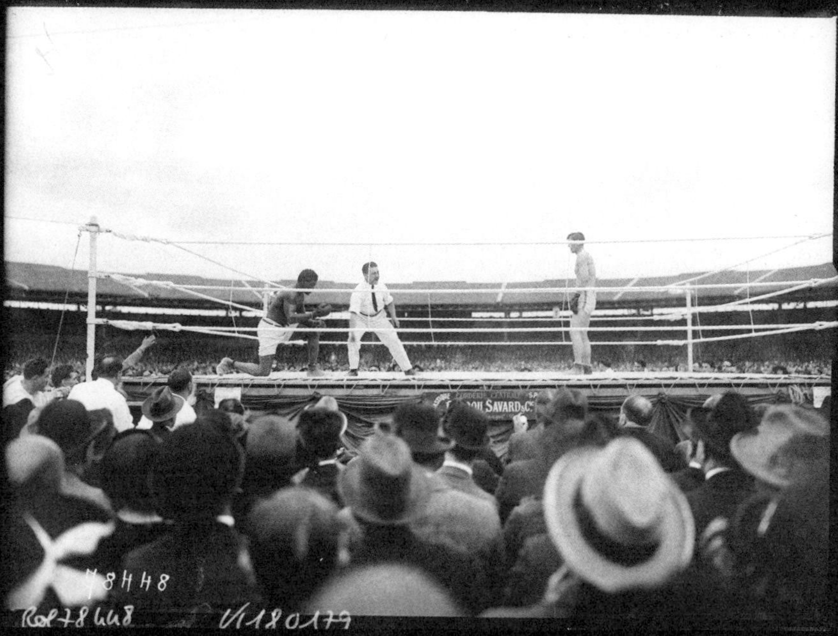
78448
Rol 78448
U 180179

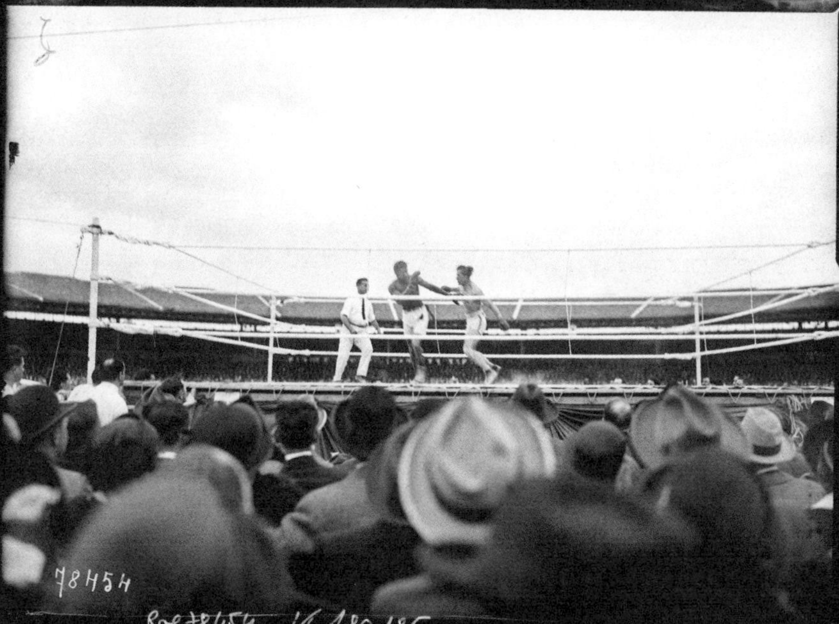
78454
Rol 78454
U 180185

78457
Rol 78457
Vc 180186

871-A
MEU 871 A C 22208

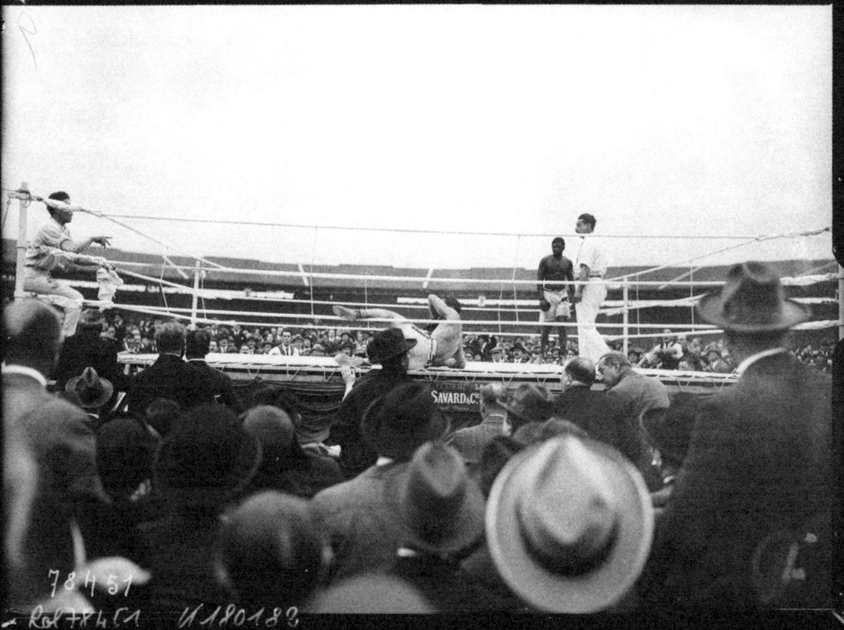
SAVARD&Cie
78451
Rol 78451 U180182

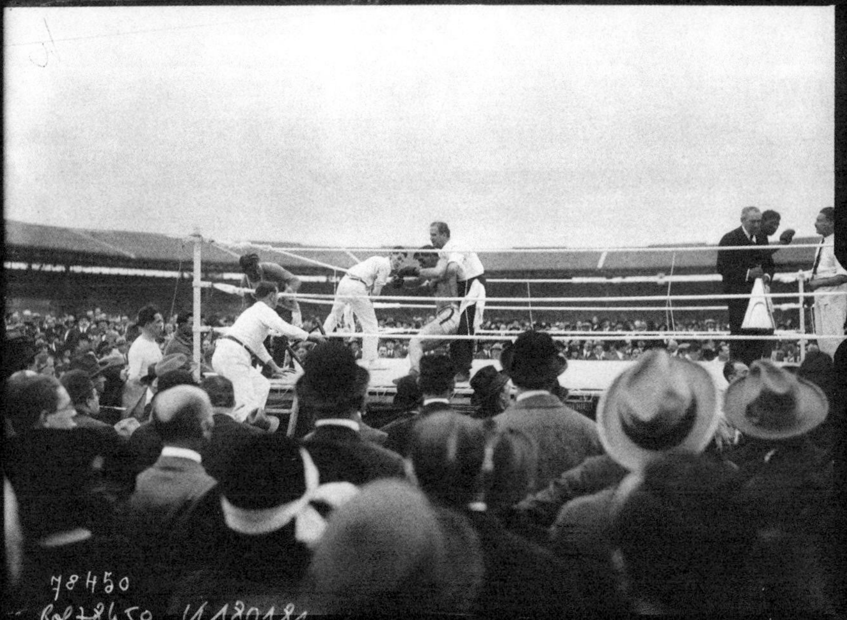
78450
Rol 78450 U180181

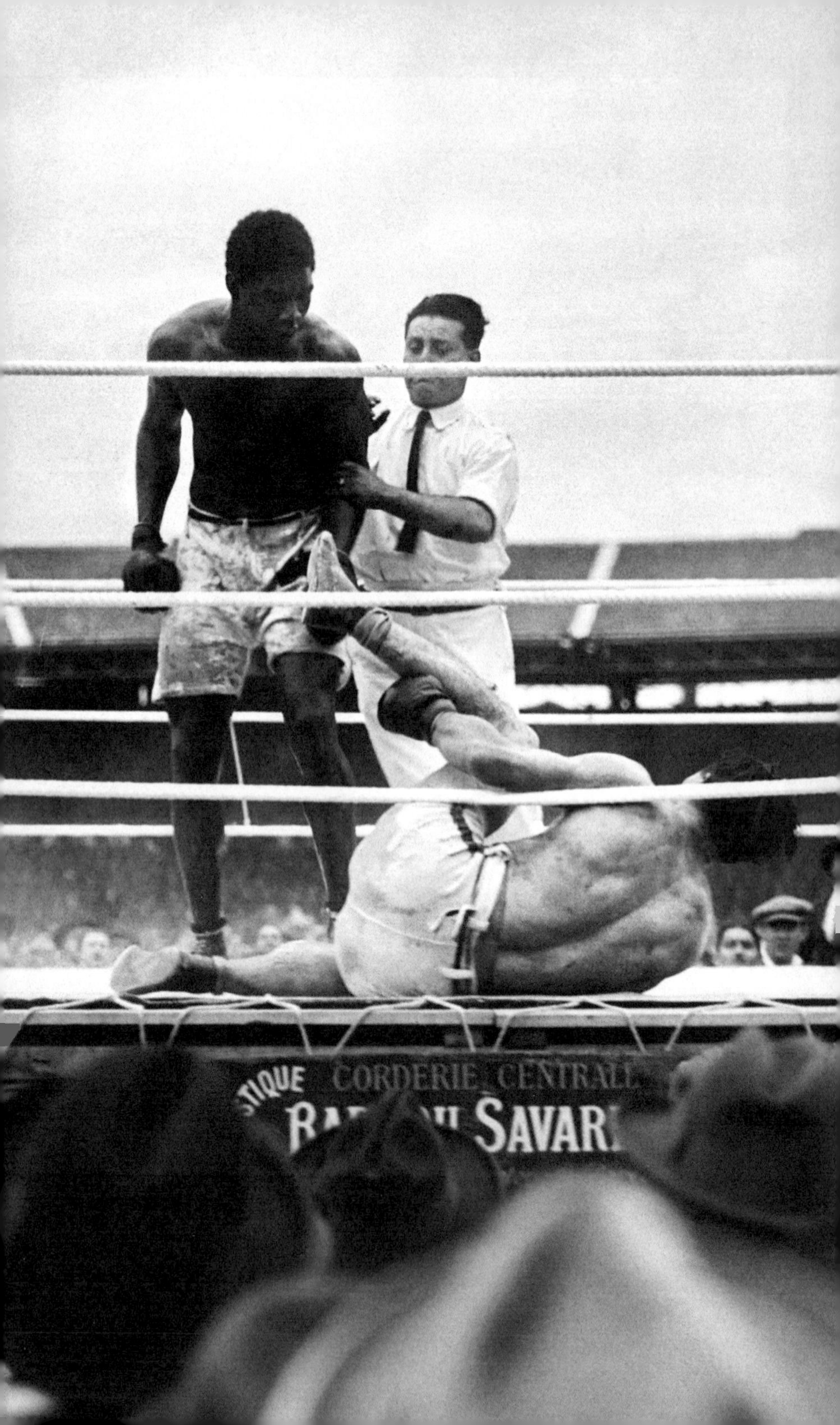
CORDERIE CENTRALE

Voir dans ce numéro : *LE MATCH D'ATHLÉTISME FRANCE-FINLANDE, LE CHAMPIONNAT DE FRANCE ET LE CIRCUIT DE CHAMPAGNE CYCLISTES, LE CHAMPIONNAT DE LA SEINE D'AVIRON*

Douzième Année. — N° 458. NOUVELLE SÉRIE. N° 117. Le Numéro : 50 Centimes. ÉTRANGER : 65 Cent. Jeudi 28 Septembre 1922.

LE MIROIR DES SPORTS

ABONNEMENTS France et Colonies 1 An. . . 25 fr. 6 Mois. . 13 fr.

ABONNEMENTS Étranger 1 An. . . 43 fr. 6 Mois. . 22 fr.

PUBLICATION HEBDOMADAIRE ILLUSTRÉE, 18, RUE D'ENGHIEN, PARIS

LA FIN DRAMATIQUE DU MATCH DE BOXE CARPENTIER-SIKI AU VÉLODROME BUFFALO

Il y a une minute que la sixième reprise est en cours. Carpentier, qui flotte depuis deux reprises, s'écroule sur le plancher du ring, après une série de coups violents du Sénégalais, qui a terminé son assaut par une bousculade et même par un croc-en-jambe. Carpentier, défiguré, la bouche tordue par la souffrance et l'épuisement, tient sa jambe contusionnée dans la chute.

C 22 225
968 A

FÉDÉRATION FRANÇAISE DE BOXE

24, boulevard Poissonnière, PARIS

RAPPORT

DE LA

COMMISSION D'ENQUÊTE

Nommée dans la Séance du Conseil de la F. F. B, le 11 décembre 1922, chargée d'enquêter sur les tractations qui auraient précédé le match Sidi-Carpentier, disputé le 24 septembre 1922 au Vélodrome Buffalo, en vue d'en régler les péripéties et le résultat.

Le 30 novembre, à la tribune de la Chambre, M. Diagne, prenant fait et cause pour le boxeur Battling Siki, que la Fédération venait de suspendre pour incartade dans le ring, affirma que la mesure prise contre Siki avait été motivée par le refus de celui-ci de se laisser battre par Carpentier.

Le député du Sénégal s'est exprimé ainsi, d'après le *Journal officiel :*

« *Siki n'a pas voulu obéir à des directives qui » auraient permis de se jouer du public et de lui » enlever son argent; et sur le ring ayant à un » moment donné le sentiment de sa force, il n'a » pas admis qu'au quatrième round il devait » s'abattre pour abandonner à Carpentier une nou» velle victoire. Si je vous disais que c'est pour » cela que cet homme a été frappé sans qu'on l'ait » entendu! Il est inimaginable qu'en France on » puisse condamner un homme à crever de faim » sans l'avoir entendu...* »

En même temps paraissait dans différents journaux, et notamment dans l'*Eclair*, une interview de Battling Siki, qui a exposé les accusations que voici :

« — *Parfaitement, cela est si vrai qu'avant ce » match, je ne me suis pas entraîné...*

» ... *Et avec une émotion vraiment touchante, le » Sénégalais ajoute :*

» — *Moi, je n'étais rien avant le combat, n'est» ce pas? Je n'étais qu'un boxeur quelconque, sans » réputation et sans argent... Hellers m'avait » dit : « En te battant avec Carpentier, tu gagne» ras beaucoup de sous, mais il faudra te laisser » faire. » Je suis arrivé sur le ring avec l'intention » de tomber comme on me l'avait recommandé...* » *Au premier... au deuxième... au troisième » round, je me suis laissé faire... Mais, au qua» trième round, quand je me suis vu à genoux, de» vant cinquante mille personnes, j'ai pensé » ceci : « Voyons, Siki, tu n'es jamais tombé de» vant aucun boxeur... Tu n'as jamais été à ge» noux en public... comme tu t'y trouves en ce » moment... » Et mon sang n'a fait qu'un tour... » Je me suis redressé et j'ai frappé... J'ai frappé » avec d'autant plus de force et d'énergie que les » coups qui m'avaient été portés par Carpentier, » je ne les avais même pas sentis... Pourtant Hel» lers, à côté de moi, murmurait à mon oreille : » Est-ce que tu vas faire l'imbécile? Oublies-tu ce » qui est convenu?... » Ce qui était convenu, c'é» tait que je devais m'étendre, les bras en croix, » au quatrième round... Si je l'avais fait, Hellers » aurait gagné deux cent mille francs... Mais je » n'ai pas voulu...* »

C'est dans ces conditions que sur l'initiative de votre secrétaire général, le bureau de la Fédération décidait le 8 décembre d'ouvrir une enquête et de nommer, dans ce but, une commission. Le 11 décembre le conseil de la F. F. B. ratifiait la mesure.

La commission nommée a été composée de MM. Van Roose, président; Bourdariat, Legendre, Bach, Capdevielle, Morard, membres; Frantz-Reichel, rapporteur.

La commission a l'honneur de vous déposer aujourd'hui les résultats de son enquête et ses conclusions.

Quelle était la question à laquelle elle avait à répondre ?

Le match du 24 septembre 1922 — disputé au Stade-Vélodrome de Buffalo entre Georges Carpentier, champion de France et du monde des poids mi-lourds et champion d'Europe des poids lourds, et Battling Siki, challenger — avait-il été précédé de conventions ayant pour objet d'écarter du combat toute sincérité, de fausser la régularité sportive de la bataille dont le résultat aurait été décidé par une convention préalable ?

Afin de découvrir la vérité, la commission d'en-

p. I

Manifesto che pubblicizza il combattimento tra Georges Carpentier e Battling Siki. (Foto © DR).

p. II

Georges Carpentier ridente, 1914. (Foto © Agence de presse Meurisse, via Wikimedia Commons).

p. III

Battling Siki si allena davanti a uno specchio, 1922. (Foto © Agence Rol / Gallica, Bibliothèque nationale de France).

p. IV

Allenamento di Georges Carpentier a Manhasset (Stato di New York, Stati Uniti), 1921. (Foto © Agence Rol / Gallica, Bibliothèque nationale de France).

p. V

Battling Siki, 1921 (dettaglio). (Foto © Agence de presse Meurisse / Gallica, Bibliothèque nationale de France).

p. VI

Battling Siki e la moglie Lijntje van Appelteer, 1921. (Foto © Agence de presse Meurisse / Gallica, Bibliothèque nationale de France).

p. VII

Estratto del registro della Legion d'onore, Carpentier Georges Benoît. (Foto © Archives nationales, Légion d'honneur / Base de données Léonore, segnatura: 19800035/1347/56061).

p. VIII

Allenamento di Battling Siki per l'incontro con Marcel Nilles; Siki in guardia, 1922. (Foto © Agence de presse Meurisse / Gallica, Bibliothèque nationale de France).

p. IX

Georges Carpentier, 1911. (Foto © Agence Rol / Gallica, Bibliothèque nationale de France).

p. X

Montrouge. Modifica al piano regolatore, di risanamento ed estensione. Delibera del consiglio municipale del 26 febbraio 1937, approvata con decreto del 30 luglio 1939. Imprimerie Monsanglant (Parigi), 1939. (Foto © Gallica, Bibliothèque nationale de France).

p. XI

Biglietto d'ingresso allo stadio-velodromo Buffalo, per il combattimento tra Battling Siki e Georges Carpentier, 24 settembre 1922. (Foto © DR).

pp. XII-XIII

Ingresso dello stadio-velodromo Buffalo a Montrouge, 24 settembre 1922, giorno del combattimento tra Georges Carpentier e Battling Siki. (Foto © Agence Rol / Gallica, Bibliothèque nationale de France).

pp. XIV-XV

Stadio-velodromo Buffalo, veduta generale appena prima del combattimento, 24 settembre 1922. (Foto © Agence de presse Meurisse / Gallica, Bibliothèque nationale de France).

pp. XVI-XVII e XVIII-XIX

Sequenze del combattimento. (Foto © Gallica, Bibliothèque nationale de France).

p. XX

Siki manda Carpentier al tappeto. (Foto © Agence Rol / Gallica, Bibliothèque nationale de France).

p. XXI

«Le Miroir des sports», 28 settembre 1922. (Foto © Insep, segnatura 2013-54014).

pp. XXII-XXIII

Siki viene portato in trionfo. (Foto © Agence de presse Meurisse / Gallica, Bibliothèque nationale de France).

p. XXIV

Battling Siki a «L'Auto» dopo la vittoria contro Carpentier. Da sinistra: Hellers, Siki, Desgrange, la signora Siki, 1922. (Foto © Agence de presse Meurisse / Gallica, Bibliothèque nationale de France).

p. XXV

Fédération française de boxe, *Rapport de la commission d'enquête. Nommée dans la Séance du Conseil de la F. F. B., le 11 décembre 1922, chargée d'enquêter sur les tractations qui auraient précédé le match Siki-Carpentier, disputé le 24 septembre 1922 au Vélodrome Buffalo, en vue d'en régler les péripéties et le résultat*, 1923 [Rapporto della commissione d'inchiesta. Nominata durante la seduta del consiglio della Ffb, l'11 dicembre 1922, incaricata di indagare sulle trattative che avrebbero preceduto l'incontro Siki-Carpentier, disputato il 24 settembre 1922, al velodromo Buffalo, allo scopo di dirimerne le vicende e il risultato]. (Foto © Gallica, Bibliothèque nationale de France).

SAGGI 1059

Titolo originale *Quinze minutes sur le ring. Sur les traces d'une action passée, 24 septembre 1922*

www.einaudi.it

ISBN 978-88-06-26538-0

Christophe Granger

Quindici minuti sul ring

Anatomia di una lotta

Traduzione di Piernicola D'Ortona

Giulio Einaudi editore

Quindici minuti sul ring

Una descrizione come «pagare la bolletta del gas», quando il protagonista non fa che consegnare due pezzi di carta a una ragazza, potrebbe far dire a un ricercatore: «Descrivere un'azione umana è qualcosa di enormemente complicato, se uno volesse dire ciò che le è effettivamente sotteso. Eppure anche un bambino sarebbe in grado di dirlo!»

ELIZABETH ANSCOMBE, *Intenzione*, 1957.

Le citazioni tratte da libri e articoli non usciti in Italia sono state tradotte dal traduttore.

Regola del gioco

Da dove vengono le nostre azioni e perché agiamo in un determinato modo? Ecco la domanda di fondo a cui è dedicato questo libro. Osservata con l'occhio speculativo della filosofia, potrebbe sembrare una domanda logora. Qui però la pongo in veste di storico, cosa che forse la rende piú audace. Anziché a una teoria generale delle azioni umane, solida e definitiva, ho preferito attenermi a un'unica azione, circoscritta e intelligibile, e da lí ho provato a imbastire un'indagine che passasse al vaglio tutto ciò che ha potuto determinarla. Ho deciso di tentare quest'esercizio di comprensione ravvicinata attraverso un incontro di boxe. L'episodio non è né il punto di partenza né il traguardo di una storia piú ampia, ma contiene alla perfezione ciò che ho voluto comprendere: come fanno le persone ad agire quando arriva il momento di agire.

La scena è breve; si svolge allo stadio Buffalo nel quartiere della Vache-Noire di Montrouge, vicino alle fortificazioni di Parigi, il 24 settembre 1922.

È uno stadio nuovo di zecca, massiccio, disadorno, un grosso edificio incurvato su se stesso e composto, all'interno, da una bardatura di travi metalliche che s'intravede dalla strada. L'ingresso è da varchi aperti sulla facciata, sormontati dalla scritta ENTRARE ADAGIO. Dentro, lo spazio è studiato meticolosamente. Al centro esatto si trova il ring, e attorno, fradicio per la pioggia del giorno prima, il prato è coperto da lunghe assi, su cui sono piazzate file di sedie e panche. Quarantamila persone (due volte i cittadini di Montrouge)[1] hanno preso possesso di quei luoghi. All'inizio sedute, si sarebbero poi alzate, per pigiarsi e ondeggiare vicino alle corde. Ai piedi del ring, sullo stretto bordo di legno, si affannano i massaggiatori, gli allenatori e i manager, ognuno col proprio compito, i primi in giacca e gli altri in completo, e un po' piú in là, in alto sopra la folla, una navicella affusolata accoglie una decina di giornalisti e fotografi oltre a una pesante cinepresa. Davanti, su una targa visibile da lontano, si leggono due parole tracciate in lettere spesse: CINEMATOGRAPHE PHOCEA.

I due pugili sono usciti dallo spogliatoio pochi attimi prima. Li accompagnano le acclamazioni del pubblico. Salgono, scivolano in mezzo alle corde e si piazzano sul ring. Siki prende in fretta posizione, in piedi nel suo angolo, circondato dai massaggiatori. Lo raggiunge Carpentier e il brusio raddoppia. Attraversa il ring per mettersi davanti all'avversario, e i due si colpiscono velocemente i guantoni in segno di saluto. Uno è nero, l'altro bianco. L'arbitro Bernstein, in maniche di camicia e con la cravatta mozzata a metà pancia, li invita ad avvicinarsi e con un gesto ampio e teatrale annuncia l'inizio dell'incontro.

Le prime due riprese sono piuttosto simili. All'inizio vivaci e combattuti, gli scambi si fanno presto monotoni e lenti, con i due pugili che smettono di lottare come impietriti in un reciproco osservarsi. Carpentier ha la meglio. Dritto e ben piantato a terra, occupa tutto lo spazio, si muove, saltella, rotea i pugni davanti a sé, e a intervalli regolari, sempre saltellando, sferra colpi estesi, svelti e sfuggenti, che colgono Siki di sorpresa e lo centrano bruscamente al mento o al torace. Dopodiché si rimette in posizione e ricomincia: sicuro, il

[1] Archives départementales des Hauts-de-Seine, 1D Num Mon 1921 1 e 2, Censimento della popolazione, Montrouge, 1921: l'elenco nominativo dà conto di 26 108 persone (pari a 9363 nuclei familiari).

viso calmo che incute soggezione. Quanto a Siki, sta curvo, si muove poco, tiene la distanza finché può, guardia alta e testa al riparo dai pugni, come se dall'alto potesse abbattersi su di lui qualcosa di enorme e violento, se solo avesse la tentazione di raddrizzarsi. Anche lui appoggia qualche colpo, rapido e inoffensivo, ma per la maggior parte subisce, incassa e appena può afferra il corpo di Carpentier e si aggrappa per avere un po' di respiro. Per due volte poggia il ginocchio a terra.

Il terzo round segna una rottura. La boxe di Siki si fa a poco a poco piú elusiva. È piú vivace, nervoso, si sposta e attacca. Ai jab corti al viso fa seguire swing ampi e potenti che carica da dietro, all'altezza dell'anca, a tutta estensione, e che assesta scompostamente sull'avversario, torcendo il busto, uno dopo l'altro, con uno stesso movimento, come sotto l'effetto di una molla interna. Frastornato, Carpentier mostra segni di stanchezza. Si muove meno, smette di provocare l'avversario. Incassa, inciampa e fatica a riprendere fiato. La faccia comincia a gonfiarsi, l'occhio sinistro si chiude, da piccole lacerazioni sulle labbra gli esce del sangue, e stavolta è lui, sotto l'effetto di un colpo piú appoggiato, a mettere il ginocchio a terra. Insomma, ormai è in difficoltà.

Le riprese successive accentuano questo capovolgimento. Siki impone il suo gioco. Appare calmo, si sposta con piú tranquillità e sferra i colpi con precisione, senza fretta. Carpentier resiste. Stremato, impacciato nel gioco, moltiplica i corpo a corpo e s'impegna a mantenere le distanze, tanto che il combattimento diventa piatto e sconclusionato. Esita e si getta alla cieca sull'avversario. Cede a gesti non regolamentari, dà testate e colpisce sotto la cintura, attirandosi i ripetuti ammonimenti dell'arbitro e i fischi del pubblico. È sull'orlo della rottura.

L'incontro, in quel momento, si è ridotto a un lento disordine. Si vedono due corpi curvi, aggrappati l'uno all'altro, che disegnano sul ring sinuosi volteggi durante i quali sembra che non debba accadere niente, interrotti di tanto in tanto da un attacco floscio, come al ralenti. Poco prima della pausa, Carpentier coglie Siki alla sprovvista. Chiudendolo alle corde, assesta una raffica di colpi che prolunga fino a dopo il rintocco del gong. L'arbitro interviene e Carpentier si fa da parte.

Alla sesta ripresa la situazione precipita. La pausa non è ancora finita che Carpentier lascia il suo angolo per lanciarsi verso quello di Siki e lo attacca senza aspettare. «È corso verso il mio sgabello e mi ha colpito che ero ancora seduto, – dirà Siki. – Cosí sono saltato su come un pazzo e ho cercato di mandarlo al tappeto»[2]. Siki risponde mettendo Carpentier alle strette, lo colpisce al viso, gli gira attorno, lo colpisce ancora alla pancia, al torace e d'un tratto affonda una serie di swing rabbiosi e concatenati. Carpentier, schiena alle corde, si copre, avanza, afferra l'avversario alle braccia e lo respinge come può. Siki non molla. Gran parte dei colpi si smorza contro i guantoni di Carpentier. Indietreggia, indietreggia ancora, e all'improvviso, torcendo il busto e caricando lontano dietro di sé, sferra un violento uppercut che va a impattare contro il mento di Carpentier, subito seguito da un altro, meno fluido. Da bordo ring si sente urlare: «Uccidilo», «Ce l'hai in pugno», «Finiscilo».

Arrivato al capo opposto del ring, Siki prende definitivamente il sopravvento; colpisce l'avversario sulle spalle, lo tira a sé con una leggera rotazione facendogli perdere l'equilibrio di modo che curvi in avanti; con una rincorsa appena attutita dalla posizione sbilenca del corpo, gli piazza un violento diretto alla mascella che subito lo manda al tappeto. Carpentier crolla, visibilmente malmesso, fa una smorfia di dolore e rotola sulla schiena da una parte all'altra tenendosi la gamba, mentre sopra di lui, portando a termine il suo gesto, quasi rimasto in sospeso a causa della caduta imprevista, Siki, in piedi, gli urla qualcosa d'indistinto che si perde nel frastuono e nel finale inatteso.

[2] «L'Excelsior», 25 settembre 1922, p. 2; «L'Écho d'Alger», 6 dicembre 1922, p. 1.

L'arbitro non li ha mai persi di vista. Afferra Siki per spingerlo nel suo angolo e raggiunge Carpentier. Dopodiché torna indietro e alzando il braccio squalifica Siki. La scena è confusa; si parla di «sgambetto». Il pubblico, ora in piedi, si addossa al ring come per prenderlo d'assalto e si sente gridare: «Siki vincitore! Siki vincitore!» Il presidente della Federazione e i tre giudici salgono sul ring per discutere con l'arbitro. Carpentier è ancora a terra; lo fanno sedere e lo portano nel suo angolo, la testa avvolta in un asciugamano. Siki si batte il torace, scalpita descrivendo piccoli cerchi febbrili e poi urla in direzione della folla. Per calmare gli animi si monta alla svelta un altro incontro, il tempo che i funzionari prendano una decisione. Niente è dato sapere su che cosa si dicono. Ma dopo qualche istante, con aria grave e solenne, uno di loro sale sul ring e, provvisto di un megafono che gli copre la faccia, annuncia la vittoria di Siki; che cosí diventa il campione del mondo dei pesi mediomassimi[3].

L'azione che mi interessa si interrompe qui. Nelle settimane a seguire un dibattito intenso circonda l'incontro. La sconfitta del campione bianco alimenta un'interpretazione razzialista e coloniale. Alcuni la vedono come un colpo al dominio bianco e altri come la prova che la boxe, non essendo che violenza bruta, dà un vantaggio naturale ai neri. Altri, poi, come il futuro Ho Chi-minh, ci leggono il fermento di una ribellione dei popoli sottomessi all'Impero francese[4]. Ma in realtà ci s'interroga soprattutto su due punti, che a ben vedere sono lo stesso: che l'incontro fosse truccato e che i

[3] L'ultima parte, che il filmato non coglie, la ricavo, nonostante le divergenze, dalle cronache dell'incontro pubblicate su «L'Auto» (25 settembre 1922) e «Le Journal» (stessa data).

[4] «Le Paria», 1° dicembre 1922; si veda anche P. Vaillant-Couturier, *De Siki à la Révolution mondiale*, in «L'Humanité», 11 dicembre 1922, e sotto una luce diversa – di difesa della «causa nera» – la reazione entusiastica del «Chicago Tribune», 26 settembre 1922.

pugili recitassero. A maggior ragione perché Siki dichiara di lí a poco che tutto, a cominciare dalla sua sconfitta, era stato concordato prima[5]. La Federazione apre un'inchiesta, s'interessa anche la Camera dei deputati. Fatto sta che questi *seguiti* non sono piú quello che m'interessa. Certo, faranno nascere molte voci sul combattimento, fissandone il racconto, drammatizzandolo e dandogli il respiro della «civiltà». Ma sono già *un'altra cosa*.

Sul ring del Buffalo quel giorno l'azione è durata quindici minuti; solo quei minuti, e nient'altro, sono al centro di questo libro.

Che cosa significa comprendere un'azione?

Può sembrare facile indagare a tutto tondo un combattimento avvenuto nel passato. E a dire il vero credo di averlo fatto: ogni anno lo racconto agli studenti, mostro loro il film, e insieme ne svisceriamo il senso. Eppure ci è voluto tempo perché capissi che c'era dell'altro, e questo «altro» era precisamente ciò di cui andavo in cerca: *un'azione*. È da lí che bisogna iniziare: in fondo, in quel misero quarto d'ora cui ho dedicato tre anni, che cosa c'è da comprendere? Non vorrei dilungarmi in eccessivi preamboli, ma mi pare importante non trasmettere il messaggio che quest'azione passata si presenti a noi sotto le sembianze di un problema già risolto. Come avverrebbe per un matrimonio, un pasto, un massacro o la

[5] «Sono arrivato sul ring con l'intenzione di andare al tappeto, come mi avevano raccomandato», confessa Siki: Fédération française de boxe, *Rapport de la commission d'enquête. Nommée dans la Séance du Conseil de la F. F. B., le 11 décembre 1922, chargée d'enquêter sur les tractations qui auraient précédé le match Siki-Carpentier, disputé le 24 septembre 1922 au Vélodrome Buffalo, en vue d'en régler les péripéties et le résultat*, Imprimerie Reiter, Paris 1923, p. 1.

lettura di un libro, non c'è nulla di ovvio nel voler analizzare un incontro di boxe sotto la luce degli atti che lo compongono. Anzi, è forse il contrario. Il piú delle volte disponiamo di categorie comportamentali ben definite, che ci risparmiano appunto di dover affrontare la descrizione dell'azione in quanto sequenza di gesti concatenati in un modo particolare. *Non sono lí a darsi pugni, muovendosi stranamente in un quadrato cinto da corde, ma sono lí a boxare*[6].

Va da sé che da molto tempo la storia ha l'abitudine di descrivere azioni passate, e di tutti i tipi. È una miniera di azioni. «Quando ebbe compiuto la sua missione, – ci racconta Glotz, – Solone fece giurare ai nove arconti e a tutti i cittadini [di Atene] di attenersi alle sue leggi»[7]. Nel novembre 1294, «dopo una corte di normale durata», una castellana di piccola nobiltà si arrese alle lusinghe del prete di Montaillou[8]; nel 1715, «il sabato 8 giugno, vigilia di Pentecoste», quando agí per l'ultima volta da guaritore, il re «toccò circa 1700 persone»[9]. Sono senza dubbio azioni, ma si presentano davanti a noi già compiute. Non sappiamo nulla, in realtà, di come accadono; nulla di quanto, quel giorno specifico, ha potuto indurre gli attori ad agire come hanno fatto. È appunto questo «come» che m'interessa. «Il nocciolo di un'azione, – diceva Jean Bazin, – è di essere "fatta" necessariamente in un determinato modo (non in un modo qualsiasi), e quindi soggetta a una *spiegazione*,

[6] Sul tema si trova una riflessione, elaborata e particolarmente efficace, nel lavoro di taglio etnografico messo a punto anni fa da A. Piette, *Ethnographie de l'action. L'observation des détails*, éd. de l'Ehess, Paris 2020 [1996].

[7] G. Glotz, *Histoire grecque*, I: *Des origines aux guerres médiques*, Puf, Paris 1925, p. 225. Il brano è analizzato in É. Benveniste, *Le relazioni di tempo nel verbo francese* [1959], poi in Id., *Problemi di linguistica generale*, I, trad. di M. V. Giuliani, il Saggiatore, Milano 1971 [1966], pp. 283-300, qui a p. 286.

[8] E. Le Roy Ladurie, *Montaillou. Storia di un villaggio occitanico durante l'Inquisizione*, trad. di G. Bogliolo, il Saggiatore, Milano 2019 [1975], p. 222.

[9] M. Bloch, *I re taumaturghi. Studi sul carattere sovrannaturale attribuito alla potenza dei re particolarmente in Francia e in Inghilterra*, trad. di S. Lega, Einaudi, Torino 1989 [1924], p. 282.

nel senso in cui si "spiega" a chi lo ignorasse come giocare a scacchi, come fare la crema inglese...»[10]. La conoscenza cambia cosí oggetto. *Non*: come mai quelle persone hanno, fra le altre abitudini, quella di fare la crema inglese. *Ma*: come, quel giorno, gli individui che m'interessano si sono messi a compiere quella determinata azione.

L'oggetto appare piú circoscritto, modesto, limitato: semplicemente, non è piú lo stesso. Anziché ricostruire la «cultura» che dà un senso generale a ciò che si fa («*Fanno* cosí perché *sono* in questo modo»), tento di descrivere come viene fatto quello che succede sotto i miei occhi e che, del resto, può essere fatto bene o male, per intero o a metà ecc. La strada da imboccare è impegnativa: consiste nel non accontentarsi di attribuire agli attori del passato motivi per agire che sappiamo essere validi per altri[11]. In tutta onestà, nell'immaginare che si possano descrivere allo stesso modo l'azione del re che tocca gli scrofolosi per la Pentecoste e quella dei pugili che boxano sul ring del Buffalo un giorno del 1922, salta agli occhi una scorciatoia sorprendente, cosí come nel supporre che presso gli uni e gli altri attori intervenga un modo comune di basarsi su *ciò che si fa*, di ricorrere a un codice di comportamento assimilato nel lungo periodo, oppure uno stesso modo di procedere a un'analisi della situazione prima di agire. Pertanto, se davvero esiste una storicità di quelle azioni, se queste obbediscono a logiche che, fino a una certa misura, sono loro intrinseche, allora bisogna trovare il modo

[10] J. Bazin, *Sciences des mœurs et description de l'action* [2000], poi in Id., *Des clous dans la Joconde. L'anthropologie autrement*, Anacharsis, Toulouse 2008, pp. 347-80, citazione a p. 353.

[11] Lo diceva già E. P. Thompson, in un testo ficcante: «Sappiamo tutto sul delicato tessuto di norme e reciprocità sociali che regolano la vita sulle isole Trobriand, e sulle energie psichiche evocate dai culti del cargo in Oceania, ma a un dato momento quell'essere sociale infinitamente complesso che è l'uomo melanesiano diventa, nel corso della storia, un minatore inglese del XVIII secolo, che si tiene la pancia con le mani e reagisce a elementari *stimuli* economici» – *The Moral Economy of the English Crowd in the Eighteenth Century*, in «Past & Present», L (1971), n. 1, pp. 76-136, citazione a p. 78.

di illustrare *di cosa sono fatte nello specifico*. Ecco cos'ho voluto fare attraverso questo incontro.

Vale la pena affrontare subito una difficoltà. Che cosa vuol dire esattamente comprendere un'azione? Per quanto possa sembrare banale, è una domanda spinosa. Infatti è raro che un'azione umana venga descritta in sé e per sé: il piú delle volte la dotiamo di un racconto esplicativo che la precede e la oltrepassa, allo scopo di metterla in ordine, di darle una forma necessaria (anche quando si finisce per definirla fortuita, improvvisata, contingente). *È successo questo, e per un dato motivo*[12]. La castellana ha ceduto? Sarà stato perché era volubile o il parroco un seduttore, oppure perché lo prevedevano i costumi del posto. È appunto questo modo di procedere che dobbiamo *mettere da parte*. Non solo perché le ragioni che attribuiamo cosí, a posteriori, possono essere completamente estranee agli attori coinvolti, ma soprattutto perché, come ricorda Jacques Bouveresse considerandola «la cosa piú difficile da ammettere», gli uomini possono «fare ciò che fanno o dire ciò che dicono per un gran numero di ragioni diverse e spesso senza nessuna ragione particolare»[13].

Nel caso specifico, l'incontro allo stadio Buffalo è difficile da esaminare in quanto *azione* (Siki fa questo, Carpentier fa quest'altro) proprio perché è ormai ostaggio di un racconto consolidato che, a questo proposito, rende possibile una e una sola lettura. È il racconto della razza. Va da sé che è plausibile che quanto accade nello stadio debba compren-

[12] A queste formulazioni do apposta un senso molto generico; seguendo l'esempio di J. Bruner – si veda soprattutto *Life as Narrative*, in «Social Research», LXXI (2004), n. 3, pp. 691-710 – e delle modalità empiriche adottate da E. Ochs e L. Capps – *Living Narratives. Creating Lives in Everyday Storytelling*, Harvard University Press, Cambridge (Mass.) 2001, in particolare *Launching a Narrative*, pp. 113-29 –, si dovrebbe certamente indagare piú a fondo su come si struttura la rielaborazione delle azioni umane – intesa come processo inevitabilmente cognitivo e narrativo – quando è il momento di «raccontarle», «spiegarle» o inserirle in un'argomentazione.

[13] J. Bouveresse, *L'animal cérémoniel: Wittgenstein et l'anthropologie* [1977], poi in Id., *Essais I. Wittgenstein, la modernité, le progrès et le déclin*, Agone, Marseille 2000, pp. 139-91.

dersi nella cornice di una storia delle strutture razziali. Del tipo: *Un pugile nero si scontra con un bianco; la sua vittoria è ostacolata perché è nero*. Una lettura dell'episodio che non ha nulla di sorprendente. È quella, antirazzista e anticolonialista, che si afferma ai tempi, una volta che il combattimento è diventato oggetto di dibattito, e collega il deputato Blaise Diagne, Ho Chi-minh, il «Chicago Tribune» e molti altri[14]. Assumere questo punto di vista su quanto accade significa senz'altro dire qualcosa di *vero*. È innegabile che l'incontro sia investito di una dimensione simbolica, ed è certo che l'universo della boxe, cosí come si compone in quel momento, sia strutturato da principî razzializzanti[15].

Eppure, sotto questa angolatura, già non parliamo piú dell'incontro, che diventa *altro* da ciò che è stato. Cessa di essere *un'azione* – andata a segno o meno, elegante o goffa – per diventare *l'indizio di una cultura*. Il suo valore non dipende da quanto accade (Carpentier fa questo, Siki fa quest'altro) ma dal significato che se ne può trarre riguardo a che cosa erano tutte quelle persone (razziste, rissose, dominate ecc.) e che certamente le distingue da noi. Il bandolo della matassa sta appunto nel sapere dove si manifesta la razzializzazione e

[14] Presento la situazione in questi termini perché oggi è difficile pensare al combattimento fuori dalle categorie morali che ne fanno l'incarnazione suprema del razzismo vigente nella coeva Francia coloniale. Siki viene «torturato» perché nero; la sua vittoria è impossibile perché lui è nero, e quindi non si può riconoscere la sua superiorità su un pugile bianco. Cosí, l'intero combattimento non solo viene riletto alla luce dell'epilogo, ma è anche travisato (Siki alla fine vince) in modo che si conformi a un'interpretazione condivisa. Allo stesso scopo, si pone particolare accento sulle reazioni indignate (all'epoca ce ne furono, anche se molto marginali). Un esempio di questa «memorializzazione» di stampo morale si trova in C. Askolovitch, *Battling Siki, l'autre héros noir que la France supplicia*, in «Slate», 28 febbraio 2016, oltre che in G. Dhers, *Années 1920: Battling Siki, coupable d'avoir battu Carpentier*, in «Libération», 19 gennaio 2019, e, molto prima, in T. Jobert, *Champions noirs, racisme blanc. La métropole et les sportifs noirs en contexte colonial (1901-1944)*, Presses Universitaires de Grenoble, Grenoble 2006, pp. 115-56 (*Siki, j'accuse!*)

[15] Per ora bastino due riferimenti: T. Runstedtler, *Jack Johnson, Rebel Sojourner. Boxing in the Shadow of the Global Color Line*, University of California Press, Berkeley 2012 (per la Francia, pp. 231-51) e L. Moore, *I Fight for a Living. Boxing and the Battle for Black Manhood 1880-1915*, University of Illinois Press, Urbana 2017.

come agisce. A meno di non descriverla all'opera nel gioco dei pugili o nell'esistenza stessa del combattimento, piú che nelle esitazioni che circondano la decisione finale, non sapremo nulla di piú sul modo di agire di chi era sul ring quel giorno.

La domanda da cui sono partito è semplice, ma ne genera altre che lo sono molto meno. Che cosa fanno i protagonisti della vicenda, o meglio: come «fanno» a farlo? Hanno investito la loro azione di un'intenzione, e come interviene questa durante il combattimento? Dobbiamo supporre che sul ring vadano incontro a un processo di riflessione o analisi del gioco dell'avversario per elaborare il proprio, oppure si affidano a regole di comportamento, a una cultura, ad abitudini che, al di fuori di loro, organizzano in anticipo quanto c'è da fare quando si boxa? E come riescono, in mezzo agli attacchi, ai colpi andati a segno o meno che li assalgono, a passare da questo *dover fare* a quello che fanno effettivamente? Dove si colloca il contesto d'azione in cui sono coinvolti, con le relative poste in gioco, il pubblico, le aspettative? Bisogna supporre che il contesto basti a determinare nei pugili una motivazione che li porta a compiere le azioni necessarie, oppure mettono in pratica un saper-boxare con cui hanno familiarità, sempre identico, con il corpo che per cosí dire pensa al posto loro? O, ancora, bisogna presumere che siano obbligati, nel vivo dell'azione, a contrattare ogni colpo, a prendere decisioni prima di passare all'azione, a seconda delle occasioni che lo scambio fa nascere tra loro, man mano che si svolge?

Dove troviamo le possibilità di agire?

Porre il problema in questi termini ha il merito di chiarire qual è l'oggetto del mio interesse. Non è la fattualità storica del combattimento: non ho cercato di sapere se Siki abbia fatto o meno lo sgambetto di cui lo accusavano; né se l'incontro fosse truccato. Né ho cercato di sottrarre l'evento all'oblio, ci riesce benissimo da solo.

La mia indagine ha in realtà un'altra natura: pochi anni fa ho dedicato uno studio, lento e tortuoso, a descrivere come si realizza una vita. Ho scelto un uomo, uno solo, e ho cercato di capire com'era stato possibile che fosse diventato quello che era diventato. Ma non l'ho mai «visto» agire; non ho mai saputo come faceva a uccidere un nemico o a rendere il proprio destino motivo di lacrime[16]. Il combattimento del Buffalo m'interessa proprio per questa ragione: rende *osservabile* che cosa è agire, dà accesso (e non in un modo qualunque) a un'*azione nel momento in cui si svolge*. Non un'azione in generale, ma una particolare: *quei quindici minuti del 1922*. Capire cosa fanno i pugili quel giorno mi è parso un buon mezzo, tanto concreto quanto scevro della possibilità di generalizzazioni precostituite, per approfondire una domanda che merita una certa dose di attenzione: dove troviamo le possibilità di agire?

Vista cosí, la breve scena del Buffalo, isolata dalle migliaia di azioni che l'hanno preceduta e seguita, infonde un certo timore: interrogarsi sulle azioni umane vuol dire collegarsi a una riflessione che risale almeno ad Aristotele. Tanto che questa riflessione si porta dietro problemi cosí profondi da investire non solo una questione di conoscenza, ma anche la natura della nostra presenza al mondo. Deliberiamo prima di agire? Esiste un'intenzione a monte di un'azione, e dove si colloca? *E via dicendo*[17]. È un bagaglio ingombrante, ma

[16] Sull'indagine in questione, C. Granger, *Joseph Kabris, ou les possibilités d'une vie, 1780-1822*, Anamosa, Paris 2020, soprattutto le pp. 9-40. Devo aggiungere che questa riflessione sulla riflessività, decisiva per il presente studio, non è estranea alla stimolante lettura critica che Wilfried Lignier ha proposto del mio lavoro: *Histoire d'une socialisation exceptionnelle*, in «Genèses», CXXIV (2021), n. 3, pp. 143-49.

[17] La filosofia dell'azione, nel suo filone descrittivo, trova infatti le sue origini in Aristotele, nell'*Etica Nicomachea* e in quella *Eudemia* – nell'abbondante letteratura, si vedano le osservazioni illuminanti di C. Natali, *Actions et mouvements chez Aristote*, in «Philosophie», LXXIII (2002), n. 2, pp. 12-35.

la cosa peggiore per il nostro viaggio sarebbe ignorarlo. Per cercare di vederci chiaro, possiamo affermare che il modo in cui s'interpreta un'azione si trova definito da due grandi teorie[18]. Una affonda nelle scienze della mente e l'altra in quelle del sociale[19]. E fra loro si parlano poco, o male. La prima, dalla neurobiologia alla psicologia cognitiva, dice grossomodo: se un'azione accade è perché un individuo ha avuto l'intenzione di agire, e cosí ha indirizzato quello che faceva in funzione di ciò che gli è passato «in mente»; in poche parole, perché c'è stata, accessibile attraverso lo studio dei circuiti neuronali o cognitivi, una *causa mentale* che si descrive come completamente *interna*. L'altra dice invece: se accade un'azione è perché un complesso di istituzioni sociali, preesistente e distinto dai fatti individuali attraverso cui si manifesta, precede gli individui che agiscono e predispone ciò che è necessario o opportuno che facciano. La causa risulta completamente *esterna* agli attori: è sociale e di conseguenza, per citare Durkheim, «irriducibile ai fatti puramente psichici». L'*interno* per gli uni, l'*esterno* per gli altri.

Non sono per niente sicuro che esista un modo giusto per collegare le due posizioni, e ancor meno che ci sia un motivo per cercarlo[20]. Quel che è certo, per quanto concerne lo scarto che le separa, è che, ogni volta che pretendiamo se-

[18] Chiaramente l'alternativa, come tutte quelle che congelano la comprensione del mondo nei termini, falsi, di un'opposizione (individuo e società, libero arbitrio e determinismo, oggettivo e soggettivo, interesse e passione ecc.), andrebbe scomposta con cura, ossia ricondotta alle condizioni storiche della sua produzione. Mi limito a farne il punto di partenza di un'indagine che cercherà di smarcarsi da questa contrapposizione convenzionale.

[19] Le posizioni, naturalmente, andrebbero distinte meglio e classificate in base all'esistenza di campi di analisi consolidati: le scienze cognitive, nel cui alveo rientrano in parte alcune discipline che per altri versi ne prendono le distanze, non si limitano alle neuroscienze, e l'etnometodologia non coincide con la sociologia disposizionalista.

[20] Un tentativo di costruire una relazione (attraverso le disposizioni) si trova in B. Lahire, *Dans les plis singuliers du social. Individus, institutions, socialisations*, La Découverte, Paris 2013, e anche in B. Lahire e C. Rosental (a cura di), *La Cognition au prisme des sciences sociales*, Éditions des archives contemporaines, Paris 2016. Non è quello che ho tentato di fare in questa sede.

riamente di *descrivere un'azione umana*, la affidiamo senza volerlo all'una piuttosto che all'altra lente interpretativa. Si dà il caso che il predominio delle scienze cognitive nell'interpretazione delle questioni umane (e nel loro governo, che si tratti dei saperi mediatizzati, delle intelligenze artificiali o beninteso della «rifondazione» della scuola) dovrebbe essere perlomeno un invito a non accontentarsi di cercare la chiave di tutto nei segreti dell'intelletto, del mentale o del cervello[21]. È un predominio che ha il merito di porre questo approccio al di sopra della necessità di essere difeso in quanto *via per la conoscenza*. Cosa che purtroppo non vale piú per le scienze sociali. Oggigiorno le colpisce, infatti, un discredito tale da renderci orfani di una forma di comprensione sociale e politica del mondo, tanto altra quanto *insostituibile* in ragione della sua alterità. È appunto da questa prospettiva, e per esplorare ciò che il sociale mi permette di comprendere, che ho costruito la mia indagine.

Procedere in questo senso non vuol dire, peraltro, obliterare la sfera pertinente ai fattori mentali. Gli «aut aut», notava già Elias, sono sempre una mutilazione del sapere. Il tentativo è trovare a quei fattori un giusto peso, e soprattutto arrivare a un sapere che senza di questi resterebbe incompleto. Fino a che punto, infatti, si descrive correttamente un'azione *quando facciamo a meno di descrivere gli atti mentali* che – a volte, in una certa misura, o perlomeno qua e là – gli attori vi investono per riuscire ad agire? In uno studio pubblicato nel 2019, in cui indaga su come i bambini imparano a «prendere», a impossessarsi di un oggetto, Wilfried Lignier ha posto la questione in termini estremamente condivisibili. Le scienze sociali, spiega, non traggono nessun vantaggio dal sospendere il loro tentativo d'interpretazione delle vicende umane sulla soglia del mentale: «Esistono senz'altro molti momenti e mol-

[21] Si veda a questo proposito S. Lemerle, *Le singe, le gène et le neurone. Du retour du biologisme en France*, Puf, Paris 2014.

te zone della pratica che fanno a meno dell'attività mentale; ma tutto dovrebbe stare, appunto, nel situarli»[22].

Sono convinto che per capire cos'hanno fatto i due pugili quel giorno bisogna spingersi fin là. Che tutto un universo impersonale, un complesso di *determinazioni sociali esterne* del tipo «Questo è un incontro di boxe, ed ecco cosa dovremmo aspettarci che contenga», li induca a fare quello che fanno sul ring, è quanto vorrei dimostrare. Ma solo chi non ha «visto» il combattimento potrebbe accontentarsi di questo: infatti, non basta aver descritto da dove deriva *che cosa* fanno, bisogna anche descrivere *come* lo fanno. Sennonché affermare che gli attori obbediscono a usi stabiliti o che la loro azione è composta da «frammenti di comportamento culturalmente standardizzato», per citare Bateson[23], vuol dire coprire il tragitto solo a metà. Da dove arriva il modo in cui i pugili hanno regolato la loro boxe in base a quella dell'avversario, come hanno fatto a indirizzare e reindirizzare i loro gesti per continuare a boxare? Insomma, si presenta il margine per riflettere sulla parte mentale dell'azione. Potremmo sempre sostenere, sulla scia di Sartre, che «ogni incontro di pugilato incarna tutto il pugilato» e che «il combattimento, di qualunque genere sia, è la ritotalizzazione presente di tutti i combattimenti»[24]. Ma è vero solo su un piano molto gene-

[22] W. Lignier, *Prendre. Naissance d'une pratique sociale élémentaire*, Seuil, Paris 2019, p. 315. E aggiunge, in quella che è senz'altro la conclusione piú forte dello studio: «Da parte mia, credo addirittura che il procedimento oggettivo e relazionale resti gravemente amputato se non considera, *tra gli altri* oggetti, i processi mentali».

[23] G. Bateson, *Naven. Un rituale di travestimento in Nuova Guinea*, trad. di B. Fiore Cardona, Einaudi, Torino 1988 [1936], p. 27.

[24] J.-P. Sartre, *Critica della Ragione dialettica*, II: *L'intelligibilità della Storia*, a cura di F. Cambria, Marinotti, Milano 2006 [1985], pp. 53 e 44; si veda anche: «Se ad esempio un marziano visitasse una sala da boxe, dovrebbe spiegarsi tutto sulla base di relazioni trascendenti rispetto a fatti, oggetti e significati esteriori. Il semplice spettacolo di individui che fanno la coda al botteghino e scambiano banconote con biglietti d'ingresso non potrebbe essere compreso» (p. 80). Si vedano B. Hutchens, *Organized Rifts in the Social Fabric: Sartre on the Phenomenon and Praxis of Boxing*, in «Sartre Studies International», XVI (2010), n. 1, pp. 24-39; R. Aronson, *On Boxing: «Incarnation» in «Critique», II*, in «Revue internationale de philosophie, XXXIX (1985), nn. 152-53, pp. 149-71.

rico: a condizione, appunto, di non provare a descrivere un combattimento in particolare, cosí come si è effettivamente svolto. In fondo è anche di questo scarto che mi sono voluto occupare: *si può spiegare benissimo che cosa vuol dire boxare senza dire nulla di pertinente sul modo in cui Siki e Carpentier l'hanno fatto quel giorno*.

Questo combattimento non è tutti i combattimenti.

Comprendere un'azione, in altre parole, vuol dire tendere a un lavoro di contestualizzazione socio-storica. *Questo* combattimento non è *tutti* i combattimenti. Con ciò non voglio dire che bisogna farne un'isola, un caso a sé che andrebbe interpretato scavando sempre piú nel dettaglio quello che *vediamo fare* agli attori. Prendere un'azione e isolarla, volerla cogliere nel presente (l'unico) in cui si svolge, si traduce in realtà nel fare tutto l'opposto: nell'analizzarla come *un presente* in cui si dispiega tutto un passato. Nel combattimento si articolano (ma non in un modo qualsiasi, per l'appunto) attese sociali che lo rendono quello che è, un contesto particolare, la storia della boxe cosí come si presenta fino a quel momento, la traiettoria dei due pugili, la loro rispettiva posizione (il favorito e l'outsider) – motivo per cui il combattimento non è lo stesso per l'uno e per l'altro –, ma anche la capacità di boxare che ognuno eredita dal proprio passato e il modo che ha di farvi appello quel giorno sul ring.

Una parte di questi fattori deriva, almeno teoricamente, dalla nozione di habitus con cui Bourdieu definiva l'adattamento immediato sull'onda del quale gli individui, avendo assimilato le strutture sociali dell'universo in cui si trovano, sono propensi in anticipo ad agire come si fa in quell'universo. *Fanno quel che fanno* non in virtú di una regola che tentano di seguire, ma *perché tutta la loro socializzazione li induce a dare per acquisito quello che bisogna fare*[25]. Cosí come non si devono conoscere le leggi della cinetica per camminare su un marciapiede senza inciampare, sul ring del Buffalo i due pugili si limitano a pensare le loro azioni al solo scopo di eseguirle. Agiscono *cosí* perché hanno acquisito le disposizioni durevoli ad agire cosí. Tutto il lavoro consiste dunque nel ricostruire questa acquisizione. È lo stesso punto su cui batte lo studio di Loïc Wacquant su una sala da boxe di Chicago:

> Imparare a combattere significa modificare sensibilmente il proprio schema corporeo, il proprio rapporto con il corpo e l'uso che se ne fa abitualmente, in modo da interiorizzare una serie di disposizioni mentali e fisiche, che alla lunga fanno dell'organismo una macchina per dare e ricevere pugni, ma una *macchina intelligente, creativa e capace di autoregolarsi* innovando, in funzione dell'avversario e del momento, all'interno di un registro fisso e relativamente limitato di movimenti[26].

E un po' oltre:

> L'intreccio delle disposizioni fisiche e mentali raggiunge un punto tale che anche la volontà, il morale, la determinazione, la concentrazione e il controllo delle emozioni si trasformano in *altrettante reazioni del corpo*[27].

C'è tutto: *dopo che se ne è appreso l'uso, è il corpo ad agire ogni volta che si agisce* (sul ring o in altri contesti). Sennonché, non vuol dire fare sbrigativamente di tutta l'erba (dell'azione) un fascio (interpretativo)? Ammesso che per boxare i pugili facciano appello a un sapere che li mette in condizione

[25] Sintetizzo una posizione che andrebbe ricondotta, per amor di precisione, alla sua formulazione originaria (o almeno a una delle tante) in P. Bourdieu, *Per una teoria della pratica*, con *Tre studi di etnologia cabila*, trad. di I. Maffi, Raffaello Cortina, Milano 2003 [1972], pp. 206-7. Da parte sua, Mauss teorizzava una «ragion pratica collettiva»: M. Mauss, *Nozione di tecnica del corpo* [1936], poi in Id., *Teoria generale della magia*, trad. di F. Zannino, Einaudi, Torino 2000, pp. 385-409.

[26] L. Wacquant, *Anima e corpo. La fabbrica dei pugili nel ghetto nero americano*, trad. di I. Bussoni e S. De Petris, DeriveApprodi, Roma 2002 [2000], p. 89 (il corsivo è del testo).

[27] *Ibid.* Stavolta il corsivo è mio.

di compiere gli atti necessari, non è detto che questo sia vero *sempre e in qualsiasi circostanza*. Che il corpo boxante diventi una *macchina intelligente, creativa e capace di autoregolarsi* non spiega come questa macchina si comporti, per esempio, durante un'azione particolare che può avere un rapporto anche solo lontano con la boxe praticata dai pugili, né se faccia prima o poi ricorso a forme di *riflessività pratica* che consentano agli atleti di poter esprimere (o tornare a esprimere) ciò che sanno fare[28]. In fondo, ed è questo il nocciolo della questione: *in che misura si può ammettere che le disposizioni ad agire, acquisite nel lungo periodo attraverso la ripetizione e l'assiduità con un universo sociale, bastino a spiegare una volta per tutte quanto l'individuo compie nel momento in cui osservo la sua azione?*

Si può plaudire al fatto che l'habitus abbia allontanato la lettura delle azioni umane dal girone ozioso dell'«attore razionale», che calcola e soppesa ciò che fa prima di farlo[29]. Ma d'altronde – come nel mio caso – si può anche concludere che non basta. Che quel giorno Siki e Carpentier fac-

[28] Numerose le critiche rivolte al metodo di Wacquant (e, di riflesso, a quello di Bourdieu e al concetto di habitus), accomunate dal fatto di chiedere allo studio una serie di prospettive che non appartengono al suo spazio analitico. La critica che esporrò in questo libro non è dello stesso tipo: prendendo sul serio la nozione di habitus e lavorando nel solco di quanto propone come spiegazione del mondo sociale, individuo un punto cieco nel procedimento. Se da un lato, infatti, è possibile sapere come si formano le disposizioni ad agire (cosa che spesso non ha nulla di evidente), dall'altro non sappiamo mai *come funzionano* veramente tali disposizioni all'interno di un'azione, il posto che occupano, dove si manifestano e in quale misura sono agenti. Per le altre letture critiche, si vedano soprattutto M. Duneier, *Garder sa tête sur le ring? Sur la négligence théorique et autres écueils de l'ethnographie*, in «Revue française de sociologie», XLVII (2006), n. 1, pp. 143-57; J. Beauchez, *L'empreinte du poing. La boxe, le gymnase et leurs hommes*, éd. de l'Ehess, Paris 2014.

[29] Il testo piú preciso da questo punto di vista è certamente quello, indispensabile, che Bourdieu dedica alla formazione delle disposizioni economiche: P. Bourdieu, *La fabrique de l'habitus économique*, in «Actes de la recherche en sciences sociales», CL (2003), n. 5, pp. 79-90.

ciano ciò che i loro corpi hanno imparato a fare è senz'altro vero a un livello abbastanza generico. Fatto sta che durante l'incontro il modo di boxare che è diventato loro, la tendenza ad agire in loro connaturata, può essere stata benissimo colta in fallo, essersi dispiegata in modo imperfetto, oppure solo in un dato momento rispetto a quanto accade effettivamente sul ring. In altre parole, possiamo essere convinti (e io lo sono) che un'azione è il prodotto di determinazioni sociali e allo stesso tempo non accontentarci di ammettere che da qualche parte esisterebbe un principio in grado di regolare in anticipo (e costantemente) tutti i nostri atti nei minimi dettagli.

Il problema che pongo è quindi di un'altra natura. Non si concentra su come ciò che accade si collega a quanto accade di solito. Agisce in modo opposto: si chiede come quello che i pugili hanno l'abitudine di fare intervenga in quanto li vediamo fare quel giorno, ma anche in quale misura le tendenze ad agire si manifestino in ciò che succede, e naturalmente che cosa le sostituisce nelle zone in cui queste non lo fanno.

Finora ho parlato di *azione* anziché di *pratica*. Adesso parrà senz'altro piú chiaro che non è un vezzo. Con il nome di *pratica*, infatti, non si rende intelligibile un'azione, ma un'azione *abituale*. E passare dall'una all'altra non è cosí semplice. Una è osservabile, l'altra no. Una richiede la descrizione di *ciò che si fa*, l'altra presuppone l'interpretazione di *ciò che si dovrebbe fare*. Sicché di una persona si può dire che sa boxare, che ha acquisito la familiarità pratica con la boxe, si può persino descrivere come ha interiorizzato una serie di disposizioni a farlo, senza però sapere nulla del modo che ha di farlo durante il combattimento di cui siamo spettatori.

È proprio questo scarto che m'interessa. Quello che Siki e Carpentier fanno sul ring durante l'incontro, e che altri pugili avrebbero fatto diversamente, deriva da una serie di atti che i due non devono inventare per l'occasione: si affidano ai modi di agire su un ring di cui sono già in possesso. *Eppure*: ciò che fanno non è il semplice calco di un modo di boxare sempre uguale a se stesso, preesistente, di cui hanno acquisito la capacità una volta per tutte. Va da sé che hanno a disposizione un repertorio di gesti sui quali sanno di poter contare e, almeno fino a un certo punto, si basano su quelli. Ma non agiscono *cosí semplicemente* come vorrebbe l'abitudine. Quello che fanno, nel momento in cui lo fanno, è allo stesso tempo *contrastato e determinato* da cosa fa l'altro. In altre parole, sono in gioco due linee d'azione che si affrontano e si smontano a vicenda. L'azione non è determinata da un solo agente, ma è attraversata da inversioni, scarti, sfalsamenti, sconvolgimenti che le conferiscono la qualità propria delle azioni: si svolgono *nel tempo*.

Siki e Carpentier non agiscono *imperturbabilmente* come sanno fare ricorrendo a un repertorio di colpi che già possiedono appieno: regolano (ma non in un modo qualunque) il loro modo di fare in base a quello dell'avversario, valutano il gioco altrui per imporre il proprio, giudicano le intenzioni e i punti deboli per orientarsi nello scambio, si basano su quanto riescono o meno a fare man mano che si svolge il combattimento, cambiano strategia, la mantengono, rallentano il ritmo, giocano d'astuzia, accelerano, reagiscono agli impeti del pubblico, in breve adattano la loro pratica boxistica alle necessità dell'azione. È una dimensione che ci conduce a un elemento importante del combattimento (come della maggior parte delle nostre azioni): che un'azione possa andare a segno o meno, che si possa compiere bene o male, fino in fondo o a metà, che si possa abbandonare o riprendere in un altro modo, presuppone la descrizione di come gli attori la affrontano, come la indirizzano o la reindirizzano mentre agiscono. Senza cedere al pensiero che si tratti di una decisione meditata («se lui fa cosí, allora io faccio cosí»), bisogna comunque risolversi a dare spazio a una certa *riflessività in atto*, che dobbiamo appunto descrivere insieme al ruolo che le spetta nell'azione[30].

Se ho scelto questo combattimento, e se ho passato tre anni su quei quindici minuti, è appunto per addentrarmi negli aspetti di quest'analisi.

Non ho cercato di arrivare a un compromesso o di mostrare che nell'azione è insita una decisione di agire. Anzi, il mio approccio è praticamente l'opposto. Che gli attori *agiscano* o *siano agiti* è un interrogativo longevo, sul quale si è speso molto tempo. Potremmo domandarci all'infinito se l'azione compiuta da Siki e Carpentier sul ring del Buffalo si spieghi attraverso determinazioni sociali che li fanno agire in quel modo oppure se derivi dal fatto che i pugili si affidano a una certa capacità di agire. Sarebbe piú realistico chiedersi dove si manifestano certi fattori in *quella* azione. Che posto ha, in quello che compiono, il fatto che boxare obbedisca a *regole e usi* che esulano dalla loro volontà? Che ruolo attribuire al fatto che la loro azione assume le forme di un'*interazione* (in cui entrambi provano a smontare il gioco dell'avversario per imporre il proprio)? Che peso attribuire, infine, agli *atti mentali* attraverso i quali correggono, aggiustano o semplicemente perseverano in ciò che fanno?

La mia ipotesi è quindi la seguente: il combattimento del Buffalo, vale a dire l'azione cui si dedicano i due pugili fra tutte quelle che erano fattibili, sottintende la comprensione e la cernita *di tutte le azioni che erano fattibili*. Ossia, vorrei mostrare che è il prodotto di molteplici determinazioni sociali che si estendono fino agli atti cognitivi, e la cui particolare articolazione *nell'azione* dà al combattimento una forma

[30] L'oggetto che si delinea, e la cui specificità dal punto di vista analitico risiede appunto nel suo «svolgersi», è di natura completamente diversa da quello che la sociologia pragmatica indica con il nome di *riflessività*, *giudizio* o *critica* e che, per quanto preziosa sia nel valutare o criticare quanto avviene (o è avvenuto), è sempre una *riflessività seconda*, un «a posteriori» che con l'azione intrattiene un rapporto al tempo stesso esterno e, in un certo senso, normativo.

specifica, irriducibile alle determinazioni preliminari. Com'è ovvio, e sta qui il senso di questo libro, per provarlo bisogna dotarsi degli strumenti per sottomettere l'azione a una descrizione quasi clinica.

Una storia filmata.

A volte ci poniamo un problema per il semplice piacere del procedimento necessario per venirne a capo. Mentirei se dicessi che non è questo il caso.

Optando per lo studio dettagliato di un'azione passata, avevo in mente una *sfida* che volevo affrontare: *fare a meno del testo*. È da molto tempo, certo, che la storia si avvale di suoni, immagini o oggetti, a volte contestualmente. Tuttavia permane un feticismo del testo e della parola scritta, al punto che alcuni (sta qui la pecca del postmodernismo) hanno finito col trovare sospetta o insolita l'idea di una dimensione *non testuale* della realtà[31]. Ma non è detto che in una vita tutto passi attraverso un testo, o in un testo si traduca. Per arrivare a ciò che m'interessava bisognava appunto emanciparsi dalla dimensione testuale. Va da sé che del combattimento esistono descrizioni scritte, e disponiamo anche della testimonianza dei pugili, convocati a dare la loro versione

[31] Sorvoliamo su postmodernismo e anti-postmodernismo, anche se vale la pena segnalare, sul coronamento di questo feticismo del testo consistente nella ricerca della «pagina inedita», le osservazioni di M. Proust, *Giornate di lettura* [1905], poi in Id., *Saggi*, a cura di M. Bongiovanni Bertini e M. Piazza, il Saggiatore, Milano 2015, p. 319: «Un documento segreto, un carteggio inedito, delle memorie capaci di gettare una luce inaspettata su alcuni personaggi, e di cui sia difficile avere comunicazione. Quale felicità, quale riposo per uno spirito stanco di cercare la verità in se stesso, dirsi che esiste fuori di lui, nelle pagine d'un "in folio" gelosamente conservato in un monastero olandese». Si trovano (e ho il piacere di ricordarmelo vent'anni dopo aver sentito pronunciare il testo) riflessioni importanti sulla dipendenza instaurata (in primo luogo dalla storia) con la *traccia scritta* o il *documento testuale* in J. Morsel, *Les sources sont-elles «le pain de l'historien»?*, in «Hypothèses», VII (2004), n. 1, pp. 271-86.

su ciò che avevano fatto (o voluto fare). Ma sono documenti poco utili per i miei scopi: arrivano *a cose fatte*. Al contrario, per capire un'azione umana come propongo di fare io, non basta descriverla con un grado soddisfacente di precisione: bisogna descriverla *nel suo svolgersi*.

La difficoltà, con buona pace di Erodoto, è che lo storico non è un etnografo[32]. Può voler *osservare* un combattimento di boxe, ma qualora l'evento sia già avvenuto non può saltare su un ring per osservarlo. Insomma, per assistere a un'azione passata si deve trovare un modo per *renderla osservabile*. In questo caso ho scelto come soluzione *un film*. Si dà il caso che l'incontro del Buffalo sia stato filmato e che il film (o almeno le varie versioni conservate) ne offra una visione pressappoco completa[33]. Non è certo un accesso neutro all'azione (ammesso che ve ne siano). Alle azioni passate accediamo solo in misura di quanto è stato, *per motivi e sotto forme che non ci appartengono*, giudicato degno di essere «detto» da coloro che ne erano contemporanei[34].

È da lí che dobbiamo partire: *il film reca la traccia del combattimento*, ma fare dell'uno lo strumento per studiare l'altro implica cogliere il filo che li collega. O, meglio, i fili.

Uno salta subito agli occhi: dal 1910 i film dedicati agli incontri di boxe sono un settore fiorente della produzione

[32] Esiste senz'altro (soprattutto nel suo filone oceaniano) un'etnografia storica e, seguendo F. Weber, *Métier d'historien, métier d'ethnographe* [1996], poi in Id., *Manuel de l'ethnographe*, Puf, Paris 2009, pp. 48-73, si potrebbe trovare convincente un accostamento fra storia ed etnografia, anche se non è di mio interesse in questa sede applicare la disciplina a un *fatto* passato. Si veda anche M. L. Small e J. M. Calarco, *Qualitative Literacy. A Guide to Evaluating Ethnographic and Interview Research*, University of California Press, Berkeley 2022.

[33] Le versioni sono custodite in Australia, al National Film and Sound Archive (Canberra), e agli archivi del British Film Institute (Londra). Ne parlerò *infra* (p. 33).

[34] Questo non vuol dire, come si sa almeno fin dai tempi di Bloch, che è possibile ricavare un unico filo che mette in relazione il documento e l'intenzione perseguita da chi lo produce. Si vedano le riflessioni che Carlo Ginzburg dedica al tema in diversi contributi, e soprattutto in *Parigi 1647: un dialogo su finzione e storia* [1992], poi in Id., *Il filo e le tracce. Vero falso finto*, Feltrinelli, Milano 2006, pp. 78-93.

cinematografica. Gli impresari lo considerano un modo per allargare il pubblico al di là di quello delle sale da boxe e per nobilitare lo sport sul mercato degli spettacoli[35]. Da allora cinema e combattimenti non sono piú estranei l'uno agli altri. Il modo che i pugili hanno di boxare, come la scelta degli avversari da mettere a confronto, si adattano alle definizioni dello spettacolare[36]. Il film che ho utilizzato deve la sua esistenza a questo mercato: è circolato in otto sale di Parigi, a Bordeaux, Lille, Marsiglia, Algeri, Londra ecc.[37]. Ma il filo che lo collega al combattimento segue anche un cammino inverso. L'incontro del Buffalo non è semplicemente stato filmato: è stato *organizzato per essere filmato*. Quello che accade sul ring, dalla scelta dei contendenti fino agli stili di boxe che si è voluto mettere a confronto, doveva infatti rispondere alla definizione di *combattimenti degni* di essere filmati.

Il film non si limita quindi a rappresentare, bene o male, il combattimento: ne regola anche la forma e il valore. Ci consente di accedere solo a una parte di quanto succede, e beninteso non in un modo neutro. Il dispositivo è quello della cinepresa statica: al centro dell'inquadratura fissa si trova il ring, l'angolazione è dall'alto e qualche (raro) primo pia-

[35] D. Streible, *Fight Pictures. A History of Boxing and Early Cinema*, University of California Press, Berkeley 2008, pp. 164-94 (il film del combattimento Siki-Carpentier è commentato rapidamente a p. 289). Si veda anche Id., *A History of the Boxing Film, 1894-1915. Social Control and Social Reform in the Progressive Era*, in «Film History», III (1989), n. 3, pp. 235-57.

[36] Su questo aspetto, si veda di recente M. Taylor e S. Ville, *Un marché pugilistique franco-anglais. Histoire transnationale de l'organisation des spectacles de boxe à Londres et à Paris (1880-1920)*, in «Histoire Urbaine», LVII (2020), n. 1, pp. 47-66.

[37] Si vedano soprattutto: *Olympia-Grand-Théâtre*, in «L'Avenir d'Arcachon», 1° ottobre 1922, p. 2; *Cinémas*, in «Les Nouvelles. Journal quotidien du soir», 9 ottobre 1922; *Cinéma-Théâtre*, in «Le Franc-Parler. Journal républicain indépendant de l'arrondissement d'Orthez», 17 ottobre 1922, p. 2; *Théâtres et concerts*, in «L'Athlète. Journal hebdomadaire de tous les sports», 7 ottobre 1922, p. 2, e *Petites nouvelles*, in «Le Peuple. Organe quotidien de l'île de La Réunion», 3 luglio 1924, s.p. Possiamo aggiungere che il film ha conosciuto molteplici «vite», diventando anche oggetto d'interesse per i surrealisti (R. Desnos, *L'érotisme*, in «Paris-Journal», 20 aprile 1923).

no concentra l'attenzione su determinati gesti[38]. Il suono è inesistente, il montaggio rudimentale e una parte di quanto accade resta fuori campo: non vediamo le reazioni del pubblico né gli intervalli fra un round e l'altro, e inoltre manca tutta la seconda ripresa. In sostanza, il film rende visibile ciò che ai tempi contava come azione. Per quanto sia parziale, permette di realizzare ciò che propongo in questa sede: *una storia filmata*[39].

Naturalmente non basta avere a disposizione un film: bisogna trovare il modo di utilizzarlo. Va detto che «leggere» un film non è come leggere un testo. Non ho cercato di trasformarlo in una *testimonianza*, di trarne elementi per stabilire la veridicità dei fatti[40]. L'ho usato come uno strumento di analisi, un mezzo per entrare nel cuore dell'azione. Attraverso le immagini possiamo scomporre un gesto, cogliere una posizione, ricomporre una traiettoria e paragonare gli elementi fra loro, osservare uno sfondo, notare la regolarità di un movimento, la sua intensità, la reazione di un pugile a ciò che l'altro ha appena fatto, *e cosí via*. Il procedimento è quello di un infinito gioco di pazienza. Ho dovuto guardare il film centinaia di volte, isolare certi secondi, rivederli, zoomare, mettere in pausa, guardare al ralenti e prendere

[38] Su questo «regime della fissità», erede della fotografia e del teatro all'italiana, si veda soprattutto L. Jullier, *Analyser un film. De l'émotion à l'interprétation*, Flammarion, Paris 2012, pp. 173-80.

[39] È un criterio di analisi discusso nell'ambito dell'antropologia visuale, soprattutto in quella «tarda» che si deve a S. Worth e J. Adair, *Through Navajo Eyes. An Exploration in Film Communication and Anthropology*, Indiana University Press, Bloomington 1972; seppure secondo modalità diverse, è alla base del grande libro di M. Baxandall, *Pittura ed esperienze sociali nell'Italia del Quattrocento*, a cura di M. P. e P. Dragone, Einaudi, Torino 1978 [1972].

[40] Il mio procedimento, di tipo sperimentale, si allontana quindi dall'uso testimoniale o documentario che è spesso al centro delle ricerche storiche (si veda P. Burke, *Testimoni oculari. Il significato storico delle immagini*, trad. di G. C. Brioschi, Carocci, Roma 2020 [2001]).

appunti, disegnare, ripetere il gesto dei pugili per rendermi conto di che cos'era, dare un nome a un movimento che non mi ero mai preso la briga di nominare[41]. Ho dovuto imparare, in primo luogo, che non tutto ciò che è visibile è utile per comprendere l'azione, e che l'azione non si comprende solo sulla base di ciò che è visibile.

Il film si trova cosí al centro del libro. Occupa il posto che spetta di solito alle fonti citate. Viene mostrato e ha valore di prova: attraverso il film sappiamo. Si presenta, tuttavia, anche la necessità opposta, ovvero non pretendere dal film piú di quanto possa dare. Offrendo accesso al *presente dell'azione*, tende a obliterare il fatto che questo presente contiene *tutto un passato*, che i colpi dei pugili o il loro modo di combinarsi con i colpi dell'avversario attualizzano un modo di agire che nessuno dei due inventa per le esigenze del combattimento. È anche sotto questa luce che dobbiamo interrogarlo: non si comprende l'azione indagando sempre piú a fondo i dettagli visibili di cui è composta, ma ricollocandola in una storia che si risolve nel presente.

La soluzione cui sono arrivato è la forma che ho voluto dare a questo libro. È un principio che ho preso in prestito da Tarantino. O, meglio, dall'ultimo capitolo di *The Hateful Eight* (2015). La scena, anziché essere ripresa da una sola angolazione, è mostrata attraverso «piani» successivi che corrispondono ognuno a un personaggio durante la stessa azione[42]: si ottiene cosí la stratificazione del loro passato, del mondo in cui sono vis-

[41] Pur allontanandosene molto, il procedimento s'ispira per certi versi a ciò che hanno un tempo ricavato dalla fotografia G. Bateson e M. Mead, *Balinese Character. A Photographic Analysis*, New York Academy of Sciences, New York 1942 (che si basa in tutto su 759 foto; su quest'opera si veda I. Jacknis, *Margaret Mead and Gregory Bateson in Bali: Their Use of Photography and Film*, in «Cultural Anthropology», III (1988), n. 2, pp. 160-77).

[42] Su questa struttura, che ha implicazioni al tempo stesso narrative e cognitive e si trovava già, per esempio, in *Jackie Brown* (1997), si veda soprattutto D. Roche, *Quentin Tarantino. Poetics and Politics of Cinematic Metafiction*, University Press of Mississippi, Jackson 2018, pp. 127-58.

suti fino a quel momento e di quello che li riunisce nell'azione. Solo l'incastro di queste angolazioni per forza di cose distinte permette di rendere intelligibile quanto accade. Il mio approccio si avvicina molto a questo modello: un montaggio alternato che consente di cogliere la profondità di vita lungo la quale si snoda un'azione. Ogni capitolo è un'inquadratura (campo lungo, figura intera, primo piano), e ogni inquadratura cattura il combattimento con una profondità di dettaglio diversa[43]: il primo (il piú lontano dal film) è centrato sulla strutturazione sociale del combattimento, il secondo sull'interazione che avviene sul ring e l'ultimo, il piú ravvicinato, sulla dimensione cognitiva che permette ai pugili di indirizzare e reindirizzare ciò che fanno. Nell'insieme (e sta qui il pregio di questo *montaggio*), le tre parti permettono di cogliere il modo in cui queste vie d'accesso (istituzione, interazione, cognizione) si articolano nell'azione e ne fanno ciò che alla fine è[44].

[43] Il montaggio che propongo, per quanto recuperi in apparenza l'articolazione già teorizzata nell'universo del cinema da Ejzenštejn («campo medio, figura intera, primo piano»), se ne discosta per il suo principio: il regista sovietico propugnava a giusto titolo l'idea che le varie «ampiezze d'inquadratura esprimono i diversi modi di osservare un fenomeno», ossia che il campo medio rinvia allo «spettatore medio», mentre il «primo piano» deriva da un occhio esigente che vuole approfondire l'immagine (S. Ejzenštejn, *Al di là delle stelle* [1940], poi in Id., *Il metodo*, I, trad. di A. Cervini, M. Meringolo e A. Roberti, Marsilio, Venezia 2018, pp. 3-13).

[44] Condenso qui un problema notevole e di cui troviamo la manifestazione, per esempio, nel lavoro meticoloso e appassionante di Alain Corbin sull'omicidio collettivo commesso nel 1870 a Hautefaye (A. Corbin, *Un villaggio di cannibali nella Francia dell'Ottocento*, trad. di G. Viano Marogna, Laterza, Roma-Bari 1991 [1990]). Che nelle vicende ricostruite vi sia l'eco di passioni e gesti ancestrali, radicati nel tempo lungo della comunità (come l'autore mostra a partire da un'antropologia storica degli «immaginari del massacro»), e che entri in gioco anche il meccanismo dell'istante, in cui la pulsione collettiva prende il sopravvento su tutto il resto e convince gli attori a passare all'azione in un determinato giorno, è senz'altro condivisibile. Lo è meno che Corbin non sgomberi mai il campo da un'ambiguità di fondo: su quali aspetti o momenti dell'azione incidono queste due dimensioni, come si articolano (ammesso che lo facciano), come si alimentano a vicenda, come hanno fatto esattamente i personaggi coinvolti ad attingere nell'istante del massacro a modalità di uccidere che esistevano prima di loro, e ad appoggiarsi su questo sapere pregresso per dirigere ciò che facevano mentre lo facevano? Se ho ritenuto di dover affrontare quell'altro evento, nettamente meno drammatico ma senz'altro un'azione, che è il combattimento del Buffalo, è appunto per dedicarmi a questo tipo di analisi.

Era necessaria un'ultima inquadratura, che ha il compito (ammesso che il resto regga) di mettere in moto il tipo di comprensione che a mio avviso si confà alla lettura di un'azione umana. Comprendere non vuol dire, almeno non solo, giungere a una spiegazione. Possiamo benissimo spiegare il significato di una parola, ma non averla capita veramente finché non impariamo a usarla[45]. Comprendere il combattimento non consiste nello spiegare cosa succede: vuol dire acquisirne l'uso, imparare tutto quello che all'inizio ci mancava per agire come gli attori coinvolti. E solo alla fine, riprendendo per un'ultima volta l'azione in base al film ma posandoci uno sguardo imbevuto della familiarità guadagnata nel corso del libro, sarà possibile dire che l'abbiamo capita.

«Lascia al lettore ciò di cui è capace anche lui», scriveva Wittgenstein[46]. Nell'ultima inquadratura ho cosí fatto a meno delle parole. È anche un modo per prendermi carico della forma che ho voluto dare all'indagine: in fondo, *questo libro si legge come un film*.

Vedere in piccolo.

Ho tenuto per ultima una domanda. La piú ovvia e per certi versi la piú difficile: a che pro? Perché, quando dappertutto proliferano studi complessivi e globali, che si estendono su secoli e continenti, dalla nascita del capitale alla storia

[45] «"Capire una parola" può voler dire: *sapere* come la si usa; *essere in grado* di applicarla»: L. Wittgenstein, *Grammatica filosofica*, a cura di M. Trinchero, La Nuova Italia, Scandicci 1990 [1969], §10, p. 13. Non è un caso che Jean Bazin abbia ricavato da questa riflessione un ricco dibattito e una proposta di rifondazione in ambito antropologico: J. Bazin, *L'anthropologie en question: altérité ou différence?* [2000], poi in Id., *Des clous dans la Joconde* cit., pp. 35-50, citazione a p. 50. Il mio invito è che anche gli storici ci riflettano, poiché, trattandosi di voler mettere in discussione nozioni precostituite come «la cultura», la questione è tutt'altro che secondaria.

[46] L. Wittgenstein, *Pensieri diversi*, a cura di M. Ranchetti, Adelphi, Milano 1980 [citazione del 1948], p. 142.

mondiale della Francia, dedicarsi a comprendere un'azione da tempo dimenticata e che, quando si è svolta, non è durata piú di un quarto d'ora?

Questa riduzione di scala ha se non altro il merito di contenere una promessa. Non molto tempo fa, David Graeber poneva agli studiosi coevi una domanda a cui, senz'altro, è possibile assegnare implicazioni politiche: «Che tipo di teoria sociale sarebbe davvero pertinente per chi desidera un mondo in cui la gente sia libera di occuparsi dei propri interessi?»[47]. Descrivere un'azione, adottare un ritmo piú lento per indagarla, mi è parso un buon inizio. Mostrare tutto quello che c'è d'impersonale, sociale, istituzionalizzato nel compiere un'azione in apparenza assai personale (*e ce n'è molto*) è tanto di guadagnato in termini di libertà. È uno strumento per resistere, in piccolo, alla mitizzazione dell'individuo libero, razionale e responsabile dei propri atti che oggigiorno prevale dappertutto (basti pensare alla corriva retorica del merito e del talento come mezzo per un perpetuo stato di competizione). È uno strumento anche per farla finita con il rigido causalismo dell'utilitarismo economico o delle neuroscienze, che crede di poter spiegare il mondo a prescindere dal mondo stesso. Imbastire una *storia al microscopio*, come in letteratura facevano Virginia Woolf, Joyce e Faulkner[48], non vuol dire cedere alle comodità del minuscolo,

[47] D. Graeber, *Frammenti di antropologia anarchica*, trad. di A. Prunetti, elèuthera, Milano 2006 [2004], p. 14.

[48] Ciò a cui mi dedico in questo libro è in parte accostabile, pur seguendo strade analitiche diverse (su cui avrò occasione di tornare), al procedimento della microstoria messo a punto da Carlo Ginzburg. D'altronde, l'idea di «zoomare» su una manciata di ore o di minuti, di cui possiamo senz'altro far risalire le origini alla letteratura (almeno fino a Sterne), è stata applicata precocemente, ai labili confini della storia evenemenziale, nello studio che George R. Stewart ha dedicato a quindici ore della battaglia di Gettysburg (*Pickett's Charge. A Microhistory of the Final Attack at Gettysburg, July 3, 1863*, Houghton Mifflin Company, Boston 1959), o ancora da Luis González y González (*Pueblo en vilo. Microhistoria de San José de Gracia*, El Colegio de México, Ciudad de México 1968). (Non ho letto nessuna delle due opere). Sul tema si veda C. Ginzburg, *Microstoria: due o tre cose che so di lei* [1994], poi in Id., *Il filo e le tracce* cit., pp. 241-69.

bensí accostarsi alla realtà tenendo conto di un aspetto determinante: «Ad ogni momento la vita è già incominciata da un pezzo e ad ogni momento continua il suo corso»[49].

Obbligarsi a vedere le cose in piccolo, come faccio in questo caso, non vuol dire quindi vedere solo piccole cose.

[49] Riprendo la formula dalle celebri pagine che Auerbach dedica al «realismo» di Woolf, e in particolare all'episodio del «calzerotto marrone» tratto da *Gita al Faro* (1927); è un principio che l'autore applica anche alla produzione contemporanea di Joyce e Proust: E. Auerbach, *Mimesis. Il realismo nella letteratura occidentale*, II, trad. di A. Romagnoli e H. Hinterhäuser, Einaudi, Torino 1956 [1946], p. 333.

Nota.

Il film che ho utilizzato è stato prodotto dalla società marsigliese Phocéa. Di seguito gli esemplari conservati a oggi:

National Film and Sound Archive (Canberra):
1. Segnatura 75125: Carpentier *v* Siki, bianco e nero [b/n], muto, 1922.
2. Segnatura 75206: Carpentier *vs* Siki, b/n, muto, s.d.
3. Segnatura 75122: [Georges Carpentier *v* Battling Siki], b/n, muto, 28 luglio 1922 [*sic*].
4. Segnatura 75158: [Georges Carpentier *v* Battling Siki], b/n, muto, 24 settembre 1922.
5. Segnatura 12917: «On with the gloves», Carpentier *vs* Siki, b/n, muto, 24 settembre 1922.

Archivi del British Film Institute (Londra):
6. Segnatura 14364, 35 mm, b/n, muto, 306 metri.
7. Segnatura 913, C-154907, 16 mm, b/n, muto, 192 metri.
8. Segnatura 42915A, C-21423, 35 mm, b/n, muto, 312 metri.
9. Segnatura C-1049287, 35 mm, nitrato, b/n, muto, 297 metri.

Nel libro mi sono basato sugli esemplari 1, 2 e 4. Salvo diversa indicazione, tutti i fotogrammi riprodotti sono tratti dal 4, il piú completo.

1.
Per arrivare a un combattimento
(istituzione)

«Sbrighiamoci...»

Stando al film, il combattimento si apre su uno scambio verbale. Si presenta cosí:

Round 1, 0:58-1:02
0:58: *l'arbitro chiama i pugili, accompagnati dai secondi, al centro del ring; i due si salutano con un colpo di guantone; l'arbitro dice loro qualcosa* [non udibile]*;*
1:01: *salutano l'arbitro e ognuno torna nel proprio angolo;*
1:01: *stanno rivolti verso il pubblico, dandosi le spalle;*
1:02: *quando i secondi scendono dal ring, Carpentier si gira; allunga il braccio in direzione di Siki, gli rivolge qualche parola* [non udibile] *dal suo angolo e si gira di nuovo;*
1:02: *suona il gong e i due pugili si vanno incontro*[1].

Per quanto trascurabile, questo breve scambio contiene già qualcosa d'importante. L'inchiesta della Federazione permette di scoprire quali sono le parole di Carpentier: «Sbrighiamoci, sta per piovere»[2]. Non sappiamo se Siki le abbia sentite, né se abbia risposto qualcosa.

[1] Qui, come nel resto del libro, i passaggi presentati con questo aspetto (indicazione cronometrica, corsivo e stile volutamente secco) rimandano agli appunti che ho preso durante le visioni del film. Formano per cosí dire gli *appunti sul campo* tratti dall'osservazione del combattimento, con la differenza che l'etnografo può assistere a una determinata scena solo una volta (e, come dice Goffman, «inizia rivolgendo l'attenzione a un particolare elemento della scena, ma si accorge presto di essersi fatto coinvolgere dall'insieme e non focalizza piú l'attenzione sul particolare punto di osservazione che si era prefisso»: E. Goffman, *Frame Analysis. L'organizzazione dell'esperienza*, trad. di I. Matteucci, Armando, Roma 2001 [1974]), mentre a me è successo di rivedere una stessa sequenza a piú riprese, concentrando su di essa un'*attenzione* calibrata a seconda della fase analitica. Riproduco gli appunti senza cambiare nulla.

[2] Fédération française de boxe, *Rapport de la commission d'enquête* cit., p. 8.

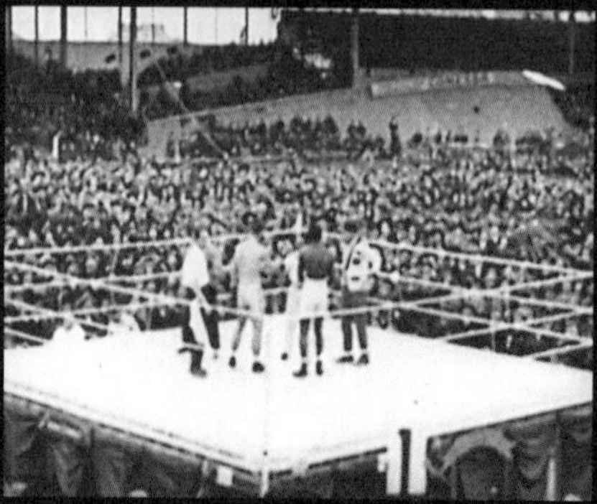
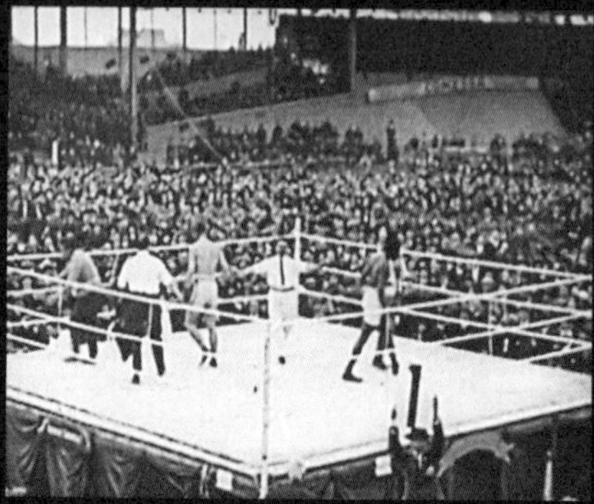
0:58
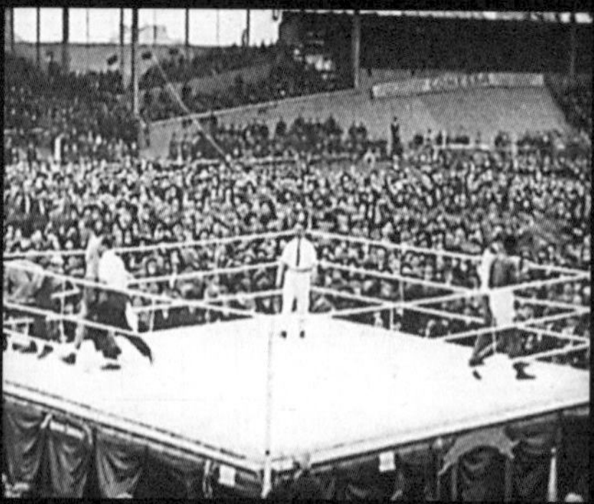
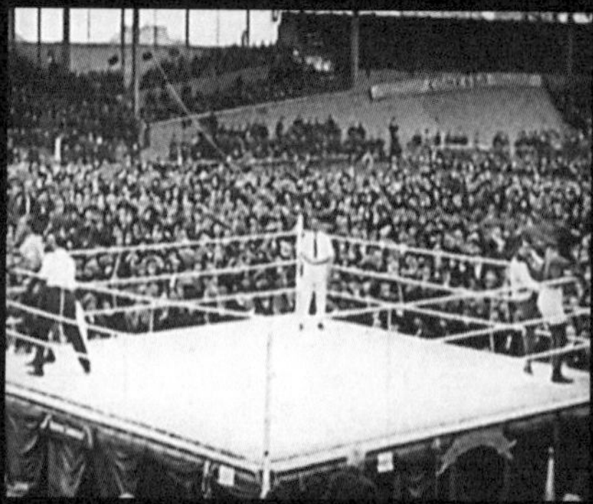
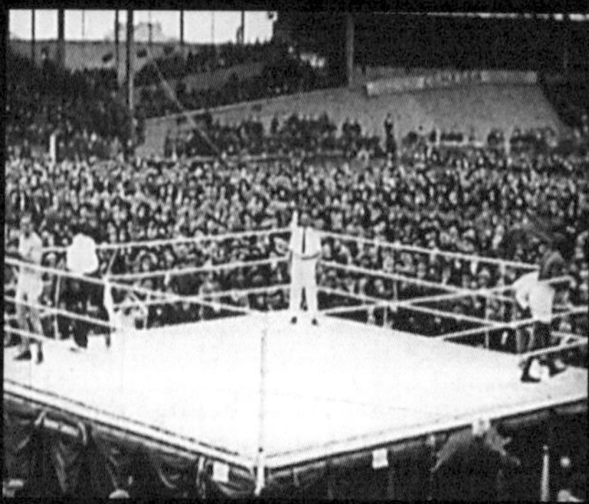
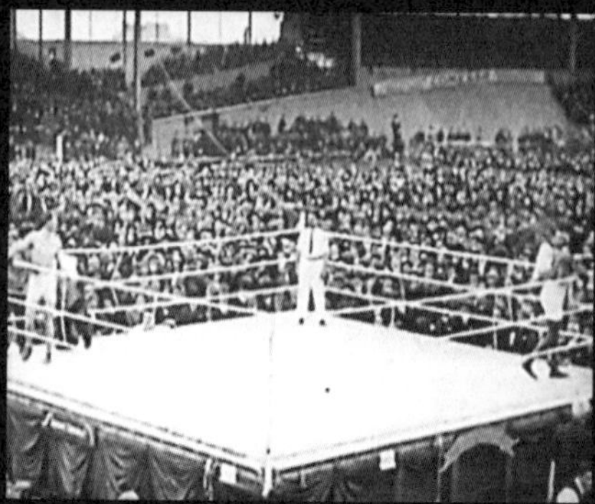
2:12
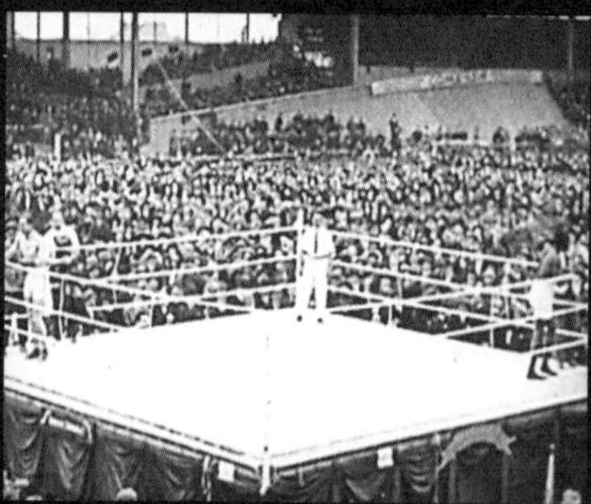
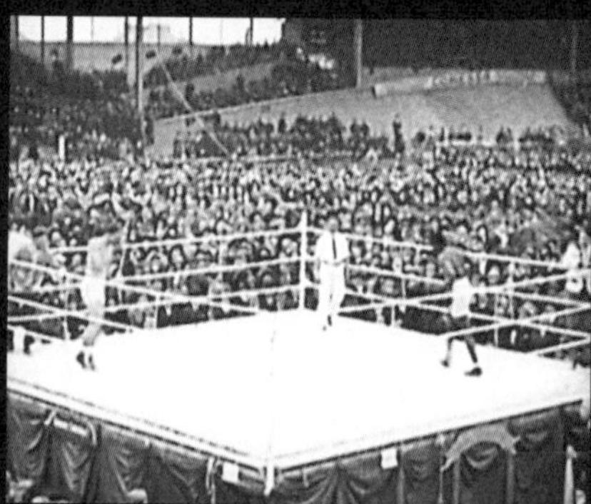

Inizio.

Iniziare cosí equivale ad ammettere che non si tratta propriamente di un inizio. La spacconata di Carpentier – cosí come la sicumera che lo induce qualche secondo prima a buttare lí un «Finirà presto!» al gruppo di tifosi che gli grida «In bocca al lupo», ossia il vantaggio che egli assume in anticipo sull'incontro – sottolinea quanto il combattimento sia la realizzazione di un intero mondo pregresso. Dovrebbe essere un punto di partenza evidente, e invece non lo è. Abbiamo concordato sul fatto che un'azione come questa (un combattimento di boxe) – in quanto minuziosamente inquadrata e ritualizzata, oltre che dotata di un regolamento o di una serie di convenzioni che le conferiscono un principio e una fine – è una situazione ben definita di cui possiamo indicare l'atto iniziale e quello conclusivo. Non ci resterebbe che descrivere tutto ciò che avviene tra i due momenti. Fatto sta che dimenticheremmo due aspetti. Il primo è che le azioni umane, lungi dal costituire delle isole, si presentano come interconnesse; e il secondo è che è necessario un intenso lavoro sociale di inquadramento per farne un oggetto che possiamo esaminare in sé e per sé[3].

[3] Al riguardo, una riflessione importante, specialmente perché utile a costruire tutto il procedimento analitico dello studioso, si trova in G. Bateson, *Some Components of Socialization for Trance*, in «Ethos», III (1975), n. 2, pp. 143-55: «Disponiamo di tutta una serie di parole che indicano *classi* di azione senza poter identificare i membri di quella classe: che cos'è il "gioco"? che cos'è l'"aggressione"? "Ha preso la penna", "il gatto l'ha graffiato", "lui andava di fretta", "lei ha mangiato la bistecca", "ha starnutito", "hanno litigato" ecc. Nessuno di questi enunciati denotativi si può classificare senza ulteriori informazioni. Ecco un esercizio: considerate per ognuno di questi enunciati che cosa si dovrebbe sapere per poter affermare: "era un gioco", "era un'esplorazione" o "una prassi", oppure "una reazione isterica", "una battuta", "sonnambulismo", "un'aggressione", "arte", "seduzione", "amore" o "lutto", "manipolazione" o persino "un incidente"» (p. 144). Piú di recente, l'intreccio sociale delle azioni umane come sfida analitica si trova discusso in S. B. Ortner, *Anthropology and Social Theory. Culture, Power, and the Acting Subject*, Duke University Press, Durham 2006, pp. 107 e 129.

Chiedersi dove cominci l'azione è quindi senza dubbio il procedimento peggiore. Potremmo certo riferirci a quanto avviene nel dietro le quinte, nei camerini dove i pugili entrano verso le 15:30 e da cui escono poco prima delle 16. Scopriremmo che lí Siki trasmette «a chi ha l'abitudine di vederlo prima dell'incontro il sentimento di essere turbato». «Aveva la pelle grigiastra, – nota l'allenatore. – È la prova risaputa di come i neri rispondono all'emozione»[4]. E il manager Charles Hellers tenta di farlo entrare in partita: «Copriti; attento all'inizio; attento al destro; accucciati se puoi, ma non prenderlo. Dopodiché vincerai»[5]. Carpentier sembra «allegro, sveglio» e mostra una «fiducia assoluta»; si fa massaggiare e poi aspetta che lo chiamino ascoltando i consigli del manager, François Descamps. «Ragazzo, il piú veloce possibile. Hanno deciso che dovevi boxare a Parigi, chiudi la faccenda in fretta. Attento però a quei colpacci di traverso e non rovinarti le mani sui suoi gomiti»[6]. Che questi momenti contino, che non siano separabili dal combattimento, è certo. Ma lo stesso potrebbe valere per quando, al mattino, i pugili sono saliti sulla bilancia o addirittura per le due settimane di allenamento durante le quali, ognuno a modo suo, facendo appello a saperi che già possedevano, hanno preparato il gioco calibrandolo sulla particolare boxe dell'avversario.

Potrà sembrare una ricerca infinita, ma dipende appunto dal fatto che l'azione sul ring del Buffalo, in quel breve presente in cui la coglie il film, è subordinata a logiche che

[4] Fédération française de boxe, *Rapport de la commission d'enquête* cit., p. 10.

[5] *Ibid.*, p. 9. Va da sé che questo scambio verbale, peraltro irreperibile nel film perché avvenuto durante i preparativi, è riportato sulla base di una ricostruzione *ex post*. C'è da dare per buono che i «testimoni» riferiscano quanto hanno detto e quanto hanno sentito dire. Riprendo qui la battuta, pur non potendo verificarla appieno, nella misura in cui il mio obiettivo non è stabilire la *veridicità di quanto avviene* (com'era nel caso di chi conduceva l'inchiesta o la vagliava), ma piú semplicemente evocare quel momento dell'azione. Cosa che rende l'eventuale approssimazione necessaria senz'altro meno dannosa.

[6] *Ibid.*, p. 10 (vale anche qui l'osservazione alla nota precedente).

la oltrepassano e la precedono, la determinano e la rendono possibile. Considerare sotto questa luce la vicenda non ha nulla di scontato, soprattutto in materia di sport. Siamo infatti abituati, a causa di un condizionamento ideologico, ad appiattire il confronto sportivo sul momento in cui si svolge e a vedervi solo il prodotto di talenti personali che ne determinerebbero autonomamente l'esito[7]. Ma per descrivere l'incontro del Buffalo dobbiamo conoscere tutto l'universo preesistente che quel giorno si dispiega sul ring, le condizioni della boxe in quel momento della sua storia, la collocazione di *quel* combattimento rispetto ai precedenti, le implicazioni, le aspettative e il prestigio che lo caratterizzano, la posizione che i pugili occupano uno rispetto all'altro, e cosí via. È questa strutturazione preliminare, invisibile quando vediamo esclusivamente l'azione, che bisogna cominciare col porre in primo piano.

Sulla boxe come istituzione.

Dieci anni prima, il combattimento del Buffalo non avrebbe avuto senso. O, a essere piú precisi, non sarebbe neanche esistito. È un aspetto che non possiamo cogliere se non accostandoci al mondo della boxe in quella fase specifica, dopo il rimodellamento della Prima guerra mondiale, e a quella specie di «magia sociale» che contribuiva a regolare quanto avveniva ogni volta che c'era un combattimento.

Nello specifico, le principali caratteristiche dell'incontro fra Siki e Carpentier si devono alla doppia subordinazio-

[7] Si vedano gli studi su temi sportivi di M. Schotté, *La construction du «talent». Sociologie de la domination des coureurs marocains*, Raisons d'agir, Paris 2012, e piú di recente: Id., *La Valeur du footballeur. Socio-histoire d'une production collective*, Cnrs Éditions, Paris 2022. Si vedano anche, con una portata piú ampia, Id., *Le don, le génie et le talent. Critique de l'approche de Pierre-Michel Menger*, in «Genèses», XCIII (2013), n. 4, pp. 144-64, e Id., *L'économie de la grandeur*, in «Sensibilités. Histoire, critique & sciences sociales», I (2016), n. 1, pp. 26-37.

ne in cui si trova all'epoca l'universo pugilistico: verso le aspettative dello sport e verso quelle dello spettacolo. Sappiamo che, quando attecchisce in Francia attorno al 1905, la boxe segue una via diversa dagli altri sport inglesi (podismo, rugby, football, canottaggio ecc.). Là dove questi ultimi, in forme dilettantistiche, vanno incontro a un'assimilazione nei licei piú prestigiosi da parte di una giovane fetta dell'aristocrazia e dell'alta borghesia economica[8], la boxe viene assimilata dapprima al mercato degli spettacoli popolari[9]. Non solo gli organizzatori, a partire da Théodore Vienne, Victor Breyer e Léon Sée, sono uomini plurali e anzitutto *imprenditori* (di spettacolo)[10], ma gli incontri, oltre a svolgersi in parchi di attrazioni e sale come il Cirque de Paris, il Casino de Paris, la sala Wagram, il Bowling Palace o le Folies Bergère, sono inframmezzati a numeri di circo, di music-hall o di caffè concerto[11]. Emblematico degli stret-

[8] Anche se datata, è ancora valida l'analisi delle logiche sociali – e soprattutto di riproduzione sociale – testimoniate dalle posizioni in un primo tempo antirepubblicane di De Coubertin, in P. Bourdieu, *Comment peut-on être sportif?* [1978], poi in *Questions de sociologie*, Minuit, Paris 1989, pp. 173-95.

[9] Sulla storia della boxe (inglese), si veda l'importante contributo di S. Ville, *Le théâtre de la boxe. Naissance d'un spectacle sportif (Paris-Londres, 1880-1930)*, Presses Universitaires de Rennes, Rennes 2022.

[10] La posizione plurale degli impresari in ambito boxistico – al tempo stesso uomini d'affari, giornalisti e pilastri di istituzioni sportive – è illustrata bene da Théodore Vienne e Victor Breyer. Vienne è nato a Roubaix nel 1864; figlio di un filandiere, è industriale, giornalista, proprietario del velodromo di Roubaix e della ruota panoramica di Parigi; si distingue come organizzatore di gare ciclistiche e di combattimenti tra animali, ma è anche presidente della Federazione francese di biliardo e proprietario del Wonderland. Breyer, invece, è nato a Southwold (Inghilterra) nel 1869, da padre direttore d'albergo; è giornalista (per «L'Auto» e «L'Écho des Sports»), vicepresidente dell'Associazione dei giornalisti sportivi; dirige il velodromo di Auteil ed è anche lui organizzatore di gare ciclistiche professionistiche. Gli elementi biografici sono desunti da Archives du monde du travail, segnatura 2011 010 005, «État des sociétaires de l'Association des journalistes sportifs», e dallo studio di S. Ville, *Donner la boxe en spectacle. Une histoire sociale des débuts de la boxe professionnelle à Paris, à la Belle Époque*, in «Actes de la recherche en sciences sociales», CCIX (2015), n. 4, pp. 10-27 (qui a p. 16).

[11] Si veda *ibid.* Gli spettacoli, va ricordato, si svolgono nei quartieri disertati dai teatri ufficiali; si veda soprattutto C. Charle, *Théâtres en capitales. Naissance de la société du spectacle à Paris, Berlin, Londres et Vienne*, Albin Michel, Paris 2008, p. 49.

ti rapporti che, sin dalle origini, intercorrono fra l'universo della boxe e quello degli affari è il celebre Wonderland, aperto nel 1907 nel VII arrondissement di Parigi; è al tempo stesso la principale sala da combattimento del periodo prebellico e la sede della Società di promozione della boxe inglese[12]. Com'è noto, è anche da questi legami che procede l'impresa collettiva di legittimazione della boxe fra le altre discipline sportive[13]. Adottando le categorie di peso, le dimensioni del ring, la durata dei round e il regolamento stabiliti dalla Federazione francese delle società di boxe (creata nel 1903 e diretta da Frantz Reichel e Paul Rousseau)[14], gli imprenditori, oltre ad attribuirsi il dividendo simbolico di chi ha saputo rendere quello sport rispettabile, contribuiscono a distinguere la boxe dal modello popolare della lotta, delle zuffe collettive e dei combattimenti contro gli animali che gli impresari americani sponsorizzano in Francia. Le conferiscono cosí lo status nobilitante di sport, o meglio di *noble art*; e, senza cessare di farne l'oggetto di uno sfruttamento soprattutto commerciale, richiamano un pubblico che non è piú quello delle attrazioni fieristiche, ed è fonte di guadagni eccezionali[15].

Uno spettacolo *e* uno sport, quindi. I due aspetti insie-

[12] Sul Wonderland si veda A. Rauch, *Boxe, violence du* XX*ème siècle*, Aubier, Paris 1992.

[13] Per quanto segue, mi baso sulle ricerche di Sylvain Ville, in primo luogo *Donner la boxe en spectacle* cit.

[14] I due condividono peraltro delle qualità che li avvicinano agli impresari dello sport federale dilettantistico. Frantz Reichel (1871-1932) è perlopiú giornalista di «Le Figaro», e Paul Rousseau (1868-1941) lavora a «Le Temps» e a «L'Excelsior», dopo essere stato socio di Vienne in un'impresa di automobili. Sullo spazio sociale degli impresari dello sport federale in Francia, e soprattutto sui legami, piú complessi di quanto s'immagini, tra socializzazione borghese e tutela del dilettantismo, si veda Y. Grosset, *Aux origines du mouvement sportif français. L'histoire d'une institutionnalisation du sport et de l'olympisme (1887-1930)*, tesi in Sciences et techniques des activités physiques et sportives (Staps), Université de Grenoble, Grenoble 2010.

[15] Si rimanda ancora a Ville, *Le théâtre de la boxe* cit.

me: l'interessato *e* il disinteressato, l'arte *e* il mercato[16]. È sull'onda di questo dualismo, di questa intersezione profonda che lo distingue dalla conformazione di altri sport[17], che si struttura il mondo della boxe a partire dal 1910[18]. Le poste in gioco sportive associate a un combattimento sono inseparabili dal mercato commerciale sul quale si svolge. Gli organizzatori hanno a cuore che gli incontri siano fonte di guadagno, e i combattimenti esistono solo nella misura in cui trovano posto sul mercato degli spettacoli. Un pugile non ne incontra un altro perché il confronto è dotato di un interesse sportivo, ma l'interesse sportivo deriva dal fatto che il confronto rappresenta uno spettacolo degno di questo nome. La sfida sportiva, insomma, è nettamente subordina-

[16] Da questo punto vista, pur presentando la struttura dualistica tipica di altri campi a vocazione *estetica* (i cui beni, cioè, si ritengono privi di valore commerciale), la definizione (nascente) del mondo boxistico si distingue per il modo particolare in cui i due poli (quello dello sport e quello del mercato) intrattengono un rapporto non di esclusione ma di perfetta interconnessione. Sulla questione, nello specifico riguardo letterario (e artistico), si veda anzitutto P. Bourdieu, *L'emergere di una struttura dualistica*, in Id., *Le regole dell'arte. Genesi e struttura del campo letterario*, trad. di A. Boschetti e E. Bottaro, il Saggiatore, Milano 2005 [1992], pp. 177-206. Una descrizione di questo tipo pone il tema dell'autonomia, che come dice Bourdieu è sempre complesso. Nel caso dello sport – e la boxe è un caso particolare che conferma la regola –, l'influenza che continuano a esercitare la sfera religiosa, medica, politica e in una certa misura giuridica, induce a parlare tutt'al piú di un'«autonomia debole»: si veda J. Defrance, *The Making of a Field with Weak Autonomy: The Case of the Sports Field in France, 1895-1955*, in Ph. S. Gorski (a cura di), *Bourdieu and Historical Analysis*, Duke University Press, Durham 2013, pp. 303-25.

[17] Tanto piú, oltretutto, che gli sport in questione (e i rispettivi impresari) – per esempio nel caso del podismo, che si struttura attorno alle «sensazioni» dei corridori, alla capacità di *sentire* il corpo durante la corsa ecc. – stanno maggiormente dalla parte dei «puristi», che danno valore alla gratuità della prestazione sportiva. Si veda sul tema del podismo A. Chèbre, *Les sensibilités à l'effort en course à pied (France, 1910-1940). Genèse d'une culture athlétique*, tesi in Staps, Université Rennes 2, Rennes 2023.

[18] Il legame fra sport e spettacolo è peraltro inscritto nella definizione istituzionale della boxe professionistica, il cui sfruttamento si accompagna a una tassa detta del «diritto dei poveri», applicata a tutti gli spettacoli. Un'espressione paradigmatica della polarizzazione commerciale della boxe appare nel romanzo di Henry James, *L'americano*, a cura di P. Pignata, Utet, Torino 2008 [1877]; per un'analisi del tema, J. A. Clymer, *The Market in Male Bodies: Henry James's «The American» and Late Nineteenth Century Boxing*, in «The Henry James Review», XXV (2004), n. 2, pp. 127-45.

ta al guadagno commerciale. Quando si svolge il combattimento del Buffalo, dopo la guerra, la situazione non è piú esattamente la stessa. La duplice strutturazione della boxe si scompone per poi intrecciarsi di nuovo in modo (leggermente) diverso, ma continua ad assegnare agli incontri un valore e a renderli, o no, possibili, allettanti e legittimi. Per capirlo, dobbiamo descrivere fino in fondo i meccanismi che emergono prima della guerra. Dopo il 1910 i combattimenti crescono di numero (piú o meno cento all'anno); le sale si moltiplicano (trentaquattro a Parigi nel 1911); l'arbitraggio si standardizza; e i modi di boxare si conformano ai modelli americani[19]. Sono tratti, però, che sfiorano solo la superficie di ciò che avviene. Quando la boxe inglese diventa uno sport e un mercato, un intero universo sociale si organizza, con le relative posizioni e opposizioni, i risvolti materiali e simbolici.

Che cos'è un boxeur?

Quel giorno Siki e Carpentier salgono sul ring del Buffalo perché sono legittimati a farlo, e lo sono, tanto per cominciare dagli aspetti piú evidenti, in quanto boxeur. Una condizione che non solo preesiste a entrambi e che hanno appreso a

[19] Per quanto concerne le sale da boxe, alla capitale si devono aggiungere quelle che aprono in provincia, senz'altro meno numerose: a Marsiglia, Lille, Lione, Rouen, Algeri o Douai. Qualche esempio: per Lille, si veda lo Sporting Club de Lille (93, rue Sainte-Catherine), in «L'Auto», 7 novembre 1909; per Marsiglia, ivi, 30 maggio 1913; per Douai, *Club de Boxe anglaise*, in «La Vie Douaisienne», 22 aprile 1911, s.p.: «Avendo ottenuto la collaborazione permanente del professor Noë Belli, ex campione dei pesi leggeri di Parigi, il Club de Boxe anglaise di Douai invita le persone desiderose di seguire le lezioni bisettimanali del circolo a voler inviare la loro iscrizione entro il prossimo 1° maggio [...]. Il costo dell'abbonamento è di dieci franchi al mese». Quanto all'arbitraggio, è da ricordare soprattutto l'adozione dei tre giudici: J. F. Bradley, *The Boxing Referee: An Exhaustive Treatise on the Duties of a Referee and an Explanation of the Queensberry Rules Relating to Boxing Contests and Competitions*, Queenhithe & Co., London 1910.

soddisfare, ma che soprattutto, proiettandoli in un rapporto reciproco da posizioni che non sono (affatto) le stesse, mobilita tutto un sistema di classificazione che naturalmente non è stabilito per le necessità immediate del combattimento. Prima della guerra i pugili professionisti sono pochi, e il loro status incerto. Nel 1907, senza contare il circuito del Wonderland, a Parigi sono novantatre, piú di metà inglesi o americani[20]. Essere boxeur vuol dire quindi occupare nell'universo della boxe una posizione *dominata*, nella misura in cui solo gli impresari hanno potere decisionale sull'accesso ai combattimenti. Ma vuol dire anche avere una posizione all'interno di un gruppo, quello dei contendenti, dotato di principî gerarchici abbastanza semplici. Le categorie di peso strutturano il mercato di incontri e boxeur, oltre a determinare la notorietà degli atleti, l'importanza del match e anche quella dei possibili guadagni. I combattimenti che mettono in scena la potenza dei colpi e garantiscono una certa durata dei round sono i piú prestigiosi, ossia ricevono il favore sia degli organizzatori sia del pubblico. I pesi massimi e mediomassimi[21] stanno quindi al vertice; ai tempi queste categorie

[20] Essere «professionista» può voler dire ai tempi vivere di boxe, o piú semplicemente disporre di una licenza. Peraltro esistono una categoria a parte per i «dilettanti» e una terza, ideata da Vienne e Breyer, per i «novizi», ovvero i pugili che non hanno ancora combattuto per un premio in denaro ma «aspirano a diventare "professionisti"». Sul tema, la ricerca migliore si deve ancora a S. Ville, *Portrait des boxeurs de métier en France (1905-1914)*, in «Le Mouvement Social», CCLIV (2016), n. 1, pp. 13-29. Sul concetto di «professione», in questo senso, si veda E. C. Hughes, *Professioni* [1963], poi in Id., *Lo sguardo sociologico*, trad. di R. Falcioni e M. Sassatelli, il Mulino, Bologna 2010 [1971], pp. 297-313.

[21] Le categorie di peso, che strutturano sia il mercato dei combattimenti sia quello dei contendenti, poggiano in parte su una questione di morale sportiva (in modo da garantire un incontro equilibrato tra pugili divisi solo, in teoria, dal modo di boxare) e in parte su criteri di spettacolo (in modo da disegnare una gerarchia fra incontri di minore o maggiore richiamo); sono in tutto otto: massimi, mediomassimi, medi ecc. Su come si è formato storicamente il dominio simbolico dei pesi massimi, si veda in particolare, nonostante l'impostazione già anacronistica, N. Fleischer, *Storia dei pesi massimi. Dalle origini ai giorni nostri*, trad. di N. Pensa, Tris, Milano 1958 [1949]. I pesi massimi dominano il mercato dei combattimenti in Francia: «Il peso massimo è ricercato perché fa cassa. Il pubblico sia inglese che francese preferisce un combattimento

sono dominate dagli atleti americani, e in primo luogo dai neri come Jack Johnson, Joe Jeannette o Sam Mac Vea (tutti campioni negli Stati Uniti)[22]. Facendoli arrivare in Francia, i proprietari delle sale non solo si assicurano spettacoli di vasto richiamo, pubblicizzati ampiamente dalla stampa sportiva, ma impongono una definizione di che cosa vuol dire boxare e del mercato in cui sono classificati i pugili[23].

Per quanto all'epoca di Siki e Carpentier le cose non stiano esattamente cosí, nella strutturazione storica dell'universo boxistico postbellico si possono individuare tratti ricorrenti. Uno di questi è la dipendenza marcata in cui i boxeur si trovano rispetto a impresari e manager. Fino al 1914, tranne uno o due casi (fra cui appunto Carpentier), i pugili non vivono di boxe. Figli di artigiani o operai qualificati, sono anche loro macellai, idraulici, fabbri, operai meccanici o cuochi, e considerano i combattimenti un'attività esclusivamente di contorno[24]. Questa *condizione incompiuta*, che li rende tutt'al

di pesi massimi fracassoni a uno di pesi gallo o piuma, i cui incontri si caratterizzano per la scienza, la precisione, la combattività, la finezza e la tecnica. Lo scontro fra due uomini di 90 chilogrammi attira i profani, che considerano la *noble art* come un indice di forza e violenza bruta» (H. Decoin, *Le nègre Harry Wills a-t-il sa chance devant Jack Dempsey?*, in «Le Miroir des sports», 14 settembre 1922, p. 173).

[22] Sul dominio dei pugili americani prima della guerra, e in particolare dei boxeur neri su cui basti la testimonianza di J. Mortane, *Tous les nègres en Europe*, in «La Vie au grand air», 9 maggio 1908, p. 292, si rimanda soprattutto a Runstedtler, *Jack Johnson, Rebel Sojourner* cit., pp. 164-95, e piú in generale al breve saggio di M. Fabre, *The Ring and the Stage: African Americans in Parisian Public and Imaginary Space before World War I*, in K. Benesch e K. Schmidt (a cura di), *Space in America. Theory History Culture*, Rodopi, Amsterdam 2005, pp. 521-28. Sulla presenza e la circolazione dei pugili inglesi, si veda Taylor e Ville, *Un marché pugilistique franco-anglais* cit.

[23] I pugili francesi restano a lungo in una condizione subalterna: appartengono alle categorie meno prestigiose, disputano meno incontri e per compensi minori, e per molto tempo non partecipano a nessun combattimento in un ruolo da «protagonisti».

[24] *Tableau 4. Liste des métiers exercés ou ayant été exercés par les boxeurs professionnels avant 1914*, in Ville, *Portrait des boxeurs de métier en France* cit., p. 23. Confutando la vulgata piú recente, che li vorrebbe provenienti dal sottoproletariato, i pugili appartengono in realtà allo strato superiore delle classi popolari che, oltre a ignorare la povertà, dispone di risorse abbastanza solide per finanziarsi gli allenamenti e trova nella pratica sportiva, se non il mezzo per una scalata sociale, almeno l'opportunità di distinguersi attraverso il corpo. È il senso attribuito al fiorire delle attività spor-

piú *boxeur a metà*, accentua paradossalmente l'influenza degli imprenditori sportivi. Se da un lato la Federazione organizza campionati a vocazione sportiva, con guadagni modici, dall'altro impresari e manager danno vita a incontri finanziariamente piú allettanti, le cui qualità commerciali, a partire dal numero di round previsti o dalla reputazione del luogo, hanno un peso maggiore dei risvolti sportivi. In sintesi: il combattimento esiste solo nella misura in cui è dotato di un premio, e il premio dipende dagli incassi che gli organizzatori stimano di poterne ricavare[25]. Va detto poi che il combattimento non è mai solo, bensí si svolge in una «serata di boxe» che ne contiene diversi. Cosí, i pugili finiscono col trovarsi in uno stato di assoggettamento verso gli impresari o, meglio, verso i manager in grado di procurare loro, o meno, un ingaggio presso un determinato impresario[26].

tive nella *belle époque* da M. Halbwachs, *La classe ouvrière et les niveaux de vie. Recherche sur la hiérarchie des besoins dans les sociétés industrielles contemporaines*, Félix Alcan, Paris 1912, p. 411. Per motivi simili, si riscontra un reclutamento sociale paragonabile a quello che valeva per i ciclisti professionisti – R. Hubscher, *Métiers du corps, corps de métiers: le sport-travail*, in R. Hubscher, J. Durry e B. Jeu (a cura di), *L'histoire en mouvements. Le sport dans la société française (XIXe-XXe siècle)*, Armand Colin, Paris 1992, pp. 461-87.

[25] In termini pratici, «ogni pugile, per il tramite del manager, anticipa la stessa somma, dopodiché l'organizzatore aggiunge un montepremi di valore piú alto»: si vedano Ville, *Portrait des boxeurs de métier en France* cit., p. 17, e Id., *Donner la boxe en spectacle* cit., pp. 20-25.

[26] Nel 1911 Carpentier si impegna contrattualmente con i proprietari del Wonderland per un anno. A questo proposito sono istruttivi i processi che si svolgono prima della guerra, attraverso i quali pugili e manager cercano di svincolarsi dai contratti, man mano che insieme alle vittorie arrivano anche offerte piú allettanti. Nel 1912 il campione americano Mac Vea è chiamato in giudizio dai dirigenti del Wonderland, che lo accusano di aver infranto un accordo accettando di combattere in un'altra sala (Archives départementales de Paris, DU5 1656, Tribunal correctionnel de la Seine, Affaire Mac Vea, 1912); un anno prima, Carpentier è condannato a 8000 franchi di risarcimento e interessi per non aver onorato il contratto sottoscritto con due organizzatori di spettacoli di boxe, Baur e Roux, per tre incontri (Cour d'appel de Douai, sentenza del 3 dicembre 1912, *Recueil Dalloz*, 1913, parte II, pp. 198-99). Condannato prima dal *tribunal correctionnel* di Béthune per inadempienza contrattuale, Carpentier, che ai tempi era minore e doveva agire attraverso il padre e il manager, aveva sostenuto in appello che il contratto non poteva essere che illecito (annullando cosí l'obbligo di rispettarlo), perché in sostan-

In altre parole, ed è un aspetto che struttura il combattimento del Buffalo, la possibilità di un confronto, a prescindere dalle qualità sportive o dalla carriera degli atleti, non dipende dai boxeur. L'incontro contiene l'intero mondo della boxe, e lo rimette in scena nel presente. È collegato all'influenza e alla competizione tra gli impresari che lo rendono possibile, alle condizioni del mercato e alla gerarchia delle sale disponibili, ai combattimenti già svolti dai pugili e persino, in modo ancora piú indiretto, al mercato degli stili di boxe che alimentano le aspettative in merito a quanto andrà in scena sul ring. Per descrivere un combattimento specifico, bisogna quindi trascenderlo. Un'esigenza resa ancora piú urgente in questo caso perché, man mano che il mondo collettivo della boxe prendeva forma, i combattimenti erano diventati istituzioni sociali, ossia «un complesso di atti o idee pienamente istituito che gli individui trovano già predisposto» e sul quale si basano quando arriva il momento di boxare[27]. Non è un caso che verso il 1912 si assista a un'opera di codificazione di quanto si compie sul ring e delle modalità per giudicarlo (cosí da rendere prevedibili e dunque proficui gli incontri). È un processo che in effetti investe la maggior parte delle attività di combattimento[28]. La violenza bruta delle origini, sempre sul punto di

za costringeva un uomo a usare contro un altro le vie di fatto, le percosse e le ferite previste e punite dagli articoli 309 e seguenti del Codice penale – tesi respinta dai magistrati d'appello, poiché «i colpi scambiati durante un incontro di boxe non possono, dal momento che si rispettano le regole di questo tipo di sport, essere assimilate alle percosse previste dagli artt. 309 sgg.», e quindi il contratto non aveva «alcun carattere illecito».

[27] Riprendo la definizione di istituzione sociale, di chiaro stampo durkheimiano, proposta da P. Fauconnet e M. Mauss, *La sociologie: objet et méthode* [1901], poi in M. Mauss, *Essais de sociologie*, Seuil, Paris 1971, pp. 6-41, citazione a p. 16.

[28] La prospettiva deve senza dubbio molto al processo di «sportivizzazione» già descritto da Norbert Elias ed Eric Dunning. Per una sintesi accurata, con riferimento alle arti marziali, si veda B. Gaudin, *La codification des pratiques martiales. Une approche socio-historique*, in «Actes de la recherche en sciences sociales», CLXXIX (2009), n. 4, pp. 4-31; si veda anche G. Downey, *Learning Capoeira. Lessons in Cunning from an Afro-Brazilian Art*, Oxford University Press, Oxford 2005.

accendersi sia in sala sia sul ring[29] e che paventava la possibilità di un divieto della boxe, cede il passo a una minuziosa razionalizzazione delle condizioni necessarie per la pratica (certificato medico, feltro sul ring, divieto di manipolare i guantoni ecc.) cosí come a regole del gioco che, stabilendo i colpi legittimi e il conteggio dei punti, finiscono col rendere il Ko solo uno dei possibili esiti del combattimento.

Questo processo getta luce su aspetti di estremo interesse per la comprensione di che cos'è stato il combattimento del Buffalo. Su ogni incontro pesano *dall'esterno* – e su chi vi prende parte – certe aspettative sociali (round, dimensioni del ring, colpi, punti ecc.) che lo rendono un combattimento[30]. Oltretutto, il mondo della boxe ha assunto la forma di uno spazio strutturato di conflitti o di cooperazione, da cui deriva la definizione legittima di che cos'è la boxe. In altre parole, il combattimento del Buffalo può benissimo essere dotato di una *necessità propria* e mettere a confronto quel giorno attori molto particolari che

[29] Nel 1908, davanti alla sala del Wagram Boxing Club, gli spettatori cedono a tafferugli a mani nude («L'Auto», 17 febbraio 1908; sull'episodio si veda anche Rauch, *Boxe* cit., p. 61). Quanto ai combattimenti, nel 1912, durante una serata di boxe all'Élysée Montmartre, il giovane pugile Raphaël Belli viene messo Ko dall'avversario e finisce all'ospedale Lariboisière, dove morirà l'indomani. La vicenda apre una crisi importante: il prefetto di polizia sospende tutti gli incontri e impone un nuovo regolamento ad opera della Federazione, che tutela gli organizzatori commerciali (*La réglementation de la boxe*, in «L'Auto», 14 marzo 1912); da parte sua, il consiglio municipale di Parigi si spacca: alcuni, indignati per il fatto che un pugile possa morire «davanti a due o tremila persone che applaudono fragorosamente», propongono il divieto, mentre altri, vicini al revanscista Déroulède, difendono la pratica della boxe (strumento per lottare contro la «crisi di sensibilità a causa della quale non vogliamo veder scorrere il sangue») ma chiedono che il combattimento s'interrompa alla prima caduta di «uno dei contendenti» (*Question de MM. Émile Massard et L. Guibert sur les combats de boxe*, in «Bulletin municipal officiel de la Ville de Paris», 23 marzo 1912, pp. 1552-57 [seduta del 22 marzo]). Sulla composizione e l'influenza del consiglio municipale si rimanda a N. Nagaï, *Les conseillers municipaux de Paris sous la IIIe République (1871-1914)*, Publications de la Sorbonne, Paris 2002.

[30] A proposito di simili processi Goffman parla di «ancoraggio dell'attività», per indicare il lavoro collettivo in base al quale «il mondo si presenta a noi come ordinato» (ad esempio attraverso un sistema di «marcatori di confine», «assunzioni di ruolo», «parentesi» ecc.), e il mio lavoro tende a qualcosa di molto simile: si veda Goffman, *Frame Analysis* cit., pp. 279-329, citazione a p. 282.

s'incontrano per la prima volta, ma resta comunque la *realizzazione attesa* di un mondo che gli preesiste e che, in quel preciso momento di una storia in corso da tempo, determina sia la possibilità sia il valore di un tale combattimento.

Per arrivare a un combattimento.

Combattendo al Buffalo, Siki e Carpentier portano a coronamento una serie di operazioni preliminari volte a realizzare l'incontro. In effetti, per arrivare sul ring, non è bastato che uno dei due (Siki) dichiarasse di voler affrontare l'altro, o che gli lanciasse una sfida. È stato necessario che si colmasse la distanza tra i due pugili, ovvero che Siki apparisse come un avversario credibile e che il combattimento tra loro diventasse legittimo. Vale la pena prendere in esame per prima cosa questo processo.

La guerra non ha intaccato l'abitudine di organizzare i confronti lanciando una sfida. Può avvenire indirizzando una lettera al giornale «L'Auto», che agisce anche da intermediario. Oppure di persona, durante una serata di boxe: nella sala, un contendente può approfittare del combattimento del giorno per salire sul ring e lanciare una sfida a un altro pugile presente. Un anno prima del combattimento del Buffalo, a ottobre 1921, Siki compie proprio un tentativo di questo tipo. Una sera raggiunge il ring, si presenta allo speaker e annuncia che sfiderà Carpentier[31]. Gli organizzatori rifiutano di dare la no-

[31] «In omaggio alla tradizione, tutti i boxeur di una qualche fama salgono tra le corde del ring e salutano gioiosamente la folla. Appena Carpentier è apparso nel cerchio incantato, Battling Siki, il bruno senegalese, balza a sua volta sul ring, lo speaker Vylé lo presenta, ma non è questo che gli sta a cuore. Per qualche minuto inscena una curiosa pantomima, a quanto pare deciso a non lasciare il ring prima di aver ottenuto soddisfazione. Che cosa vuole? Semplicemente sfidare Georges Carpentier. Ma organizzatori e speaker non vogliono rendere pubblica la sfida, e ormai rassegnato Siki scende dal ring e rinnova ad alta voce la sfida al campione del mondo dei mediomassimi» («L'Auto», 19 ottobre 1921, p. 1).

tizia, anche se il giorno dopo il manager diffonde l'annuncio sulla stampa. Il manager di Carpentier (Descamps) declina[32]. La possibilità del combattimento, il fatto stesso che possa accadere, non ha quindi nulla di scontato. Per dimostrarlo, non basta sottolineare che Siki, il cui palmarès non regge minimamente il confronto con quello di Carpentier, non incarna, o almeno non ancora, un tipo di avversario legittimo. Il valore sportivo degli atleti, infatti, non è la premessa necessaria per decidere la sorte di un combattimento. Se all'inizio l'incontro è ostacolato o sembra non raccogliere interesse, è anzitutto a causa della ristrutturazione del mercato dei combattimenti avvenuta dopo la guerra. Quando gli spettacoli di boxe sono nuovamente autorizzati, nel 1919, il riequilibrio dei poteri che si era delineato prima del conflitto – e conferiva, attraverso i nuovi regolamenti, un'autorità inedita alle istanze sportive – non è piú attuale. D'altra parte, a causa della penuria di pugili, che obbliga a offrire compensi piú sostanziosi e a internazionalizzare le «tournée», si accentua ulteriormente il dominio degli impresari commerciali, anche perché i combattimenti sono sottomessi a campi d'influenza piú ampi, che pongono ai margini gli uomini della Federazione[33]. La cornice storica, favorendo il risvolto economico della boxe, ha come effetto quello di assoggettare l'organizzazione degli incontri allo scalpore e ai guadagni messi in conto dagli impresari.

[32] Il tentativo di Siki si confà agli usi del mercato degli incontri pugilistici, e il rifiuto da parte dello speaker (peraltro lo stesso che sarà presente al Buffalo, nel 1922) di renderlo pubblico quella sera conferma sia la scarsa legittimità di cui il senegalese gode all'epoca per incontrare Carpentier, sia l'importanza del lavoro collettivo in base al quale prende forma il valore dei combattimenti.

[33] Per dare un'idea di questa emarginazione, basti pensare che i pugili chiedono raramente una licenza di boxe, seppure gratuita, accordando cosí un riconoscimento solo molto vago alla Federazione; si veda *Exigez les licences*, in «L'Auto», 19 ottobre 1921, p. 2. Da aggiungere è anche la confusione che regna nelle istituzioni internazionali della boxe, tormentate da regolamenti difformi e dalla competizione tra le istanze americane, inglesi e francesi all'interno dell'International Boxing Union. Sul tema: G. Neumeyer, *La Fédération internationale de boxe n'est qu'un nom*, in «Le Miroir des sports», 8 dicembre 1921, p. 354.

Il combattimento del Buffalo, ossia l'azione che quel giorno si svolge sul ring, è il prodotto di questo nuovo contesto storico. Un anno prima era impensabile, mentre adesso è *diventato possibile*. Questo perché è stato investito in qualche modo di un valore che l'ha *reso necessario*. Per capirlo dobbiamo passare attraverso una descrizione piuttosto particolare. Non sono tanto le qualità individuali di Siki e Carpentier a spiegare l'esistenza del combattimento, quanto il lavoro preparatorio in base al quale i pugili sono sembrati abbastanza contrapposti da giustificare un incontro. In realtà questo lavoro non è consistito nel mettere a confronto due atleti di cui si dava per assodato che avrebbero eseguito un bel match: è consistito (ed è un processo molto diverso) nel trovare per Carpentier un avversario all'altezza dei grandi combattimenti in cui era coinvolto ai tempi.

Nel 1922 Carpentier non combatte in Francia da due anni[34]. Sennonché, non solo è tenuto ad accontentare un pubblico desideroso di vederlo boxare di nuovo, ma la Federazione lo obbliga a rimettere in palio tutti i titoli che detiene. È cosí che prende forma l'incontro: il manager di Carpentier, e con lui gli impresari che si preoccupano di organizzare un match su cui pesano grandi aspettative, deve riuscire a mettere in piedi il *combattimento giusto*. Bisogna valorizzare il pugile opponendolo a un avversario abbastanza *serio* per non screditare l'incontro e per dare allo sfidante la garanzia, se non di una possibile vittoria, almeno di non perdere la faccia con una sconfitta troppo cocente. Qui troviamo una delle proprietà determinanti dell'azione che si svolge sul ring del Buffalo, che precede e ingloba quello che fanno i due pugili: l'azione mette in gioco un intero universo che le preesiste; uno dei suoi presupposti è la par-

[34] Il numero dei combattimenti, del resto, è diminuito ampiamente: se tra il 1908 e il 1913 ne aveva tenuti quarantatre (sette all'anno), tra il 1919 e il 1922 ne tiene solo dieci (dallo spoglio di «La Boxe & Les Boxeurs»).

ticolare statura di Carpentier, il quale non occupa semplicemente una certa posizione nel mondo della boxe, ma lo condiziona in maniera profonda.

Il Carpentier del 1922.

Nato nel 1894 a Liévin (Pas-de-Calais), il Carpentier del 1922 occupa una posizione doppiamente centrale. Tanto per cominciare, ha una carriera già lunga, avviata a quattordici anni, nel 1908, e incardinata sullo status ambiguo della boxe, a metà fra lo sport e lo spettacolo[35]. Figlio di un minatore e scoperto dal professore di ginnastica Descamps, che diventerà il suo manager, all'inizio partecipa a esibizioni di boxe inframmezzate a numeri acrobatici e di ipnosi; in seguito, lascia il lavoro di fattorino per vivere esclusivamente di pugilato. Si trasferisce a Parigi su consiglio del pugile afroamericano Bob Scanlon[36] e firma un contratto con il Wonderland; colleziona vittorie contro i migliori pugili e, prima della guerra, diventa campione di Francia e campione europeo dei pesi medi, dei pesi massimi e di tutte le categorie[37]. La notorietà conquistata, che gli vale il favore del pubblico, si accompagna a un processo di polarizzazione nell'universo della boxe. Il suo modo di boxare – improntato sia alla ricerca del Ko sia alla preoccupazione di *fare spettacolo* – lo rende l'incarnazione piú compiuta

[35] Numerose le biografie di Carpentier, sin da quella importante di G. Haÿ, *Georges Carpentier*, Gauheria, Liévin 1993; piú centrato sul racconto della vita è il contributo di S. Hadjeras, *Georges Carpentier. L'incroyable destin d'un boxeur devenu star*, Nouveau Monde, Paris 2021. Ma per l'analisi sociologica della traiettoria e delle proprietà sociali su cui si basa l'attività del pugile, mi rifaccio soprattutto allo studio di S. Ville, *Georges Carpentier, naissance d'une célébrité sportive (1894-1926)*, in «Genèses», CIII (2016), n. 2, pp. 49-71.

[36] B. Scanlon, *The Record of a Negro Boxer*, in N. Cunard (a cura di), *Negro. An Anthology*, Ungar Publishing, New York 1970 [1934], p. 209. Scanlon, che dunque conosce bene Carpentier, è uno dei preparatori di Siki per l'incontro del Buffalo.

[37] Archives nationales, Légion d'honneur (banca dati Léonore), 19800035/1347/56061, Carpentier Georges Benoît. Si veda anche Hadjeras, *Georges Carpentier* cit., pp. 312-31.

della situazione boxistica a lui coeva. Carpentier non si limita a coniugare sport e spettacolo o a raccogliere i profitti di entrambi i mondi: contribuisce a definire che cos'è un boxeur e a stabilire le forme legittime che gli altri devono seguire per diventarlo. Gli anni dopo la guerra (cui ha partecipato come aviatore) vedono consolidarsi la sua posizione. Diventa campione del mondo dei mediomassimi nel 1920 e per un certo periodo va in tournée negli Stati Uniti; debutta nel cinema, frequenta le star internazionali e guadagna abbastanza da diventare un uomo facoltoso, dotato di una fortuna notevole[38].

Poco importa che nel 1921 sia sconfitto da Dempsey. Carpentier è comunque un'*istituzione*. Non lo deve solo alla carriera o alla fama consolidata. In modo piú indiretto, e anche piú strutturale, è cresciuto nell'universo pugilistico che l'ha reso quello che è. È diventato il portatore di tutto ciò che è stato, sotto forma di una reputazione che ormai lo precede. È un classico, un eroe fondatore. La sua posizione è quella di un veterano che non è piú condizionato da successi o fallimenti sportivi. È *la boxe in persona*. Di questa statura personale, che al tempo stesso lo colloca e lo rende esterno al mondo da lui dominato, si trovano numerose tracce. Nessuna può reggere il confronto con quella che François Mauriac, chiamando in causa i principî del campo letterario ed evocando Baudelaire e Apollo, propone nel 1921:

> I boxeur di professione si distinguono [...], di primo acchito, per un aspetto pesto e acciaccato. Nulla di ciò in Georges, che porta l'abito con un'eleganza rigorosa e il cui profilo greco denota appena l'asimmetria necessaria per ricordare uno di quegli Apolli sfiorati da un colpo di piccone quando sono stati dissepolti. I muscoli non si tendono indiscretamente sotto la stoffa del suo vestito da sera; i bruti che tramortisce, è probabile che li confonda solo con la sua terribile grazia da angelo sterminatore!... [...] Chi negherà che il fascino particolare di Georges Carpentier sta nel non

[38] Le sue entrate, che nel 1913 si aggiravano sui 200 000 franchi all'anno, arrivano a 2,4 milioni nel 1921: Ville, *Georges Carpentier* cit., p. 57.

avere l'aspetto di un boxeur, ovvero (mi confidava una signora) di averne l'aspetto solo quel tanto perché restiamo incantati, nei suoi riguardi, da ciò che esprime il verso di Baudelaire:

Nel letargo del bruto, un angelo si desta[39].

La magia sociale legata a Carpentier, questa specie di carisma o, meglio, di incanto che lo precede, e conferisce statura alla sua persona e importanza ai suoi combattimenti, circonda il match del Buffalo e gli infonde parte della sua forma[40]. Carpentier ha cosí la certezza di essere detentore dell'eccellenza in materia di boxe, cosa che, rendendolo il favorito, lo induce a un atteggiamento disinvolto («Sbrighiamoci, sta per piovere»)[41] e all'adozione, almeno all'inizio, di una boxe eccessiva e da gradasso; lo stesso incanto è garanzia del fatto che il combattimento resterà negli annali. Non solo perché al nome di Carpentier si associa una certa attrattiva, e perché si prevedono lauti guadagni per tutti gli attori coinvolti, ma anche, ed è un tratto determinante, a causa della posizione di rilievo che l'atleta occupa su quel *mercato in perpetuo riassetto* che costituisce la boxe, in cui i nuovi ingressi (i nuovi boxeur) accedono alle posizioni piú prestigiose solo *rispedendo al passato* (cioè alla sconfitta) i pugili già consacrati con i quali si

[39] F. Mauriac, *La Gloire de Georges Carpentier*, in «La Revue hebdomadaire», XXX (2 luglio 1921), n. 27, pp. 36-42, citazione alle pp. 38-39. Si può individuare in questo caso, in una forma capovolta, cioè sportivizzata, un'eco della «rottura con il borghese» sottesa all'universo delle opere e dei produttori di opere letterarie e artistiche a partire da metà Ottocento: verso il 1920 Carpentier incarna una «rottura con lo sportivo».

[40] H. Hubert e M. Mauss, *Saggio di una teoria generale della magia* [1902-903], poi in Mauss, *Teoria generale della magia* cit., pp. 5-152. Nella stessa scia, si vedano (oltre a P. Bourdieu, *La délégation et le fétichisme politique* [1984], poi in Id., *Langage et pouvoir symbolique*, Seuil, Paris 2002, pp. 259-79) B. Lahire, *Ceci n'est pas qu'un tableau. Essai sur l'art, la domination, la magie et le sacré*, La Découverte, Paris 2015, pp. 131-206, e C. Granger, *L'admiration. Exercice sur une «rature» de Proust*, in «Sensibilités. Histoire, critique & sciences sociales», I (2016), n. 1, pp. 68-85.

[41] L'inchiesta della commissione riporta che, appena dopo la prima stretta di mano fra i pugili, Carpentier, ancora in mezzo ai massaggiatori, si era già rivolto a Siki «con un tono leggermente sprezzante» dicendogli: «Hai una bella fortuna a trovarti davanti Carpentier. Ti farà guadagnare soldi»; si veda Fédération française de boxe, *Rapport de la commission d'enquête* cit., p. 11.

misurano[42]. Insomma, il combattimento si nutre anche della possibilità che Carpentier venga battuto e che quel giorno il pubblico assista alla nascita sul ring di un pugile che diventerà grande per averne sconfitto un altro di notevole statura.

Perché si svolga, un combattimento di questo tipo deve però rispondere a determinate caratteristiche: Carpentier ha bisogno di un avversario che appaia degno di questo nome, pur non essendo altrettanto riconoscibile. L'impresa collettiva che in ultima istanza porterà Siki sul ring è pervasa da una manipolazione simbolica che pesa egualmente in anticipo su quanto si svolgerà.

Produrre il valore dell'avversario.

L'organizzazione dei combattimenti di boxe, cosí come si presenta dopo la guerra, ha la forma di una conciliazione degli opposti. Alla sfida propriamente sportiva che un pugile lancia verso un altro, bisogna aggiungere presto l'intervento degli impresari e dei manager, la cui decisione finale risponde a principî contrastanti ma complementari: il boxeur che lancia il guanto vede il proprio manager offrire una parte del premio per la realizzazione del combattimento e contrattare con i proprietari della sala (o dello stadio) perché si occupino del reperimento dei fondi e soprattutto della retribuzione dei pugili. Quando lancia la sfida a Carpentier, Siki ha dalla sua due argomenti. Non solo il manager di Carpentier afferma che il suo atleta è pronto a combattere e lamenta l'assenza di proposte, ma Siki ha accumulato abbastanza vittorie in un periodo abbastanza breve da non figurare come un cattivo candidato. Il progetto ottiene il favore di almeno due gestori di sala, che

[42] Sulla costruzione sociale della posizione del campione sportivo, si veda G. Laurans, *Qu'est-ce qu'un champion? La compétition sportive en Languedoc au début du siècle*, in «Annales. Économies, Sociétés, Civilisations», XLV (1990), n. 5, pp. 1047-69.

sono anche manager stimati[43]. Entrambi si mostrano fiduciosi, dicendosi convinti che «Descamps non rifiuterà a Siki, che è stato anche lui un valoroso soldato francese, l'onore d'incontrare il nostro glorioso campione nazionale»[44]. Sono disposti a organizzare l'incontro al Vélodrome d'Hiver e propongono di versare il trentasei per cento degli incassi a Carpentier[45].

Descamps declina con motivazioni istruttive, rendendo visibile la legge del ring cui un combattimento deve sottostare per potersi svolgere:

> [Siki] è forse un ragazzo valoroso nella vita civile, ma (almeno in questo momento) lo considero un boxeur di terza classe, che deve ancora dare prova di sé prima di affrontare Georges Carpentier, a meno che non si vogliano prendere gli spettatori per sciocchi[46].

E aggiunge, un po' per escludere la possibilità e un po' per lasciare aperto uno spiraglio, che, per diventare un rivale degno di Carpentier, Siki dovrebbe iniziare dallo sconfiggere coloro che, meglio piazzati di lui sul circuito parigino, sarebbero avversari molto piú legittimi (Marcel Nilles e Paul Journée)[47].

[43] Quello del Boxing Club de France, Robert Eudeline (nato nel 1874 e illustre manager di Eugène Criqui, che sarà campione del mondo dei pesi piuma nel 1923), e quello del Continental Sporting Club, Louis Anastasie (anche lui manager e prima della guerra direttore del Kangourou Boxing Club).

[44] *Carpentier-Siki prend tournure*, in «L'Auto», 26 novembre 1921, p. 1.

[45] Pochi mesi prima Anastasie ha stretto un accordo con il direttore del Vélodrome d'Hiver. Per la precisione, l'offerta viene dal segretario generale del Boxing Club de France, Henri Pilgrain, vice di Robert Eudeline, direttore prima della guerra della sala di boulevard de Rochechouart a Parigi, e la cui scuderia conta, dopo la guerra, piú o meno quindici campioni di boxe francesi.

[46] Lettera di François Descamps, 10 dicembre 1921, riportata da *Le match Carpentier-Siki est dans l'eau!...*, in «L'Auto», 14 dicembre 1921, p. 2.

[47] La posizione di Descamps, rispondendo alla necessità di non rifiutare, in apparenza, il confronto, è piú sottile; in un primo tempo, lanciata la sfida, accetta il *principio* di uno scontro con Siki, poiché è evidente che Carpentier deve sottostare al bisogno di rimettere in gioco il titolo, meccanismo da cui deriva, almeno nella sua forma sportiva, la legge del ring: «Quanto a Carpentier-Siki, abbiate fede. Appena Siki sarà in regola con la Federazione e il signor Rousseau me ne avrà dato ufficialmente notizia, Georges sarà subito "bello che pronto", ve lo garantisco» (*Descamps répond pour Papin et pour Carpentier*, in «L'Auto», 30 ottobre 1921, p. 2).

Insomma, per boxare, tanto piú con chi si vuole, non basta volerlo. Ogni scontro, per svolgersi, deve rispondere all'*opinione sulla legittimità del combattimento*. Sotto quest'aspetto, piú che alla logica dei campionati sportivi per cui i risultati determinano gli incontri, l'organizzazione è accostabile a quella dei concorsi artistici[48]. O perlomeno le due logiche si trovano in perfetto equilibrio. Nel caso specifico, perché Siki potesse affrontare Carpentier sul ring del Buffalo senza che si sollevassero domande sulla sua presenza, è stato necessario un lavoro collettivo di legittimazione, sia simbolica sia economica, che non è incongruo paragonare alle operazioni mirate a *produrre il valore* di un artista[49]. Il valore di un pugile dipende certamente dal posto che occupa in un dato momento nello spazio delle posizioni pugilistiche: ma questo spazio non è un quadro immobile. Si compone e ricompone incessantemente a seconda dei combattimenti, delle vittorie che assegnano un valore al pugile, ma anche sull'onda di considerazioni altre che, in questo universo di singolarità, possono dipendere dal fatto di *farsi un nome*.

Nel caso di Siki, non è la posizione che occupa a qualificarlo per il combattimento, ma il modo in cui arriva a occuparla. Se dopo la guerra è annoverato tra i pugili di seconda categoria, in pochi mesi riesce a piazzarsi tra «i cinque migliori boxeur» del paese[50]. Ne consegue che non bisogna descrivere tanto le caratteristiche che gli hanno permesso di fare carriera, quanto *l'impresa di costruzione della credibilità*

[48] Voglio dire non tanto che la boxe poggia su interessi economici (come in realtà molti sport nel periodo fra le due guerre), quanto che, in modo assai piú determinante e a differenza di altri sport, non si basa su un principio organizzativo assimilabile a un «campionato», che prevede in anticipo gli incontri e stabilisce soprattutto gli avversari legittimi.

[49] Sul tema, si veda in particolare lo studio di R. Moulin e A. Quemin, *La certification de la valeur de l'art. Experts et expertises*, in «Annales. Économies, Sociétés, Civilisations», XLVIII (1993), n. 6, pp. 1421-45. Si veda anche, per il caso dettagliatissimo di un dipinto di Poussin, Lahire, *Ceci n'est pas qu'un tableau* cit., pp. 286-302.

[50] «L'Auto», 18 settembre 1921.

che gli vale il riconoscimento di impresari e pubblico. In altre parole: il modo in cui le proprietà acquisite in passato sono improvvisamente modificate e riconvertite nel presente in cui Siki deve inserirsi[51].

Quando deve affrontare la sfida di diventare avversario legittimo di Carpentier, la posizione di Siki è quella di un outsider che ha vissuto una carriera lenta e minore. Nato probabilmente nel 1895 a Saint-Louis (Senegal), si chiama M'Baye Fal[52]. Approda in Francia nel 1908 e sbarca il lunario a Marsiglia come lavapiatti, scaricatore e pugile nelle fiere; nel 1912 diventa boxeur professionista con il nome di «Battling Siki»[53]. La sua carriera si limita al mercato secondario delle sale da caffè e delle feste di beneficenza[54], ma gli

[51] Sulla costruzione, in primo luogo narrativa, del percorso biografico come modo di vivere nel presente, e piú in generale sulle capacità analitiche della biografia sociologica, si veda Granger, *Joseph Kabris* cit.

[52] Archives nationales d'outre-mer (Anom), État civil Sénégal, Quartier de Saint-Louis, f. 143, n. 566, M'Baye Fal, 16 settembre 1895. Si veda anche Archives du ministère des Affaires étrangères, archives diplomatiques de La Courneuve, 152Qo, Successions, cartella n. 49, Fall Louis (detto Battling Siki), 1937. Dico *probabilmente* non per insinuare un dubbio (la vita di Siki è stata oggetto di cosí tanti racconti per amore dello *spettacolo* che è meglio non aggiungerne altri), ma perché nelle tabelle annuali delle nascite si trova una sentenza difforme (1952) che attesta una data diversa, peraltro con una diversa grafia del nome: Anom, État civil Sénégal, 16 settembre 1897, Table annuelle des naissances, Saint-Louis, 1897: «966. Fall M'Baye Oumar, Migné Cissé, Jugement 28.8.52»: «Da una sentenza resa dal Tribunale di Saint Louis il ventotto agosto millenovecentocinquantadue trascritta a Saint Louis il sette ottobre millenovecentocinquantadue risulta: M'Baye Fall / figlio di Oumar Fall / e della di lui moglie Migné Cissé è nato a Saint Louis Senegal quartiere M'Dar Toute nel corso dell'anno milleottocentonovantasette"».

[53] Il *nome di battaglia*, in quanto capitale simbolico, obbedisce a una logica paragonabile a quella dei soprannomi, che allo stesso tempo assimilano l'individuo nel sistema dei riconoscimenti proprio di un universo e lo distinguono conformandolo alle logiche del gruppo. Alla base di «Battling Siki» sta un'operazione abbastanza semplice: la forma *Siki* rimanda probabilmente a *siggi*, che in wolof significa «rialzare la testa» (P. Benson, *Battling Siki. A Tale of Ring Fixes, Race, and Murder in the 1920s*, University of Arkansas Press, Fayetteville 2006, pp. 95-96). Quanto a *Battling*, la forma inglese riflette il predominio dei pugili statunitensi ed è molto in voga tra il 1910 e il 1940.

[54] Gaston Bénac, che lo incontra a Tolosa nel 1913, lo descrive «snello al punto da essere magro, malmenato a suon di pugni, malnutrito con una gamella di brodaglia»: si veda G. Bénac, *Champions dans la coulisse*, L'Actualité Sportive, Toulouse 1944.

procura una certa fama locale nei dintorni di Tolosa[55]. Dopo la Grande Guerra (dove combatte in un reggimento di artiglieria pesante, meritandosi una medaglia)[56] riprende la boxe al Wonderland di Tolosa e affronta un certo numero di campioni parigini, guadagnando cosí una fama che gli permette di spostarsi nella capitale[57]. Cosí commenta «Le Cri de Toulouse» nel febbraio 1920:

> La nostra città ospita un superbo negro senegalese di nome Battling Siki. Alto, largo di spalle, caviglie e polsi sottili, il ragazzo

[55] Prima della guerra tiene sedici combattimenti, soprattutto a Marsiglia, Tolosa e Narbona. Della sua fama, minore ma reale, possiamo farci un'idea attraverso la festa di beneficenza degli studenti di Tolosa nel febbraio 1914, dove affronta il «Carpentier di Béziers, Rustan, campione della Languedoc». In quell'occasione è presentato come un «boxeur noto a tutti»: «il campione senegalese Battling Siki» (*Nouveautés*, in «La Dépêche», 19 febbraio 1914, p. 4; istruttivo anche il resto della serata, che «terminerà con l'esilarante vaudeville in un solo atto *La Belle-Mère est sans Pitié*»). Indice della sua celebrità, dal 1913 Siki riceve una serie di sfide: «Battling-Siki è pregato di rispondere con il suo indirizzo a Robert Baudoin. Da inviare all'1 di rue Alexis-Lepère, Montreuil-sous-Bois» (in «L'Aéro», 30 agosto 1913, p. 5, e *Petites nouvelles*, in «L'Auto», 6 luglio 1914, p. 6).

[56] Archives de la Défense, M'Baye Fal, Extrait des services: classe 1914, numero di matricola 421; *Le poilu Battling Siki*, in «Le Grand Écho du Nord», 24 ottobre 1922, s.p. Si tratta del 71° reggimento di artiglieria pesante ad alta potenza (Ralgp); il «*poilu* Louis Fall Baye», matricola 1816, appartiene alla 9ª batteria. Sulla storia e la composizione del reggimento, si veda *Historique du 1er Régiment d'Artillerie à pied et 71e R. A. L. G. P. Guerre 1914-1918*, Fournier, Paris 1921.

[57] Quando il suo manager è Élie Lapart, Siki diventa l'atleta di punta dell'Amical Boxing Club di Tolosa («L'Athlète», 14 febbraio 1920); la sala si trova nel Café des Chemins de Fer, in allée Jean Jaurès. Il Wonderland tolosano mette in contatto i pugili piú titolati di Parigi, ormai poco numerosi, con quelli meno conosciuti della provincia, che trovano cosí l'occasione di un trampolino per la capitale. Siki affronta avversari di una certa statura (come il campione di Francia Jean Audouy) e diventa in pochi mesi una delle attrazioni piú redditizie del Théâtre des Nouveautés. Cosí vengono presentati i suoi combattimenti: «Assisteremo al ritorno del negro Battling Siki che, congedato da tre settimane, si è rimesso ad allenarsi seriamente. Il valoroso Siki è tornato dalla guerra piú bello e potente che mai, è adesso un superbo atleta di 75 chili. Non v'è ancora certezza sul nome dell'avversario. Jim Sinner è in trattativa con Marcel Moreau [uno dei piú grandi pugili di prima del 1914]; Perroud, il peso medio che ha battuto Lurie, ex campione di Francia e peso massimo; Eugène Stuber, il terribile picchiatore, l'uomo dai 400 combattimenti; si vocifera anche di un uomo pronto a uscire da Parigi, che un grande manager tiene nascosto e che accetterebbe di regalarne l'anteprima ai tolosani» (*La boxe à Toulouse*, in «Toulouse-Spectacles», 22 novembre 1919, p. 6).

ispira una simpatia accentuata dall'aver trascorso tutta la guerra in una delle migliori truppe d'assalto, guadagnandosi la medaglia militare e la Croce di guerra con palme per azione valorosa.
I direttori delle Nouveautés hanno dato prova di una felice intuizione mettendolo ripetutamente a confronto con campioni illustri. Ci hanno cosí svelato l'interesse che i tolosani nutrono per l'arte pugilistica, in cui la Francia ha fatto tanto rapidamente buona figura. Ho seguito da vicino tutti i combattimenti di Battling-Siki. L'ultimo l'ha contrapposto, lo scorso lunedí, a Audouy, uno dei migliori boxeur francesi, a cui il senegalese ha inflitto l'onta di un vile abbandono al quarto round.
E questo pone indiscutibilmente il valoroso negro nel novero di coloro che gli esperti devono seguire con attenzione. L'uomo presenta qualità di prim'ordine e fra un paio d'anni saremo probabilmente estasiati per aver assistito ai suoi esordi a Tolosa, come è avvenuto, in un altro ambito d'idee, per gli esordi di Raimu, oggi uno dei primi artisti della capitale.
Mi auguro che i signori Réveillat e Ricard ci daranno nuovamente l'occasione di vedere Battling-Siki contro un campione di portata ancora piú grande di Audouy[58].

Arrivare a Parigi, dopo che qualcuno l'ha notato nei circuiti di provincia, lo fa diventare una *novità* all'interno di un universo che quei circuiti li valorizza. Ma per *conquistare una posizione* ci vuole altro. È a quest'obiettivo che si dedica Hellers, diventato il suo manager. Per dargli rapidamente valore, lo sottopone a una tournée di combattimenti all'estero (Anversa, Rotterdam, Amsterdam e Berlino), dove Siki, anziché cominciare dal basso, affronta direttamente i campioni in carica. Oltre a socializzarlo in un universo in cui fino ad allora era riconosciuto solo a metà[59], la tournée di pochi mesi lo vede prevalere quattordici volte su quindici e sconfiggere persino il campione dei Paesi Bassi e quel-

[58] Q. D'Amara, *La boxe à Toulouse*, in «Le Cri de Toulouse», 21-28 febbraio 1920, p. 2. (Rispetto la grafia dell'originale, in particolare il trattino in «Battling-Siki»).
[59] Sulla moglie Lijntje van Appelteer, incontrata nei Paesi Bassi, si veda Benson, *Battling Siki* cit., pp. 118-21.

lo della Germania. Al suo ritorno a Parigi, possiede cosí lo status di un pugile diverso, di un *coming man* che si annovera adesso tra i campioni in erba, come afferma «L'Auto» nel giugno 1922:

> Da quando è sotto la direzione di Hellers, Siki si è completamente trasformato. Al senegalese mancava di avere come gli altri boxeur di qualità un manager competente ed energico. La lacuna adesso è colma. Descamps e Eudeline hanno i loro grandi assi; è naturale che Hellers si sia interessato a Battling Siki[60].

O ancora, sempre su «L'Auto»:

> Tra i nostri pochi boxeur di qualità, esiste un temibile peso medio, senz'ombra di dubbio il migliore di tutta l'Europa: il nostro senegalese Siki. In due anni ha riportato solo una sconfitta, per mano di Léonard, e sappiamo che questi non ha piú alcuna possibilità contro di lui. Nessuno vuole incontrarlo, e ne hanno ben donde[61].

L'ascesa di Siki si presenta dunque come una rapida acquisizione di valore. Gli permette di piazzarsi in alto nell'universo boxistico, senza passare attraverso il circuito che di solito dà accesso a quella posizione. La traiettoria si basa sulla logica della sfida, una logica strutturante per questo universo. Siki non solo scardina la necessità di accumulare vittorie: ha anche eluso il principio di specializzazione, secondo il quale il pugile occupa un posto preciso nella sua categoria di peso. Lui segue un criterio a parte, ossia quello del «fenomeno». Affronta direttamente i campioni in carica, e per farlo cambia categoria (medi, massimi e mediomassimi), spesso boxando ampiamente

[60] *Battling Siki espère monter sur le ring au même poids que Nilles*, in «L'Auto», 14 giugno 1922, p. 1.

[61] «L'Auto», 23 giugno 1921, p. 2. Si veda anche *Battling Siki est à Paris*, ivi, 26 giugno 1921, p. 2: «Il campione senegalese Battling Siki è appena arrivato a Parigi, di ritorno da una tournée in Belgio, Olanda e Germania, dove ha tenuto 15 combattimenti contro professionisti del calibro di: Breitenstraëter, Güs Spalla, Sjouwerman, Ahaus, Harry Reeve, Tom Berry ecc., senza mai conoscere la sconfitta. Siki, attualmente molto in forma dopo un duro allenamento, pesa esattamente 72 kg 700; accetta tutti gli scontri che gli si possano proporre, da pugili di ogni nazionalità, con un peso tra i 72 kg 700 e gli 85 kg, e lancia la sfida soprattutto a Léonard, Pionnier e Balzac».

sotto il peso teorico[62]. In una manciata di mesi batte due campioni europei, che sulla carta gli sono superiori, e, nonostante gli undici chili di svantaggio, ha la meglio sul campione francese dei pesi massimi e sul suo challenger (Journée e Nilles), esaudendo cosí il desiderio di Descamps, ovvero batterli prima di ipotizzare un incontro con Carpentier[63].

In effetti, tra il 1921 e il 1922 Siki colleziona vittorie senza mai perdere. La statura che assume in quei pochi mesi, e che finisce per autoalimentarsi, non si esprime soltanto sul terreno sportivo. Che riesca ad accedere a combattimenti di primo piano e che ne ricavi quel tanto per non dipendere piú dal benvolere di impresari e manager è dovuto al fatto che, nonostante la sua marginalità, diventa legittimo agli occhi del pubblico e fonte di profitti per gli organizzatori degli scontri. Le sue qualità possono sí attirare critiche, e certi ingaggi vengono strappati solo a costo di grandi fatiche, ma la traiettoria che disegna in quel periodo gli assegna un valore alto sul mercato dei combattimenti. È una traiettoria che garantisce incassi importanti agli impresari e che lo rende, dunque, un avversario ricercato tra i pugili di una certa fama. Quando affronta Paul Journée, principale sparring partner di Carpentier, al Vélodrome d'Hiver nel 1921, «l'incasso supera i 190 000 franchi, segnando un nuovo record»[64]. Per

[62] *Défis*, in «La Boxe & Les Boxeurs», 21 dicembre 1921, p. 3: «Siki, attualmente in forma straordinaria dopo un duro allenamento, pesa esattamente 72 chili 100 grammi; accetta tutti gli scontri che gli possano proporre pugili di ogni nazionalità, con un peso tra i 72 chili 700 grammi e gli 85 chili, e lancia una sfida soprattutto a Léonard, Pionnier e Balzac».

[63] A settembre «L'Auto» sottolinea che Siki «ha ormai conquistato la grande ribalta» (18 settembre 1921, p. 2).

[64] Per esempio, si consideri che, dopo il lancio della sfida, pur di garantire l'organizzazione del combattimento contro Journée, il direttore del Boxing Club de France Eudeline «offre a Siki 10 000 franchi per incontrare Journée l'8 novembre al Cirque de Paris, in 15 round di 3 minuti. Su richiesta di Journée, Siki dovrà puntarne personalmente 5000 alle casse di "L'Auto"»: *Le combat Journée-Battling Siki*, in «L'Auto», 30 ottobre 1921, p. 2. Possiamo farci un'idea di questo aumento di valore considerando la modalità con cui Siki, fuori dal ring, gestisce le sfide che ha lanciato e le onora con spavalderia, facendo leva sulla differenza di peso che lo mette in svantaggio

Posizione di Siki e Carpentier nello spazio pugilistico, 1919-1922.

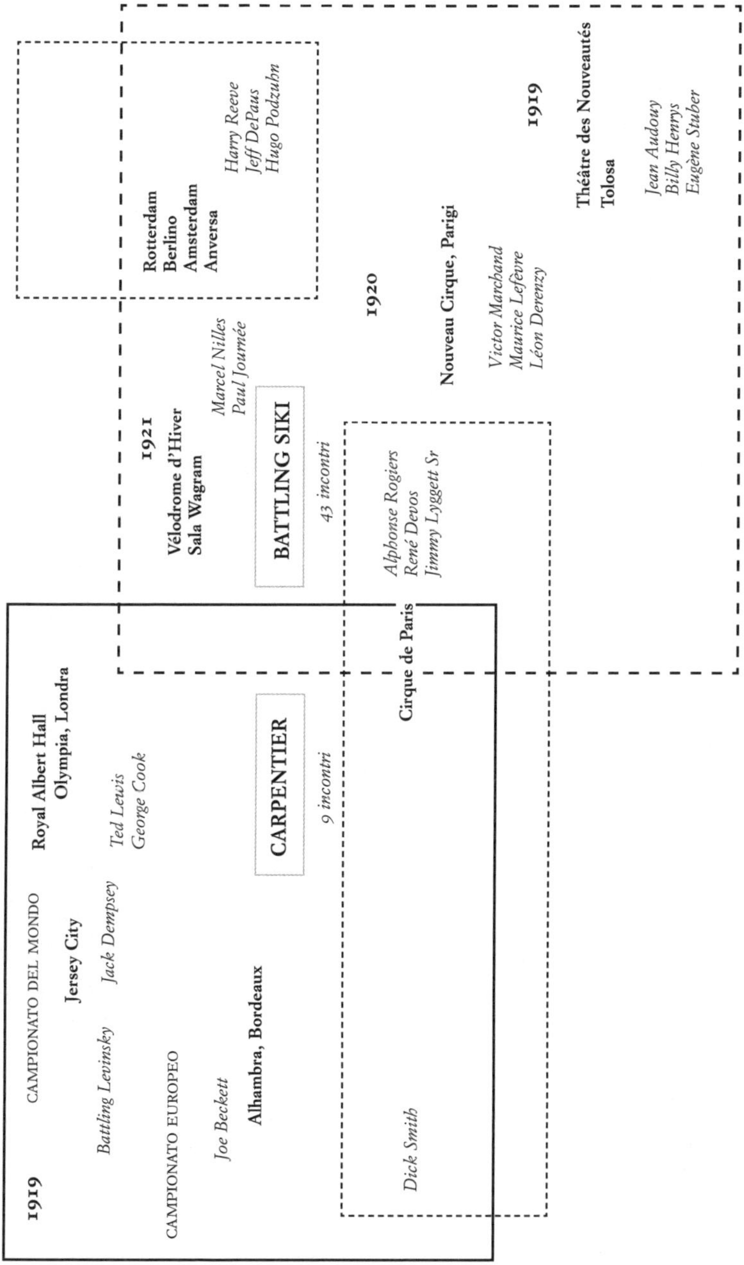

capire quanto le sue prestazioni impressionino il pubblico, si veda la posta dei lettori di «L'Auto»:

> Siki è stato pregato, per martedí, di infilare i pugni in guantoni da 12 once. Fossi uno dei suoi partner, mi ritirerei.
>
> *Un ammiratore*
>
> [...]
>
> Journée farà bene a mettersi dei paraorecchie, se vuole reggere 6 round contro Siki.
>
> *Anonimo*[65]

Ma la posizione che occupa e il prestigio che ottiene si nutrono anche d'altro. In fondo, quella di Siki è la consacrazione di una differenza rispetto a ciò che è consacrato: la sua reputazione è anche quella di una carriera ritenuta improbabile. «Non è meravigliosa, infatti, l'ascesa di questo *coming man* senegalese che prima della guerra era solo un piccolo boxeur senza gloria?», riassume «L'Auto»[66]. Siki ha la meglio senza smettere di essere l'outsider, colui che deve la sua grandezza al fatto di ignorare le regole del gioco. All'epoca corre voce che sia diventato pugile senza allenatore[67], che fino al giorno prima non fosse nessuno, che spesso abbia boxato senza manager perché riottoso alla disciplina, che abbia litigato con proprietari di sala, che sia abituato a eccessi e scandali e si

per corroborare la certezza della propria superiorità; sono tutti elementi che contribuiscono a dare in anticipo valore al combattimento e, di riflesso, ai pugili coinvolti: «Signor direttore, Parigi, 27 ottobre 1921. Sono lieto di vedere che Journée raccoglie la mia sfida. Quanto alla faccenda del peso, essa ha scarsissimo rilievo: Carpentier ha incontrato Beckett con piú di 10 chili di svantaggio. Journée è molto gentile a consigliarmi di rifletterci ancora, ma può tenersi i suoi consigli, non ne ho alcun bisogno, metterò alla prova i suoi guantoni il giorno in cui ci troveremo faccia a faccia. Battling Siki» (*Battling Siki maintient son défi à Journée*, in «L'Auto», 28 ottobre 1921, p. 2).

[65] *On nous écrit*, ivi, 23 novembre 1921, p. 2.

[66] *Battling Siki s'attaque ce soir au Champion d'Europe: Balzac*, ivi, 21 settembre 1921, p. 1.

[67] Alimenta lui stesso queste voci (che lo rendono un pugile ai margini), anche per giustificare la tournée all'estero: «Sono dovuto andare all'estero perché in Francia non avevo occasioni di boxare; i manager non volevano occuparsi di me; e, persino per premi irrisori, gli impresari mi chiudevano le loro sale» (*Une interview de Battling Siki*, in «L'Écho d'Alger», 24 aprile 1922, p. 2).

occupi pochissimo della sua condizione fisica. Rispetto a Carpentier, che incarna il *cursus honorum* della boxe, Siki è colui che s'impone *nonostante* il mondo al quale s'impone. Questa proprietà, improbabile prima della guerra, adesso è diventata proficua: lo rende un pugile tanto piú grande quanto la sua posizione sembra dipendere esclusivamente dal talento[68].

Ritratto.

Nel 1921 «Le Miroir des sports» lo nomina «sportivo del giorno» e ne traccia un profilo che è un buon indice di questa consacrazione:

> Pur essendo ben noto agli esperti, il boxeur senegalese Siki era completamente sconosciuto al grande pubblico, se non per il fatto di aver collezionato una serie di vittorie in Olanda e in Germania. Siki cominciò a far parlare di sé nel mondo pugilistico quando, a quindici o sedici anni, tenne piccoli combattimenti di boxe a Tolosa e poi a Nizza, dov'era impiegato come fattorino di un caffè-ristorante. Durante la guerra serví in un reggimento di artiglieria pesante e sfruttò un soggiorno al campo di Mailly per disputare, vincendo ogni volta, un certo numero di match. Dopo la smobilitazione, Siki, che di solito combatte nella categoria dei pesi mediomassimi, trionfò in successione in diverse città olandesi.
>
> Riuscirà a boxare regolarmente nella categoria dei pesi medi, anche se per l'incontro con Balzac è potuto scendere a 71 kg solo a forza di privazioni e addirittura con un digiuno quasi completo? È certo che, come peso medio, Siki non avrebbe in Francia nessun avversario alla sua altezza: il pugile Balzac, che ha battuto con tanta facilità quindici giorni orsono, ha avuto agevolmente la meglio su Degand, Marchand, Pionnier, Léonard, Audouy,

[68] Per una traccia, in apparenza secondaria anche se particolarmente significativa, della *consacrazione attraverso la differenza rispetto a ciò che è consacrato*, si veda la formula adottata da un giornale non a caso esterno al mondo della boxe: «L'uomo che il pubblico acclama a ogni combattimento e di cui la stampa sportiva non vuole parlare» (*Interview de Battling Siki*, in «La Gazette de Paris», 16 ottobre 1921, p. 3). Su questa forma di consacrazione nel campo delle arti, si veda per esempio P. Bourdieu, *Manet. Une révolution symbolique*, Raisons d'agir - Seuil, Paris 2013.

Niémen. Potremmo affermare a priori che nessuno di quei boxeur reggerebbe piú di due o tre riprese contro il senegalese. Questi ha tutte le qualità naturali di un boxeur nato: senza aver mai dato retta ai consigli esperti di «manager» navigati, senza voler seguire un allenamento regolare, senza curarsi di cercare o conservare la miglior condizione fisica possibile, il giorno del combattimento Siki è naturalmente in forma.

Da questo punto di vista non potremmo paragonarlo meglio che al corridore canadese Earl Thomson, vincitore olimpico dei 110 metri ostacoli, campione d'America e detentore del record mondiale di questa distanza con 14'' 4/5. Come Siki, Thomson non si preoccupa affatto dell'allenamento né della forma: ad Anversa, l'anno scorso, alla vigilia della finale dei 110 metri ostacoli, girava per strada alle 2 del mattino, allegro, pur avendo perduto ogni nozione di equilibrio. Poche ore dopo, vinceva la finale con lo stile meraviglioso noto a tutti, in 15 secondi. Ciò induce a credere che, se le nature mediocri hanno bisogno di prepararsi duramente agli scontri, gli atleti di élite, i cui organi hanno tutti un funzionamento impeccabile, possono permettersi qualche sgarro, senza inconvenienti per le successive prestazioni[69].

Siki è un pugile nero.

Alla fine del lavoro di legittimazione, il valore economico e simbolico che Siki accumula nei mesi antecedenti il combattimento del Buffalo è appunto quello che gli consente di salire sul ring, possibilità che appena un anno prima gli era stata negata. Bisogna però aggiungere ancora un elemento fondamentale che decide le sorti dell'incontro e lo struttura: *Siki è nero*. Una formulazione ingannevole: con ciò non si indica tanto una qualità propria del pugile, quanto un processo di *razzializzazione* che all'epoca investe l'universo della boxe e assegna un posto molto specifico – al tempo stesso prestigioso e subalterno – ai pugili neri, relegandoli costan-

[69] *L'homme sportif du jour: le Sénégalais Siki*, in «Le Miroir des sports», 6 ottobre 1921, p. 215.

temente in un rapporto di differenza e diseguaglianza[70]. Che intorno alla figura di Siki ci fosse un razzismo istituzionalizzato non è difficile da dimostrare. Quando non si discuteva della sua boxe da selvaggio, a tenere banco era la superiorità derivante dalle presunte caratteristiche naturali dei neri. In un giornale di sinistra si legge:

> Battling Siki combatteva malissimo: boxava con meno arte di un canguro ben ammaestrato, praticava una tattica che, anziché le tattiche del ring, evocava quelle della savana...
>
> [...]
>
> Poiché i neri hanno l'ossatura piú compatta dei bianchi, e anche tendini piú forti, ne risulta che i pugili scuri hanno un'incontestabile superiorità nell'«incassare».
>
> A parità di condizioni (peso, agilità, sveltezza, scienza, astuzia), il nero fiaccherà il bianco[71].

O ancora:

> Di costituzione che differisce dalla nostra, con una scatola cranica all'apparenza piú dura, in ragione del fatto che non ci si è preoccupati di lasciare spazio per mettervi qualcosa dentro, e che

[70] Numerosi gli studi sul tema; disponiamo di analisi precise sulle origini colte (antropologia) e amministrative (colonialismo) dei princípi razziali di classificazione tra Sette e Ottocento (J.-F. Schaub e S. Sebastiani, *Race et histoire dans les sociétés occidentales (xve-xviiie siècle)*, Albin Michel, Paris 2021; A. L. Conklin, *In the Museum of Man. Race, Anthropology, and Empire in France, 1850-1950*, Cornell University Press, Ithaca 2013; A. L. Stoler, *Carnal Knowledge and Imperial Power. Race and the Intimate in Colonial Rule*, University of California Press, Berkeley 2002) o, con una prospettiva piú specifica, sul processo di razzializzazione che ha trasformato gli indiani in «pellerossa» (N. Shoemaker, *How Indians Got to Be Red*, in «The American Historical Review», CII (1997), n. 3, pp. 625-44), gli irlandesi in bianchi (N. Ignatiev, *How the Irish Became White*, Routledge, New York - London 1995) o le popolazioni asiatiche nella «razza gialla» (M. Keevak, *Becoming Yellow. A Short History of Racial Thinking*, Princeton University Press, Princeton 2011). Sono solo alcuni spunti. Per un esempio di analisi critica (che ha per oggetto il processo di razzializzazione in sé) si veda soprattutto S. Mazouz, *Race*, Anamosa, Paris 2020.

[71] J. H. Rosny aîné, *Siki chassé du ring*, in «Floréal», 2 dicembre 1922, p. 1211 (Rosny è scrittore e socialista convinto; «Floréal» è il settimanale per i lavoratori del politico Joseph Paul-Boncour). Per l'estrema destra, che adotta un tono e una carica ideologica diversi, si veda L. Dubech, *La semaine sportive*, in «L'Action française», 20 dicembre 1921, p. 2.

> è possibile martellare di colpi senza altri danni che quelli che conosciamo noi stessi, i negri hanno sui bianchi abbastanza vantaggi perché il minimo incidente a sfavore degli avversari li faccia trionfare su questi ultimi[72].

Sono parole di questo tipo che permettono oggi di denunciare la sorte riservata a Siki, e tramite lui l'inferiorizzazione dei neri[73]. Ciò non toglie che nel mondo della boxe la faccenda si presentasse in modo diverso. Non certo migliore (la strumentalizzazione dei corpi neri è un dato di fatto), ma in un modo che merita perlomeno di essere affrontato con maggiore precisione. In Francia i pugili neri occupano una posizione centrale: lo devono alla strutturazione che ha assunto la pratica del loro sport prima della guerra. Infatti la boxe ha preso piede dopo l'arrivo di pugili neri americani che, in fuga dalla segregazione che li colpiva negli Stati Uniti, trovano a Parigi un approdo accogliente[74]. Cosí, Joe

[72] A. Glarner, *Après l'incident Siki: les nègres dans la boxe*, in «Le Miroir des sports», 16 novembre 1922, p. 306.

[73] È soprattutto questa impronta morale a strutturare le analisi, per altri versi stimolanti, di Theresa Runstedtler (*Jack Johnson, Rebel Sojourner* cit., pp. 164-95) che – oltre a gonfiare, anche al costo di una selezione che non è mai resa oggettiva, il ruolo dei commenti razzisti dell'epoca sul caso di Siki – fa della sua «condizione nera», essenzializzata di per sé e considerata secondo il criterio di una dominazione eterna, l'unico argomento legittimo per rendere il pugile il corrispettivo francese della discriminazione razziale vissuta, anni prima, dall'americano Jack Johnson.

[74] *Ibid.*, pp. 165-66. Sulla discriminazione dei pugili negli Stati Uniti (e altrove), si veda J. Johnson, *Mes combats*, Pierre Lafitte & Cie, Paris 1914, che sottolinea gli ostacoli nel decidere i propri avversari (persino proponendo di combattere «senza denaro e senza premio»): «Burns [campione del mondo in carica nel 1908] restò a lungo a riflettere sulla proposta. Ci passò tante settimane che tutti cominciarono a credere che cercasse solo un pretesto per sfilarsi. Cosí metteva in risalto il torto che gli recava il fatto di dover salire sul ring con un nero» (p. 48). La situazione è diversa in Inghilterra: si veda J. P. Green, *Boxing and the «Colour Question» in Edwardian Britain: The «White Problem» of 1911*, in «The International Journal of the History of Sport», V (1988), n. 1, pp. 115-19. Sulla strutturazione del mercato dei pugili neri negli Stati Uniti, si vedano Moore, *I Fight for a Living* cit., e A. M. Kaye, *«Battle Blind»: Atlanta's Taste for Black Boxing in the Early Twentieth Century*, in «Journal of Sport History», XXVIII (2001), n. 2, pp. 217-32. Per una critica complessiva di questa longeva razzializzazione da parte dello sport, J. Hoberman, *Darwin's Athletes. How Sport Has Damaged Black America and Preserved the Myth of Race*, Houghton Mifflin Company, Boston - New York 1997.

Jeannette, Jack Johnson e Sam Mac Vea («l'idolo nero del nostro popolo [...], il Mounet-Sully, a 27 anni, del *boxing* parigino»)[75] non solo rendono piú fruttuosi i combattimenti, ma hanno uno stile potente, vivace e spettacolare che, agli occhi degli impresari e dei pugili bianchi come Carpentier, serve da pietra di paragone per definire che cos'è il boxare[76]. In particolare dopo la guerra, il favore che circonda i pugili neri si estende a quelli provenienti dalle colonie francesi, come Siki. È certamente un meccanismo non privo di ambiguità. I pugili vanno incontro al destino dei clown neri, dei jazzisti o delle ballerine «negre»: all'ammirazione per le loro performance, cui si assegnano caratteri che derivano dalla costruzione pregressa dell'«africanità»[77], fa da contraltare la prigionia di un differenzialismo fondato sulla razza[78].

I biologi possono sí dimostrare che un guineano o un senegalese hanno una costituzione identica a un consimile

[75] G. Rozet, *Les deux Sams*, in «La Revue de Paris», 1° marzo 1911, pp. 843-52, citazione a p. 844. Mounet-Sully era un attore tragico della Comédie-Française. Si veda T. Jobert, *Les combattants «nègres» de Paris: comparaison franco-américaine de l'attitude des «blancs» à l'égard des pugilistes «noirs» durant la Belle Époque (1907-1914)*, in «Staps», LXXI (2006), n. 1, pp. 23-36, in particolare p. 28.

[76] Nel 1909 il combattimento tra i neri Sam Mac Vea e Joe Jeannette è uno degli apici dello spettacolo pugilistico di prima della guerra (è assegnato con un margine strettissimo, dura quarantanove round e piú di due ore e mezza): si veda T. Bernard, *Après le grand match: Sam et Joe*, in «L'Auto», 22 febbraio 1909.

[77] Si vedano soprattutto A. L. Conklin, *A Mission to Civilize. The Republican Idea of Empire in France and West Africa, 1895-1930*, Stanford University Press, Stanford 1997, e C. Reynaud Paligot, *La République raciale. Paradigme racial et idéologie républicaine 1860-1930*, Puf, Paris 2006, soprattutto le pp. 221-77. In questo senso, è interessante notare che le qualità dei pugili neri si ricollegano a quelle attribuite ai «fucilieri senegalesi» della Prima guerra mondiale.

[78] Sul tema, oltre a Fabre, *The Ring and the Stage* cit., si vedano: J. Blake, *Le Tumulte noir. Modernist Art and Popular Entertainment in Jazz-Age Paris, 1900-1930*, Pennsylvania State University Press, University Park 1999; G. Noiriel, *Chocolat clown nègre. L'histoire oubliée du premier artiste noir de la scène française*, Bayard, Paris 2012; e per l'Inghilterra V. Erlmann, *«Spectatorial Lust»: The African Choir in England, 1891-1893*, in B. Lindfors (a cura di), *Africans on Stage. Studies in Ethnological Show Business*, Indiana University Press, Bloomington 1999, pp. 107-34.

francese[79], fatto sta che ai pugili neri viene attribuito un carattere belluino. Nell'universo della boxe assolvono a un compito specifico: incarnano un approccio rudimentale allo sport. La boxe dei bianchi è considerata intelligente, raffinata, elegante, dotata di strategia; quella dei neri, al confronto, è rozza, priva di sfumature e di misura, ingenua nella forma e finalizzata interamente all'esercizio della *violenza per la violenza*[80]. Se ne decantano la stazza, i muscoli, la potenza dei colpi, la capacità d'incassare senza interrompersi; di questi caratteri, uniti alla mancanza di disciplina, all'indole necessariamente selvaggia e all'incapacità di cogliere sottigliezze tattiche, si fanno proprietà «naturali» che hanno il compito di spiegarne le prestazioni in campo boxistico[81]. Il processo di alterizzazione – di *othering*, come direbbe Gayatri Spivak –, ovvero di costruzione dell'altro

[79] Si veda per esempio P. Millous, *Le coefficient de robustesse ou indice Pignet chez les Noirs de la côte occidentale d'Afrique*, in «Journal de la Société des Africanistes», III (1933), n. 1, pp. 57-72.

[80] È un aspetto strutturante della boxe che varrebbe la pena discutere nel dettaglio: nel manoscritto, ancora poco commentato, che dedica a questo sport, concentrandosi (forse eccessivamente) su un paragone formale con il duello, Elias non approfondisce questo punto a mio avviso centrale, perché è precisamente lí che nasce e si perpetua, *nella boxe*, la tensione costitutiva da lui discussa tra l'esercizio della violenza sul ring e il controllo accentuato delle pulsioni che lo sport implica, per renderne possibile e accettabile la pratica (N. Elias, *Boxing and Duelling*, in J. Haut, P. Dolan, D. Reicher e R. Sánchez García (a cura di), *Excitement Processes. Norbert Elias's Unpublished Works on Sports, Leisure, Body, Culture*, Springer, Wiesbaden 2018, pp. 173-216). La posizione dei pugili neri, che ricoprono il ruolo degli atleti meno portati a contenere la violenza, permette di rendere visibile nei pugili bianchi (anche se ci vorrebbero delle sfumature) il controllo della violenza, la preoccupazione di contenersi, di non abbandonarsi alle pulsioni. Insomma, per contrasto, valorizza un esercizio «intelligente» della forza (perlomeno nelle categorie regine che sono i massimi e i mediomassimi).

[81] Ritroviamo senz'altro la stessa configurazione in altri sport, per esempio nel calcio, ma soprattutto la vediamo all'opera in una forma particolarmente compiuta nel trattamento riservato a Jesse Owens dopo i Giochi olimpici del 1936 (oggetto di studi molto dettagliati): si veda N. Martin-Breteau, *Corps politiques. Le sport dans les luttes des Noirs américains pour l'égalité depuis la fin du* XIXe *siècle*, éd. de l'Ehess, Paris 2020, pp. 182-95.

in quanto altro[82] e nel caso specifico del pugile nero in quanto specie a parte di pugile, non ha solo effetti simbolici o «immaginari»: plasma in modo molto concreto la pratica dei pugili sul ring. Richiesti dai manager che ne conoscono il valore, i pugili neri occupano posizioni da pugili neri. Sono ingaggiati nelle categorie in cui si dà piú importanza all'esercizio della forza (massimi e mediomassimi) e quindi per i combattimenti piú prestigiosi. Di conseguenza, vanno incontro ad allenamenti che li indirizzano verso un certo stile di boxe, differente e a loro riservato.

Cosí, dire che *Siki è un pugile nero* non indica semplicemente la coincidenza di due fattori – boxare ed essere nero –, ma vuol dire situarlo nello spazio degli stili pugilistici. Essendo nero, Siki ha maturato la boxe di un pugile nero, l'unica possibile, quella dura e fisica, brusca e imprevedibile che gli impresari e il pubblico si aspettano da lui. Sul ring si distingue per la potenza dei colpi, perfezionati durante gli allenamenti e strutturati non mediante un'aderenza all'inventività delle combinazioni (come in Carpentier), ma attraverso una forza di esecuzione scaturita dal ripetere un certo numero limitato di gesti. Una pratica che l'ha dotato di un «busto potente e di braccia eccezionalmente muscolose»[83]. È in particolare un colpo a costituire il suo marchio di fabbrica e a valergli diverse vittorie: uno swing di traverso che piazza, come al ralenti, con tutto l'impeto del corpo sul viso dell'avversario, tenendo ferma la parte bassa e ruotando di scatto quella alta. In breve, quando ci riesce, Siki dà vita a un gioco fatto di forza e potenza, una forza cui non sa rinunciare neanche quando il manager tenta di imprimere piú precisione ai suoi colpi. I due sparring partner ai quali viene affidato, «i suoi fratelli di colore Bob Scanlon e Jim Wango,

[82] Testo fondamentale al riguardo: G. C. Spivak, *The Rani of Sirmur: An Essay in Reading the Archives*, in «History and Theory», XXIV (1985), n. 3, pp. 247-72.

[83] P. Olivier, *Battling Siki*, in «L'Auto», 23-24 settembre 1922, p. 1.

due rudi pugili che non temono i colpi violenti»[84], sottolineano quanto, nonostante tutto il lavoro con il senegalese, la sua boxe rimanga di un'immutabile rozzezza.

Come riassume Scanlon, Siki «era un ragazzone robusto, forte e velocissimo, ma non sapeva granché della nobile arte, cosí gli ho detto vieni, facciamo un paio di round e ti mostro come colpire per bene; ma dopo pochi giorni è diventato molto difficile per me, perché era assai giovane, forte e molto violento, quindi ho sofferto parecchio»[85].

Il lavoro di legittimazione, che colloca Siki nell'universo della boxe e al tempo stesso gli permette di affrontare Carpentier, deve molto a una strutturazione razzializzata che l'atleta trova già costituita e a cui si sottomette. Adottando lo stile pugilistico del boxeur nero, occupa sul mercato dei combattimenti la posizione che trova disponibile e che, a sua volta, conforma ciò che Siki è a ciò che deve essere: *un pugile nero*. I combattimenti che vince, tanto piú perché li vince in un lasso di tempo abbastanza breve, si accompagnano alla produzione di una figura pubblica le cui caratteristiche sono anzitutto quelle del «selvaggio». Gli viene negata la qualità di francese (nonostante lo sia), gli viene attribuita nelle interviste una lingua smozzicata (il cosiddetto *petit-nègre*, che in verità non parla), la sua vita appare come quella di un festaiolo eccentrico, minaccioso, incontrollabile[86], che balla nei locali «al suono del banjo e dei tam-tam africani», frequenta donne bianche, incapace di contenersi, colpisce i passanti per strada e gira con un leoncino oppure con un *revolver*, non esitando a impugnarlo. Insomma, viene

[84] *À tout prix, Battling Siki veut triompher de Nilles*, ivi, 9 giugno 1922, p. 2.

[85] Scanlon, *The Record of a Negro Boxer* cit., p. 210.

[86] L'eccentricità dei neri costituisce dopo la guerra un riferimento obbligato per la descrizione dell'universo boxistico. Si veda Olivier, *Battling Siki* cit.: «Tra i neri celebri nella boxe si distinse solo Joe Gans, il quale restò a tal punto modesto e calmo che di lui si diceva *he is the whitest nigger*, è il piú bianco dei neri, un nero peraltro intelligente e dotato di altre qualità che non fossero l'istinto».

trasformato in un primitivo, un «uomo della giungla» o un «orangutan»[87], la cui boxe dura e istintiva, fatta di una brusca serie di colpi quanto piú potenti, ha la grandezza semplice delle cose primordiali[88].

Siki tenta di negare:

> Anzitutto non sono un antropofago. Di recente, un giornale della sera ha sfruttato l'occasione di un'intervista per farmi parlare in *petit-nègre*. È ridicolo. Parlo e scrivo in francese come la maggior parte dei francesi. E poi, forse non sono francese? Penso che, in quanto senegalese, lo sono doppiamente[89].

[87] *À vous... touché!*, in «La Boxe & Les Boxeurs», 6 settembre 1922, e V. Denis, *Quelques anecdotes sur le sport et les sportifs*, in «Le Miroir des sports», 14 settembre 1922, p. 175.

[88] Sul carattere grezzo della boxe di Siki, come corrispettivo di una modalità propriamente nera di boxare, si veda soprattutto *Les matches de boxe Siki-Journée, Hobin-Francis Charles et Juliard-Dastillon au Vélodrome d'Hiver*, in «Le Miroir des sports», 8 dicembre 1921, p. 361: «Quanto a Siki, nonostante sia coraggioso, colpisca forte e sia resistente, dispone solo di una boxe rudimentale e credo che un incontro con Ted Lewis, o con un americano della classe di quest'inglese, non finirebbe a vantaggio del nostro senegalese». Sulle eccentricità, si vedano gli articoli citati alla nota precedente. Il ritratto del *boxeur primitivo* appare ancora piú chiaramente negli accenni che accompagnano la sua morte, nel 1925: «Siki non era affatto uno sciocco... I suoi lazzi, le sue eccentricità e persino gli scandali che provocava gli diedero una fama mondiale, forse piú dei combattimenti che disputò, ad eccezione tuttavia di quello tenuto contro Georges Carpentier, che gli valse il titolo di campione del mondo dei pesi mediomassimi. [...] La stampa sportiva e politica riportava quotidianamente le vicende e le gesta del pugile nero: dai dissapori con una mezza dozzina di manager alle passeggiate con un leoncino sotto il braccio, dalle corse in taxi con un canguro impagliato alle esibizioni in una gabbia di belve del serraglio Marcel, fino alle avventure nei bar e nei dancing di Montmartre, che provocarono a volte, per il loro carattere scandaloso, l'intervento della polizia... [...] [In America] avrebbe potuto farsi una posizione invidiabile e accumulare una fortuna, se sulle spalle gagliarde avesse avuto una testa piú solida... [...] se il dramma della 41ª strada non fosse venuto a mettere fine alla tempestosa carriera del pugile senegalese» (A. Dethès, *Battling Siki, humoriste méconnu*, in «L'Auto», 17 dicembre 1925, p. 3).

[89] *Battling Siki résume aux lecteurs de «l'Auto»*, ivi, 29 settembre 1922, p. 1, e anche E. Cunningham, *Siki Denies Coming from Jungle*, in «The Ring», agosto 1925. L'alienazione dell'«uomo di colore» di cui parla Fanon e tutta l'esperienza del corpo in «terza persona», costruita e vissuta sotto lo sguardo dell'«uomo bianco», e pertanto in qualche modo carica di un'ipoteca e di un lutto, si ritrovano nell'esperienza di *boxeur-oggetto* a cui è sottoposto Siki. Quando nega, attribuendosi una vita tranquilla e familiare o respingendo l'accusa di essere un selvaggio, presenta i tratti di quell'*alterizzazione* di cui i pugili neri sono allora il prodotto (F. Fanon, *Pelle ne-*

Tutto inutile. È in primo luogo il manager Hellers a contribuire alla razzializzazione di Siki. Sfruttando un mercato che valorizza le qualità negative, riesce a farne un avversario tanto piú credibile e legittimo. Nel 1922, poco prima del combattimento, presenta cosí la situazione: «Tanto tempo fa pensavo che, mettendosi al lavoro con un gorilla intelligente e insegnandogli a boxare, si sarebbe ottenuto un campione del mondo. Ebbene, ecco cos'ho trovato in Siki»[90].

Lo spazio degli stili.

Che Siki possa affrontare Carpentier non dipende, però, solo dal processo di razzializzazione cui è sottoposto. Del resto, esistono anche altri pugili neri, senza contare che molti combattimenti si tengono tra bianchi. Dobbiamo quindi restringere il campo dell'analisi. In effetti le qualità che Siki incarna, quelle del pugile nero che boxa come un pugile nero, diventano particolarmente redditizie e distintive quando, grazie alle sue vittorie, entra nella piccola cerchia dei migliori pugili del momento. Gli altri sono bianchi, lui no. Cosí si origina un *sistema di opposizione* che assegna a Siki un valore specifico. Nella gerarchia dei combattimenti, i piú «belli» e apprezzati sono infatti quelli che oppongono sul ring un nero e un bianco. Il confronto fisico si carica dunque di un confronto simbolico che va al di là del combattimento. L'opposizione tra la

ra, maschere bianche, trad. di S. Chiletti, Ets, Pisa 2015 [1952], p. 110. Per un'analisi della corporeità in Fanon, si veda H. Bentouhami-Molino, *L'emprise du corps. Fanon à l'aune de la phénoménologie de Merleau-Ponty*, in «Cahiers philosophiques», CXXXVIII (2014), n. 3, pp. 34-46).

[90] *Siki Is a Gorilla Says His Manager*, in «The New York Times», 26 settembre 1922. La formula, trasformata ed emendata a seconda di quanto colpisce gli animi, è ripresa nella stampa francese; il *gorilla* diventa cosí un «orangutan abbastanza intelligente» in «Comoedia», 26 settembre 1922, p. 1. Non stupisce che trovi consenso nella stampa di estrema destra: *Que c'est beau, que c'est juste*, in «L'Action française», 10 ottobre 1922, p. 2.

boxe elegante e quella rozza, tra la boxe intelligente e quella violenta – ossia l'incontro fra quelle che ai tempi costituivano le posizioni piú lontane nello spazio dei modi di boxare –, è anche l'occasione per mettere in scena un punto d'onore di tipo sia razziale sia coloniale, garanzia per impresari e manager che il pubblico accorrerà numeroso: «Se i neri trionfano ancora una volta, durante lo spettacolo di domani, saremo quasi obbligati ad ammettere che la boxe è uno sport piú adatto alle loro capacità fisiche che a quelle dei visi pallidi»[91].

Carpentier, la cui parabola mondana e sportiva infonde una determinata statura a ogni suo combattimento, impersona la «boxe scientifica»[92], ossia una boxe che si distingue per velocità, precisione ed eleganza[93]. E in effetti il suo modo di boxare è anzitutto una questione di stile: ha un aspetto danzante che ha preso in prestito da Joe Jeannette, ed è orientato interamente alla maestria e all'inventività di tipo formale. Come avviene col suo «giro di valzer», mette a punto nuove combinazioni che adatta al gioco degli avversari: durante una corsa, «immagino un nuovo modo di portare o di parare un colpo», dopodiché «al ritorno ripeto una dopo l'altra le mie trovate e adatto definitivamente lo scenario scoperto alla

[91] A. Margot, *Les blancs sont-ils supérieurs aux noirs?*, in «La Liberté», 5 ottobre 1935, p. 6, dove si trova la forma compiuta dell'opposizione che descrivo: nel 1935 l'influente impresario Jeff Dickson organizza al Palais des sports (prestigioso teatro della boxe) una serata pugilistica che vede scontrarsi pugili neri e pugili bianchi.

[92] È una definizione che rivendica lo stesso Carpentier; coniuga in modo originale la combattività pugilistica americana, di cui l'atleta si appropria prima della guerra, e il carattere scientifico della boxe nella sua pratica inglese: G. Carpentier, *Ma Méthode ou la Boxe Scientifique*, Oudin, Paris 1914, pp. 36-47.

[93] Sullo stile di Carpentier: C. Rivers, *Settling Their Differences in the Ring: French Boxer Georges Carpentier's Conquest of England, 1911-1919*, in «Contemporary French Civilization», XXXVIII (2013), n. 2, pp. 155-77, e J.-F. Loudcher, *Georges Carpentier's Training: A «Scientific Method» of Boxing?*, in D. Day (a cura di), *Sport and Leisure on the Eve of the First World War*, Manchester Metropolitan University, Manchester 2016, pp. 207-21. Per una storia lunga dei modi di boxare, si veda D. Day, *«Science», «Wind» and «Bottom»: Eighteenth-Century Boxing Manuals*, in «The International Journal of the History of Sport», XXIX (2012), n. 10, pp. 1446-65.

realtà del combattimento sul ring»[94]. È questa «maestria intellettuale», questa «magnifica intelligenza pugilistica», che i combattimenti di Carpentier si prefiggono di mettere in scena; sono un modo per dimostrare la superiorità di uno stile e, quindi, della visione boxistica che questo incarna. Come osserva il direttore di «L'Auto» dopo un incontro:

> Non è alla vittoria di Carpentier su Cook che plaudiamo, ma in special modo alla maestria intellettuale con cui il boxeur di Lens ha condotto il «bruto» al Ko. Non è la potenza, seppure notevole, del pugno di Carpentier a entusiasmarci; è quell'alta ragione che presiede ai suoi gesti pugilistici[95].

Gli impresari si preoccupano allora di contrapporlo ad avversari situati al suo esatto opposto nello spazio dei modi di boxare, e la cui boxe, in contrasto con quella «intelligente», tragga vantaggio dall'essere quanto piú possibile «selvaggia» e brutale. Una prova convincente è il modo in cui viene allestito il combattimento del Buffalo, nelle settimane che lo precedono. Facendo nuovamente leva sulla sfida «interrazziale»[96], gli impresari lo rendono l'occasione per un «match di propaganda», il cui obiettivo è una sorta di spareggio tra il «bruto» (Siki) e il «gentleman» (Carpentier)[97]. È principalmente per questo motivo, in grado di far passare in secondo piano tutti gli altri, che Siki diventa l'avversario piú legittimo di Carpentier. E ciò avviene non in ragione delle sue molteplici vittorie, ma perché *occupa una posizione potenziale che trova predispo-*

[94] Si vedano Carpentier, *Ma Méthode* cit., pp. 38-39, e Id., *Comment je m'entraîne*, in «Lectures pour Tous», 1° settembre 1919, pp. 1608-11.

[95] Si parla del combattimento (vittorioso) che lo oppone nel gennaio 1922 a Cook, alla Royal Albert Hall, pochi mesi prima dell'incontro con Siki: H. Desgrange, *Tout est bien ainsi*, in «L'Auto», 15 gennaio 1922, p. 1.

[96] In questo senso bisogna accostare l'incontro del Buffalo a quello organizzato il 21 marzo 1914 al Luna Park di Parigi, tra Carpentier e il campione nero americano Jeannette (Carpentier aveva perso ai punti): si veda L. Sée, *Le match Carpentier-Jeannette*, in «La Boxe & Les Boxeurs», 25 marzo 1914.

[97] *Le gentleman*, ivi, 2 agosto 1922; *Le match Carpentier-Siki, un match de propagande*, in «L'Auto», 24 settembre 1922.

sta davanti a sé; ovvero perché è passato attraverso un lavoro collettivo di costruzione della sua statura, che gli conferisce la posizione (sportiva, economica, simbolica) del pugile nero, dotato di un percorso improbabile e di un modo di boxare che è una sfida alla definizione istituita di boxe[98].

Eppure il combattimento prende forma, nel maggio 1922, senza Siki. Pur accettando che il suo assistito combatta, Descamps, manager di Carpentier, vuole che l'incontro sia realizzato su misura. Secondo lui, le sale e gli stadi di Parigi sono troppo piccoli. Firma invece con Robert Coquelle, direttore del Buffalo di Montrouge, impianto ancora in fase di costruzione in rue Carvès, vicino alle fortificazioni[99]. Il combattimento sarà l'evento inaugurale. L'avversario designato è Marcel Nilles, campione di Francia (titolo che Siki non detiene) e, oltretutto, un peso massimo, categoria diversa da quella di Carpentier (mediomassimi): qualora dovesse uscirne sconfitto, Georges non perderebbe la fascia di campione del mondo[100]. Gli accordi si prendono a maggio e la data è fissata per settembre[101]. A giugno Siki incontra Nilles e lo batte, segnando un punto a suo favore nella partita delle le-

[98] Una prova di questa legittimità acquisita – e di ciò che mette in moto – è reperibile nell'annuncio del combattimento che, nel giugno 1922, contrappone Siki al campione francese dei pesi massimi, Nilles: «Come tutti quelli che conoscono il coraggio della gagliarda razza senegalese, siamo certi che il prossimo venerdí, senza doversi sottomettere a un handicap di temperatura o di peso, sarà un boxeur di audacia indomabile ad affrontare il nostro campione dei pesi massimi. È il passato dell'imbattibile Siki a rivelarne i successi, e la sua vittoria sorprenderà solo chi non vuole credere nelle inesauribili risorse di forza suprema e di energia nascoste in quella meravigliosa statua di ebano» (ivi, 19 giugno 1922, p. 2).

[99] Sullo stadio, la sua direzione, le operazioni di finanziamento sulle quali poggia e soprattutto sui legami con l'organo di stampa «Le Journal», di cui diventa «l'arena sportiva», si veda in particolare il dossier alle Archives nationales, 8/AR/252, Les sports («Le Journal»).

[100] È una motivazione ancora piú valida se si considera che Carpentier in quel momento si lancia nella carriera di attore (in Inghilterra ha recitato in *A Gipsy Cavalier*, dramma storico di Stuart Blackton la cui uscita coincide con il combattimento del Buffalo) e fatica a rimettersi al passo con la disciplina degli allenamenti.

[101] *Le match Carpentier-Nilles aura lieu le 3 septembre*, in «La Patrie», 30 maggio 1922, p. 3, e in «La Presse», 30 maggio 1922, p. 3.

gittimità. A luglio, per il tramite del «Journal», proprietario dello stadio Buffalo, il manager di Siki lancia di nuovo una sfida a quello di Carpentier, il quale stavolta non può permettersi di rifiutare. È ancora necessario, però, che l'interesse economico del combattimento, ossia quello degli impresari, trovi un punto d'incontro con il disinteresse sportivo, ossia con gli obiettivi della Federazione, che sono eminentemente quelli di un'impresa di istituzionalizzazione e razionalizzazione della boxe, fatto che la pone spesso in disaccordo con gli imprenditori del mondo dello spettacolo. In principio l'organo si oppone al combattimento. Non basta che Siki sia diventato un avversario papabile per gli impresari – l'atleta in cui si realizza tutta la logica dei simboli di prestigio, degli stili e degli interessi economici legati alla boxe –, le sue prestazioni sportive paiono comunque insufficienti agli uomini della Federazione perché possa affrontare Carpentier[102]. Le

[102] I motivi del rifiuto mettono in luce il conflitto in questione; la Federazione si preoccupa di conformare il combattimento ai principî propriamente sportivi che tenta di assegnare alla boxe, e in particolare alla messa in palio dei titoli nazionali e internazionali, uno strumento di per sé fondamentale per armonizzare la situazione e per favorire la sportivizzazione della boxe nel dopoguerra. Nella sua dimensione normativa, il rifiuto iniziale recita: «Il Consiglio della Ffb ha esaminato ieri la sfida che il signor Hellers ha lanciato in nome di Battling Siki a Georges Carpentier. La sfida era accompagnata dalla somma di 500 franchi, posta regolamentare. Ma i regolamenti internazionali dicono che un campione può essere sfidato solo per il titolo piú alto di cui è detentore. Dunque, essendo campione di Francia, d'Europa e del mondo dei mediomassimi, Carpentier può essere sfidato solo per il titolo di campione del mondo. La Ffb si è cosí concentrata su questo caso, allo scopo di pronunciarsi in merito. Riconoscendo che la sfida si sarebbe potuta accettare qualora fra Siki e Carpentier fosse stato in gioco solo il campionato di Francia dei pesi mediomassimi, il Consiglio ha giudicato che le prestazioni di Battling Siki non erano sufficienti perché fosse reputato degno di affrontare il campionato del mondo. La sfida è quindi respinta. Esiste però ancora un modo perché Siki sfidi Carpentier con qualche possibilità che la richiesta venga accettata: che lanci la sfida *come peso massimo e non come mediomassimo*, eventualità che si potrà verosimilmente omologare, essendo Carpentier solo campione d'Europa in quella categoria. Peraltro Siki ha sconfitto, con l'eccezione del campione d'Inghilterra, tutti i campioni nazionali dei pesi massimi in Europa, compreso quello di Francia, e quindi non è indegno di tentare la sorte per il titolo europeo» (*Le défi de Siki à Carpentier, poids mi-lourd, n'est pas accepté par la F.F.B.*, in «L'Auto», 22 luglio 1922, p. 3).

garanzie di rispettabilità sportiva che gli impresari avanzano a proposito dell'incontro, e in particolare il posto riservato ai rappresentanti della Federazione tra i giudici, sciolgono il verdetto dell'istituzione a favore del match.

I giornali del paese possono cosí annunciare il combattimento, con toni piú o meno entusiastici:

> Parigi, 22 luglio. – L'inverosimile è vero. Battling Siki, che altri rifiutarono per molto tempo di prendere sul serio, dopo essere riuscito a scalare le categorie boxistiche sconfiggendo uomini del valore di Balzac, Journée e Nilles, si è rivolto al nostro connazionale Georges Carpentier. Questi non ha potuto sottrarsi alla sfida che gli ha lanciato in piena regola il senegalese, e il match si terrà. Le condizioni dell'incontro, previsto nella prima quindicina di settembre allo Stadio Buffalo di Montrouge, includono un montepremi di 300 000 franchi. Sarà messo in palio il titolo di campione del mondo dei pesi mediomassimi, che Georges Carpentier ha vinto in America contro Levinsky[103].

E il 24 settembre, come previsto, si tiene il combattimento. Il premio messo in palio ammonta effettivamente a 300 000 franchi, di cui due terzi al vincitore[104], e si firma un contratto con la società marsigliese Phocéa, perché realizzi le riprese integrali. L'inizio è a metà pomeriggio:

> Sono le 15:30. Si annuncia il grande match. Siki sale per primo sul ring e riceve un'accoglienza calorosa. Ma a salutare l'arrivo di Carpentier è un'ovazione indescrivibile.

[103] *Georges Carpentier va rencontrer Batling* [*sic*] *Siki pour le championnat du monde*, in «La Tribune de l'Aube», 23 luglio 1922, p. 1. Tra le centinaia di articoli, in gran parte piú laconici, si veda *Carpentier-Siki*, in «L'Intransigeant», 23 luglio 1922: «I colleghi del "Journal" organizzano per il mese di settembre un match sensazionale, Georges Carpentier - Battling Siki, valido per il Campionato del mondo dei pesi mediomassimi, che si terrà al nuovo Stadio Buffalo di Montrouge. Non si parlerà d'altro» (p. 3). Pochi giorni dopo, quando la Federazione si oppone: «Non solo il match Carpentier-Siki si difende, ma direi persino che si impone» («Miroir des sports», 3 agosto 1922, p. 66).

[104] È una somma notevole, anche se rapportata alle entrate annue di Carpentier (che nel 1921, lo ricordiamo, si aggirano attorno ai 2,4 milioni di franchi, secondo Ville, *Georges Carpentier* cit.). Nel 1921 il reddito medio di un operaio è di 4735 franchi all'anno (T. Piketty, *Les hauts revenus en France au XXe siècle*, Grasset, Paris 2001, p. 679).

Un mucchio di spettatori monta in piedi sulla sedia per vedere meglio il campione del mondo dei mediomassimi, che sale adagio la scaletta per accedere al ring.

Le formalità della scelta dei guantoni, dei bendaggi alle mani dei pugili prolungano i preparativi del match.

Lo speaker annuncia il peso dei due uomini, misurato al mattino alle 9:30: 78 kg 840 per Carpentier; 79 kg 140 per Siki; dopodiché nomina i giudici.

Il tempo scorre e, quando il cronometrista ordina ai massaggiatori di scendere dal ring, sono le 16 in punto[105].

Il combattimento è un tutto.

Nella sua realizzazione concreta, il combattimento del Buffalo è dunque un *oggetto sociale*. Reca infatti la traccia di un insieme di accordi che vanno molto al di là del suo allestimento finale e che sono costitutivi di un universo, quello della boxe, di cui l'incontro è un particolare compimento. Per arrivare all'azione che m'interessa, a quei brevi quindici minuti effettivamente visibili, *c'è stato bisogno che diventasse possibile*. E a questo scopo si è dovuta mettere in moto tutta una rete di operazioni di cui i pugili non sono gli artefici. Il confronto si è dovuto conformare alla definizione preesistente di ciò che ai tempi era un combattimento di boxe degno di questo nome. Siki, sull'onda di un processo che coniugava vittorie sportive e qualità razziali, è dovuto diventare un avversario legittimo e atteso; e poi è stato necessario che gli stili dei due pugili sembrassero abbastanza contrapposti perché piazzarli sullo stesso ring fosse un'operazione investita di valore.

In altre parole – e il campo lungo che si chiude qui trova in questo la sua giustificazione –, per sperare di comprende-

[105] *Siki met Carpentier knock-out au sixième round*, in «Le Journal», 25 settembre 1922, pp. 1 e 3.

re il tono di ciò che fanno gli attori è necessario descrivere la forma di vita che si realizza in un combattimento di boxe. Un tempo Clifford Geertz diceva qualcosa di simile: «Non potete sapere cos'è il *lek* se non sapete cos'è il teatro balinese, non piú di quanto possiate sapere cos'è un guantone da baseball se non sapete cos'è il baseball»[106]. Fatto sta che è possibile descrivere appieno ciò che lega un guantone da baseball al baseball (o un combattimento di galli a tutta la cultura balinese) senza sapere nulla del modo in cui questa relazione dà forma alle azioni compiute effettivamente dalle persone che lo usano, nel momento preciso (e non in generale) in cui lo fanno. Solo un'inquadratura piú ravvicinata, al livello degli attori colti nel loro agire, permette di osservare in atto questa relazione.

[106] C. Geertz, *On the Nature of Anthropological Understanding: Not Extraordinary Empathy but Readily Observable Symbolic Forms Enable the Anthropologist to Grasp the Unarticulated Concepts that Inform the Lives and Cultures of Other Peoples*, in «American Scientist», LXIII (1975), n. 1, pp. 47-53, citazione a p. 53.

2.
Sul ring
(interazione)

Ripresa.

Entreremo adesso nel vivo del combattimento, prendendo in esame quanto succede effettivamente sul ring e concentrandoci sul gioco degli attori. Ricorrendo a un'inquadratura a «figura intera», vedremo come l'azione assume la forma di una serie di atti successivi e concatenati, che sembrano rispondersi l'un l'altro e allo stesso tempo seguire una loro linea. È a questo livello che dobbiamo porci. Un buon punto di partenza è la scena che apre il combattimento.

Ne illustro quindici secondi:

Round 1, 1:05-1:20

1:05: *l'arbitro abbassa il braccio e dà il via all'incontro; i pugili sono ognuno nel proprio angolo, davanti al pubblico, e si danno la schiena; si girano e si lanciano l'uno verso l'altro;*

1:06: *ad avventarsi con piú foga è Siki: in tre rapide falcate raggiunge Carpentier, che ha appena lasciato l'angolo; l'atleta senegalese tiene il piede destro e le braccia davanti a sé; avvicinandosi, curva il busto e allunga la testa, andando a ficcarla nel torso di Carpentier;*

1:08: *guardia bassa e gambe ferme, Carpentier incassa il colpo; Siki si aggrappa passandogli le braccia sotto le spalle; Carpentier lo tira a sé; il movimento sembra bloccarsi;*

1:09: *i pugili girano a poco a poco su se stessi, sempre aggrappati l'uno all'altro;*

1:11: *Carpentier infila un braccio nello spazio tra i due e, senza lasciare la presa, piazza tre uppercut ravvicinati e piuttosto in sordina alla pancia di Siki; l'ultimo lo colpisce nella zona bassa della schiena;*

1:12: *girano ancora; Siki incassa; rialza la testa, allunga un po' il movimento, ruota all'improvviso il bacino, libera il braccio destro e*

risponde con un gancio corto al lato della testa di Carpentier; lo spinge subito lontano;
1:14: *i due riguadagnano terreno; separati da un metro abbondante, se ne stanno piuttosto curvi, l'uno di fronte all'altro, e si osservano; piede sinistro avanti, Siki accenna un attacco;*
1:16: *Carpentier schiva e arretra, per poi riprendere la sua posizione; dritto come un fuso, tiene la guardia bassa e lascia avvicinare Siki, che è ancora curvo; lo evita con uno scarto e gli tira al passaggio un diretto corto al fianco, seguito subito da un gancio vibrante che lo colpisce al viso;*
1:19: *Siki si allontana con un balzo coprendosi il viso con entrambi i pugni; si ricompone a qualche passo di distanza;*
1:20: *riprende il faccia a faccia tra i pugili.*

La breve scena è sufficiente per trarre due lezioni fondamentali. La prima è che il combattimento del Buffalo, come del resto tutti i combattimenti, ha la forma di un'*interazione*. Non è possibile isolare ciò che compie un pugile. Il suo atto, che si tratti di un colpo o di una posizione particolare, risponde a quello che compie l'avversario e genera a sua volta una reazione. Calza a pennello con il quadro teorico offerto da Goffman: quando un gruppo di persone è raccolto in una determinata situazione (un banchetto, un posto di lavoro, un marciapiede, una conversazione ecc.), si instaurano relazioni che hanno i tratti di un faccia a faccia fisico, durante il quale si agisce tenendo conto di cosa fa l'altro e cercando in qualche modo, anche solo per non sfigurare, di avere un peso su quanto si compie[1]. È la trama piú minuta della vita sociale, che consente di *cogliere i*

[1] Si veda E. Goffman, *La vita quotidiana come rappresentazione*, trad. di M. Ciacci, il Mulino, Bologna 2009 [1959], p. 26: «L'interazione [...] può sommariamente essere definita come l'influenza reciproca che individui che si trovano nell'immediata presenza altrui esercitano gli uni sulle azioni degli altri. Un'interazione può essere definita come tutto quel processo interattivo che ha luogo durante una qualsiasi occasione, allorché gli individui di un dato gruppo si trovano in presenza gli uni degli altri continuativamente per un certo periodo di tempo». Altrove (*I rituali dell'interazione*, trad. di A. Evangelisti e V. Mortara, il Mulino, Bologna 1988 [1967]) Goffman parla anche di «congiunzione di persone».

1:05

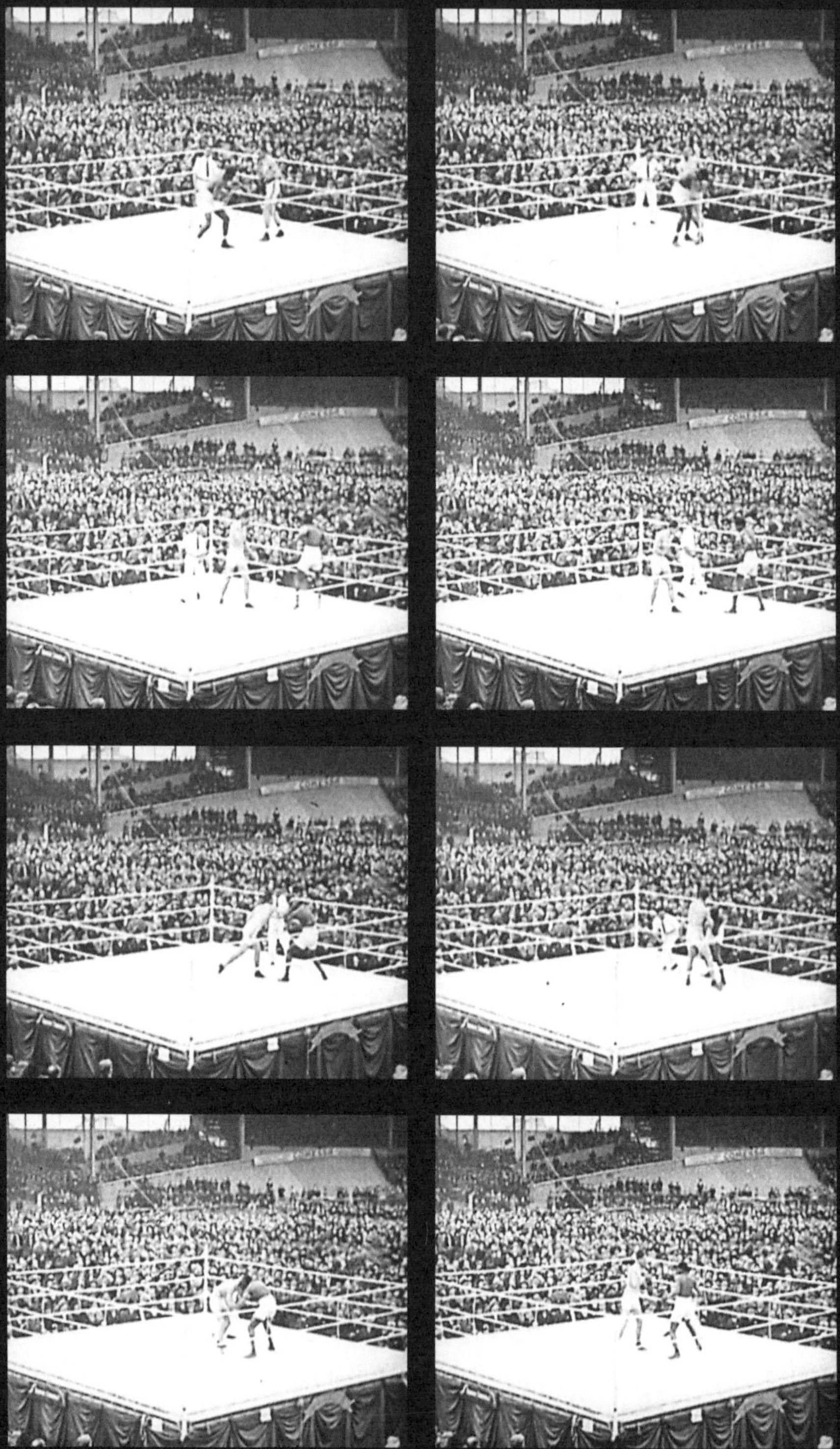

dettagli comportamentali di cui è fatta. L'altra lezione, invece, obbliga a percorrere il cammino in senso inverso. Osservare un'interazione equivale a considerare un'azione umana in ciò che ha di piú immediato: *gli attori nel momento stesso in cui agiscono*. Ci si trova davanti a un garbuglio di atti, senza poter dire dove comincia uno o finisce l'altro, e tanto meno qual è precisamente il loro contributo a quanto avviene tra i pugili.

Per farsene un'idea, basterà il seguito della breve scena d'apertura. Mi limito a pochi secondi:

> Round 1, 1:20-1:25
> 1:20: [distanza, centro del ring] *Carpentier interrompe l'osservazione; allunga il passo, porta avanti la gamba sinistra di piú o meno mezzo metro e tira un destro robusto, il cui movimento si accompagna a una rotazione della spalla sinistra;*
> 1:21: *accucciato, Siki ha i guantoni davanti alla faccia e riesce a coprirsi; Carpentier ha proseguito l'attacco da molto vicino; piazza un gancio destro, piuttosto smorzato, che colpisce Siki al mento;*
> 1:22: *Siki afferra le braccia di Carpentier, che le abbassa tirando anche l'avversario;*
> 1:23: *al centro del ring, i pugili stanno accucciati uno di fronte all'altro; Siki coglie l'occasione per sferrare un attacco; la posizione è favorevole; carica il destro da dietro, si raddrizza ruotando le spalle per prendere una certa distanza e mette a segno uno swing, seguito da un altro piú ovattato di sinistro; oscillando rapidamente col corpo, ne assesta un ultimo di destro; i colpi raggiungono Carpentier al viso;*
> 1:23: *allo stesso tempo, anche Carpentier esegue un attacco; con una frazione di ritardo sul primo swing di Siki, nel momento stesso in cui lo raggiunge il colpo, ha tirato a vuoto un gancio destro; si raddrizza, incassa la sequenza dell'avversario e nella foga piazza un sinistro, guadagna distanza e tira un uppercut lungo di destro; Siki cerca di schivarlo piegando il corpo in avanti, ma viene colpito piú o meno al centro della schiena;*
> 1:24: *Siki si tira su, afferra Carpentier alla vita; l'avversario lo prende per le braccia e lo spinge verso il suo angolo di ring;*
> 1:25: *breve corpo a corpo e ritorno al centro del ring.*

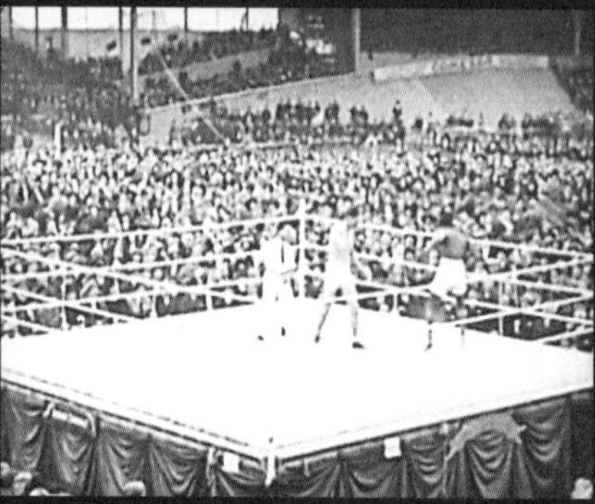
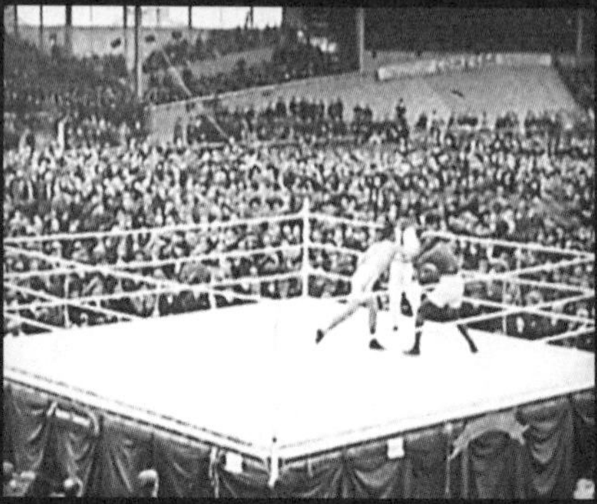

1:20

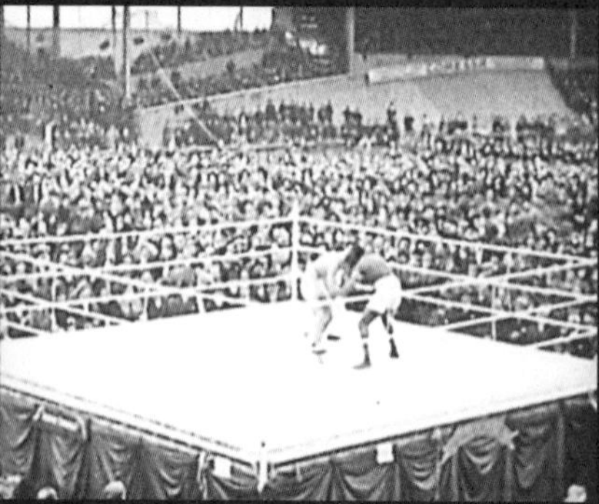
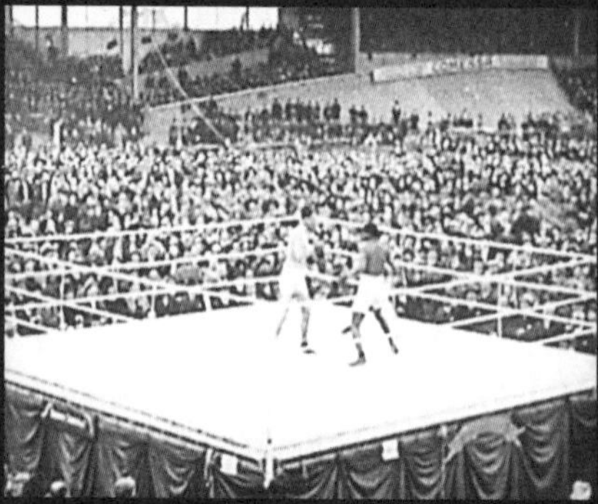
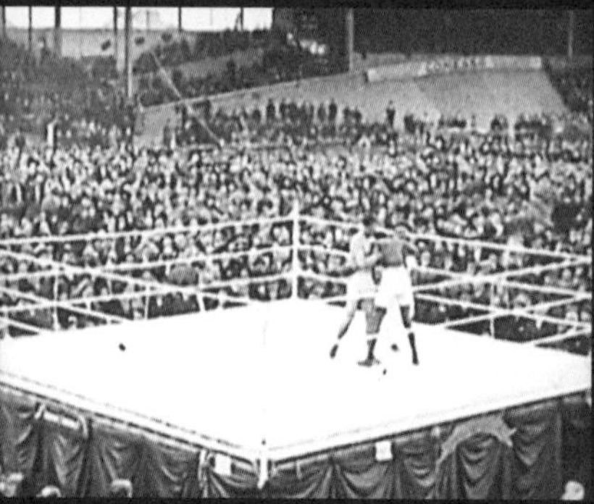
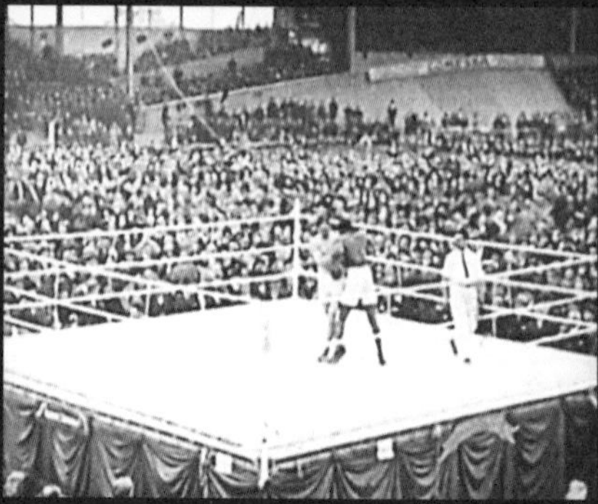
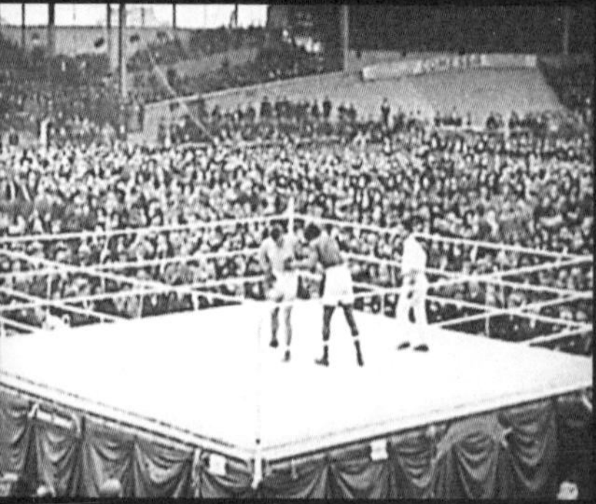
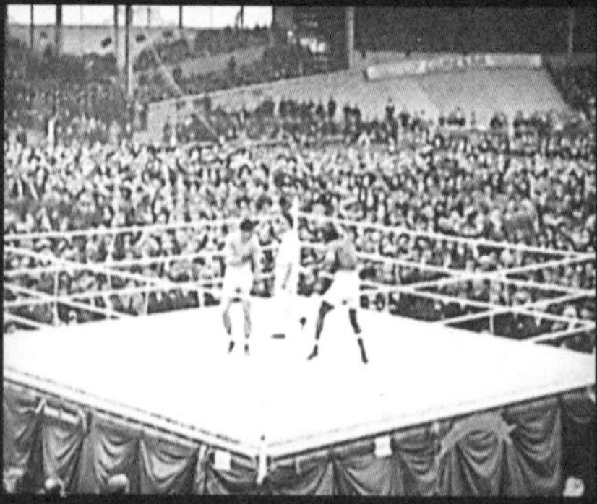

Descrivere quello che avviene.

Le domande che affrontiamo in questa sede hanno qualcosa di spaventosamente semplice[2]. Dove bisogna mettere a fuoco il dettaglio per capire quello che avviene, e fino a che punto è bene spingersi? Di tutti i botta e risposta che s'incrociano durante l'azione, che cos'è pertinente cogliere, e in nome di che cosa? In quale misura è un buon *modus operandi* alternare gli atti dell'uno e dell'altro, come se costituissero due linee d'azione discernibili, *e come comportarsi altrimenti*?

Sono problemi che emergono facilmente perché, a dire il vero, esistono da molto tempo. Nel 1936, al centro del suo illustre studio su un rito iatmul, Bateson lamentava già l'assenza di «tecniche adeguate di descrizione e di analisi della postura umana, dei gesti, intonazione, risata ecc.»[3]. Certo di tempo ne è passato. Messa a punto da Birdwhistell e pochi

[2] Lascio da parte (anche se è tutt'altro che secondaria) la questione della «perdita» contenuta immancabilmente nella descrizione scritta di un'azione che scritta non è: si è costretti da un lato a conservare solo una parte degli elementi di cui è fatta l'azione (ad esempio, qui è assente l'*intensità* di un gesto, che contiene informazioni sulla progressione o il carattere improvviso di un attacco, cosí come il *modo* in cui è effettuato, che può rimandare allo stile e alla varietà di stile dell'uno e dell'altro pugile), dall'altro a sovrastimare la purezza delle *categorie di atti* cui si ricorre per classificare ciò che si fa (diretto, guardia, gancio ecc.), trascurando il fatto che un uppercut può essere effettuato bene o male, o addirittura avere *nella pratica* un rapporto lontanissimo con ciò che convenzionalmente si descrive con quel nome. Si presenta, infine, un problema di pertinenza: che cos'è necessario descrivere di tutto quello che avviene, e il fatto di descriverlo che effetti ha sull'azione che si sta descrivendo? (Ancora una volta era stato Bateson, in un testo per certi versi dimenticato, a sottolineare questo risvolto: «Come dobbiamo strutturare la *nostra* descrizione? E che cos'è un "elemento" del comportamento?»; un gesto, aggiungeva, può essere *caratterizzato* o accostato a un «tema», ma contiene sempre altre sfaccettature che il lavoro di astrazione e classificazione rischia di cancellare; Bateson, *Some Components of Socialization for Trance* cit., pp. 145 e 150). Le implicazioni, narrative e cognitive, sono in sostanza quelle comuni a ogni *descrizione di tipo etnografico*. Da tempo danno vita a discussioni alle quali questo capitolo deve molto: J. Van Maanen, *Tales «of the» Field. On Writing Ethnography*, The University of Chicago Press, Chicago 2011 [1988], pp. 45-72.

[3] Bateson, *Naven* cit., p. 258.

altri, la *cinesica* ha fornito, attraverso notazioni stenografiche di estrema minuziosità, gli strumenti per descrivere le migliaia di dettagli di cui è fatta un'azione, e persino *il dettaglio del dettaglio*[4]: «Parlando, Doris abbassa la mano destra sul bordo del tavolo, poi la fa scivolare lievemente sulla sinistra per aggiustarsi la fibbia della scarpa»[5]. Ma disporre di una *scienza dei gesti* in grado di restituire la densità spesso incredibile di un'azione a una scala di «3/8 di secondo» non ci fornisce nessuna regola. Anziché dire che Siki tira uno swing, potrei dire: saltellando, piega le ginocchia e lascia cadere ecc. È senz'altro un metodo piú preciso, ma non sempre utile per cogliere l'azione nel suo svolgersi.

Ho optato per un'altra strada, meno minuziosa, ma che permette di entrare nell'azione senza dover esaurire necessariamente tutti i *dettagli visibili*. Mi sono dato tre regole su cui basare l'*osservazione* del combattimento. *Prima regola*: non si può descrivere il gesto di un pugile come se fosse indipendente dai gesti dell'altro. Ciò che fanno gli atleti non deriva da due linee d'azione distinte. In questo caso, agire equivale ad agire *con*[6]. *Seconda regola*: un gesto visibi-

[4] L'esempio piú impressionante resta l'opera collettiva rimasta allo stato di manoscritto che, a partire dal 1955, ha riunito sette ricercatori (fra cui Bateson e Birdwhistell) attorno a un allievo di Sapir (McQuown) per l'analisi di un'interazione di cinque minuti: N. A. McQuown, *The Natural History of an Interview*, manoscritto, The University of Chicago Library, Chicago 1971.

[5] Sulla scienza dei *comportamenti non verbali*, nata all'incrocio fra antropologia e linguistica, si veda soprattutto R. L. Birdwhistell, *Kinesics and Context. Essays on Body Motion Communication*, University of Pennsylvania Press, Philadelphia 1970, in particolare pp. 257-82 (sulla minuziosità tecnica e di notazione della cinesica). La citazione sulla mano di Doris è tratta dalla versione in francese di una di queste esperienze: Id., *Un exercice de kinésique et de linguistique: la scène de la cigarette*, in Y. Winkin (a cura di), *La nouvelle communication*, Seuil, Paris 1981, pp. 160-90. Una lettura informata e generosa dell'impresa di Birdwhistell si trova in A. Piette, *L'observation des gestes*, in Id., *Ethnographie de l'action* cit., pp. 145-81.

[6] Valido, anche se forse sopravvaluta la dimensione *interpersonale* delle azioni umane, il contributo di A. Schütz, *Making Music Together. A Study in Social Relationship*, in «Social Research», XVIII (1951), n. 1, pp. 76-97. Seguendo una concezione interazionista non troppo lontana, Howard Becker sottolineava che «le persone agiscono *insieme* [...]. Fanno ciò che fanno con un occhio su ciò che gli altri hanno fatto, stan-

le si deve restituire *nella durata*. Non solo i pugili non agiscono allo stesso modo per tutto il tempo dell'incontro, ma ciò che compiono in un dato momento contiene tutto quello che hanno già fatto o tentato di fare, con successo o meno, e che pur essendo invisibile predispone ciò che diventa opportuno o meno fare *successivamente*. *Ultima regola*: per quanto io li veda compiere solo quei gesti, non c'è motivo di supporre che i pugili li inventino sul momento. Gli atti visibili sono frutto di una *capacità di boxare* di cui possiamo ricostruire non solo la forma e le origini, ma anche la misura che governa quello che i pugili compiono nel momento in cui lo compiono.

La regola e l'uso.

Perciò potremmo concludere che i pugili contrattano tutto ciò che fanno sull'onda del momento. La mitologia sportiva, specialmente quando si assiste a un confronto interpersonale, presenta questo risvolto. Ma cosí si dimentica un aspetto: l'incontro del Buffalo, ed è questo a farne un combattimento di boxe (e non, si fa per dire, una rissa di strada), appartiene alle *azioni istituite*, nel senso che rispondono a precise aspettative. Per di piú, agisce da *contesto normativo*: i pugili non possono fare sul ring quello che si fa in una normale zuffa. Questa cornice preesistente all'azione assume la sua forma piú chiara nell'esistenza di regole. Come tutte le pratiche sportive, perlomeno quelle che rag-

no facendo o possono fare in futuro» (H. S. Becker, *Outsiders. Saggi di sociologia della devianza*, trad. di C.-L. Vuadens, M. Croce e D. Brignoli, Edizioni Gruppo Abele, Torino 1987 [1963], p. 138), mentre Bateson, dal punto di vista antropologico, aggiungeva un elemento decisivo, ossia che la condotta degli attori, che è sempre una co-condotta, «contiene non solo tutto ciò che è stato appreso [dagli attori], ma anche tutti i tentativi imperfetti delle due persone di adattarsi l'una all'altra nell'ambito di un processo di scambio continuo» (Bateson, *Some Components of Socialization for Trance* cit., pp. 146-47).

giungono un certo *grado di ritualizzazione*[7], i combattimenti di boxe seguono un regolamento, che sancisce cosa si può fare sul ring e cosa no[8]. Nel 1922, l'anno del confronto al Buffalo, nel momento in cui si accingono a entrare in azione, Siki e Carpentier si trovano dunque a dover aderire a una serie di norme:

DURATA DELLE RIPRESE

Al segnale dato dal cronometrista che annuncia l'inizio della ripresa, gli avversari dovranno immediatamente lasciare il loro posto e combattere; parimenti, dovranno cessare di combattere e tornare al loro posto al segnale che annuncia la fine della ripresa [...].

DEFINIZIONE DI UOMO CADUTO O A TERRA

Perché sia considerato caduto o a terra, l'uomo deve avere almeno un ginocchio che tocca il tappeto [...].

COLPI REGOLARI

Per essere regolari, i colpi devono essere portati a pugno chiuso, sopra la cintura, al viso e sui lati della testa.

COLPI PROIBITI

È fatto divieto di colpire sotto la cintura, con il guantone aperto, con il palmo della mano, il polso, l'avambraccio, il go-

[7] Sulla questione, di per sé enorme, della ritualizzazione degli sport, che riguarda in verità la *sportivizzazione* delle pratiche «tradizionali» e pone dunque un ulteriore problema descrittivo, nella misura in cui, quando si descrivono una partita, un incontro o un combattimento, si dovrebbe poter fare riferimento a questo lavoro storico di ritualizzazione – ossia al modo in cui ogni combattimento alimenta e consolida la definizione di combattimento –, si rimanda al lavoro illuminante di N. Besnier, S. Brownell e T. F. Carter, *The Anthropology of Sport. Bodies, Borders, Biopolitics*, University of California Press, Berkeley 2018, pp. 159-65.

[8] La storia delle regole pugilistiche non si collega soltanto alla sportivizzazione della pratica: è stata uno degli strumenti di definizione della boxe (e in particolare della nobilitazione che l'ha investita sul mercato degli sport), nonché oggetto del contendere tra coloro – imprenditori, Federazione sportiva e autorità pubbliche – che pretendevano di imporne la forma legittima (è emblematico lo spartiacque del 1912, quando si modifica appunto il regolamento della boxe). Le regole sono quindi tutt'altro che immutabili. Si veda J.-F. Loudcher, *La sportivisation de la boxe anglaise. Étude temporelle des combats à poings nus*, in «Science & Motricité», LXV (2008), n. 3, pp. 93-106. Sul mito delle *regole originali* e sul loro ruolo nel processo di destoricizzazione volto ad assegnare alla boxe la nobile forza di una tradizione, si veda K. Boddy, *«Under Queensberry Rules, So to Speak»: Some Versions of a Metaphor*, in «Sport in History», XXXI (2011), n. 4, pp. 398-422.

mito, con il taglio o il rovescio della mano; di colpire ruotando all'indietro, di colpire l'avversario a terra, di tenere l'avversario, di dare calci, colpi di testa o spalla, di lottare o strattonare l'avversario addosso alle corde, di colpire sui reni (*kidney punch*) nei corpo a corpo.

CORPO A CORPO (CLINCH)

Il corpo a corpo è ammesso unicamente quando entrambi gli uomini si tengono a vicenda; se uno non tiene l'avversario, ossia ha le braccia libere, può continuare a combattere, mentre chi tiene l'avversario con un braccio non ha il diritto di colpirlo con il braccio libero [...].

RICHIAMO ALL'ORDINE

Per i falli lievi e involontari, che non pongono la vittima in stato d'inferiorità, l'arbitro o il direttore di gara richiamerà il colpevole all'ordine. Tutti i richiami all'ordine dovranno essere annunciati al pubblico dallo speaker, che indicherà la natura del fallo commesso[9].

Presentare cosí la situazione è naturalmente ingannevole. Esistono regole: ma non vuol dire che i pugili agiscano con in testa il pensiero di essere *in regola*. In realtà il loro modo di boxare, anche quando deve sottostare ai richiami all'ordine, contiene quelle regole, le implica nella misura in cui i due attori hanno appunto imparato a boxare *nel solco delle regole*. Agiscono come se affrontassero una *necessità pratica*[10]. O, meglio, la loro condotta assume la forma di un *uso*.

[9] *Règlement de boxe anglaise de la Fédération des sociétés françaises de boxe*, Paris 1918. Citato da F. Cuny, *La Boxe*, Nilsson, Paris 1918, pp. 189-96. Si vedano anche, di poco posteriori, le aggiunte di Salmson-Creak, *La Boxe pour Tous*, Brenet, Paris 1924, pp. 110-32.

[10] Ho in mente l'argomento classico di Wittgenstein su cosa significa «seguire una regola», e in particolare la differenza (sulla scorta del *segnale stradale*) tra un'azione conforme a una regola e un'azione che implica una regola: buona norma vuole che seguiamo le indicazioni di un segnale stradale, ma «uno si regola secondo le indicazioni di un segnale stradale solo in quanto esiste un uso stabile, un'abitudine», si veda L. Wittgenstein, *Ricerche filosofiche*, trad. di R. Piovesan e M. Trinchero, Einaudi, Torino 2009 [1953], §§198-99, p. 107. La questione è approfondita da J. Bouveresse, *Que veut dire «Faire la même chose»?*, in «Archives de philosophie», LXIV (2001), n. 3, pp. 479-503, e V. Descombes, *Le complément de sujet. Enquête sur le fait d'agir de soi-même*, Gallimard, Paris 2004, pp. 432-56.

Schivata

Jab lungo o diretto lungo

Jab o diretto corto

Gancio destro

Uppercut di destro

Swing di sinistro al mento

Illustrazioni di Fernand Cuny, *La Boxe*, Nilsson, Paris 1918. (Foto © Gallica / Bibliothèque nationale de France).

Per quanto possa apparire come una serie di *reazioni* che i pugili improvvisano sul momento, il combattimento segue l'*uso*. È investito di una prevedibilità sociale: *certe cose si fanno, altre no; il gioco si tiene sul ring e devono esserci un vincitore e un perdente*[11]. Insomma, l'azione si svolge in una cornice specifica, come si può riassumere con una citazione di Vincent Descombes: «Ciò che fa sí che un atto di cui ho la libera iniziativa determini la vostra reazione, qualunque essa sia, come risposta alla mia sollecitazione, sono gli usi stabiliti laddove hanno luogo questi atti»[12].

Nello specifico, il combattimento del Buffalo è un'*attività ad alta intensità rituale*: tutto, compresa la reazione spontanea del pubblico, e il modo in cui condiziona ciò che fanno i due pugili, deriva da un uso sociale già stabilito che si estende fino ai *modi di boxare*[13]. Anche solo per il fatto di occupare, rispettivamente, una posizione precisa sul mercato degli stili pugilistici, Siki e Carpentier mettono in scena sul ring una grammatica dei corpi che li precede e di cui introiettano i princípî pratici.

Per accostarci allo spazio dei modi di boxare coevo allo svolgimento dei fatti possiamo ricorrere ai manuali di allenamento. Al 1918 risale probabilmente la pubblicazione di uno dei piú importanti: quello di Fernand Cuny, ai tempi fra

[11] Bisognerebbe approfondire ognuno di questi elementi: il *ring*, come ha illustrato bene Sylvain Ville, ricopre in materia di boxe la funzione che ha *la pedana* nel mondo dell'istruzione, di cui si è occupato con il suo solito acume un analista come Erving Goffman (*Forme del parlare*, trad. di F. Orletti, il Mulino, Bologna 1987 [1981]).

[12] V. Descombes, *Le istituzioni del senso*, trad. di M. G. Botti, Marietti, Genova-Milano 2006 [1996], pp. 424-25.

[13] Sulla formalizzazione sociale delle reazioni del pubblico, oltre all'importante articolo di S. E. Clayman, *Booing: The Anatomy of a Disaffiliative Response*, in «American Sociological Review», LVIII (1993), n. 1, pp. 110-30, si veda (per il mondo della boxe) S. Ville, *Comment se comporter dans un spectacle sportif? Le cas des spectacles de boxe au tournant du 20e siècle*, in «20 & 21. Revue d'histoire», CLIII (2022), n. 1, pp. 121-36; ma anche J.-C. Yon, *Du droit de siffler au théâtre en France au XIXe siècle*, in Ph. Bourdin, J.-C. Caron e M. Bernard (a cura di), *La Voix et le Geste. Une approche culturelle de la violence socio-politique*, Presses Universitaires Blaise-Pascal, Clermont-Ferrand 2005, pp. 321-37.

gli allenatori piú in vista del paese[14]. Le pagine che dedica al movimento dei pugili sul ring sono istruttive: si muovono «continuamente», scrive, «eseguendo una specie di ronda uno di fronte all'altro». Spostano prima il piede sinistro «senza quasi sollevarlo da terra», poi «il destro trascinandolo leggermente», camminando «sempre verso destra», in modo da trovarsi «fuori dalla guardia dell'avversario»[15]. Descrive anche la tecnica dei colpi:

> Per ottenere la massima efficacia, è importante colpire in modo molto secco e con precisione, badando a toccare solo i punti sensibili del corpo e del viso. Il pugno deve arrivare perpendicolarmente e tornare velocissimo al punto di partenza, rimbalzando per cosí dire alla maniera di una palla di gomma.

E poco oltre:

> I colpi in faccia si parano tutti con la destra, da tenere aperta in modo che l'avversario colpisca il cavo della mano [...]. Bisogna in qualche modo afferrare al volo il colpo dell'avversario ed è bene che ciò avvenga il piú vicino possibile al viso, per lasciare meno margine a un altro possibile colpo[16].

Possiamo cosí *osservare* quello che avviene sul ring del Buffalo a partire da ciò che serve ai pugili per fare quello che fanno. Per quanto bene o male eseguiti, gli atti che compiono sono tutt'altro che improvvisati: poiché rispondono a un'attività già

[14] Cuny, *La Boxe* cit. (probabilmente 1918). L'opera esce nella «Bibliothèque sportive» delle edizioni Nilsson, con una prefazione di Théodore Vienne e una breve introduzione di Tristan Bernard. Cuny (1880-1937) è stato pugile (ventinove incontri fra il 1907 e il 1911, di cui tre contro Carpentier nel 1910), campione di Francia (pesi piuma e pesi mosca), e dopo la guerra diventa arbitro, «matchmaker», manager e allenatore; gestisce una sala di cultura fisica a Parigi (in rue Nicolo, nel XVI arrondissement) e dal 1920 è incaricato di formare la squadra olimpica. Si veda *Souvenirs, anecdotes et confidences d'entraîneurs: Fernand Cuny*, in «Le Miroir des sports», 16 febbraio 1932, p. 103. Aggiungo che il modo di boxare che ha in mente Cuny, essendo d'ispirazione eminentemente inglese, è solo uno degli stili diffusi ai tempi.

[15] Cuny, *La Boxe* cit., pp. 49-50.

[16] *Ibid.*, rispettivamente pp. 51 e 54. Si veda anche Id., *Conseils aux athlètes isolés qui veulent faire de la boxe*, in «Le Miroir des sports», 10 giugno 1925, p. 359.

fissata, si possono ricondurre in effetti a un numero abbastanza ristretto di combinazioni, di cui ogni pugile è a conoscenza e che prevede possano arrivare dall'avversario. La grammatica di un'interazione boxistica, a prescindere da come si svolge il confronto, comprende potenzialmente quattro principali movimenti offensivi (uppercut o montante, gancio, diretto lungo, diretto corto o jab), tre di difesa (spostamento, schivata, parata) e una serie di atteggiamenti piú generali (guardia, posizione ecc.).

Conoscere i gesti, poterli identificare, è un buon modo per imparare a *vedere* che cosa succede sul ring. Un gesto non è semplicemente un gesto, ma si colloca in un insieme di gesti possibili. Peraltro, è anche uno strumento per rendersi conto di quello che manca per capire l'azione: i pugili (che intrattengono ognuno un rapporto distinto con l'ortodossia dei modi di boxare) non si limitano a pescare da un catalogo esistente i gesti tecnici da realizzare, eseguendoli bene o male, o cosí cosí. Il punto è che quei gesti, pur appartenendo a un repertorio già fissato, si collocano in uno *stile*, in un *modo di fare* acquisito nel lungo periodo, e perciò distinto da quello degli altri. I colpi non sono gli stessi per entrambi, possono essere piú fluidi, piú variati, piú puliti e dare quindi forma a una boxe di un tipo molto specifico. Cosí osserva ancora Cuny:

> Un boxeur scientifico non è quello che assesta la maggiore varietà di colpi con piú o meno brio, ma quello che esegue i colpi di boxe, seppure poco vari, in modo classico, con precisione, e fa solo quanto c'è da fare al momento opportuno, con il minore sforzo possibile[17].

Ciò che si dipana da queste descrizioni avulse dal combattimento è appunto quello che si dovrebbe prendere in considerazione per descrivere quanto avviene sul ring. I pugili, quando boxano, si basano su un catalogo di modi di fare che conoscono appieno, ma tengono conto anche di questi due fattori: con chi e con che cosa hanno a che fare.

[17] Id., *La Boxe* cit., p. 16.

Tavola sinottica del combattimento.

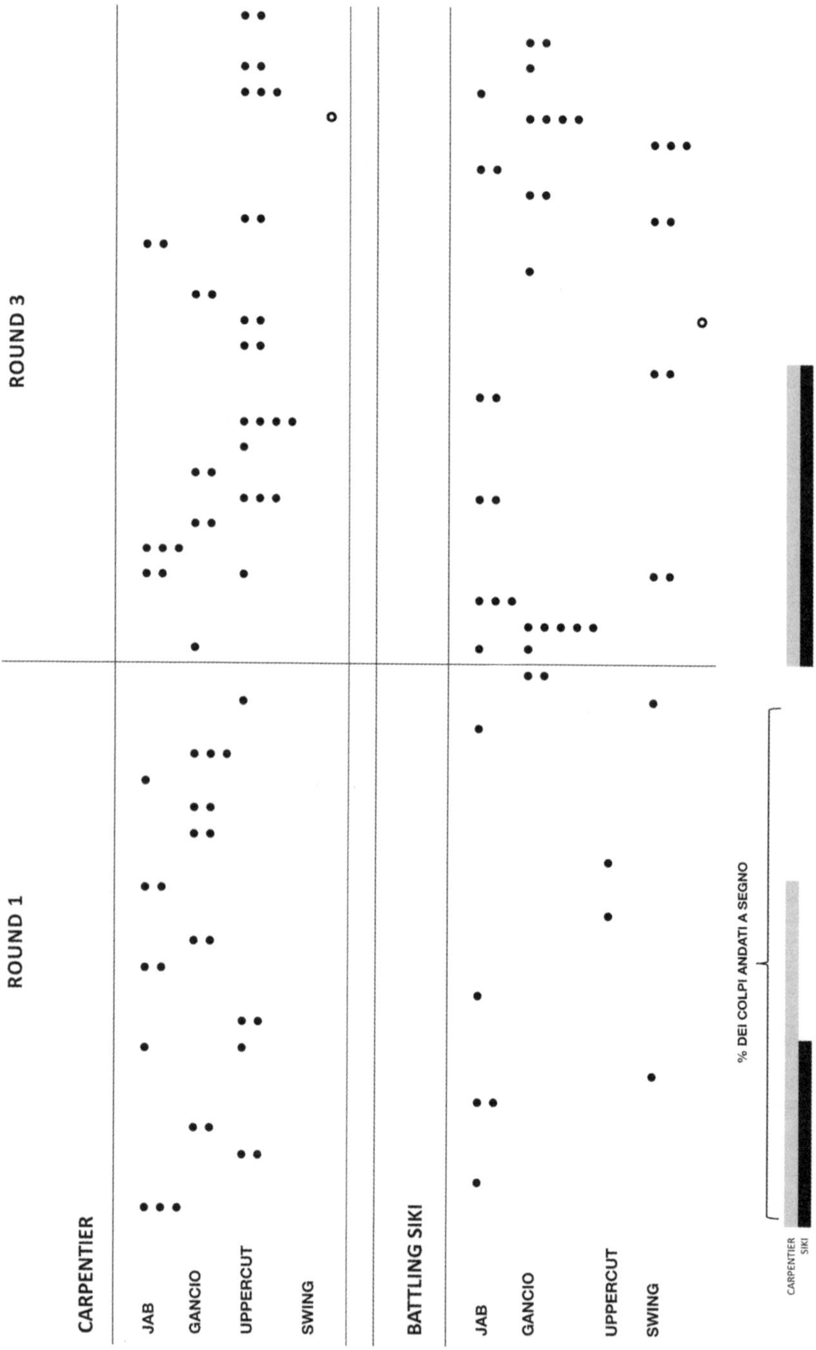

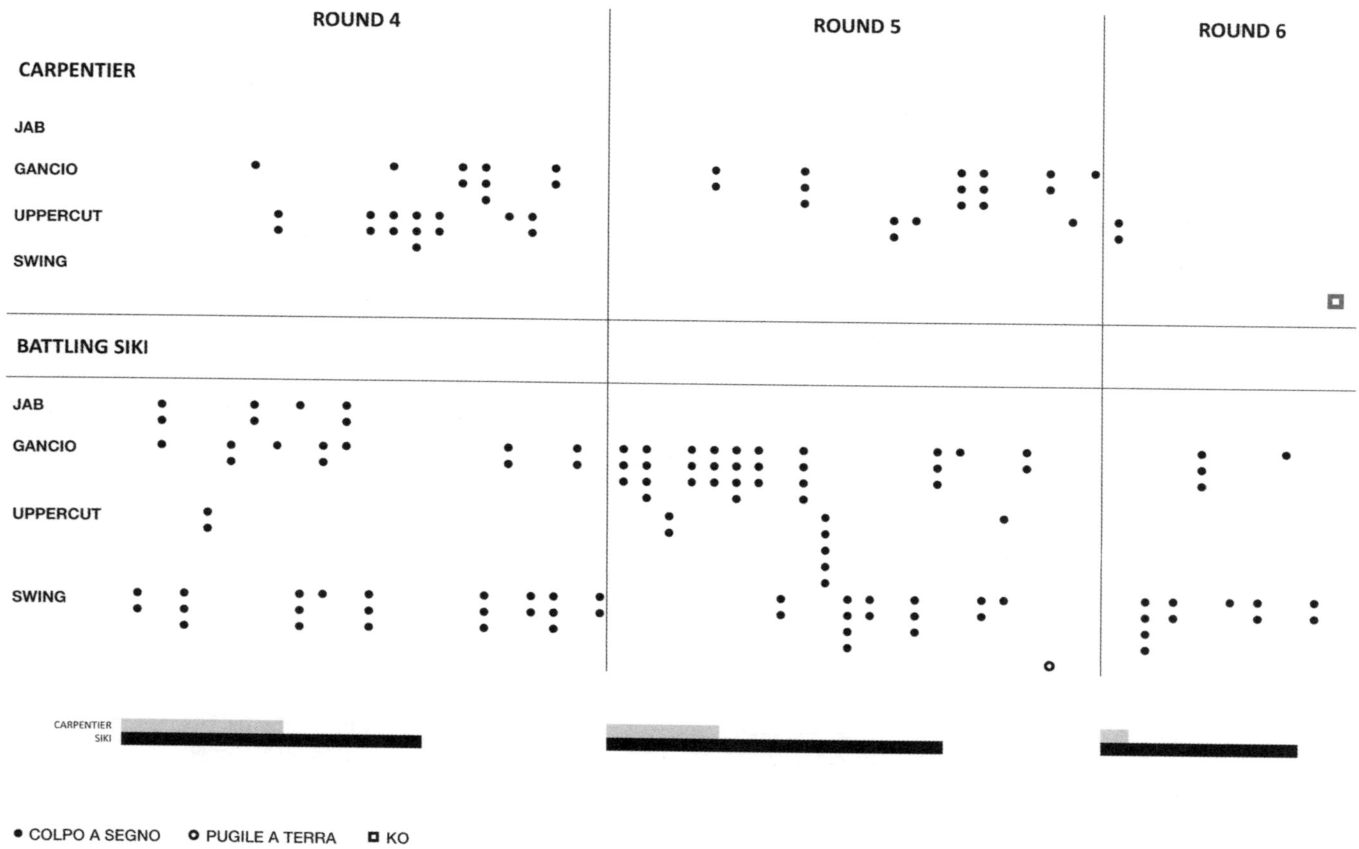
ROUND 4
ROUND 5
ROUND 6
CARPENTIER
JAB
GANCIO
UPPERCUT
SWING
BATTLING SIKI
JAB
GANCIO
UPPERCUT
SWING
CARPENTIER
SIKI
COLPO A SEGNO
PUGILE A TERRA
KO

Due linee d'azione.

In un'opera importante, Randall Collins ha elaborato la griglia di analisi piú completa per cogliere un'interazione senza doverla limitare agli elementi che risultano visibili. Un'interazione, spiega lo studioso, è sempre già *ritualizzata*. Innesca una «catena rituale» di gesti, posture, ma anche un umore, un'aspettativa comune, che dispongono gli attori presenti ad adottare il modello comportamentale piú calzante per una data circostanza (incontrarsi per fumare una sigaretta, combattere su un ring, fare l'amore). Partecipando, gli individui stanno al gioco, vanno incontro a una specie di «coinvolgimento reciproco» che ne determina il grado d'immersione in quello che fanno: sono spinti a conformarsi «al ritmo corporeo e alle tonalità emotive» del partner (o dell'avversario), che a sua volta ne deduce come regolare quello che fa, e cosí di seguito[18]. Un'azione situata (Goffman direbbe un «momento»)[19] non solo è inserita in una cornice: contribuisce essa stessa a inquadrare ciò che avviene. I colpi vivaci di Carpentier, il predominio che inizialmente assume sull'incontro, la sicurezza che pone nei movimenti, agiscono di riflesso sul gioco di Siki.

Ma Collins si spinge ancora piú in là. Se il contesto agisce sugli attori, ci dice, è perché gli attori partecipano con tutto il carico di valori pregressi che la situazione rende pertinenti. Infatti, a prescindere dal suo modo di boxare, quel

[18] R. Collins, *Interaction Ritual Chains*, Princeton University Press, Princeton 2004, pp. 102-30. Si riconoscono le premesse (ma l'aspetto interessante è appunto fin dove le spinge Collins) dell'analisi che Goffman propone riguardo alle interazioni, partendo dal principio che una descrizione «corretta» passa non tanto dallo studio degli individui coinvolti e della loro psicologia, ma da quello delle «relazioni sintattiche esistenti fra gli atti di persone che vengono a trovarsi a contatto diretto» (Goffman, *I rituali dell'interazione* cit., p. 5).

[19] «Non gli uomini e i loro momenti, quindi, ma piuttosto i momenti e i loro uomini», come sintetizza Goffman, *ibid.*

giorno Siki non affronta Carpentier: affronta tutto ciò che Carpentier rappresenta (e lo stesso vale per il suo avversario). L'uno e l'altro mettono in gioco la garanzia della posizione che occupano nello spazio della boxe. Uno è il favorito (Carpentier), l'altro l'outsider (Siki). Etichette e distinzioni anteriori al combattimento intervengono sul ring. Essendo il combattimento organizzato apposta per lui, Carpentier ha da parte sua la sicurezza di essere il detentore dell'eccellenza in materia boxistica, e quindi è disposto a sfoggiare con la massima libertà e disinvoltura la boxe che gli ha procurato la sua fama. Quanto a Siki, che gli osservatori dicono impressionato dalla posta in gioco, si trova invece in una posizione subordinata che lo obbliga (almeno all'inizio) a dover rispondere al ritmo, ai colpi, alla boxe imposti da Carpentier, e a doversi adattare[20].

Il rapporto sociale già esistente fra i pugili si realizza per cosí dire nell'azione, determinando il modo in cui l'uno e l'altro si prodigano in quello che succede. È una caratteristica che emerge da certi segni oggettivi. All'inizio dell'incontro Carpentier prende chiaramente il sopravvento, e lo fa mettendo in risalto il dominio pregresso sul quale sa di poter contare. Spadroneggia sul ring adottando una postura verticale e gesti ampi; si sposta molto. Lo vediamo guardare Siki, avanzare dritto su di lui, girargli attorno, regolare la di-

[20] La struttura sociale del *coinvolgimento nell'interazione*, che è di grande utilità per l'analisi che propone Collins (*Interaction Ritual Chains* cit., pp. 122-24), s'ispira allo studio sul nuoto di D. F. Chambliss, *The Mundanity of Excellence: An Ethnographic Report on Stratification and Olympic Swimmers*, in «Sociological Theory», VII (1989), n. 1, pp. 70-86. Un approccio simile, a proposito del podismo, si trova in M. Schotté, *Dans la course. La construction d'une hiérarchie en action*, in «Actes de la recherche en sciences sociales», CCIX (2015), n. 4, pp. 100-15. Con una forma che si caratterizza per una gerarchia meno immediata, troviamo alcuni principî d'azione accostabili nella musica e soprattutto nel jazz: si veda l'episodio riportato da Becker e Faulkner, in cui quest'ultimo, pur di non decadere dalla posizione eminente e rispettata che occupa tra i musicisti presenti (e nello specifico, pur di non fare la figura del vecchio musicista sorpassato), rifiuta di suonare un pezzo e ne propone un altro (si veda R. R. Faulkner e H. S. Becker, *«Do You Know…?» The Jazz Repertoire in Action*, The University of Chicago Press, Chicago 2009, pp. 152-53).

stanza e costringerlo ad accordarsi al suo ritmo, a seguirlo, a difendere, a subire o a guadagnare distanza quando lo decide lui. Il suo gioco è sempre calmo, risoluto, quasi distaccato. Lo vediamo provocare l'avversario, moltiplicare le finte, saltellare, girare su se stesso, per indurre Siki a cadere nella sua tessitura. Muove la testa da parte a parte, rotea i pugni davanti a sé per inserire un'attesa tattica, oppure si porta un guantone al viso con una serie di gesti che sottolineano la fiducia nei propri colpi. Lo vediamo eseguire una boxe piena, varia e diretta: la *sua* boxe. Alterna i colpi, dà vita a combinazioni raffinate senza la minima tensione.

Quanto a Siki, appare nervoso, teso, sottomesso. Non si schioda da una posizione difensiva ostinatamente chiusa: gambe flesse, busto curvo, i pugni piantati davanti al viso. Si copre, tiene la distanza, non affronta direttamente Carpentier; aspetta; ne sorveglia i gesti stando costantemente all'erta, si adatta al ritmo dell'avversario, ne subisce gli attacchi, li incassa senza cercare di schivarli. Quando è lui a sferrarne uno, l'attacco si rivela trascurabile e non favorisce il gioco: un paio di colpi veloci, brevi, e si rimette subito in guardia.

Round 1, 2:01-2:07
2:01: [Siki ha appena poggiato il ginocchio a terra] *Carpentier tira un destro potente al viso dell'avversario;*
2:02: *Carpentier ruota leggermente il corpo, si abbassa e assesta un gancio nello stesso punto, raddrizzandosi completamente; indietreggia un po', ritrova stabilità, allunga il braccio sinistro, ruota il busto e porta subito un destro lungo che s'interrompe a metà strada;*
2:03: *Siki respinge l'attacco; si getta in avanti, afferra le braccia di Carpentier e oppone per un po' resistenza;*
2:04: *Carpentier cerca di respingerlo per riprendere l'attacco; Siki, senza vedere che l'avversario si è abbassato, tira alla cieca uno swing scomposto di sinistro, colpendo Carpentier alla testa;*
2:05: *fa seguire, con lo stesso movimento, uno swing di destro, che però è troppo corto e va a vuoto;*
2:06: *Siki si aggrappa al busto di Carpentier, che si raddrizza e lo respinge;*
2:07: *l'arbitro li separa.*

2:01

In altre parole, l'azione osservabile non si riduce a uno scambio, in cui ogni colpo genera il successivo. I pugili si trovano davanti diverse *possibilità di agire*, che li dispongono a fare ciò che fanno. In una certa misura il combattimento trova la sua logica non al livello delle sequenze attraverso le quali si affrontano i pugili, ma su un'altra scala, ben piú ampia: all'inizio dell'incontro, nell'interazione che si instaura sul ring, è individuabile tutto un lavoro di imposizione del repertorio pugilistico. Carpentier non ha intenzione di mandare Siki al tappeto, bensí cerca di imporre il tenore del combattimento, di imprimere il suo ritmo, di decidere quale boxe verrà praticata da entrambi: una boxe aperta, vivace, all'occorrenza sofisticata, che organizza – anche solo perché *non è* la boxe di Siki – ciò che diventa possibile fare.

Nella parola *repertorio* s'insinua certo un elemento ingannevole. Rischia di trasmettere il messaggio, di stampo funzionalista, che i pugili possano disporre di una *riserva di gesti già pronti*, da cui attingere a loro piacimento, a seconda della situazione che si presenta e ogni volta che ne sentono il bisogno. Ma nulla è piú lontano dalla realtà. Nello studio che hanno dedicato alla questione, Robert Faulkner e Howard Becker si sono soffermati sugli usi distorti del concetto di repertorio, proponendone un'interpretazione che permette di vederci piú chiaro[21]. «Quando un musicista chiede a un altro se conosce un certo motivo, e l'altro risponde sí o no, questa breve interazione crea, in quel preciso momento e per gli attori coinvolti, un frammento di repertorio»[22]. Un repertorio, in altre

[21] *Ibid.* I due autori criticano soprattutto l'uso metaforico e troppo vago adottato nelle scienze sociali per studiare i «repertori dell'azione collettiva», ad esempio in Charles Tilly (in particolare *Regimes and Repertoires*, The University of Chicago Press, Chicago 2006), e le accezioni piú disparate per cui la nozione di *repertorio* va a confondersi con quella di *soggetto*, *script* o *routine*: si veda M. Traugott (a cura di), *Repertoires and Cycles of Collective Action*, Duke University Press, Durham 1995.

[22] Faulkner e Becker, «*Do You Know…?*» cit., pp. 193-94. Sulla costituzione pratica del *repertorio* come attività si veda il bel saggio di H. S. Bennett, *On Becoming a Rock Musician*, Columbia University Press, New York 2017 [1980], soprattutto le pp. 165-96.

parole, rappresenta un modo di orchestrare l'interazione, di dare una cornice comune a ciò che fanno i partecipanti. Certo nessun pugile (sempre che tutto proceda nella norma) chiede all'altro se conosce un determinato modo di boxare che si adatta al suo, e l'altro non è tenuto a rispondere né sí né no. Eppure non è impensabile che quanto s'instaura fra gli attori attraverso la collaborazione non possa nascere anche dallo scontro. Durante una partita a scacchi, i contendenti non si mettono d'accordo sul gioco da adottare, sennonché quello che fanno – o, meglio, ciò che fa l'uno obbligando l'altro a rispondere con una certa mossa – è perfettamente riconducibile *per entrambi* a un repertorio delle partite che possono usare come modello, e di cui quella che disputano è (almeno in parte) una declinazione. Non serve ipotizzare che si mettano d'accordo: i loro modi di agire, pur non trovandosi in un rapporto paritario con le azioni che prendono forma durante l'incontro, concordano sul repertorio a partire dal quale bisogna agire[23].

Dunque, Carpentier (imponendo la sua boxe) e Siki (adattando la sua) sono ben lungi dal seguire un copione. Fatto sta – ed è un elemento importante – che uno dei due impone il repertorio di boxe a partire dal quale entrambi si trovano a comporre. Emerge cosí la necessità, per capire questa azione, di scostarsi da un resoconto che proceda colpo per colpo; e ci rendiamo anche conto che l'interazione sul ring del

[23] R. Desjarlais, *Counterplay. An Anthropologist at the Chessboard*, University of California Press, Berkeley 2011, pp. 65-75. Il paragone, utile soprattutto a interrogare l'azione che m'interessa (e non a stabilire somiglianze morfologiche tra gli scacchi e la boxe, nonostante l'esistenza di una disciplina come il *chessboxing*), non è gratuito quanto sembra: cosí come le «grandi partite» sono dotate di un racconto, e circolano tra i giocatori, al punto che alcuni vi attingono le conoscenze per allenarsi alla pratica, i «grandi combattimenti», soprattutto dopo la guerra, presentano un racconto che assume la forma di «narrazioni» (su carta, fotografiche o filmiche), tanto che pugili e dilettanti possono memorizzarne lo svolgimento e averli a disposizione quando boxano. Non voglio insinuare che sia il caso di Siki e Carpentier, ma nel modo in cui si sviluppano questi racconti si può notare anche la configurazione di un repertorio già formalizzato di modi d'agire.

Buffalo esercita di per sé un vero *effetto di coinvolgimento* sui pugili, disponendoli ad agire in un modo anziché in un altro. Ma descrivere la situazione in questi termini obbliga ad affrontare *un punto di domanda* molto piú spinoso. Se è vero che i pugili non improvvisano quello che fanno, che lottano per imporre un repertorio che sia loro favorevole, in base a cosa lo fanno? Da dove arriva il modo di boxare che adottano o cercano di adottare sul ring? Come fanno a passare da una boxe difensiva a una contenuta ecc.? In fondo, si tratta di un problema datato: equivale a dire che il contesto in cui si svolge l'azione, pur contribuendo a definire ciò che fanno i pugili, non è in grado da solo di produrre quello che avviene[24]. Ci vuole altro. Nella riflessione che ha condotto sui gesti, Edward Sapir ha stabilito al riguardo dei criteri interessanti: se vogliamo capire qualcosa di quanto fanno le persone, bisogna riconoscere che i gesti da loro compiuti non hanno un'origine casuale. *Seguono* «un codice elaborato e segreto che non è scritto da nessuna parte, che nessuno conosce, eppure viene compreso appieno da tutti»[25].

[24] Uno dei modi di procedere, da cui mi discosto in questo caso, può consistere, sull'esempio di Goffman, nel porre l'accento sulle operazioni (narrative, cognitive, comportamentali) che consentono agli attori coinvolti nell'interazione di consolidare la *cornice* di ciò che avviene, di ricondurla a una «linea di attività» (soprattutto quando quello che avviene è ambiguo o oggetto di disputa), in modo da dotarsi di un catalogo comportamentale pertinente (o reso di nuovo pertinente): «Poiché sono i singoli attori che forniscono il materiale fondamentale, sarà sempre ragionevole chiedersi quali caratteristiche generali debbano possedere perché ci si possa aspettare da essi un contributo di questo tipo. Quale modello minimo di attore è necessario perché lo si possa caricare come un orologio, sistemarlo fra i suoi compagni di lavoro e farne emergere un'ordinata attività di comportamento? Quale modello minimo è necessario perché lo studioso possa prevedere le linee lungo le quali un individuo, in quanto soggetto interagente, può riuscire o fallire?» (Goffman, *I rituali dell'interazione* cit., p. 5). Se mi allontano da questa prospettiva (di per sé preziosa) è perché lascia da parte ciò che m'interessa: «da dove arriva» il fatto che gli attori sappiano fare certe cose.

[25] E. Sapir, *The Unconscious Patterning of Behavior in Society* [1927], poi in D. G. Mandelbaum (a cura di), *Selected Writings of Edward Sapir in Language, Culture and Personality*, University of California Press, Berkeley - Los Angeles 1963, pp. 544-59, citazione a p. 556.

Essere disposti ad agire.

La domanda che emerge assume cosí un'altra forma. Non è tanto questione di che cosa fanno esattamente i pugili, quanto di: in base a cosa lo fanno?

L'ho già detto: se il combattimento del Buffalo avviene (per di piú con le sembianze del combattimento per eccellenza), è perché il modo di boxare di Siki e quello di Carpentier stanno in un rapporto di opposizione radicale. Dopodiché, dire che l'incontro consiste per entrambi nell'imporre sul ring il *proprio* modo di boxare, o che i pugili sono costretti ad adattarlo a *quello* dell'altro, equivale di nuovo ad assegnare all'azione una cornice descrittiva che va molto al di là della contabilità dei colpi. In che misura quel giorno Carpentier e Siki agiscono sul ring come lo fanno normalmente? In altre parole: possiamo supporre che esista nell'uno e nell'altro, a monte dell'azione, una *disposizione ad agire* che si realizzerebbe effettivamente in ciò che li vediamo fare?

Ammetterlo per principio è un conto: *riuscire a dimostrarlo* è un'altra cosa[26]. È quello che ho tentato di fare.

Un'azione è per sua stessa natura *osservabile* (si svolge, e possiamo dire come, in quale momento ecc.); una tendenza ad agire non lo è. È una prima difficoltà sottolineata da Muriel Darmon. «Questa domenica boxano cosí» non ha la stessa portata di «quando sono sul ring boxano cosí», e non è affatto semplice passare dall'una all'altra affermazione. Per

[26] Persino un fenomenologo come Schütz è d'accordo: «Il musicista che affronta un brano definito come sconosciuto, lo fa a partire da una situazione storicamente – e in quel caso, autobiograficamente – determinata dalla sua riserva di esperienze musicali, nella misura in cui corrispondono alla nuova esperienza cui si prepara. La riserva di esperienze si riferisce indirettamente a tutti coloro, passati e presenti, i cui atti o pensieri hanno contribuito alla formazione del suo sapere. A partire da quanto ha appreso dai suoi maestri, e i suoi maestri dai loro maestri; ciò che ha assorbito dall'esecuzione di altri musicisti; e ciò di cui si è impadronito delle manifestazioni del pensiero musicale del compositore»; Schütz, *Making Music Together* cit.

verificare il collegamento tra le due prospettive dobbiamo anzitutto *ricostruirlo*[27]. Operazione tutt'altro che scontata[28]. Potremmo farlo attraverso colloqui approfonditi con gli attori, per valutare come ha potuto formarsi in loro la disposizione a compiere determinati atti nel modo in cui li fanno, oltre a come hanno potuto mantenerla o allenarla[29]. Ma nel mio caso è impossibile, e cosí ho optato per un lavoro di confronto sensibilmente diverso.

[27] M. Darmon, *Analyser empiriquement un inobservable: comment «attrape-t-on» une disposition?*, in S. Depoilly e S. Kakpo (a cura di), *La différenciation sociale des enfants. Enquêter sur et dans les familles*, Presses Universitaires de Vincennes, Vincennes 2019, pp. 109-37, e anche B. Lahire, *Portraits sociologiques. Dispositions et variations individuelles*, Nathan, Paris 2002, pp. 18-19 (da questo libro Darmon trae il suo problema di partenza).

[28] Varrebbe la pena discuterne nel dettaglio: che cosa significa descrivere una disposizione? All'ostacolo di ordine metodologico, già evocato, se ne aggiungono altri due. Uno di tipo sociologico: *ricostruire le disposizioni*, osserva Bourdieu, è difficile perché l'operazione presuppone una *teoria delle disposizioni*, ed «è difficile elaborare una teoria delle disposizioni perché comprenderebbe solo le disposizioni acquisite dalle persone che si trovano a poter fare teorie» (Bourdieu, *Manet* cit., p. 99). L'altro, che aggiungo io, è molto piú concreto (perché in fin dei conti non è cosí raro che persone normali – quelle che non «si trovano a poter fare teorie» – si dotino comunque, che si tratti di un'«inclinazione», dell'abitudine inveterata o della cattiva abitudine, di un sapere *oggettivato*, se non sul principio generatore dei loro atti, perlomeno sul tipo di *regolarità* che possono presentare, vuoi per descriverli vuoi per trasmetterli ecc.): l'operazione consistente nel passare da *un'azione singola* – legata a una situazione particolare o alla singolarità di un individuo (o di un gruppo di individui), oppure all'intenzione specifica di cui è investita *quell'* azione nel momento in cui avviene (rimettere dentro il bestiame per la notte, tagliare la legna per l'inverno ecc.) – a *un'azione regolare*, ovvero dotata (ma come?) di tratti categoriali abbastanza de-singolarizzati perché sia possibile ricondurre *quell'* azione a *tutte* le altre azioni che le somigliano (ma sotto quale aspetto?) – e nel mio caso l'operazione consisterebbe nell'accostare il combattimento del Buffalo ad altri match di Siki e Carpentier (tutti, alcuni, quali ecc.?) –, pone il problema specifico dei criteri di *somiglianza* e *comparabilità*. Non tutti i combattimenti si equivalgono per stabilire la *tendenza* che ha Siki (o Carpentier) ad agire sul ring; alcuni presentano senz'altro tratti analoghi, ma come appurarlo? Tutto ciò per dire che il tentativo di ricostruire la probabile disposizione dei pugili a boxare in un modo specifico quando si svolge l'incontro del Buffalo è, per l'appunto, un tentativo tout court.

[29] Si veda M. Darmon, *Devenir anorexique. Une approche sociologique*, La Découverte, Paris 2003, che proprio attraverso dei colloqui riesce a entrare nella sfera, altrimenti inaccessibile, della formazione e del mantenimento delle disposizioni alla base del comportamento anoressico.

Mi sono ispirato all'impostazione di uno studio di David Efron del 1941[30]. Per le strade di New York, Efron ha notato che i migranti ebrei e quelli italiani adottavano, tra loro, comportamenti gestuali diversi. Alcuni muovevano il braccio, si toccavano, gesticolavano, e altri si astenevano da ogni tipo di familiarità e ricorrevano a gesti meno ampi e meno veloci[31]. L'autore ha concluso che la linea di demarcazione fra questi modi di fare non passava fra i due gruppi di migranti, ma, all'interno di ogni gruppo, fra chi prima aveva vissuto in Europa e chi sin dall'infanzia era andato incontro a una socializzazione «americana». Per dimostrare che i gesti derivavano da un processo sociale che aveva cristallizzato in ogni soggetto un certo modo di fare, ricorrente a prescindere dalla circostanza, Efron ha optato per il confronto tra ciò che le persone facevano sotto i suoi occhi e ciò che avevano l'abitudine di fare. È la forma che ho scelto anch'io, e che getta luce su un tipo molto specifico di conoscenza. Non: co-

[30] D. Efron, *Gesture and Environment. A Tentative Study of Some of the Spatio-Temporal and «Linguistic» Aspects of the Gestural Behavior of Eastern Jews and Southern Italians in New York City, Living under Similar as well as Different Environmental Conditions*, King's Crown Press, New York 1941 (è significativo che il libro sia corredato da una prefazione di Franz Boas). Lo studio va accostato a quello piú o meno coevo, e debitore anch'esso del relativismo culturale di Boas, messo a punto da Bateson e Mead, le cui analisi (al netto di quell'*allocronismo* di cui parla Fabian, che fissa l'Altro in un tempo fuori dal tempo segnato da gesti che hanno un carattere naturalmente espressivo) considerano i gesti, in primo luogo i movimenti delle mani, come il punto di realizzazione di un linguaggio culturale: «A riposo, le mani delle balinesi stanno raramente con le dita tese in modo regolare come succederebbe alle nostre; un dito è piegato a un determinato angolo, un altro lo è a un angolo diverso, in un modo che a noi costerebbe un'enorme fatica» ecc.; Bateson e Mead, *Balinese Character* cit., p. 18.

[31] Anche se con una forma diversa, resa strumentale e teorizzata, che mira a oggettivare un tipo assimilabile di «corrispondenze», si riscontra in questo caso un procedimento simile a quello adottato da Bourdieu per collegare un gruppo di individui (una categoria) alla sua «cultura», e per collegare tra loro categorie di pratiche (musica, voto, lettura, sport ecc.) che l'osservazione considera isolatamente; si veda P. Bourdieu, *La distinzione. Critica sociale del gusto*, trad. di G. Viale, il Mulino, Bologna 2024 [1979]. Quanto alla «fortuna» piú immediata dell'approccio sperimentale di Efron, anche se a detta di Birdwhistell non ha avuto eredi, troviamo un tentativo simile di oggettivazione in G. W. Hewes, *World Distribution of Certain Postural Habits*, in «American Anthropologist», LVII (1955), n. 2, pp. 231-44.

me hanno appreso i pugili a fare quello che li vediamo fare? Bensí: che ruolo ha quello che hanno appreso a fare in ciò che fanno quel giorno?

Un altro combattimento, anch'esso filmato, permette di individuare le costanti che caratterizzano i gesti di Carpentier: è quello, disputato nel gennaio 1922, che lo ha messo di fronte a Cook (avversario «costruito» sul modello di Siki, come un *bruto* contrapposto alla boxe *intelligente* del francese)[32]. L'avversario è diverso, cosí come l'esito dell'incontro: ma troviamo in Carpentier lo stesso modo di spostarsi, di ricorrere alle finte e di schivare, le stesse combinazioni, ovvero lo stesso *stile* e la maniera di basarsi su quello che sa fare. Contro Cook, cosí come contro Siki, la boxe che sceglie è quella dell'*in-fighting*, una boxe offensiva caratterizzata dagli scambi a media distanza, che danno grande potenza agli attacchi e favoriscono i diretti lunghi, ovvero la sua specialità[33]. Allo stesso modo, il suo gioco si distingue in entrambi i casi per un'ipercorrettezza dello stile: padroneggia una grande varietà di colpi, che alterna da un attacco all'altro, e ognuno, adattato ai principî che all'epoca servono per il conteggio dei punti[34], è di una notevole purezza (un gancio è un gancio ecc.).

[32] Archivi Gaumont-Pathé, GR10 292, Carpentier-Cook, 12 gennaio 1922, b/n, muto, Gaumont, Paris 1922. Il combattimento si tiene il 12 gennaio 1922 alla Royal Albert Hall di Londra. Vince Carpentier al quarto round (ne erano previsti dieci) per Ko. Tra il 1919 e il 1922, Carpentier disputa dieci incontri. Ad eccezione di quello contro Dempsey del 1921 e contro Battling Levinsky del 1920, il cui film è scomparso, gli altri non hanno una durata tale da consentire un paragone solido. Ad esempio, contro Joe Beckett, dicembre 1919, il combattimento consta di un solo round (sui venti previsti); contro Blink McCloskey, gennaio 1920, i round sono due (sui quindici previsti); e infine, contro Ted Lewis, maggio 1922, l'incontro arriva di nuovo al primo round (sui venti previsti).

[33] Su questa tecnica si veda soprattutto F. Klaus, *The Art of In-Fighting. A Treatise on a Too-Neglected Science*, Ewart, Seymour and Co., London 1913; su quando (prima della guerra) e come Carpentier la adotta, si veda Hadjeras, *Georges Carpentier* cit., pp. 116-17.

[34] A questo proposito, soprattutto perché si basa sui cartellini di punteggio di combattimenti reali, si veda N. Fleischer, *How to Referee and How to Judge a Fight*, «The Ring» Athletic Library, New York 1933, soprattutto le pp. 24-29.

L'atteggiamento generale che adotta, e soprattutto la guardia bassa da cui si distacca poco e che infonde al gioco una nota imprevedibile, è identico da un combattimento all'altro. Caratteristica propria della sua boxe è una dimensione *fàtica*[35]. Lo vediamo saltellare, tergiversare, seguire passi danzati, beffarsi dell'avversario, roteare i pugni davanti a sé in una specie di *conversazione gestuale* che, oltre a permettergli di occupare il ring, dà al gioco l'aspetto innocuo di un'esibizione e quello minaccioso del combattimento, che ai tempi determinano la riuscita dello spettacolo di boxe. Nel complesso, insomma, la strategia che segue è costante da un incontro all'altro. Carpentier è votato all'offensiva; non boxa come l'avversario gli consente di fare, impone il suo gioco e fa in modo, attraverso finte e spostamenti, che l'altro gli offra l'occasione di piazzare i colpi che padroneggia meglio.

È piú difficile dimostrare che Siki ricorra a un modo abituale di boxare. La traiettoria che lo rende l'avversario legittimo di Carpentier non è associata a nessun film. Certo sopravvivono descrizioni, ma dire che Siki, «forte, agile, veloce, [è] un uomo dotato di grandi capacità fisiche che attac-

[35] Riprendo, con le dovute differenze, il concetto da Malinowski, che con quest'espressione indicava il «linguaggio impiegato nei rapporti sociali liberi, senza finalità»: «Quando delle persone si siedono assieme accanto a un fuoco di villaggio dopo aver portato a termine le loro occupazioni quotidiane o quando parlano per distrarsi dal lavoro, oppure accompagnano un lavoro esclusivamente manuale con chiacchiere prive di rapporto con ciò che stanno facendo, è chiaro che in questi casi abbiamo a che fare con un altro modo d'impiego della lingua e con un altro tipo di funzione del discorso. Qui la lingua non dipende da ciò che capita in quel momento, anzi sembra priva di ogni contesto situazionale. [...] Non possiamo dubitare di essere in presenza di un nuovo tipo d'impiego della lingua – che, spinto dal demone dell'invenzione terminologica, sono tentato di chiamare *comunione fàtica*» – B. Malinowski, *The Problem of Meaning in Primitive Languages*, in C. K. Ogden e I. A. Richards (a cura di), *The Meaning of Meaning. A Study of the Influence of Language upon Thought and of the Science of Symbolism*, Harcourt, Brace and Co., New York 1923, pp. 296-336. Si veda anche il commento di É. Benveniste, *L'apparato formale dell'enunciazione* [1970], poi in Id., *Problemi di linguistica generale*, II, trad. di M. V. Giuliani, il Saggiatore, Milano 1985 [1974], pp. 96-106, da cui traggo la citazione di Malinowski (pp. 104-5).

ca come una burrasca»[36] non porta molto lontano. Però possiamo, forzando un minimo il metodo scelto, paragonare il combattimento del Buffalo a quello, filmato, che lo oppone sei mesi piú tardi – nel marzo 1923 – a McTigue[37]. Anche la boxe di Siki appare notevolmente uniforme. In entrambi i casi i colpi variano poco e lo stile manca di correttezza in base ai canoni pugilistici. Schiva raramente, esegue poche finte, si sposta poco e non gioca d'astuzia perché l'avversario adotti la posizione che gli farebbe comodo. Adotta immancabilmente una guardia alta e chiusa (all'europea), che gli permette sia di risparmiare le forze sia di parare i colpi (anche i piú forti). Se c'è un fattore costante che spicca è però la potenza dei suoi colpi. Siki si preoccupa poco di aggiustarli o di variare le combinazioni, ma assesta i colpi, a volte anche contraddicendo il corso dell'incontro, in modo da mettere subito l'avversario Ko.

È un modo di fare che, pur dipendendo dalla combattività dell'avversario, rende il suo gioco imprevedibile e brusco. La sua firma gestuale resta in entrambi gli incontri un potente swing di sinistro. Non solo lo esegue sempre allo stesso modo, ma è un modo che si discosta da quello normalmente in uso per uno swing[38]. I piedi ben aderenti a terra, tira il braccio dietro di sé con un movimento molto ampio, un'apertura insolita che lo lascia scoperto di fronte a un eventuale colpo d'incontro; ruota le spalle per riportare il braccio davanti e

[36] «La Boxe & Les Boxeurs», 21 giugno 1922, p. 2 (sul combattimento Siki-Nilles del 1922). Si veda anche ivi, 28 giugno 1922, p. 5.

[37] Archivi del British Film Institute, N-197600, McTigue vs Siki, Dublino, 23 febbraio 1923, 35 mm, nitrato, muto. Mi baso anche sull'analisi del combattimento condotta da Peter Benson, che ne propone una «carta dei punteggi» a partire da una serie di cronache dettagliate apparse sulla stampa europea. Si veda Benson, *Battling Siki* cit., p. 20.

[38] Di solito, a quei tempi, lo swing si esegue tenendosi sulla punta dei piedi e ruotando il corpo da sotto il ginocchio, in modo che la torsione del corpo si accompagni a un movimento di risalita; nel caso di Siki, ed è questo l'aspetto distintivo del suo gesto, i piedi sono molto divaricati e aderenti al tappeto, il bacino è fisso e la torsione avviene nella parte alta del corpo, con le braccia ben distese.

scagliare un colpo improvviso e potente, senza badare né a dove né a come lo porta, e avventandosi con tutto il corpo in uno squilibrio sorvegliato a cui fa seguire (unica opzione possibile) dallo stesso gesto effettuato in senso inverso, come per il movimento di ritorno di un pendolo, braccio destro e spalla destra. Questo colpo, allo stesso tempo velocissimo quando è eseguito e di grande lentezza nel gioco, perché lo immobilizza per un istante, è segno della notevole continuità della sua boxe.

Qui sta l'aspetto che mi interessa: sul ring del Buffalo i due pugili non improvvisano la loro boxe a seconda di come evolve il combattimento. In un certo gesto ritroviamo, identico, il segno di gesti anteriori. Dunque, seppur ridotta a pochi punti di contatto, l'omologia che si delinea è istruttiva. Negli atti visibili è individuabile una forma di disposizione ad agire che non si vede e che assume l'aspetto di una continuità, desumibile dalla riconoscibilità dei gesti, o meglio dalla *costanza del fare* inscritta nel corpo. A proposito di un caso apparentemente lontano, Merleau-Ponty notava come la scrittura di una persona – che la si tracci in piccolo su un foglietto oppure a caratteri belli grossi su una lavagna – è riconoscibile; e questo perché una forza generatrice di abitudini ne garantisce la costanza[39]. In definitiva, vale lo stesso per questo caso: i gesti di Siki e di Carpentier si riconoscono, hanno tratti ricorrenti, appunto perché una forza generatrice di abitudini (Bourdieu direbbe *un habitus*) ne organizza la costanza – non solo da un combattimento all'altro, ma nel corso dello stesso combattimento.

[39] Al riguardo, Merleau-Ponty preferiva parlare di una «potenza generale di formulazione motoria»: M. Merleau-Ponty, *Il linguaggio indiretto e le voci del silenzio* [1952], poi in Id., *Segni*, trad. di G. Alfieri, il Saggiatore, Milano 1967 [1960], pp. 63-115, citazione a p. 94. Siccome coniuga (e dunque oltrepassa) oggettivismo e soggettivismo, questo modo di vedere è stato ripreso da Bourdieu (sotto forma di habitus): si veda soprattutto l'uso che ne fa in *Manet* cit., p. 94.

Posizione «danzante» di Carpentier durante il combattimento contro George Cook, 12 gennaio 1922. (Foto © DR).

Posizione «danzante» di Carpentier durante il combattimento contro Battling Siki, 24 settembre 1922. (Foto © Agence Rol / Gallica, Bibliothèque nationale de France).

Posizione di Siki (swing) durante il combattimento contro Mike McTigue, 17 marzo 1923. (Foto © Bettmann / Getty Images).

Posizione di Siki (swing) durante il combattimento contro Carpentier, 24 settembre 1922 (dettaglio). (Foto © Agence Rol / Gallica, Bibliothèque nationale de France).

La maniera e il mestiere.

Individuare una tendenza ad agire in ciò che fanno i pugili è senza dubbio importante, ma non basta ancora per venirne a capo. A ben vedere, è l'universo della boxe a incoraggiare l'adozione e il mantenimento di un modo di boxare che sia *riconoscibile*: i pugili ne ricavano il capitale di notorietà per accedere al mercato dei combattimenti. Da Carpentier ci aspettiamo che boxi come Carpentier, e lo stesso vale per Siki. Lo stile li precede entrambi sul ring. Bisogna fare però un passo avanti. Per avvicinarsi il piú possibile all'esistenza di una disposizione ad agire che intervenga in quello che li vediamo fare, dobbiamo descrivere le origini del loro modo di boxare e il processo attraverso il quale si è stabilizzato.

Ne ho parlato molto nel capitolo precedente, adesso è il momento di esplorare questa dimensione da una prospettiva leggermente diversa.

La boxe di Siki e quella di Carpentier derivano dal modo in cui hanno acquisito il *mestiere*. In altre parole, procedono da una *diversa* socializzazione allo *stesso* universo e dal modo particolare in cui hanno resistito al *conformismo* pugilistico che li circondava, piegandolo o aggirandolo per forgiare quello che sarebbe diventato il loro stile. Carpentier acquisisce il suo modo di boxare in un momento in cui i principî di socializzazione al mestiere non sono ancora formalizzati. I suoi anni di apprendistato, prima della guerra, equivalgono a un'autentica impresa plurale di *accumulazione delle tecniche necessarie*. Assorbe gesti che non sono esclusivamente boxistici: dalla *savate*, dalla ginnastica e dalle acrobazie di strada ricava una sinuosità, una precisione e un senso dello spettacolo gestuale che porta sul ring. L'ingresso precoce nel circuito dei combattimenti gli permette di affrontare pugili spesso piú vecchi e robusti di lui. Da lí derivano il gusto per la pugnacità e l'etica del «bel combattimento» di cui il Ko rappresenta il punto d'onore; del resto, in caso di vittoria per Ko, il suo contratto prevede un «premio speciale»[40]. Ma a strutturare la sua boxe è soprattutto il *senso della forma e dell'inventività formale*. Il passaggio dall'adolescenza all'età adulta, che lo vede trasformarsi fisicamente da pugile snello e slanciato a potente mediomassimo, si accompagna alla frequentazione di pugili neri americani (Scanlon, Dixie Kid ecc.) che stabiliscono allora il canone della boxe in Francia. L'incontro dà vita, oltre che a una boxe piú vigorosa, a una tonalità spettacolare.

Da Joe Jeannette copia la «boxe danzante» e i saltelli sul ring; da Willie Lewis (pugile bianco americano) il modo cosí peculiare di roteare i pugni davanti a sé prima di attaccare[41]. Ma di questa socializzazione il risultato piú evidente, da cui Carpentier ricava i principî di un rapporto con la boxe, è il fatto di considerare il pugilato soprattutto come una questione di stile. L'efficacia sul ring non vale niente in assenza di *maniera*. E cosí il pugile non fa che inventare combinazioni (il «giro di valzer» ecc.) che danno al suo gioco un aspetto «scientifico» e mutevole, in cui ogni allenamento consolida nell'atleta una precisa abitudine[42]. Quella che diventa la sua boxe, al tempo stesso volubile e segnata dalla preoccupazione per lo stile e la novità, sposa cosí una doppia scala di valori di ordine sportivo e spettacolare. Trova la sua continuità in quei tratti. I gesti possono sí affinarsi o calibrarsi in base a chi si ha di fronte,

[40] Sul contratto chiuso nel 1912 con i proprietari del Wonderland, si veda Ville, *Georges Carpentier* cit., p. 53.

[41] Su Lewis e l'influenza dei suoi pugni sull'esecuzione in forma visiva degli sport, si veda J. Jäger, *A Fist on the Cover. Some Remarks on Visual Sources in Sports History*, in «Historical Social Research», XLIII (2018), n. 2, pp. 39-52.

[42] Semplifico, beninteso, ciò che andrebbe arricchito di gradazioni: la boxe di Carpentier contiene anche altri elementi, soprattutto quelli riconducibili al «periodo inglese», com'è desumibile da Rivers, *Settling Their Differences in the Ring* cit. Sugli allenamenti del pugile, in realtà legati alla strutturazione storica dei principî dell'allenamento sportivo emersi in particolare, a partire dal 1912, grazie al campo di Manitot, si veda J.-F. Loudcher e T. Fabian, *The First Elite Sport Training Camp in France: Manitot (1912-1924)*, in «European Journal of Sport Science», XX (2020), n. 10, pp. 1387-94.

fatto sta che il modo di boxare di Carpentier *non dipende piú dall'avversario*: diventa una *firma*, oltre che uno strumento per conservare la maniera che gli ha valso il suo palmarès.

Quanto a Siki, gli anni di apprendistato si presentano sotto forma di una *socializzazione interrotta*. Non resta mai nella stessa sala e con lo stesso allenatore o manager abbastanza a lungo da poter acquisire – *nel solco delle regole* – una boxe strutturata da una pluralità di combinazioni. Torna sempre alla boxe che già possiede: una boxe potente, fatta di colpi micidiali. L'ingresso piú tardivo nella boxe lo mette anche nella posizione di dover scendere a patti con uno spazio degli stili già costituito. Quando, dopo la guerra, disputa i combattimenti che ne faranno un pugile di prima categoria, la sua boxe, incentrata sulla solidità con cui incassa e sulla forza dei colpi, soddisfa le aspettative riguardanti un pugile nero: è «un uomo pericoloso che boxa con una potenza straordinaria», sintetizza «L'Auto» nel 1920[43]. Lo sbocco è completamente diverso da quello che ha davanti Carpentier. Da una boxe potente non ci si aspetta che sia altra cosa. Per Siki, il risultato – reso possibile dalla sua socializzazione accelerata, e senz'altro esito del fatto che i successivi allenatori si astengono dall'invitarlo a una boxe piú compiuta o sofisticata – è di assimilarne la padronanza piú completa possibile[44].

Lo stile distintivo di Siki consiste in questo: nell'acquisizione di una grande resistenza ai colpi dell'avversario e nella capacità di piazzare gesti potenti che, nel corso del gioco, fanno la differenza. Entrambe le caratteristiche lo dispongono a una boxe che punta al tempo stesso al logoramento dell'avversario e alla ricerca del Ko. E ne fanno un pugile audace, combattivo e pericoloso. Da questo punto di vista, Siki non è

[43] *Le Sénégalais Battling Siki triomphera-t-il aussi de M. Lefèvre?*, in «L'Auto», 2 aprile 1920, p. 1.

[44] Per un'archeologia del modello boxistico a disposizione dei pugili neri prima e dopo la guerra si veda soprattutto Runstedtler, *Jack Johnson, Rebel Sojourner* cit., pp. 31-67.

Carpentier: il suo modo di boxare ha una grande uniformità; non mira all'invenzione; è improntato alla potenza esecutiva di una ristretta serie di gesti. Passare incessantemente da una categoria di peso all'altra, e di conseguenza trovarsi di fronte a pugili molto piú pesanti di lui, consolida un attaccamento primario alla *forza dei colpi*, come dimostrano anche i suoi allenamenti. Al combattimento del Buffalo si prepara in una palestra improvvisata vicino alla Porte Maillot, sotto la pista di pattinaggio del Luna Park. Com'è sua abitudine, moltiplica gli esercizi di salto alla corda, di clave, vogatore e palla medica, che scolpiscono un «torso potente e braccia [...] eccezionalmente muscolose»[45]; ripete anche davanti agli specchi o con i suoi partner i gesti vigorosi che sono tipicamente suoi.

Lo swing di sinistro, il suo colpo prediletto che diventa appunto il suo marchio di fabbrica, è paradigmatico dell'intero modo di boxare che finisce per caratterizzarlo. Di come ne abbia acquisito la capacità, a dire il vero non si sa niente. Certo è che il gesto tecnico mette in moto tutto «un sistema di capacità elaborate», un senso delle distanze, della mira, del tempo e dell'intensità di oscillazione che infonde a braccio e torso un intero schema gestuale appreso nel corso degli anni[46]. In Siki il gesto assume la forma di un *au-*

[45] Olivier, *Battling Siki* cit., p. 1.

[46] Riprendo la nozione di «sistema di capacità elaborate», e la riflessione piú ampia su ciò che contiene un gesto, da D. Sudnow, *Ways of the Hand. The Organization of Improvised Conduct*, Harvard University Press, Cambridge (Mass.) 1978: «Quando le mie mani hanno cominciato a formare costellazioni di note, il mio sguardo ha iniziato a coglierne la posizione non vedendola nota per nota, ma sotto forma di una struttura di posizioni che emergevano da un campo visivo piú ampio» (p. 9); o ancora: «Dal centro del pianoforte, il neofita acquisisce progressivamente un senso incorporato delle posizioni e delle distanze, "incorporato" ad esempio nel senso che diventa inutile cercare, sulla base di un lavoro teorico sullo sguardo, il posto preciso, definito, nominabile, in cui tenersi, e che a doverlo trovare sono le strutture di valutazione sviluppate dal corpo» (pp. 12-13). La posizione è accostabile a quella fenomenologica di Merleau-Ponty: «Si può saper dattilografare senza essere in grado di indicare dove si trovano sulla tastiera le lettere che compongono le parole» ecc.: M. Merleau-Ponty, *Fenomenologia della percezione*, trad. di A. Bonomi, il Saggiatore, Milano 1965 [1945], p. 199.

tomatismo corporeo, che oltre a fare a meno del soccorso di sapere o della riflessione, assume ogni volta un aspetto simile. Al netto delle sporadiche variazioni, che dipendono certo dal contesto in cui Siki lancia l'attacco, il gesto che lo contraddistingue e lo rende temibile per gli avversari costituisce una delle pietre d'angolo su cui si struttura la sua boxe. Siki non lo sfodera durante i primi scambi; ne fa un gesto *decisivo*, da usare quando ha fiaccato l'avversario o quando gioca in controtempo; è l'incarnazione della potenza su cui fonda la sua boxe. Piú che la ritualizzazione del gesto, il modo molto personale che Siki ha di eseguirlo, spesso senza guardare dove tira, traduce il suo fare appello a una maniera di boxare che si attualizza sotto una luce identica a ogni combattimento[47].

Possiamo dire che Siki e Carpentier sono portatori di una *disposizione a fare quello che fanno in un determinato modo quando sono su un ring*. Disposizione radicata e le cui origini si trovano nel passato di entrambi. Ciò che li vediamo fare al Buffalo, dunque, non è solo paragonabile a quanto hanno fatto in altre occasioni: possiamo scorgervi la realizzazione di una tendenza relativamente costante ad agire, ossia relativamente *indipendente dall'avversario* che incontrano. Questa tendenza li assolve dal dover riflettere su quello che faranno; boxano cosí perché è cosí che boxano. I colpi, le schivate, gli spostamenti, le occhiate, i gesti di cui il loro corpo ha acquisito l'evidenza, sono per loro ciò in cui consiste boxare.

[47] Si riscontra certamente la conclusione cui giunge, in maniera empirica, Loïc Wacquant (*Anima e corpo* cit.) quando pone al principio dell'agire pugilistico questa constatazione: sul ring è il corpo a pensare. Si veda anche L. Wacquant e D. Vandebroeck, *Carnal Concepts in Action: The Diagonal Sociology of Loïc Wacquant*, in «Thesis Eleven», CLXXX (2023), n. 1, pp. 111-43. Su questa concezione che comprende al tempo stesso un sociale incorporato e un corpo socializzato, vale a dire una «conoscenza attraverso il corpo», si vedano le riflessioni di P. Bourdieu, *Meditazioni pascaliane*, trad. di A. Serra, Feltrinelli, Milano 1998 [1997], pp. 135-71.

Regolarsi.

Di questo possiamo essere sicuri: in Siki e Carpentier si trova una disposizione ad agire che quel giorno li induce ad agire in un determinato modo. Sennonché, questo ci aiuta a capire meglio l'azione che si svolge? Dopotutto, il combattimento del Buffalo non è *tutti* i combattimenti. Per quanto possa essere stabile, una disposizione non opera necessariamente allo stesso modo in tutte le azioni; può persino farlo diversamente nel corso della stessa azione. Non consiste in un obbligo ad agire: può benissimo tradursi nella possibilità di *non fare*. Appunto perché entrambi devono imporre il proprio modo di boxare *a scapito di* quello altrui, è possibile che i pugili si trovino nella condizione di non poter ricorrere a quanto fanno tendenzialmente una volta che sono sul ring e di dover dare vita a una boxe che non è completamente la loro[48]. È qui che si apre lo scenario piú difficile da descrivere. In quali frangenti si manifestano le tendenze ad agire in una sola e identica azione?

È ancora abbastanza semplice mostrare che la preparazione ai combattimenti alimenta certe tendenze nei pugili, e ne addomestica altre. Il modo in cui regolano il gioco rispetto a quello, atteso, dell'avversario induce ad affinare certi aspetti della pratica (potenza di esecuzione, velocità di spostamento ecc.) e a tralasciarne altri. Sappiamo, ad

[48] La questione riguarda il funzionamento delle disposizioni ad agire, le forme in cui si attualizzano o si inibiscono; sulla scia di Bernard Lahire e Muriel Darmon (*Classes préparatoires. La fabrique d'une jeunesse dominante*, La Découverte, Paris 2013), si vedano i lavori di Emmanuelle Zolesio – *La chirurgie et sa matrice de socialisation professionnelle*, in «Sociologie», III (2012), n. 4, pp. 377-94. In questo caso, però, vorrei toccare un aspetto poco esplorato, adottando come scala una sola azione. Si vedano, piú in generale, E. C. Hughes, *The Making of a Physician: General Statement of Ideas and Problems* [1955] e *Is Education a Discipline?* [1963], poi in Id., *The Sociological Eye. Selected Papers*, Transaction Publishers, New Brunswick 1993 [1971], pp. 397-407 e pp. 408-16.

esempio, che Carpentier ha preparato poco il combattimento. Ha privilegiato soprattutto la caccia e la marcia campestre, per «darsi fiato». Si è preoccupato poco di adattare la sua boxe. «Fiducioso nella superiorità della sua scherma e nella precisione travolgente del suo destro», riporta l'inchiesta successiva al match, si è limitato a basarsi su quello che faceva solitamente[49]. Siki (sempre prendendo per buona l'inchiesta) ha operato in modo molto diverso. Su insistenza di chi l'ha preparato al combattimento, certi tratti del suo gioco si accentuano e altri vengono corretti per l'occasione. Nel mese di agosto «si è abituato» a sfoggiare uno «spostamento agile» e una «velocità di smarcamento» con cui non aveva familiarità. Anziché puntare sulla forza degli swing, l'obiettivo era allenarsi a evitare il potente destro di Carpentier, cosí da far durare il combattimento obbligando l'avversario a stancarsi.

Possiamo leggere anche:

> Sei allenatori erano addetti alla persona di Siki: Lepesant, Lynel, Battling Nolam [*sic*], Laffon, Richemond e Guisset, ovvero tre mediomassimi, un massimo, due medi e un medioleggero, senza contare Bob Scanlon, che è stato partner di Siki per qualche giorno.
>
> Battling Siki si allenava con la *shadow boxing*, il *punching ball*, il salto alla corda, il tocca spalla, e a ogni seduta quattro o cinque riprese con gli allenatori che sul ring si davano il cambio al passare dei minuti.
>
> Il lavoro che gli era consigliato e impartito consisteva soprattutto – e questo ha la sua importanza – nel colpire smarcandosi[50].

Elementi simili, seppur preziosi per visualizzare il modo in cui i pugili regolano la loro boxe rispetto a *questo* combattimento, non bastano. Peraltro mettono in secondo piano il fatto che gli atleti non realizzano, ognuno per conto proprio, il combattimento che piú gli conviene. L'adattamento

[49] Fédération française de boxe, *Rapport de la commission d'enquête* cit., p. 8.

[50] *Ibid.*, pp. 8-9.

al gioco dell'altro è al centro di ciò che avviene. La boxe che realizzano non è il calco del loro modo di boxare: deve fare i conti con un avversario che le oppone resistenza e la diluisce *nella durata* della situazione che s'intreccia fra i due attori. Dunque, per sperare di poter descrivere *l'azione nel suo svolgersi*, bisogna addentrarsi di nuovo nella microanalisi del combattimento.

Fare con e fare contro.

Nella vita sociale è comune che nello stesso ambiente coesistano linee d'azione distinte: certi attori sono impegnati nella preghiera all'interno di una basilica, mentre altri ne ammirano le opere d'arte[51]. Non è questo il nostro caso. I due pugili si dedicano alla stessa azione. I loro modi di fare tendono allo stesso obiettivo. Cosí, anziché muoversi in parallelo, le due linee interagiscono. Sul ring Carpentier non dà vita alla boxe che lo caratterizza normalmente, se non nella misura in cui riesce a imporla a Siki, il quale a sua volta tenta di fare lo stesso. Insomma, non agiscono indistintamente come se seguissero un copione elaborato in anticipo. *Agiscono con e agiscono contro.* L'azione è fatta di un incessante lavoro di adattamento al gioco altrui e di modellamento della situazione contingente, il che rende piú complesso il ruolo delle loro disposizioni pregresse. Descrivere quanto succede equivale a mettere a fuoco un problema nettamente piú preciso: com'è possibile che i pugili adattino le loro azioni a quelle dell'altro, mentre sono impegnati ad agire?

Da questo punto di vista la prima ripresa ha un andamento particolarmente marcato. Il dominio di Carpentier

[51] Una trattazione acuta del tema si trova in P. Bourdieu, *Piété religieuse et dévotion artistique. Fidèles et amateurs d'art à Santa Maria Novella*, in «Actes de la recherche en sciences sociales», CV (1994), n. 5, pp. 71-74 (le osservazioni risalivano al settembre 1982).

si accompagna a momenti di valutazione e osservazione della boxe dell'avversario. Il gioco è fatto di cambiamenti bruschi e tempi vuoti. Vediamo Carpentier fare una serie di finte per provocare l'attacco dell'avversario e capire come questi si difende. Lo vediamo adottare spostamenti molto ampi che obbligano Siki a mettere il suo gioco a nudo. Vediamo anche Siki incassare i colpi per misurare la potenza e la forma fisica di Carpentier. Il comportamento di entrambi non ha nulla di improvvisato. È comune che i pugili, all'apertura di un duello, ovvero in quel momento preciso in cui s'incontrano le due linee d'azione, dedichino tempo a studiare il gioco dell'avversario per poter adattare meglio il proprio.

Cuny (1918 ca.) descrive cosí il processo:

> Quando non si è mai visto boxare l'avversario che ci troviamo di fronte, bisogna studiarne il piú possibile il gioco, ossia eseguire piú finte in diverse direzioni, per vedere quali sono i punti che cerca di coprire meglio e quali gli spiragli che può lasciare aperti in posizione di guardia.
>
> Se l'avversario si copre attentamente lo stomaco o i fianchi, possiamo essere certi che per lui è un punto debole e dovremo colpirlo lí ad ogni costo.
>
> Se, invece, cerca di proteggersi la mascella, è un chiaro segno che non incassa bene in faccia e teme i colpi in quel punto.
>
> Mentre cerchiamo di renderci conto di queste particolarità, dobbiamo osservare a quale distanza sono assestati i colpi piú forti che riceviamo.
>
> Appena avremo una misura a tal proposito, badiamo a posizionarci quel poco che basta per essere fuori dalla portata dei colpi e ridurne la violenza, oltre che per poter piazzare i minimi attacchi o le risposte[52].

E infatti, in quello che fanno Siki e Carpentier, si svolge tutto un esercizio di presa di possesso del gioco, che condiziona il modo in cui entrambi si impegnano nell'azione: met-

[52] Cuny, *La Boxe* cit., pp. 147-48.

tersi fuori portata, regolare la distanza, scegliere la guardia e gli attacchi piú adatti. Non sono gli inevitabili tentativi d'ingresso nel combattimento. È evidente che questo prendere le misure fa appello a una capacità già acquisita; fa parte dell'abilità di cui i pugili diventano maestri. A ben vedere c'è anche un fattore piú decisivo. Il modo che hanno i pugili di adattarsi all'altro rende visibile questo: in un'azione specifica si attiva una parte, *e solo una parte*, delle tendenze di cui sono detentori. Cosí come non facciamo appello a tutta la nostra conoscenza pratica della lingua quando insultiamo qualcuno o quando affrontiamo un esame[53], Siki e Carpentier non ricorrono interamente a tutto ciò che potrebbero fare, o a tutto ciò che hanno l'abitudine di fare su un ring. Una parte *si realizza*, un'altra resta in una condizione inibita, disponibile ma *in*-agente. In uno studio classico, Norbert Elias (che nel caso specifico esaminava una partita di calcio) ha sottolineato giustamente che per descrivere un'azione (sportiva) il metodo piú efficace è considerarla come il fatto di «piccoli gruppi di esseri umani che cambiano i loro rapporti in costante interdipendenza reciproca»[54]. Certo, non specificava *come* e *in base a cosa* quegli esseri umani facciano a modificare i loro rapporti nel corso dell'azione. Sotto questa angolatura, non basta interpretare il combattimen-

[53] Vale la pena, a mio parere, una piccola digressione. Il confronto con gli usi sociali del linguaggio è tutt'altro che di circostanza: in realtà, il procedimento che adotto per venire a capo di un'azione (e del coinvolgimento di disposizioni sociali e inquadramento contestuale) deve molto agli studi di William Labov, che con molto rigore, discernimento e inventiva ha cercato di descrivere non come usiamo il linguaggio in generale, ma come le variazioni di cui sono fatti i nostri usi (anzitutto al livello di pronuncia) sono portatrici di principî sociali di organizzazione che è necessario illustrare. Si vedano W. Labov, *The Social Stratification of (r) in New York City Department Stores* [1966], e soprattutto *The Isolation of Contextual Styles* [1966], poi in Id., *Sociolinguistic Patterns*, University of Pennsylvania Press, Philadelphia 1972, pp. 43-69 e 70-109.

[54] Si veda soprattutto N. Elias e E. Dunning, *Dinamiche degli sport di gruppo con particolare riferimento al calcio* [1966], poi in Idd., *Sport e aggressività*, trad. di V. Camporesi, il Mulino, Bologna 2001 [1986], pp. 243-60, citazione a p. 244.

to del Buffalo come il prodotto della compresenza di disposizioni distinte, di cui dovremmo solo raccontare quale delle due ha la meglio. È necessario indagare come entrambi i pugili riescono a basarsi sulla loro boxe – piú o meno bene e in misura diversa, man mano che il combattimento si svolge –, come tentano di farlo o come sono invece costretti a subire quella dell'avversario.

A questo proposito, possiamo seguire le variazioni che durante l'incontro i pugili imprimono ai loro gesti e tutto ciò che gli atleti spostano, il cambiamento che infondono nel loro stile, il modo che hanno di mantenere il proprio gioco nonostante gli adattamenti dell'avversario ecc.

Al riguardo è illuminante la terza ripresa, che segna un chiaro stravolgimento dell'azione. Siki si è mostrato piú offensivo nella ripresa precedente ed è riuscito a piazzare qualche attacco. Ora adotta una boxe irriconoscibile: abbandona la posizione di difesa, si sposta, allunga i passi, imprime ampiezza ai colpi, incalza l'avversario obbligandolo a piegarsi al suo gioco. L'inizio del round è molto eloquente. (Evidenzio in grassetto i punti che discuterò in seguito).

Round 3, 3:58-4:20
3:58: [inizio della ripresa, centro del ring] *Siki si tiene di tre quarti, gamba sinistra in avanti, meno curvo di quanto lo sia stato finora; tiene d'occhio il destro dell'avversario, che però non attacca; Carpentier si muove poco;*
4:00: *Siki si blocca per un attimo, guardia alta e pugni ai lati della testa, e* ***all'improvviso arretra saltellando con due passi****; si distanzia da Carpentier, il quale non si è mosso ma lo osserva;*
4:02: *Siki curva il busto, si rimette i pugni davanti e* ***si tuffa d'un balzo tirando da lontano un ampio swing di sinistro, che colpisce Carpentier*** *al fianco;*
4:05: *Carpentier incassa, risponde; Siki gli si aggrappa per un breve istante e* ***recupera subito distanza, sempre in movimento****;*
4:07: *si tiene dritto, con la guardia alta, e si fa avanti verso Carpentier mulinando piano i pugni, con le gambe piegate, pronto a lanciarsi di nuovo;* ***Carpentier indietreggia, si protegge e mantiene la distanza****;*

4:10: ***Siki incalza di nuovo***, *con la spalla sinistra davanti; punta la gamba sinistra e tira un diretto col sinistro;* ***Carpentier arretra***, *schiena alle corde; il colpo lo raggiunge di striscio, senza troppa forza;*
4:14: ***Siki non desiste***; *Carpentier si aggrappa a lui, ingaggia un corpo a corpo tenendo le braccia sotto quelle di Siki;*
4:16: *Siki prosegue l'attacco; spinge per uscire dall'impasse e col destro assesta una breve serie di diretti alla pancia; Carpentier lo trattiene ancora; lui cerca di liberarsi dalla presa; riesce a muovere il destro e sta addosso all'avversario, senza riuscire a colpirlo;*
4:19: *Carpentier,* ***visibilmente sopraffatto, indietreggia ruotando***, *lo afferra alle spalle e lo tira a sé per sbilanciarlo; continua ad arretrare e, girandosi, guadagna a passo di gambero il centro del ring;*
4:20: ***Siki si smarca; saltella e riprende subito l'attacco***.

Siccome l'intervallo non compare nel film, non possiamo dire se il cambiamento sia iniziato in quel frangente. Non sappiamo che cosa l'allenatore abbia potuto consigliare a Siki. Certo è che la sua boxe cambia, e dunque cambia il rapporto istituito in precedenza tra i due pugili. Siki esce dalla sua posizione chiusa, adotta una postura verticale, cambia guardia e ha evidentemente imparato a tenersi alla distanza necessaria per ostacolare gli allunghi dell'avversario; impone il suo ritmo e rivendica per sé la fase offensiva. Tira piú spesso colpi e lo fa soprattutto con maggiore foga. Vale a dire che la sua boxe si organizza. Di riflesso, quella di Carpentier si disarticola. Perde l'iniziativa, dà segno di vulnerabilità, fatica a tenere il ritmo e trascina i passi; sta curvo senza piú saltellare e senza roteare i pugni, cercando anzitutto di difendersi dai colpi di Siki; subisce. Viene meno, quindi, non solo il dominio di Carpentier sugli scambi, ma il dominio che lo precedeva ancor prima che salisse sul ring. Per quanto decisiva, la fiducia in sé che deriva da una grandezza consacrata non basta affinché l'atleta possa trasformarla in dominio effettivo sul ring. I colpi di Siki, poiché vanno a segno, scardinano questa fiducia, e l'outsider ne ricava in proporzione i modi per esprimere il suo gioco.

3:58

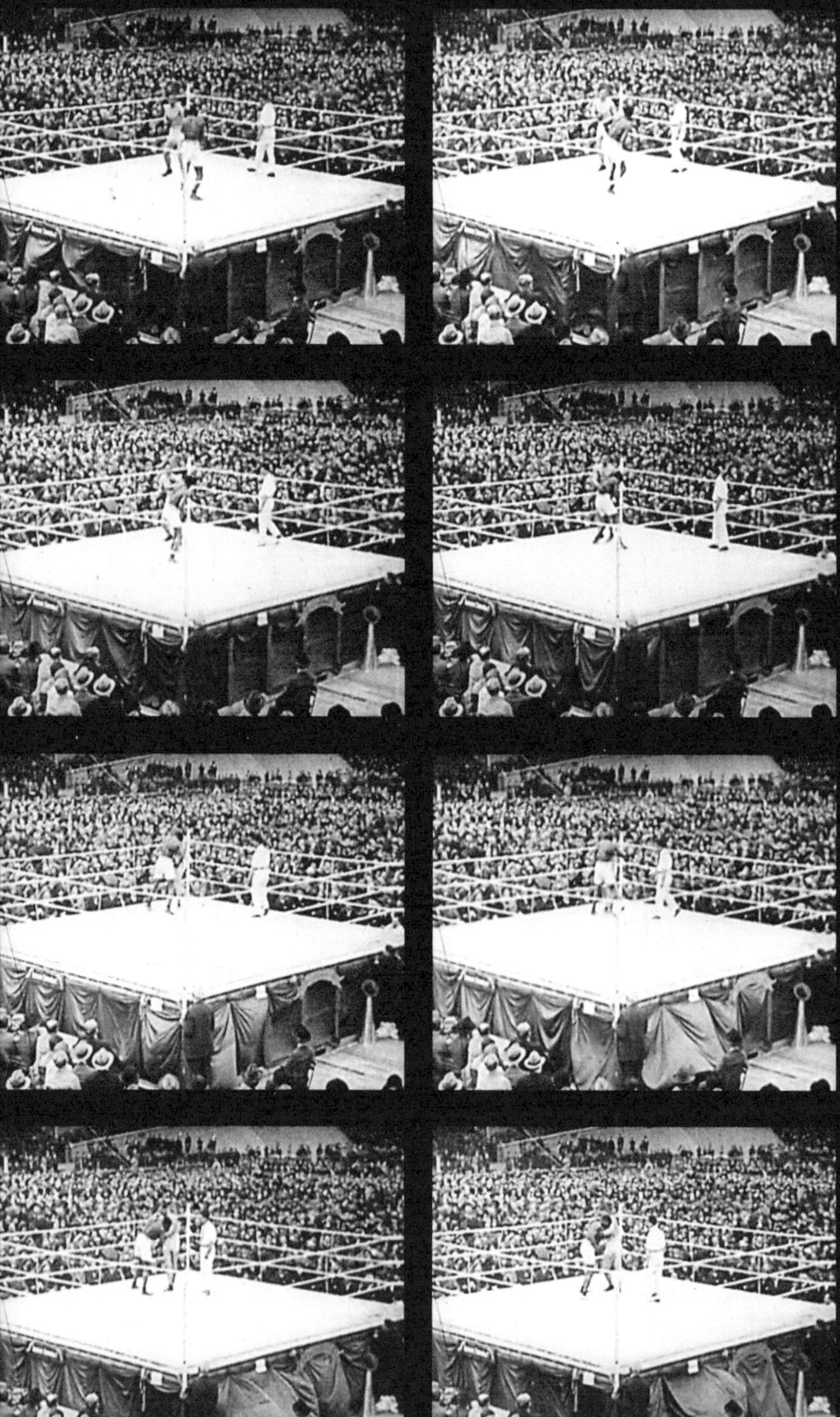

Ribaltamento del gioco.

Il ribaltamento del vantaggio, cosí come si configura a partire da questa ripresa, si traduce in uno spostamento piú vasto del repertorio pugilistico del combattimento. Finora aveva la meglio una boxe ariosa, tesa alla ricerca dei punti, alla purezza dei colpi e a quella che potremmo chiamare una prestanza rilassata. Il confronto aveva la struttura di una successione di duelli, connessi a una strategia offensiva che riprendeva a ogni attacco. Era insomma adattato al gioco di Carpentier, incline alla variazione delle combinazioni. Adesso ha un'altra forma, piú dura, meno distesa, composta da attacchi lenti e in sé combattuti, esposti all'imprevisto e ogni volta all'eventualità di un colpo decisivo, che comporterebbe la fine del match; Siki riesce cosí a imporre sul ring una forma di gioco che gli è propizia, ovvero induce Carpentier, privandolo di spazi e possibilità, a fornirgli il modo per realizzare la sua boxe.

Soffermiamoci su questo punto. È innegabile che in quest'azione ci sia un *equilibrio contestuale* che non si può sottovalutare. I pugili tornano spesso sui loro passi, oppure persistono, aggiustano il tiro. E questo non implica che cambino modo di fare. La boxe di Carpentier non smette di essere quella di Carpentier, e lo stesso vale per Siki: l'una rapida, vivace, sinuosa; l'altra potente e con un andamento pendolare. A cambiare, man mano che l'uno o l'altro prendono il sopravvento sul gioco, è la possibilità di realizzare piú o meno bene e piú o meno completamente le capacità pugilistiche che entrambi detengono grazie al loro passato di pugili. Questa attualizzazione contiene e presuppone un'altra capacità: *regolarsi durante l'azione* (ancora una volta, piú o meno bene) rispetto a ciò che l'avversario *rende fattibile*. Porla in questi termini permette di concedersi lo spazio descrittivo piú adatto allorché si tratta di comprendere che cosa fanno le persone.

Quando vogliamo descrivere un'azione, tendiamo a individuare gli elementi che si ripetono[55]. Eppure descrivere la variazione dei modi di fare rende, a mio parere, visibile una forma di organizzazione piú sottile e realistica delle azioni umane: vuol dire riconoscere che gli attori non si limitano a eseguire un copione già scritto, né i pugili a mettere in atto una boxe già boxata. Fatto sta – e bisogna sottolinearlo – che tali variazioni non sono improvvisate. Quando *comincia* a muoversi di piú sul ring, Siki lo fa secondo una modalità che lo caratterizza già prima del combattimento; anzi, secondo una modalità (avanzo, colpisco, mi smarco) a cui, piegando il suo modo di fare abituale, è stato preparato prima del combattimento. Quando è costretto a passare a una boxe piú sincopata, meno sciolta, meno fluida, che lo vede ricorrere a combinazioni piú brevi in cui prevalgono i diretti da una certa distanza, anche Carpentier, il cui gioco è disarticolato da quello di Siki, fa appello a una boxe che già gli appartiene.

Dunque, le *varianti* introdotte nei gesti che gli vediamo fare non sono il segno di una boxe che perde la sua coerenza. Sono esattamente il contrario. Le varianti non sono improvvisate sul momento: entrambi sanno già eseguirle, sono una parte potenzialmente realizzabile della boxe che conoscono a fondo. Non rappresentano, cioè, il punto oltre il quale le

[55] Nell'ambito particolarmente certosino della descrizione delle interazioni che è l'etnometodologia degli scambi linguistici, questo è un aspetto messo in evidenza in modo acuto: Schegloff, e dopo di lui tutta una serie di analisti, hanno considerato per esempio i marcatori della conversazione (gli *ah!*, gli *oh!*, i *sí*, con cui gli attori punteggiano, sollecitano, riempiono uno scambio) come gli indizi attraverso i quali poter reperire al livello dell'interazione stessa i principî della sua organizzazione. Schegloff parla al riguardo di *preferences* e *dispreferences*. Si veda E. Schegloff, *Sequence Organization in Interaction*, I: *A Primer in Conversation Analysis*, Cambridge University Press, Cambridge 2007, pp. 58-96.

Spostamento dei pugili.

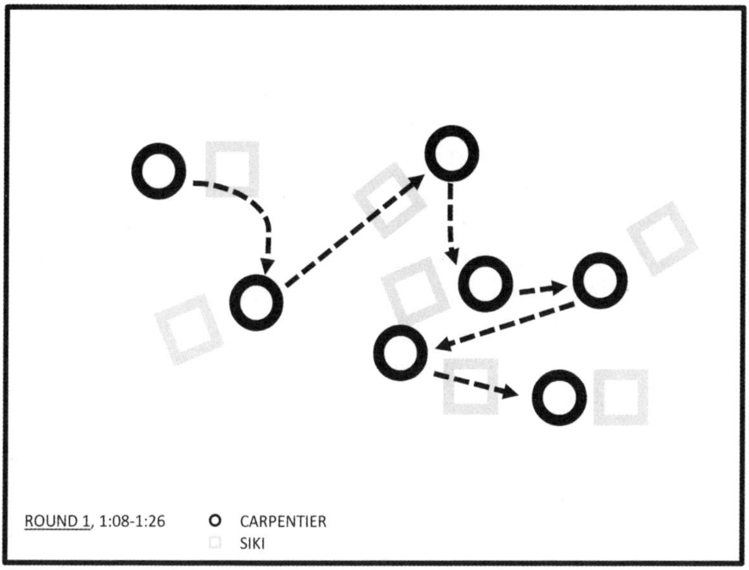

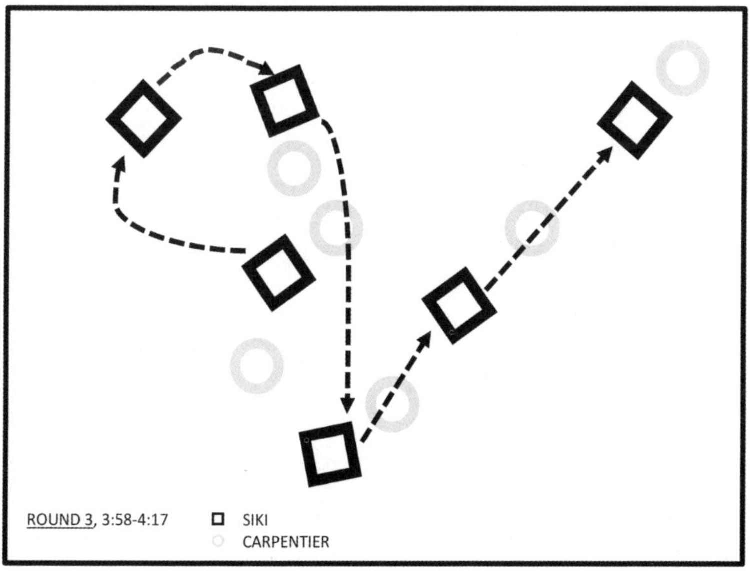

loro disposizioni cessano di agire, la soglia che li mette a nudo. Sono al contrario – ed è un tratto determinante – il modo in cui *si realizza in atto una disposizione ad agire*. È un modo che trascende l'azione, la precede, ma dall'azione trae la sua forma effettiva: *attuale*. Spesso si dimentica facilmente che le disposizioni (a boxare, a camminare, a leggere) non hanno i tratti fissi e strutturanti che crediamo di poter assegnare loro in astratto, ossia quelli di un principio generatore della pratica (una «struttura strutturante»[56], avrebbe detto Bourdieu); in caso contrario, trascureremmo il fatto che una disposizione ad agire, anziché essere una programmazione anteriore ai fatti, si compone e si ricompone *nella durata di un'azione*.

Ad esempio, Siki non è predisposto semplicemente a colpire forte, ma lo è anche a fare in modo di *mettersi nella posizione* di farlo. Là dove ci riesce, siamo in grado di riconoscere *la sua boxe* sul ring. Quando è ostacolato, adotta invece un modo di fare – piú trattenuto, meno aperto – sul quale sa di poter contare in quella circostanza, cercando, nel corso del combattimento, di adattarsi al gioco dell'avversario per poter tornare al proprio. Il processo da descrivere non è solo, quindi, la lotta fra due distinte disposizioni a boxare, che vediamo conciliarsi o coordinarsi in modo da dare forma all'azione: è anche, a un livello piú microscopico, quello dell'attualizzazione *nell'azione* di disposizioni piú o meno contrastate o favorite dall'azione stessa.

[56] Mi riferisco al modo in cui Bourdieu fa funzionare il concetto di disposizione (si vedano soprattutto Bourdieu, *Per una teoria della pratica* cit., e Id., *Il senso pratico*, trad. di M. Piras, Armando, Roma 2005 [1980]). Bernard Lahire, d'altro canto, elaborando quelle che chiama le *variazioni intra-individuali*, ha messo l'accento sulla labilità e la discordanza possibili al livello dello stesso individuo (un attore può benissimo aver ricevuto una socializzazione tale da aver acquisito diversi modi di fare, che possono quindi manifestarsi in settori differenti della vita sociale). Qui è in gioco altro: si vuole cogliere la variazione delle disposizioni ad agire al livello delle azioni (di una stessa azione).

Un fatto segue l'altro.

Per riuscire a descrivere l'azione bisogna quindi dare il giusto peso al fatto che questa si svolge nel tempo. O, meglio, ha un carattere cumulativo. Per quanto sia connessa al passato degli attori in scena, l'azione è anche collegata a se stessa. I gesti compiuti dai pugili si situano nel tempo e seguono altri gesti tentati – andati, o meno, a segno – che orientano e vincolano quei gesti nuovi. Quello che si fa viene fatto dopo che un'altra cosa è già stata fatta. È in base a questa decisiva continuità agente – *un fatto segue l'altro* – che gli attori maturano la determinazione a perseverare in quello che fanno, oppure a reindirizzarlo, a modificarlo; tutto ciò rende visibile l'attualizzazione delle disposizioni ad agire all'interno di una stessa azione.

Se si adotta questa scala, la descrizione è di nuovo presa alla sprovvista. Che cosa dobbiamo descrivere della valanga di gesti che si succedono sul ring, a volte nel corso di una breve sequenza? E soprattutto: in merito a cosa è *pertinente* per la comprensione di quanto si svolge dire che uno dei due pugili *parte* all'attacco dopo aver incassato l'attacco dell'altro, che *prosegue* l'attacco o lo *sospende*, per poi *riprenderlo* diversamente? A questo livello, del resto, la psicologia della motricità ha da tempo chiuso il dibattito: il movimento compiuto da un attore determina di per sé quello che lo segue[57].

[57] I lavori sperimentali di Lowell S. Selling – *An Experimental Investigation of the Phenomenon of Postural Persistence*, in «Archives of Psychology», 1930, n. 118 – e soprattutto di Jackson, condotti sull'inerzia posturale dei movimenti delle braccia di ventuno soggetti – C. V. Jackson, *The Influence of Previous Movement and Posture on Subsequent Posture*, in «Quarterly Journal of Experimental Psychology», VI (1954), n. 2, pp. 72-78 –, hanno dato vita ai principî psico-fisiologici di una «resistenza posturale» che dipende dalle proprietà di inerzia motoria e propriocettiva del corpo umano. Per gli sviluppi piú recenti, si veda S. R. Garrett, C. Pagano, G. Austin e M. T. Turvey, *Spatial and Physical Frames of Reference in Positioning a Limb*, in «Attention, Perception, & Psychophysics», LX (1998), n. 7, pp. 1206-15.

La posizione del corpo, la rincorsa, la velocità, l'equilibrio e persino i circuiti neuronali coinvolti nella percezione spaziale rendono impossibile tutta una serie di gesti diversi. Dopo uno swing di sinistro, un pugile *non può* tirare un uppercut. Ma non è questa «resistenza posturale» a interessarmi qui. Dobbiamo porci su un altro livello: quello in cui si organizza il *continuum* dell'azione.

Fin qui ho isolato dei frammenti per cogliere gli elementi costitutivi dell'azione; adesso è il momento di stabilire come, passando da una scena all'altra, questa finisca per essere quella che è. La linea che segue non ha nulla di lineare: non comprende tutti i round dall'inizio alla fine, ma si rimette in moto nel corso di ognuno. Al principio di ogni ripresa i pugili ricominciano il gioco a un punto diverso da quello in cui l'avevano lasciato prima della pausa; ritrovano per qualche attimo la loro boxe, tentano di imporne il repertorio, dopodiché il dominio precedente si ristabilisce fino alla successiva ripresa. S'impone la boxe di uno e quella dell'altro si disarticola, i due danno segni di stanchezza. Per afferrare questo filo di continuità, possiamo considerare due momenti a partire dai quali l'azione devia sul ring del Buffalo e segue una dinamica che le è propria. Il primo, il piú marcato, si svolge durante la terza ripresa, come prosieguo dell'apertura già descritta.

Round 3, 4:41-6:25
4:41: *ritorno al centro del ring, Carpentier assesta un uppercut perché l'avversario si raddrizzi, poi un altro piú appoggiato e un diretto lungo al viso; Siki si copre, esegue un pivot e tira uno swing di destro che va a segno;*
4:52: *Carpentier si aggrappa a lui, gira in tondo e lo spinge lontano*;*
4:59: *un gancio potente destabilizza Siki, che poggia le ginocchia a terra;*
5:01: *Carpentier inciampa, Siki lo solleva;*
5:20: *segno di stanchezza: Siki si accuccia e si sgranchisce; Carpentier coglie l'occasione, si avvicina e moltiplica i colpi: gancio destro, jab sinistro, diretto lungo di destro e infine un gancio potente. Siki si ritira al capo opposto del ring. Carpentier lo segue;*

5:36: *breve corpo a corpo; Carpentier aggiusta il tiro, potente gancio circolare di destro;* ***Siki crolla, ginocchia e braccia a terra****;*
5:41: *l'arbitro comincia a contare; uno, due; guida Carpentier al centro del ring e poi riprende;*
5:42: *quattro, cinque, sei;*
5:43: *Siki si rialza;*
5:48: *punto sul vivo,* ***si fa avanti e tira uno swing di destro****, seguito da un altro di destro;* ***Carpentier incassa e si aggrappa a Siki per parare la serie di colpi*****;*
5:54: *corpo a corpo;*
5:55: *l'arbitro li separa;*
6:13: *nuovo corpo a corpo; Siki assesta un uppercut di destro, Carpentier si raddrizza e tira un gancio di destro a cui Siki risponde con un gancio al busto, che* ***destabilizza Carpentier inducendolo a ritirarsi nell'angolo destro del ring****;*
6:17: *Siki avanza, affonda sulla gamba sinistra e tira un jab al viso; Carpentier si copre;*
6:22: ***Siki assesta uno swing di destro al mento, seguito da un altro di sinistro al lato della testa e da un ultimo potente, di destro, sul lato opposto**** [si vede il pubblico fremere attorno al ring]*;*
6:24: ***Carpentier è a terra**** [il pubblico si agita]*;*
6:25: *Carpentier si rialza.*

I secondi di questa porzione dell'incontro sono densi, e il ribaltamento manifesto. Dapprima resiste il rapporto pregresso tra i due pugili: di fronte agli attacchi di Siki, Carpentier *mantiene il suo gioco*; è lui a decidere spostamenti e distanze [4:19, 4:52]; la sua boxe si semplifica, fa ricorso a ganci piú diretti; con un intermezzo di trenta secondi, manda due volte Siki al tappeto [4:59, 5:36]. Questo semi-Ko rientra, in realtà, nel dominio costituito fin dall'inizio del combattimento, che impartisce ai pugili il principio di orchestrazione degli scambi. Agendo cosí, Carpentier non cerca di mantenere il sopravvento su ciò che avviene, ma segue un modo di boxare che gli è proprio e che ha finito col confondersi con quello che è un *combattimento riuscito*. A differenza di Siki, i cui incontri arrivano spesso al termine (dieci, dodici o quindici round), Carpentier ha l'abitudine di

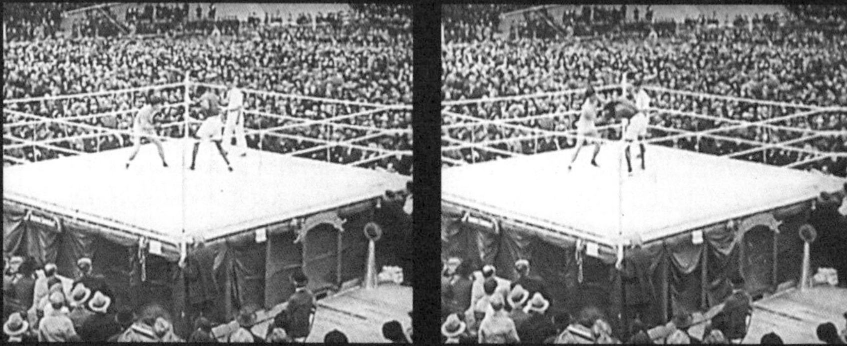

4:41

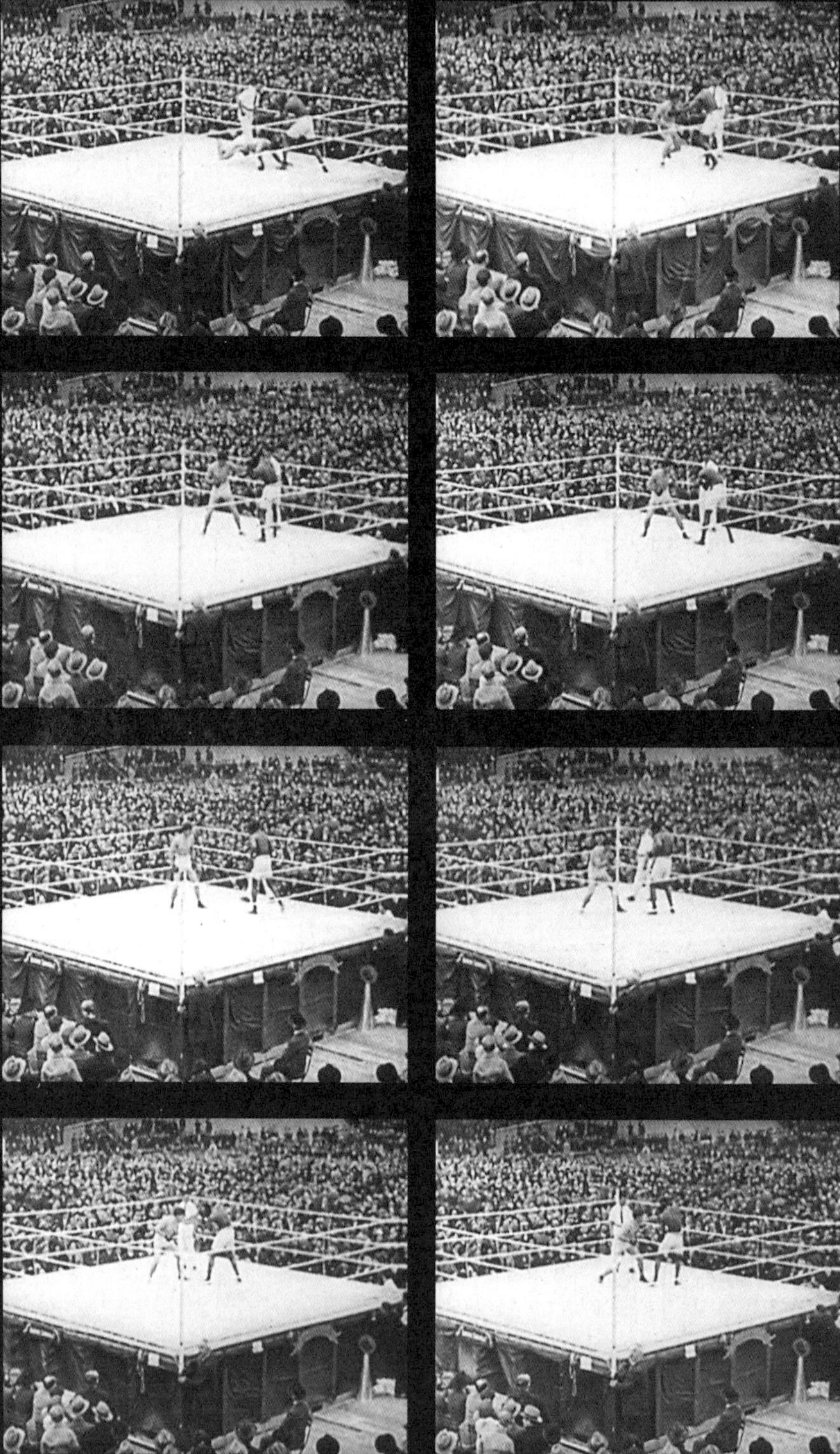

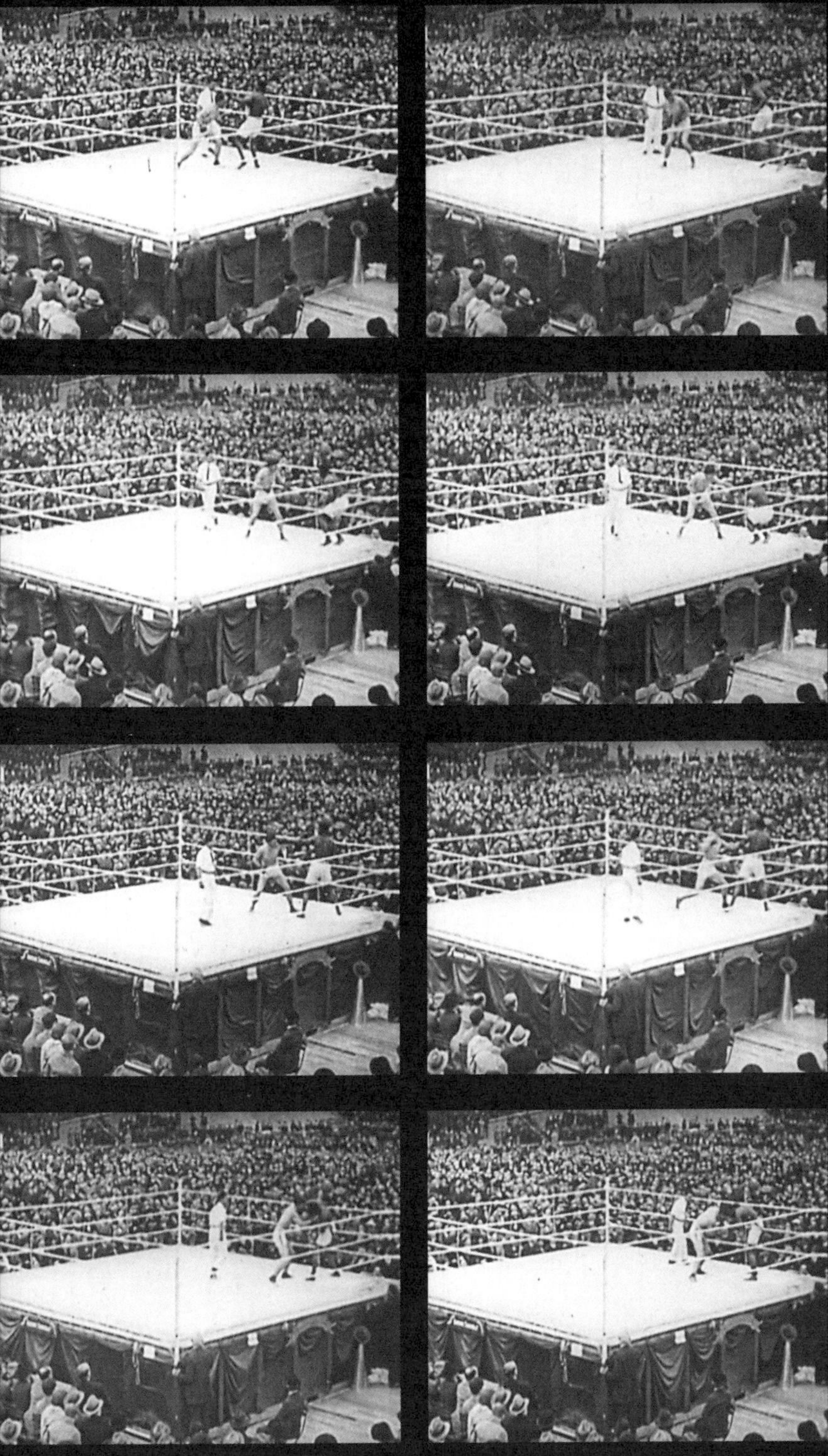

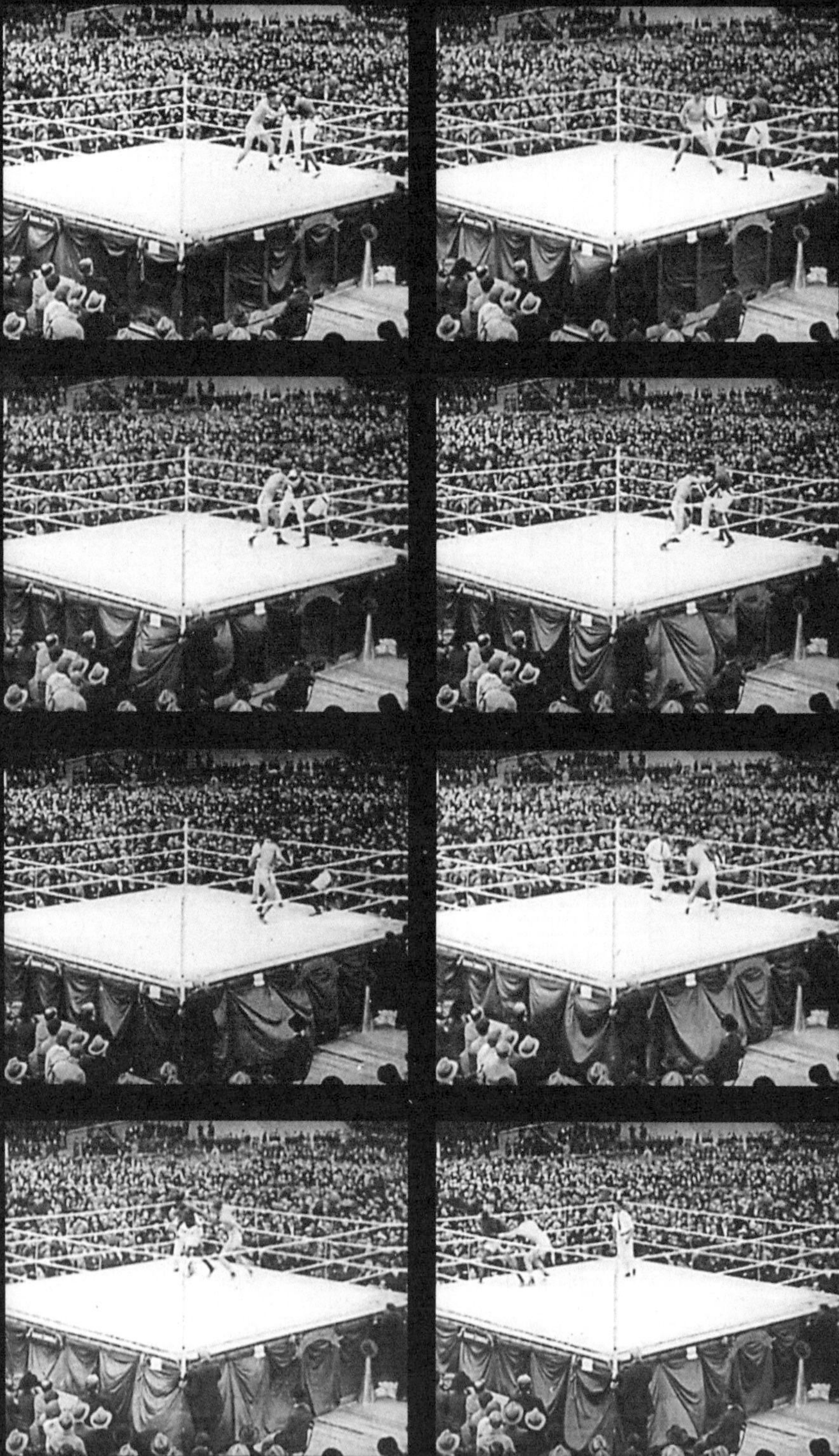

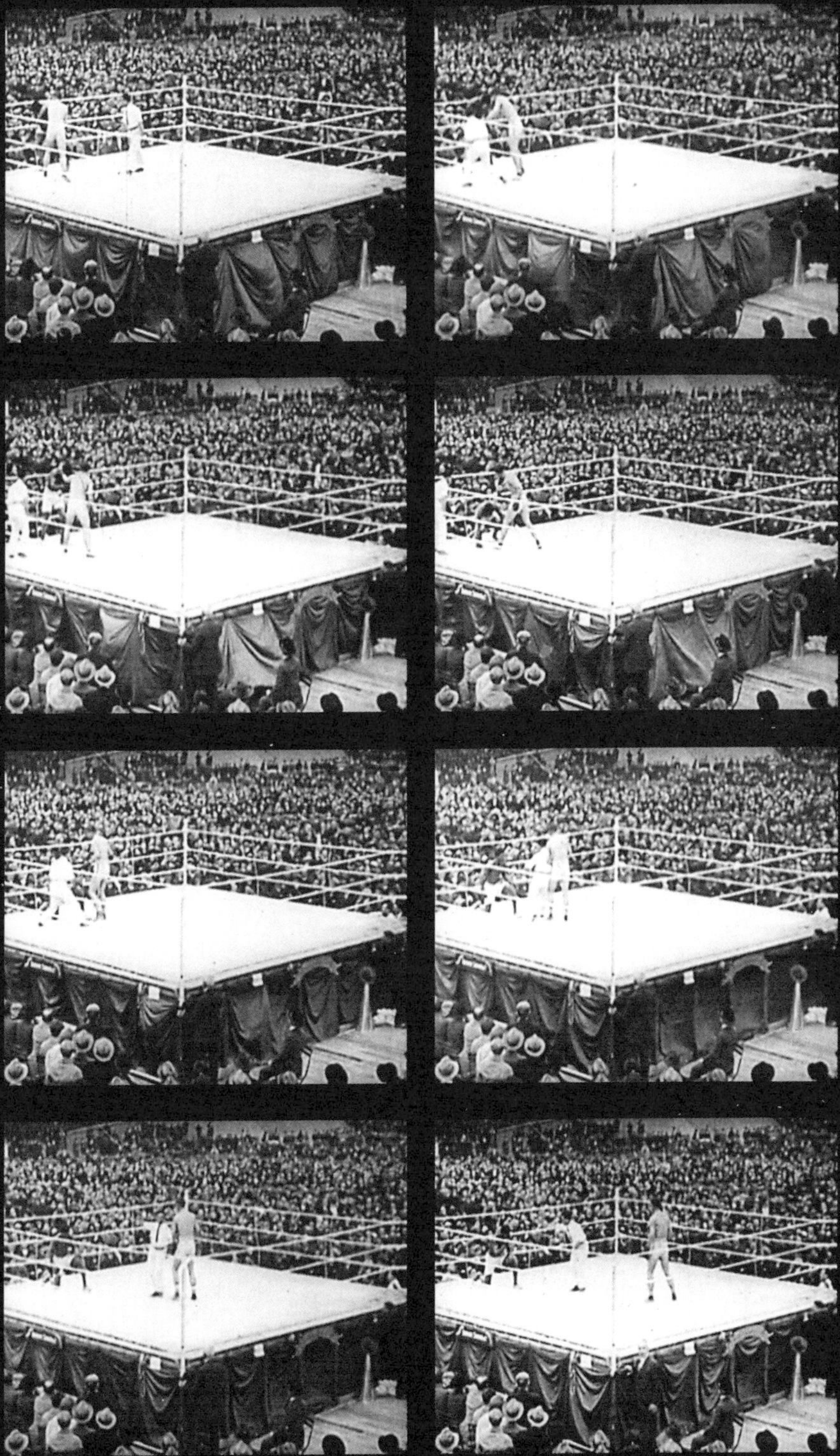

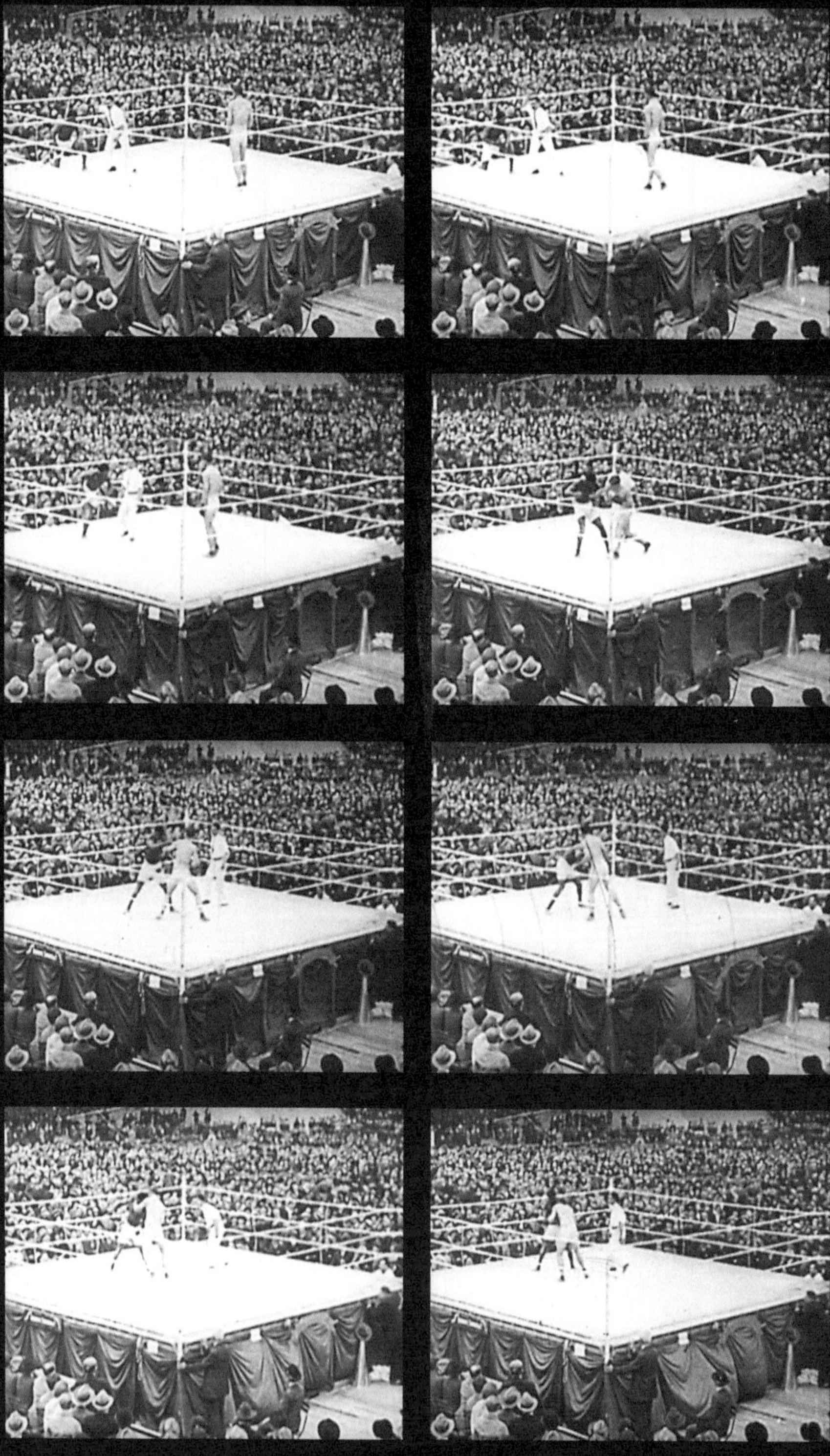

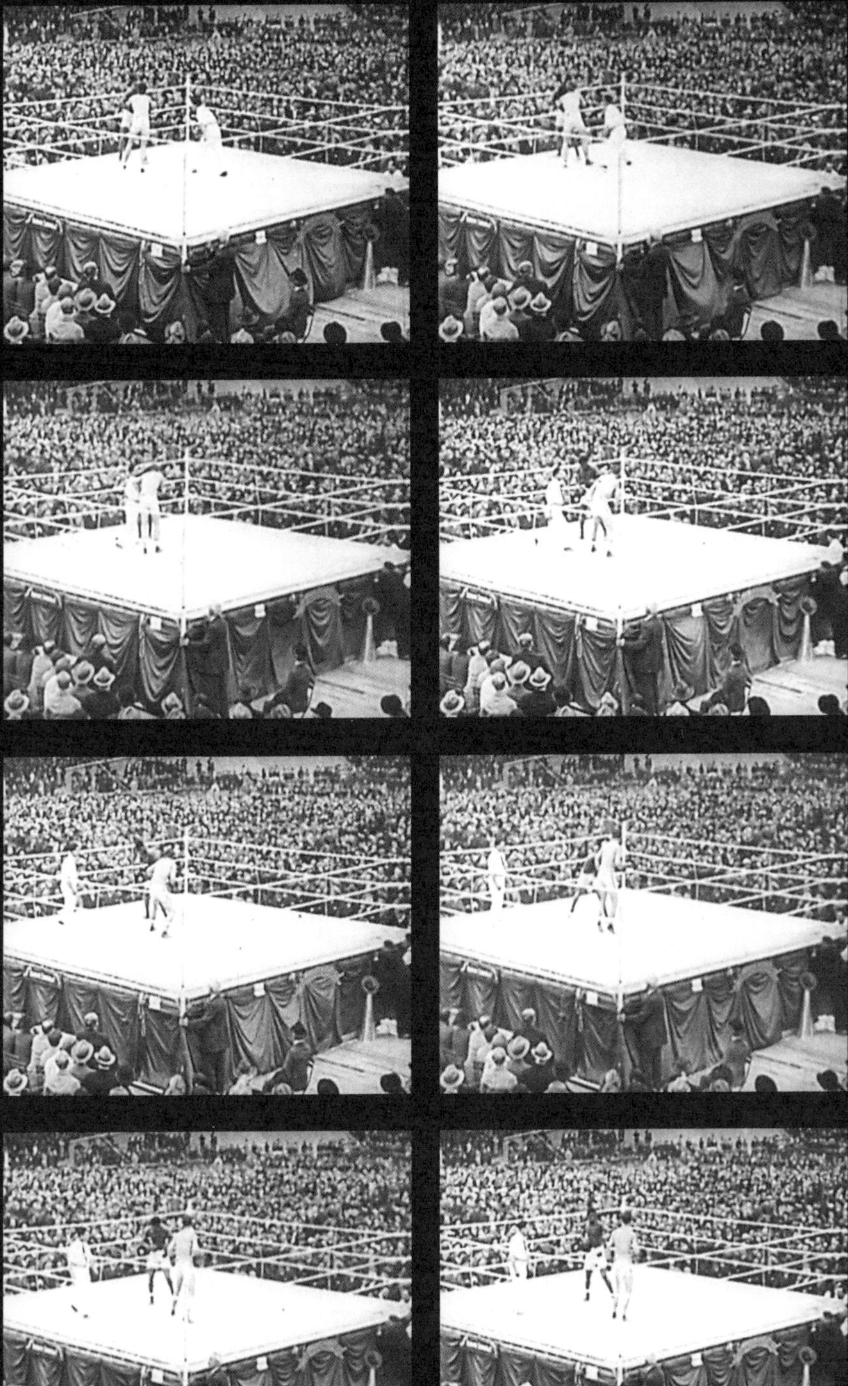

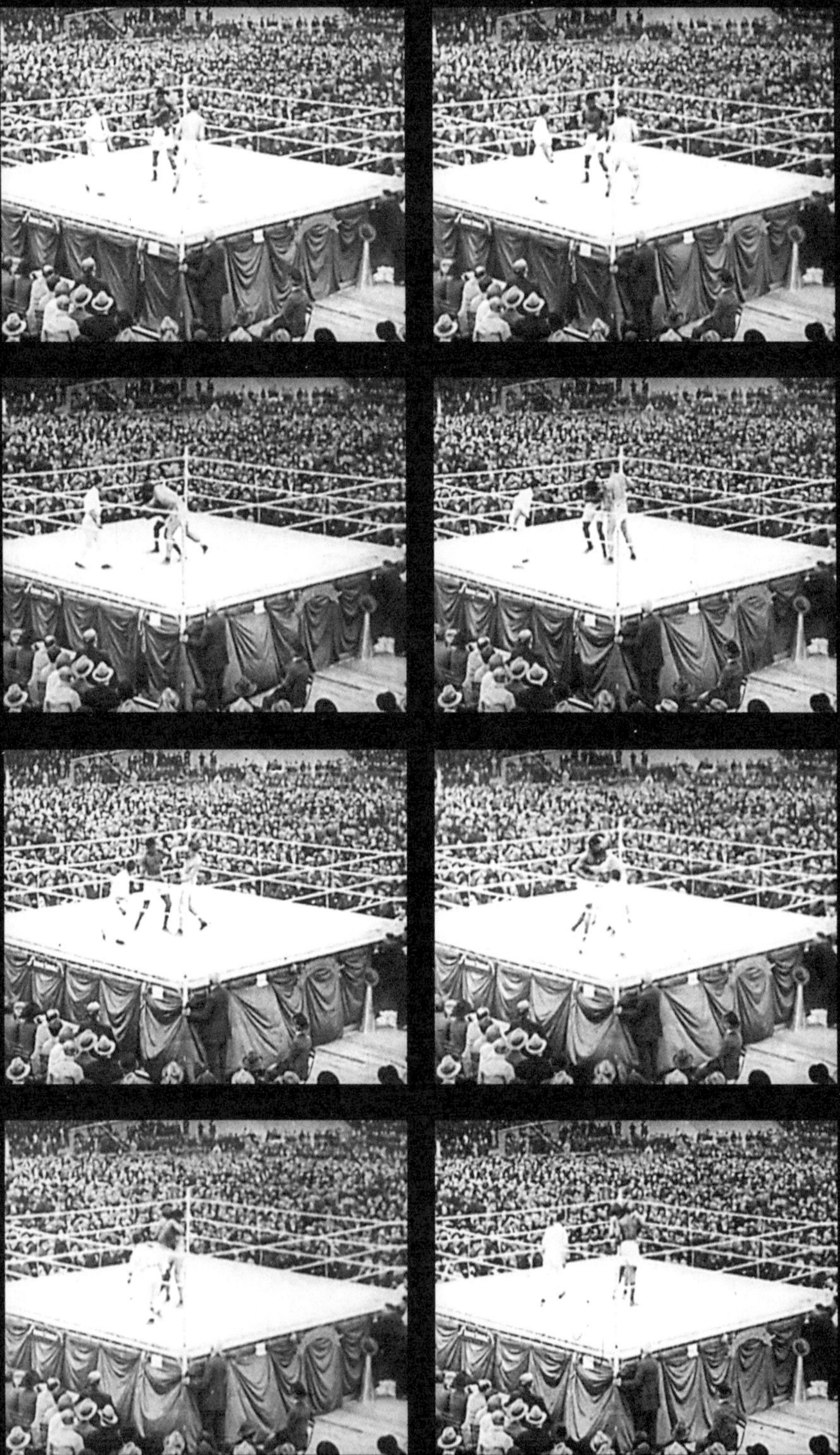

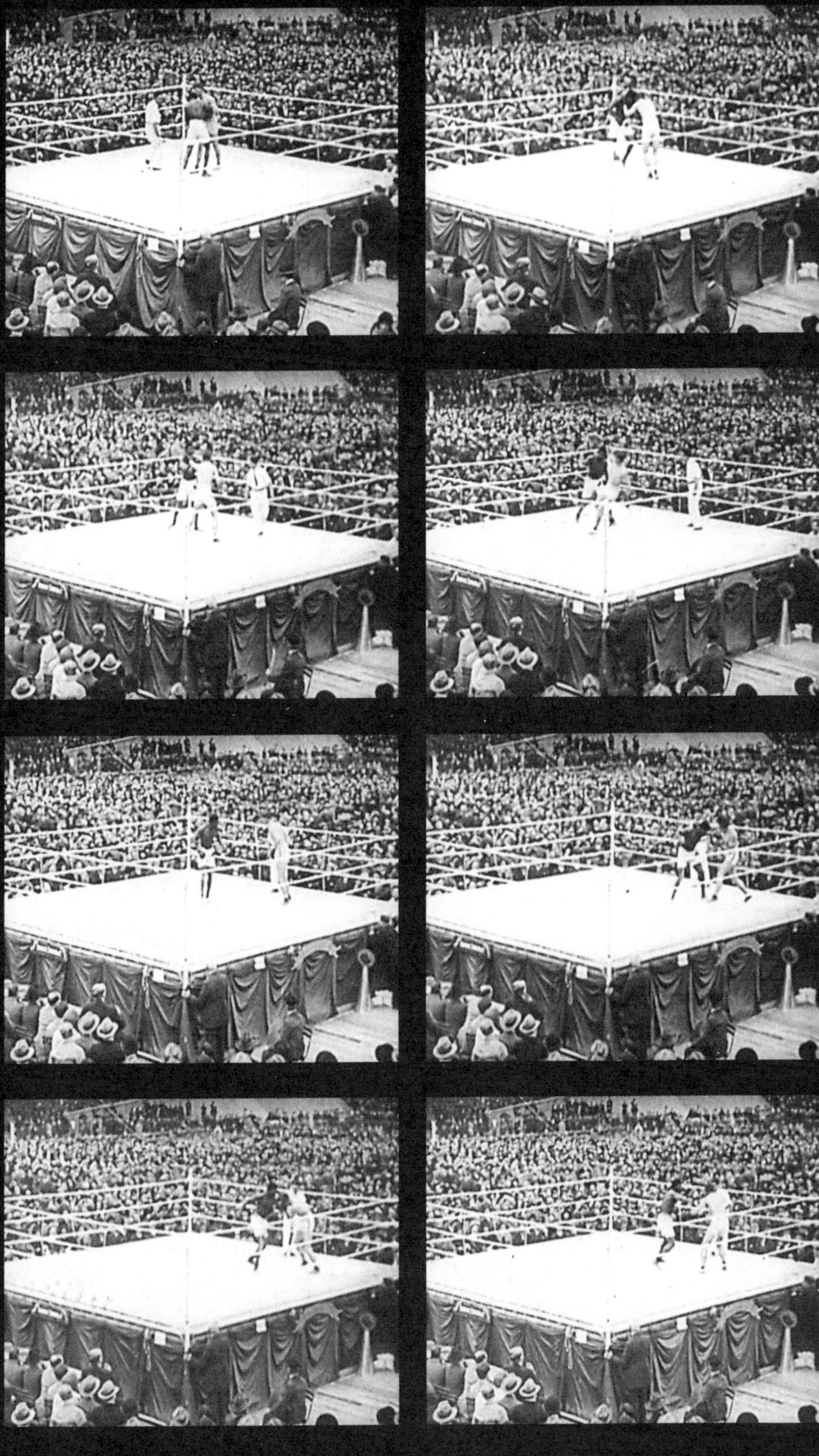

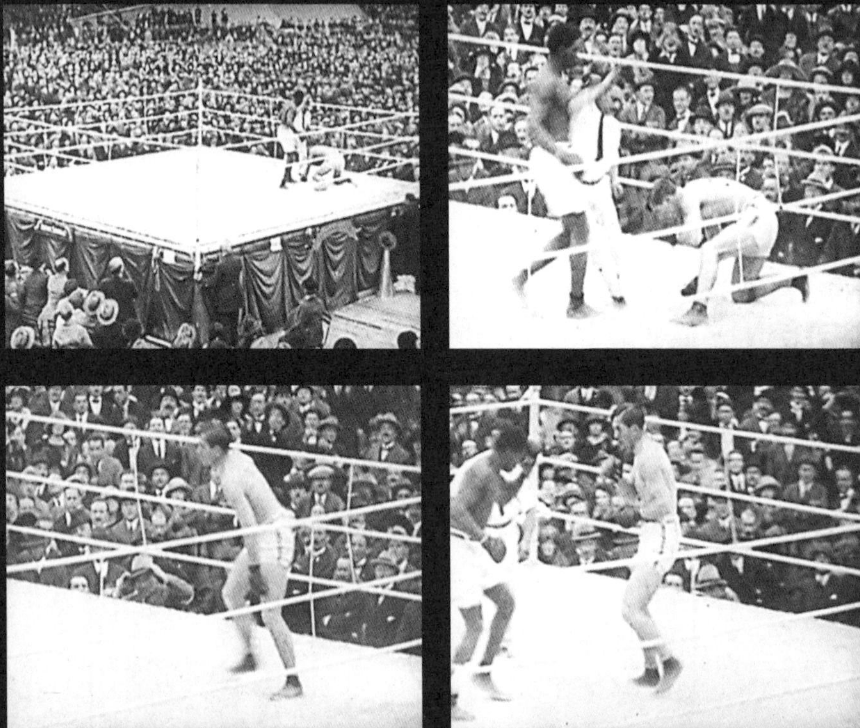

chiudere i combattimenti in poco tempo (a volte alla prima ripresa e spesso prima della quinta), di solito con un Ko. Insomma, non conta sul logoramento né su un eventuale errore dell'avversario[58]. Dunque, nello scambio appena descritto, è in gioco il punto d'onore del confronto breve. La boxe di Carpentier non si basa solo su un insieme di combinazioni: risiede anche nella modalità di portare a termine un combattimento. Il pugile conquista il vantaggio nella prima ripresa, impone il ritmo, dà spettacolo prendendosi gioco dell'avversario e – nella seconda e terza ripresa – restringe la sua boxe e limita la varietà dei colpi, che si fanno piú secchi e intensi permettendogli di seguire una linea diretta verso la chiusura dell'incontro. È a un soffio dal riuscirci.

La boxe che Carpentier impone a Siki fino a quel punto agisce, in altre parole, come una *cornice predittiva*: è orientata a un epilogo che le è sotteso. È appunto questo il meccanismo che Siki disfa, destrutturando lo svolgimento istituito dell'interazione. L'arbitro lo conta, ma lui si rialza e cosí facendo si emancipa dalla sua boxe trattenuta e impacciata; nel prosieguo del gioco che ha cominciato ad allestire all'inizio della ripresa, ricorre ai colpi che lo caratterizzano. Non è piú veloce, ma ha una boxe piú aperta; prende possesso del ring e, appena può, assesta i potenti swing di sinistro (e di destro) che sono la cifra del suo modo di boxare [5:48, 6:22]. Stavolta è lui a mandare Carpentier al tappeto, contraddicendo il gioco formalizzato finora e inserendosi nel flusso di quella che è la sua boxe, imperniata sulla potenza dei colpi volti a ribaltare il gioco [6:24]. Conquista un vantaggio

[58] Succede nei combattimenti che lo contrappongono a Joe Beckett (1919), McCloskey (1920), Grundhoven (1920), Battling Levinsky (1920), George Cook (1922) e Ted Lewis (1922), che durano rispettivamente: 1, 2, 2, 4, 4 e 1 round (da uno spoglio di «La Boxe & Les Boxeurs»). Quanto a Siki, nonostante gli capiti di realizzare combattimenti brevi (contro Stuber, Audouy e Balzac), ha una maggiore assiduità con gli incontri lunghi, che spesso arrivano all'ultimo round e si risolvono con decisioni tecniche: contro Berry (15 round nel 1920), Reeve (10 round nel 1921), Barrick (10 round), Journée (15 round), Nilles (15 round nel 1922) ecc.

che va ben al di là del singolo istante. La sua boxe prende forma; si mette dritto, apre il gioco e non sta piú in disparte, sulla difensiva; da quel momento si spende interamente nell'azione basandosi sul modo di boxare (vivace e combattivo, centrato sugli swing) che gli ha appena permesso di far cedere Carpentier. È una tattica che continua nella ripresa successiva, imponendo il repertorio comune dell'interazione.

Round 4, 7:13-7:48
7:13: *Siki è al centro, avanza e tenta un affondo; Carpentier lo schiva;*
7:14: *arretra e poi descrive un ampio cerchio lungo le corde, tenendosi a debita distanza;*
7:16: *Siki lo segue, Carpentier gira ancora, è arrivato al suo angolo;*
7:18: *si piega in avanti e si copre il viso;*
7:19: *Siki si mette in posizione,* ***gli tira uno swing di sinistro sul lato della testa, seguito da un altro meno potente****;*
7:21: *Carpentier subisce e poi viene colpito da un altro swing sul lato destro. Incassa;*
7:24: *Siki torna al centro, visibilmente stanco;* ***un uppercut e una combinazione di due diretti lunghi al viso****;*
7:25: *Carpentier si aggrappa e innesca un corpo a corpo;*
7:30: *Siki si libera e* ***assesta un uppercut, che fa seguire da uno swing al busto****, sul lato sinistro;*
7:32: *Carpentier incassa, dopodiché risponde con un gancio al viso;*
7:33: *ripresa del corpo a corpo; Siki si smarca, fa perno su anche e torso;*
7:36: ***swing di destro da parte di Siki*** *al lato della testa* [film danneggiato]*;*
7:43: ***Siki assesta uno swing di destro molto piú potente, piú ampio, seguito da un altro di sinistro…*** [film danneggiato]*;*
7:48: *Carpentier, stremato, appoggia la testa al torso dell'avversario; Siki si ritrae e piazza tre swing ravvicinati.*

Finire.

Non mancano sussulti da parte di Carpentier. Nei secondi successivi, risponde con due combinazioni che animano il pubblico. Ma si tratta appunto solo di sussulti, annegati in una

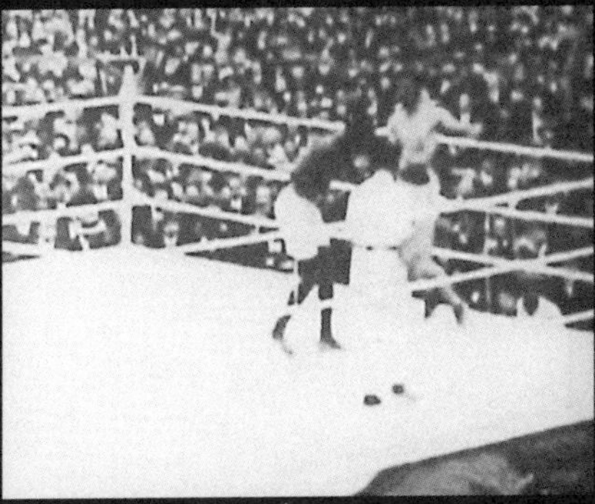

7:13

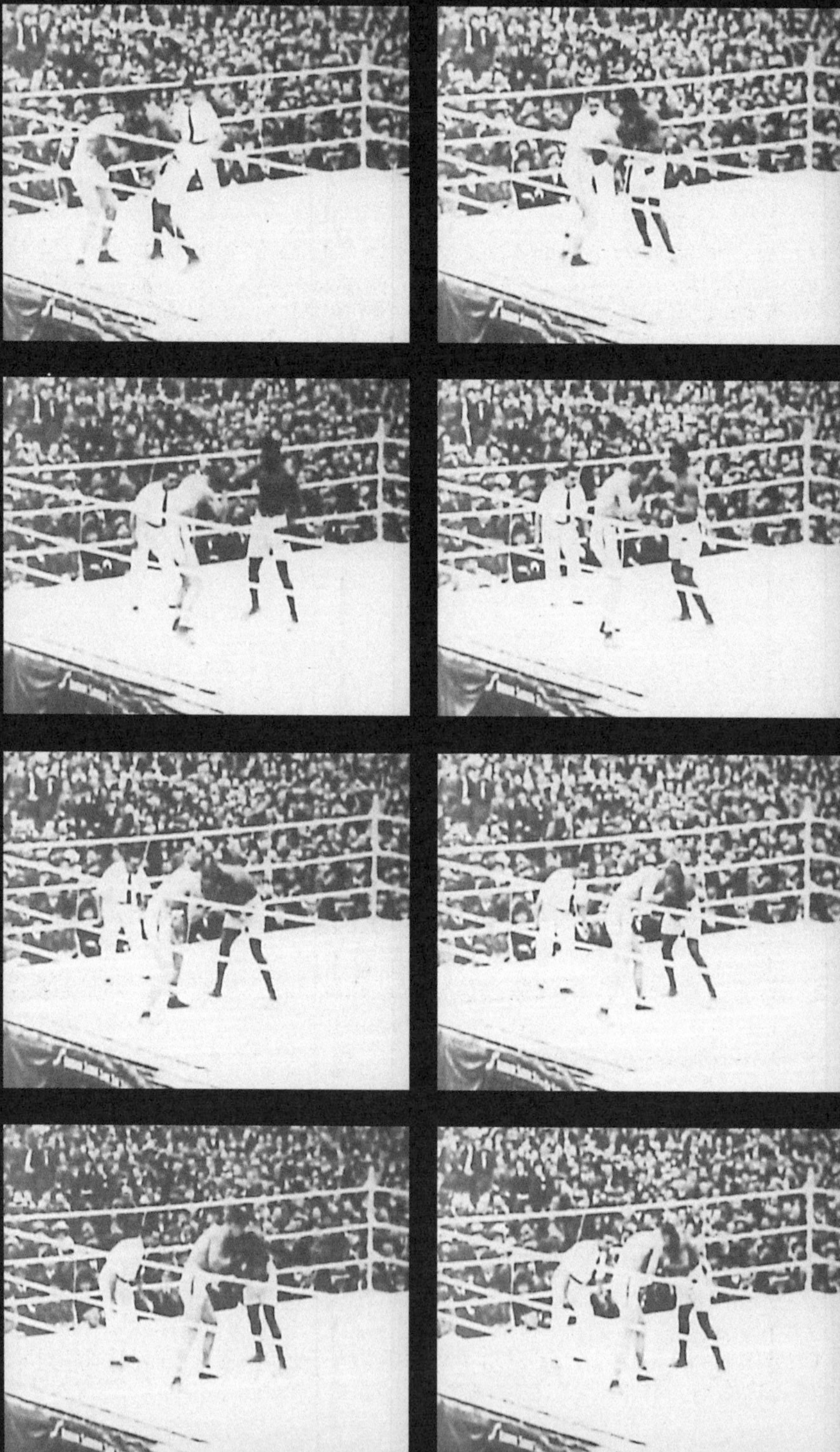

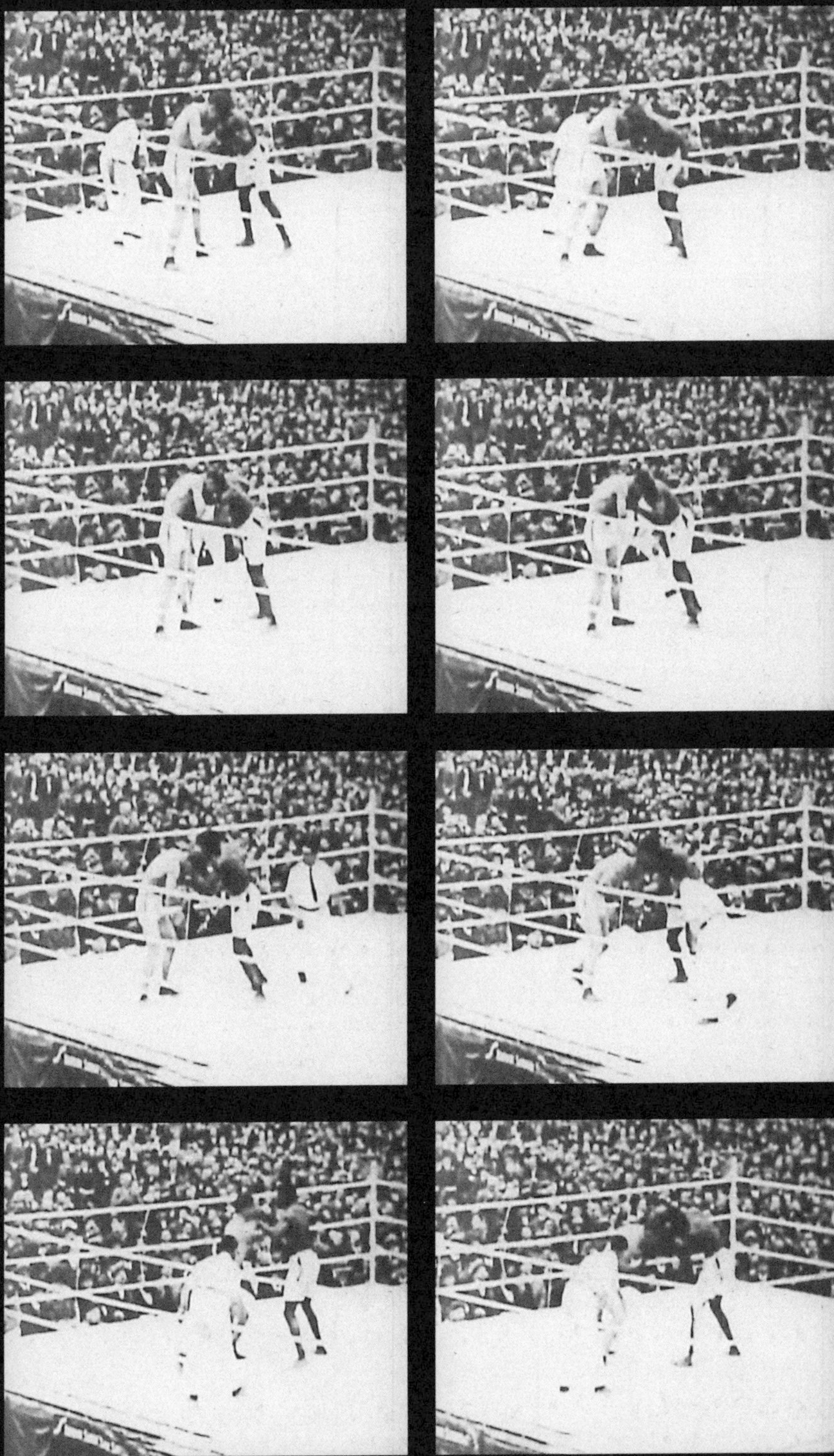

continuità dell'azione che possono solo rafforzare. Ogni colpo di Siki, che sia assestato bene o male, conferma l'equilibrio e Carpentier è ormai costretto a incassare o a guadagnare spazio. L'azione segue una linea comune che è chiaramente dettata da Siki, ma assume anche una forma particolare che dipende dall'accumularsi degli scambi: i colpi inferti organizzano una *logica contestuale* da cui derivano i colpi successivi. Cogliere questo aspetto presuppone *reinserire la durata* nell'azione. Non basta dire che il quinto round si svolge *dopo* il quarto, e il quarto *dopo* il terzo. È necessario considerare il *continuum attanziale*: ossia, come la relazione stabilita fra i giochi dei due pugili, traducendosi nel repertorio pugilistico che si impone nell'incontro, agisca da fattore determinante dell'azione. Entrambi, in questa sezione del combattimento, hanno studiato il gioco dell'avversario, sanno farvi fronte, diffidare, prevedere l'arrivo di colpi particolari; e hanno già messo alla prova le loro armi, sanno di poter contare sull'effetto di una data combinazione ecc. L'aspetto centrale, quindi, sta nel fatto che l'azione *dura*, e questo le conferisce un carattere che non aveva fino a quel momento. Il ritmo rallenta, gli attacchi si diradano e i colpi sono meno variati. Insomma, come accade spesso quando si raggiunge una certa soglia, il combattimento si stabilizza in un'economia di mezzi imputabile sia alla stanchezza accumulata dai pugili nel corso delle riprese sia all'obiettivo che ormai danno a ciò che compiono: *resistere per arrivare a una fine*.

Da questo punto di vista, Carpentier è sofferente. Impreparato e abituato a incontri che si chiudono in tempi piú brevi, è travolto dal gioco di Siki. Stremato, incapace di tenere la distanza, perde i suoi strumenti. Lo vediamo moltiplicare i segni di nervosismo e i colpi fallosi: tiene con un braccio l'avversario e lo colpisce con l'altro, oppure gli sferra una testata [10:17]. Siki resiste. Anche lui è allo stremo, colpisce ormai debolmente e in modo scomposto; ma, a differenza di Carpentier, che non ci riesce, mantiene il gioco e continua a fare appello, seppure in una forma piú fiacca, al suo modo di boxare, infliggendo swing di sinistro con l'aspettativa, per lui abituale, di poter abbattere l'avversario.

Round 5, 10:03-10:54
10:03: *angolo sinistro; Siki poggiando sulla gamba sinistra, assesta un diretto alla pancia e ne accenna un altro. Carpentier, visibilmente stordito, lo afferra e lo tira a sé, aggrappandosi stretto al suo corpo; l'arbitro li separa;*
10:09: *Carpentier, testa bassa, spinge Siki all'angolo, lo ghermisce e gli dà una spallata al mento; nuovo corpo a corpo. Siki spinge, Carpentier indietreggia... l'arbitro interviene di nuovo;*
10:17: *breve sussulto di Carpentier, che si piega e cerca con la forza di passare sotto Siki. Raddrizzandosi, gli affonda una testata, seguita da un tentativo di gancio. Siki schiva, si libera, i pugili si scambiano qualche parola* [non udibile]... *l'arbitro li separa;*
10:23: *ritorno al centro del ring; Carpentier si fa avanti, stanco; Siki appoggia uno swing abbastanza debole di destro, al fegato, seguito da un altro di sinistro, dopodiché arriva un uppercut, Carpentier spinge e si piega su di sé, tenta un gancio che non va a segno;*
10:39: *clinch in rotazione, interrotto dai pugili;*
10:44: *l'arbitro li separa, li allontana e li sanziona uno alla volta;*
10:50: *ripresa, poi corpo a corpo piú distanziato; Siki avanza, assesta due veloci uppercut al corpo, tira la gamba destra indietro, non troppo lontano, ruota la spalla e il bacino per piazzare uno swing di sinistro sul lato destro della testa di Carpentier; senza cambiare appoggio, ne assesta uno di destro che colpisce l'avversario al viso facendolo vacillare;*
10:52: *ripresa del corpo a corpo, poi corpo a corpo alto; intervento dell'arbitro;*
10:54: *Siki regola la distanza, assesta un potente uppercut combinato con uno swing. Carpentier lo respinge, gli afferra le braccia, nuovo corpo a corpo nell'angolo di Carpentier; l'arbitro li separa.*

È lo stesso filone dell'azione individuabile pochi istanti dopo, e da cui Siki finisce per ricavare un vantaggio conclusivo.

Lo sfinimento o l'impotenza che assalgono i pugili alterano, dunque, la *maniera* che hanno di boxare. Nel corso del combattimento l'uno e l'altro danno all'avversario una serie

10:03

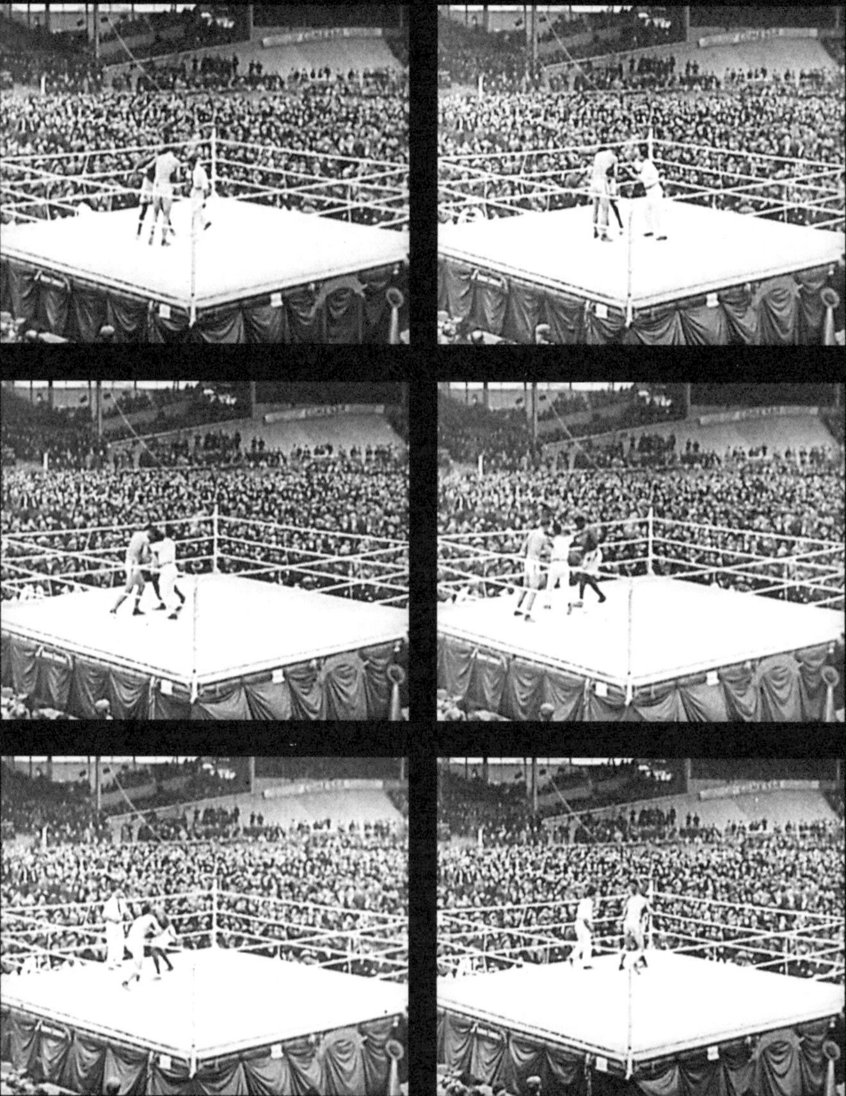

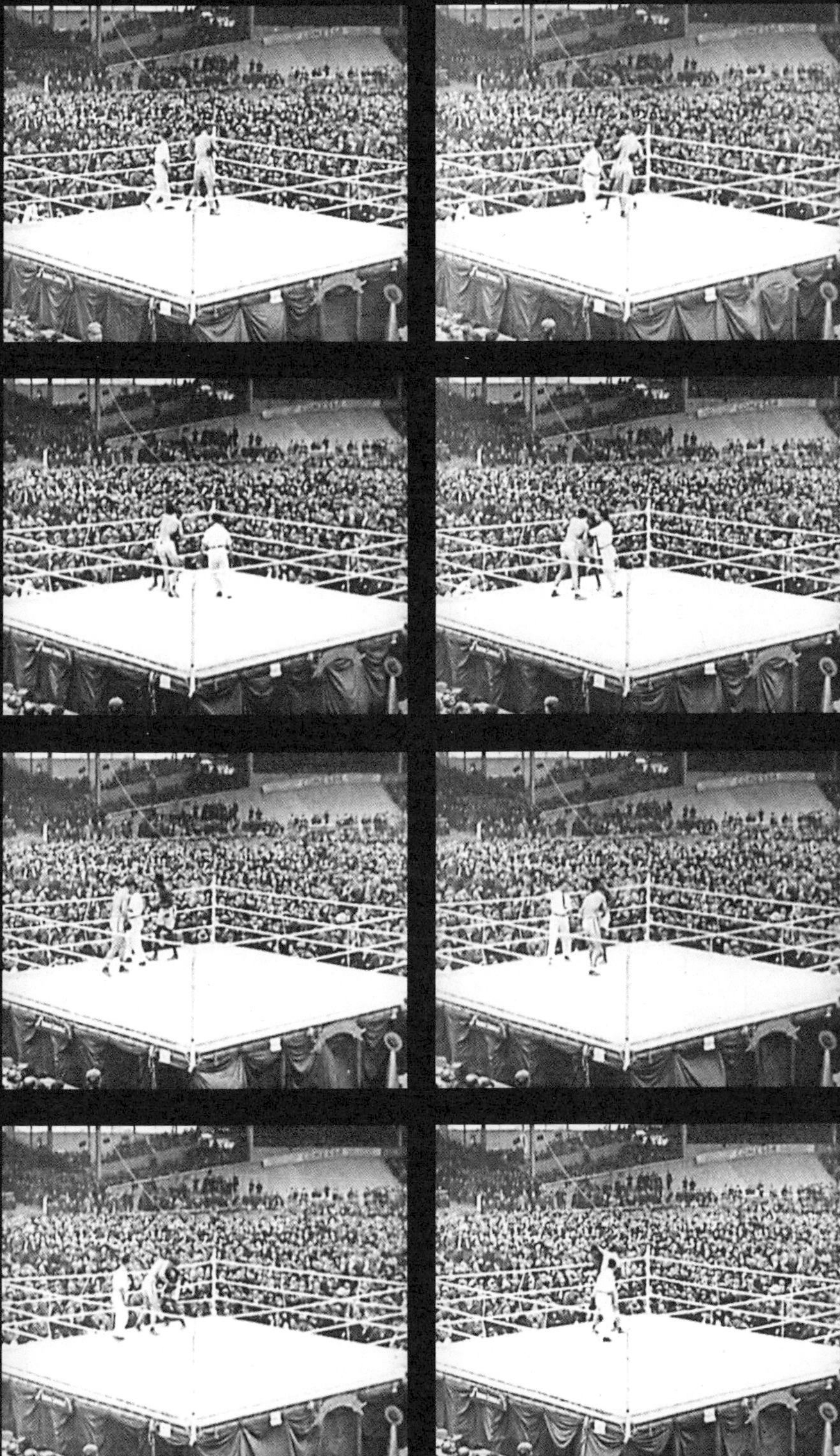

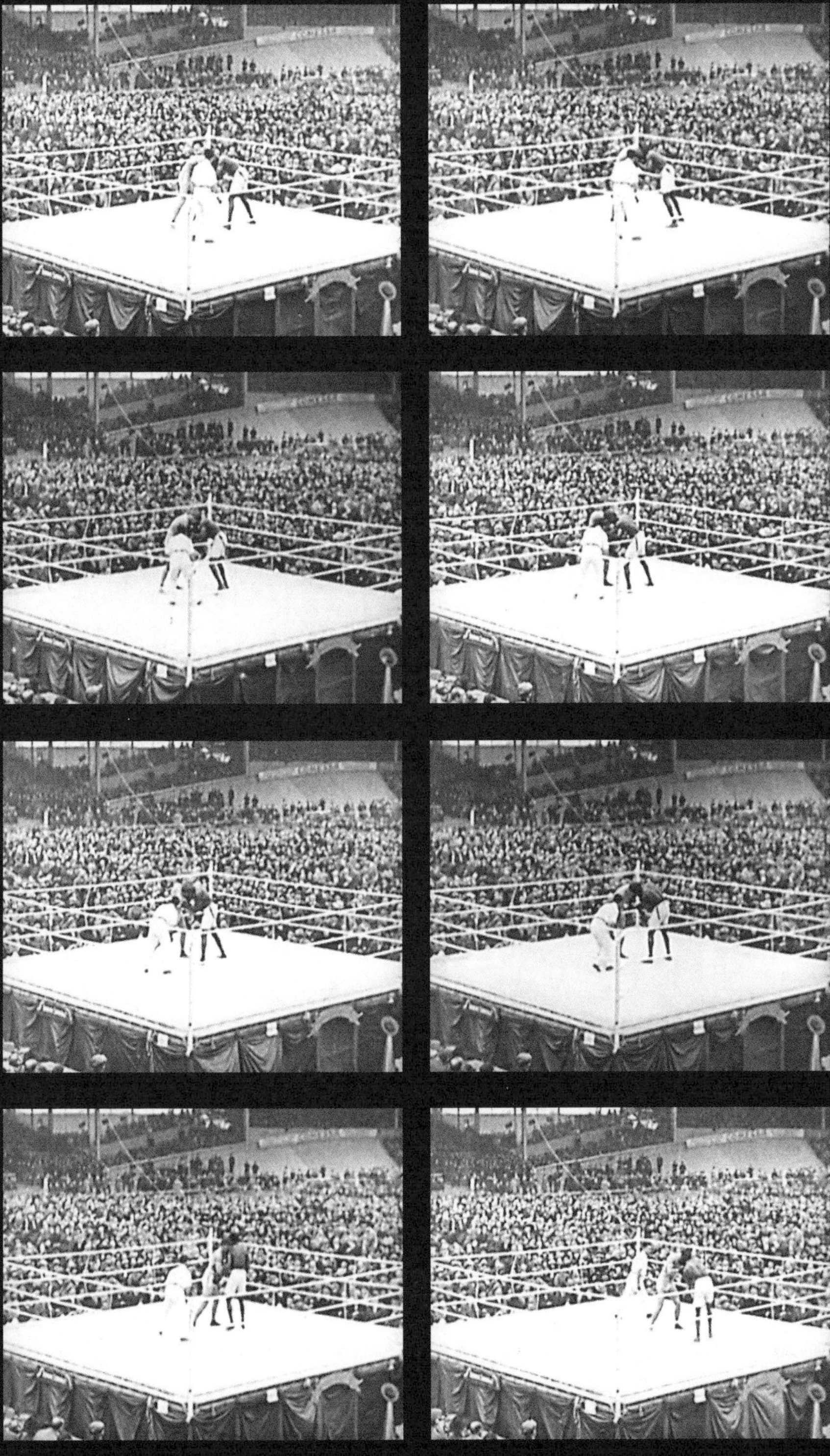

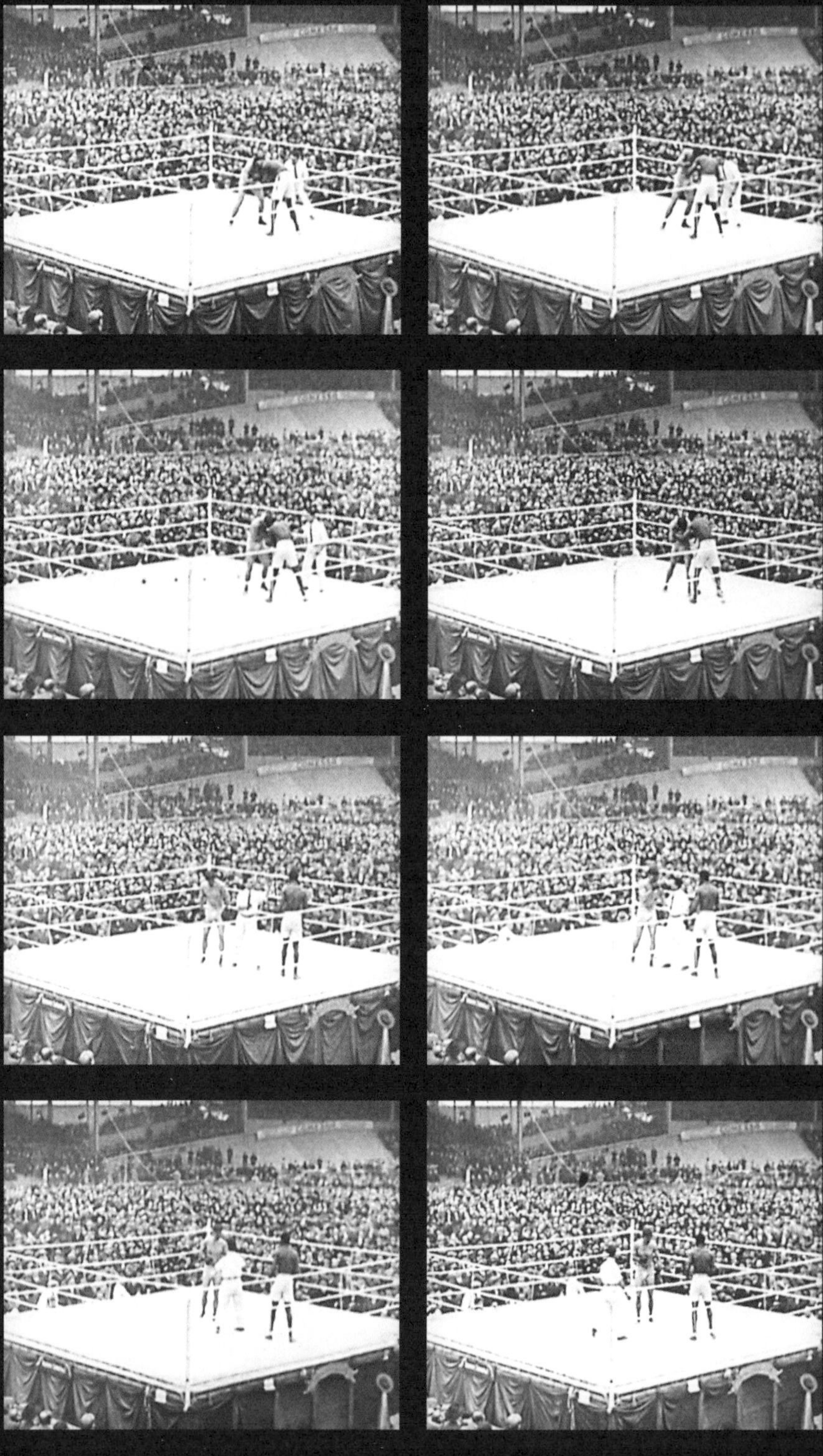

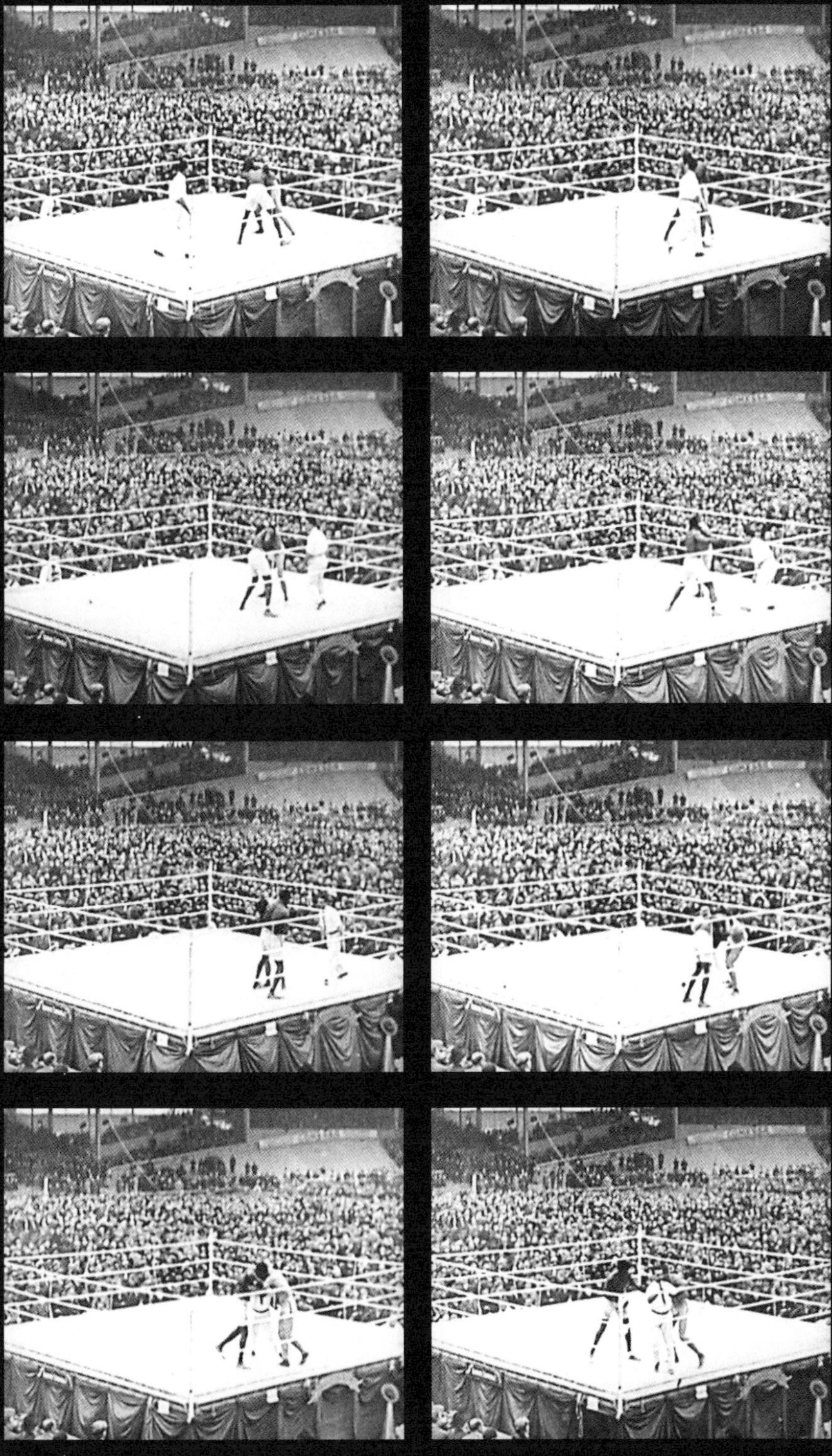

di occasioni che gli permettono di mantenere il proprio gioco. Sottolinearlo non vuol dire indulgere in dettagli minori. Potremmo sí fare a meno di notare che Carpentier dà una spallata o che gli swing di Siki perdono d'intensità. Del resto, sono gesti che l'azione sfiora appena. Eppure, proprio grazie a questi, possiamo cogliere che cos'è l'azione nella sua durata, discernere come i pugili tentano di restare in partita, o come non ci riescono; come, in altre parole, l'azione abbia la sua specifica forma pratica: *non un oggetto che si presenta come un intero, ma una cosa colta nel suo dipanarsi*. Sta qui l'interesse nell'esaminare un'azione umana sotto la luce dell'interazione che i partecipanti intessono tra loro (e in un determinato tempo). Certo, potremmo preferire analisi piú definitive, meno esposte alla contingenza, che pure non mancano[59]. Ma solo la descrizione *nel dettaglio* e *nella situazione*, man mano che l'azione si svolge, permette di afferrare – attraverso la ricomposizione in atto del *fattibile* che si riorganizza tra gli attori – la logica specifica di ciò che le persone *fanno* effettivamente.

Per concludere, il combattimento si svolge in situazione, ma sul ring si attualizza un passato specifico – quello di entrambi i pugili e quello della boxe stessa –, in un ordine preciso che deriva dal modo particolare in cui l'uno e l'altro attore adattano il proprio gioco a quello che gli mette a disposizione l'avversario. La chiave per capire quest'azione ha dunque una natura molto peculiare: non è *l'esistenza* di una disposizione ad agire, di cui poter descrivere origine

[59] Fra le numerose alternative, non tutte dello stesso calibro analitico, è emblematica la posizione tipicamente ermeneutica di Gadamer, il quale, per determinarne la «verità», propone di considerare il *gioco* come *fuori dal tempo*, come distaccato dalle *condizioni* del gioco: «Perché ci sia gioco, non è necessario che ci sia sempre realmente qualcun altro che vi partecipi, occorre però sempre che vi sia almeno qualcosa d'altro con cui il giocatore gioca e che risponde al suo movimento con un movimento simmetrico. Cosí il gatto che gioca sceglie il gomitolo di lana, perché questo gioca con lui» (H.-G. Gadamer, *Verità e metodo*, a cura di G. Vattimo, Bompiani, Milano 1983 [1960], p. 137).

e caratteristiche, bensí *il modo in cui questa agisce* durante quei quindici minuti e man mano che si svolge l'incontro. Sappiamo che una disposizione, per quanto possa determinarle, non programma rigidamente, e una volta per tutte, le pratiche individuali. Ammette le approssimazioni, le mosse andate a vuoto, e può essere colta in fallo. Il difficile non è tanto riconoscerlo quanto farne la fonte di un sapere: come funzionano esattamente le disposizioni acquisite quando, nel pieno dell'azione, sono prese alla sprovvista[60]?

Cogliendo il combattimento al livello degli *atti*, questo *piano ravvicinato* permette di indagare un punto specifico: come fa una tendenza ad agire durante *una* azione? Come si può descriverla all'opera quando non si presenta né sotto forma di un intero né in modo uniforme nella durata di quanto si svolge? In questo caso, la chiave sta nella prospettiva da cui consideriamo le disposizioni, che assumono la forma di *potenzialità attualizzabili*, portatrici di tratti recessivi o dominanti. Rispetto all'azione, non si attualizzano uniformemente. Infatti, entrambi i pugili tendono, con e contro l'altro, a impegnarsi appieno nel gioco o a mettere da parte la loro boxe, o piú precisamente ad adattare la boxe di cui sono detentori a ciò che l'altro fa dopo aver fatto qualcos'altro. Vale a dire che lo svolgimento dell'azione dipende dal modo che ogni concorrente ha di imporre il repertorio pugilistico a sé favorevole, che gli consentirebbe di ricorrere ai colpi con cui ha la maggiore familiarità. Non vediamo semplicemente che Siki prende il sopravvento su Carpentier, ma vediamo la boxe di Carpentier scomporsi, il suo vantaggio simbolico disfarsi, mentre il gioco di Siki assume la forma piena che lo caratterizza quando il pugile può boxare come sa farlo lui.

[60] Un articolo stimolante sul tema è quello di M. Strand e O. Lizardo, *The Hysteresis Effect: Theorizing Mismatch in Action*, in «Journal for the Theory of Social Behaviour», XLVII (2017), n. 2, pp. 164-94.

Sennonché, parlare del modo in cui i pugili stanno in partita, di come regolano il gioco rispetto a quello dell'altro, lo variano nella durata dell'incontro, allentano la presa, rientrano nel combattimento o perseverano, in breve di come devono *risolvere in atto* una serie di problemi che affrontano nel corso dell'azione, significa far dipendere ciò che accade da una dimensione che fin qui ho lasciato da parte, quella che pertiene ai processi mentali.

3.

La mente in azione

(cognizione)

Riprendiamo per un'ultima volta il combattimento sotto una luce diversa: in primo piano.

Come fanno i due pugili ad adattare quello che sanno fare a quello che fanno? Dobbiamo presumere che ricorrano a un'intenzione, una decisione, un ragionamento, ovvero a una serie di *operazioni cognitive*? E se è cosí, come operano queste nello specifico? È una domanda nel complesso semplice e allo stesso tempo temibile: *fino* a che punto, per descrivere *un'azione*, *possiamo trascurare la riflessività degli attori?* A renderla piú complessa concorrono interrogativi piú delicati: se esiste una riflessività, *dove si colloca* precisamente? Nella strategia che i pugili si sono prefissati all'inizio? Nei momenti in cui cambiano gioco? Nell'adozione di un colpo anziché di un altro? Nel modo di identificare il gioco dell'avversario, di anticiparlo o di interpretarlo? Oppure, come nell'ultima scena, nell'intensità improvvisamente accentuata di un attacco, che possiamo perlomeno sospettare che non sia di per sé piú intenso?

Si apre un campo d'indagine spinoso, vuoi per sue caratteristiche proprie, vuoi perché richiede di spingersi lungo strade per nulla o poco esplorate[1]. Le scienze sociali si sono

[1] «O poco» assume qui una certa importanza: in realtà negli ultimi anni proliferano i lavori su questo tema. Si vedano ad esempio O. Lizardo e M. Strand, *Skills, Toolkits, Contexts and Institutions: Clarifying the Relationship between Different Approaches to Cognition in Cultural Sociology*, in «Poetics», XXXVIII (2010), n. 2, pp. 205-28; K. A. Cerulo, *Establishing a Sociology of Culture and Cognition*, in Id. (a cu-

battute, a giusto titolo, contro le teorie dell'attore razionale, rifiutando di assegnare un'attitudine raziocinante a coloro che agiscono. Si accetta che siano dotati di senso pratico, intuizione, mestiere, di un corpo pensante, tutti elementi derivati da una socializzazione: ma non si parla di ragionamento, deliberazione, decisione o di interpretazioni, che il piú delle volte gli attori non avrebbero l'agio di poter vagliare nel pieno dell'azione. D'altronde, uno dei contributi piú preziosi di una parte delle scienze cognitive è che la capacità necessaria per la memoria dei contesti, per la conoscenza di valori e simboli, per la programmazione dei modi d'agire – fattori fondamentali per qualsiasi decisione, in vista di ogni tipo di azione – supera di gran lunga le capacità cognitive di un individuo[2]. Sennonché la posizione ha finito col cristallizzarsi in un rifiuto di principio: per negarne l'egemonia, non si dà nessun peso alla sfera cognitiva. E questo equivale a non poter cogliere come il senso pratico degli attori, che è comunque centrale, si attualizzi nell'azione, come faccia appello – bene o male, persino di sfuggita – a una forma di *riflessività in atto* attraverso la quale indirizzare o reindirizzare ciò che si fa, oppure continuare ad agire in una situazione che non si presenta come un blocco unico.

ra di), *Culture in Mind. Toward a Sociology of Culture and Cognition*, Routledge, New York - London 2002, pp. 1-12. Si possono individuare anche notevoli eccezioni in passato, come gli studi di A. V. Cicourel, *La sociologie cognitive*, Puf, Paris 1979, e il bel libro di J. Lave, *Cognition in Practice. Mind, Mathematics and Culture in Everyday Life*, Cambridge University Press, Cambridge 1997 [1988]. In un altro senso, si veda anche la discussione proposta (a partire dall'habitus) da G. Downey, *«Practice without Theory»: A Neuroanthropological Perspective on Embodied Learning*, in «Journal of the Royal Anthropological Institute», XVI (2010), s1, pp. S22-S40.

[2] Sul tema, N. Cowan, *The Magical Number 4 in Short-Term Memory: A Reconsideration of Mental Storage Capacity*, in «Behavioral and Brain Sciences», XXIV (2001), n. 1, pp. 87-114, discusso in Lizardo e Strand, *Skills, Toolkits, Contexts and Institutions* cit., p. 205; J. L. Martin, *Life's a Beach but You're an Ant, and Other Unwelcome News for the Sociology of Culture*, in «Poetics», XXXVIII (2010), n. 2, pp. 229-44.

È mia convinzione che, se si passa cosí facilmente sotto silenzio la *dimensione cognitiva* delle azioni umane, è perché non sappiamo descriverla correttamente. Per tentare un approccio, non in generale ma rispetto a *questo* combattimento considerato nel suo svolgersi, ho imboccato una strada particolare. Sarà un'inquadratura lenta, sotto forma di dialogo, fatta di successivi restringimenti.

«E poi mi sono detto...»

È cosí difficile immaginare che i pugili *pensano* sul ring? Il piú delle volte il problema si sbriga cosí: se pensano, lo fanno dentro di loro, in una forma che è per sua stessa natura inaccessibile. Fatto sta che bisogna arrendersi all'evidenza: è vero esattamente il contrario. L'interiorità dei pugili non è da considerare come un punto cieco, anzi: ha una presenza eclatante. Pochi mesi dopo essersi svolto, il combattimento è oggetto di un'inchiesta. L'8 novembre, durante un confronto molto diverso a cui partecipa come secondo, Siki perde la calma, irritato da una decisione arbitrale, e sale sul ring. Viene fatto scendere e la Federazione gli commina una sospensione di nove mesi[3]. L'atleta torna a parlare dell'incontro del Buffalo e afferma che, secondo gli accordi preliminari, lui sarebbe dovuto cadere a terra ai piedi di Carpentier. Si apre cosí un capitolo della vicenda che pone il combattimento sotto il segno delle *intenzioni* nascoste *dietro l'azione*.

Per sedare i dubbi sulla combine, a dicembre si riunisce una commissione interna all'ufficio della Federazione

[3] È il combattimento tra Balzac e Prunier per il titolo di campione di Francia dei pesi medi; si tiene nella sala Wagram. Sulla squalifica, si vedano *Pourquoi neuf mois*, in «L'Auto», 12 novembre 1922, p. 3, e *Grandeur et décadence de Battling Siki*, in «L'Œuvre», 13 novembre 1922, p. 2.

francese di boxe, incaricata di indagare. Comprende nove persone (fra cui tre fondatori dell'organo federale: Albert Bourdariat, Henri Van Roose e Frantz Reichel) e dedica alla vicenda ventisette riunioni. Il grosso del lavoro consiste nell'appurare che cosa potessero avere in mente i pugili sul ring. Si procede all'audizione di quarantanove testimoni e si assiste per cinque volte alla proiezione del film che riprende il combattimento, una delle quali «al rallentatore» per cogliere i minimi gesti, e un'altra con l'ausilio di «sordomuti [...] per verificare certe parole dove ciò fosse possibile»[4]. Siki e Carpentier hanno cercato di trattenere i colpi, hanno finto, hanno imbrogliato? Viene tutto passato al vaglio e sezionato sotto questa luce: la loro intenzione (buona o cattiva), ciò che avevano in mente, quello che hanno voluto fare nel momento in cui lo facevano. Anziché essere inaccessibile, quindi, la loro interiorità occupa tutto lo spazio.

Anche alla Camera dei deputati, pochi giorni prima che abbia inizio l'inchiesta, s'impone questo principio. Blaise Diagne, deputato del Senegal e figura del panafricanismo, coglie l'occasione per denunciare l'ingiustizia razziale di un combattimento che il «piccolo nero» avrebbe dovuto perdere perché nero. Ripercorre parte dell'incontro, gettando sulle vicende una luce completamente incentrata sulla volontà, in cui è il pugile ad avere l'ultima parola su ciò che compie: «e sul ring, avendo a un dato istante *il sentimento* della sua forza, *non ha accettato* di dover cadere a terra al quarto

[4] Fédération française de boxe, *Rapport de la commission d'enquête* cit., p. 13. La presentazione delle modalità inquirenti è molto dettagliata; si precisano anzitutto l'ordine delle audizioni, le persone interpellate, il processo di esame e controesame delle prove, i dispositivi tecnici adottati e, in particolare, l'uso del film, il modo di visionarlo e il fatto di ritenerlo fonte di *verità*; gli elementi si trovano elencati alla fine del rapporto, pp. 13-14. Purtroppo non ho trovato traccia – né negli archivi della Federazione, peraltro molto lacunosi, né in quelli degli organizzatori e dei pugili, ancora piú lacunosi – del lavoro con le persone sordomute.

round per cedere a Carpentier una nuova vittoria»[5]. Vale a dire che in ciò che fa Siki, in ciò che lo vediamo fare, s'individua un ripensamento interiore. Dapprima ha l'*intenzione* di perdere (e regola i colpi secondo questa intenzione), poi, a un certo momento, *decide* che è troppo e *decide* di passare all'azione. Nelle interviste Siki conferma, dicendo che il manager suo e quello di Carpentier avevano stretto un accordo, che lui aveva badato a trattenere i colpi durante gli scambi, a contenere la sua boxe per lasciare il vantaggio a Carpentier, dopodiché si era reso conto della situazione e aveva deciso di ribaltarla (anche qui indico in grassetto le parti che commenterò in seguito):

> Sono arrivato sul ring **con l'intenzione di andare al tappeto, come mi avevano raccomandato...** Al primo... al secondo... al terzo round, ho lasciato fare... Ma al quarto round, **quando mi sono visto in ginocchio** davanti a cinquantamila persone, **ho pensato questo**: «*Allora, Siki, non sei mai andato giú davanti a nessun pugile... Non sei mai stato in ginocchio in pubblico... come adesso...*» **È stata come una scossa...** Mi sono rialzato e ho colpito... Ho colpito con tanta piú forza ed energia che i colpi sferrati da Carpentier quasi non li avevo sentiti... Fatto sta che Hellers, al mio fianco, mi sussurrava all'orecchio: «*Non farai mica l'imbecille? Dimentichi cos'abbiamo deciso?...*» Era deciso che sarei dovuto finire a terra, a braccia aperte, al quarto round... Se l'avessi fatto, Hellers avrebbe vinto duecentomila franchi... Ma **non ho voluto**...

Se mi soffermo su questo momento è per un motivo molto preciso. Non siamo in grado di dedurre da queste parole che il combattimento fosse effettivamente truccato. Manca una prova diretta: Carpentier nega, insieme ai due manager, e la commissione conclude che «risulta l'assoluta convinzione che prima dell'incontro non vi è stato nessun

[5] «Journal officiel», Camera dei deputati, 30 novembre 1922, 2ª seduta, pp. 3661-63. Si veda anche *L'Affaire Siki à la chambre*, in «La Dépêche Coloniale et Maritime», 3 dicembre 1922.

accordo»[6]. Ma poco importa. Il fatto notevole è che si fa appello a una *lettura mentalista dell'azione*, che va allargandosi a tutta la documentazione sul combattimento. Dal colorito grigiastro che Siki aveva quel giorno («prova risaputa di come i neri rispondono all'emozione», osserva il medico della Federazione) fino al «Vacci piano sullo stomaco!» che, a detta dell'arbitro, Siki rivolge a Carpentier, tutto ciò che avviene sul ring è ricondotto allo stato interiore dei pugili.

Si imbastisce una spiegazione (che travalica, beninteso, l'azione in esame, e di cui sarebbe interessante capire il debito verso la storicità dei modi di concepire un'azione umana): se agiscono cosí, è perché cosí hanno deciso; hanno avuto quell'intenzione. Bisognerebbe solo stabilire che cos'avevano in mente nel momento in cui agivano. Le parole di Siki vanno in questa direzione. Per spiegare il ribaltamento dell'incontro, dice: «In cuor mio la decisione era presa, tanto il mio orgoglio mi induceva a desiderare la vittoria». E piú in generale, a sentir lui, l'impressione è che quel giorno abbia compiuto ogni singolo atto sul ring non smettendo mai di interpretare ciò che avveniva: «ho pensato questo», «mi sono visto», «ho capito», «mi sono detto che». Si attribuisce cosí (sotto l'impulso delle domande che gli vengono poste) un atteggiamento riflessivo che ha i tratti (convenzionali) di un monologo interiore:

D. – Carpentier ti poteva battere?
R. – A un certo momento **ho creduto** di non poter piú continuare, perché Carpentier mi ha dato un colpo formidabile di destro sotto la mascella. La testa mi ha fatto «*bum!*» e sono caduto sul-

[6] Fédération française de boxe, *Rapport de la commission d'enquête* cit., p. 13. È possibile farsi un'idea della posizione di Carpentier (che è allo stesso tempo chiara e immutabile) attraverso la sua audizione. Quando gli chiedono, ad esempio, se «l'idea di produrre un film piú emozionante» lasciando che Siki gli tenesse testa per qualche tempo prima di finire al tappeto non fosse stata un buon espediente, lui risponde: «Sa dirmi per quali motivi avrei dovuto lasciare spazio a Siki per il cinema? Ho tirato di boxe contro Cook, Beckett, Bombardier Wells, Kid Ted Lewis... tre di loro sono arrivati appena a un minuto!» (*ibid.*, p. 2).

le ginocchia. Mi sono rialzato quando ho sentito contare il sette e poi **mi sono detto**: non ti fa piú male, Siki, puoi continuare.
D. – E quando **ha pensato che** forse poteva avere la meglio su Carpentier?
R. – Al terzo round **ho capito che** probabilmente ce l'avrei fatta[7].

Quindi *sí*: si descrive doviziosamente l'interiorità dei pugili; e inoltre la si evoca spesso e volentieri per spiegare (quando ce n'è bisogno) ciò che è avvenuto. La difficoltà vera è sapere che cosa possiamo ricavarne. Si può ammettere senza troppi sforzi che gli attori sono in grado di riflettere su quanto fanno[8]. Ma si deve ammettere anche che questa riflessività ha una natura *seconda*: arriva a posteriori, quando gli attori devono rendere conto di quanto hanno fatto. Dovremmo quindi cancellarne la traccia? Seppure di secondo grado, persino questa riflessività fa emergere un tratto importante: rende visibile il senso che i pugili assegnano a ciò che fanno, o meglio dà un'idea di qual è il rapporto che instaurano con il fatto di agire su un ring. Nel caso specifico, la parte riservata al *mentale* nel determinare le sorti del gioco appare centrale. Siki fa derivare tutti i suoi atti da una riflessione e da una volontà, da cui dice di non allontanarsi mai durante l'azione. Nel fatto che i pugili siano convinti di essere artefici del loro modo di agire non c'è niente di secondario. Po-

[7] *Ibid.*, p. 12. La discussione riportata qui davanti alla commissione (che si preoccupa di verificarla incrociando le testimonianze) è avvenuta poco tempo dopo il combattimento, il 27 o 28 settembre, nei locali del «Journal», tra Rodolphe Darzens (che fa la prima domanda [D]), giornalista del «Journal» e direttore del Théâtre des Arts, Claude Anet (autore della seconda domanda), giornalista, scrittore e campione di tennis, e Siki che risponde (R).

[8] Pur non essendo qui un aspetto fondamentale, è ciò che si prefigge la sociologia pragmatica con lo studio dei modi di criticare, denunciare, interpretare, argomentare, dare senso a quanto avviene, riflettere su quanto c'è da fare, elaborare un giudizio critico, fornirsi motivi per agire ecc. Molti gli studi condotti in questa direzione, o in una direzione simile; si rimanda al lavoro di sintesi, che è anche un tentativo di unificare e valorizzare questo procedimento, di L. Boltanski, *Della critica. Compendio di sociologia dell'emancipazione*, trad. di F. Peri, Rosenberg & Sellier, Torino 2014 [2009], e soprattutto, per quanto è di mio interesse, pp. 150-54, sulle *Due diverse forme di riflessività*.

tremmo comunque decidere di sapere meglio di loro che cosa fanno i pugili e che il potere di agire che si attribuiscono è solo un'illusione (opzione tanto piú facile per il fatto che i protagonisti non possono piú confutarla). Ma vorrebbe dire sorvolare un aspetto fondamentale[9].

L'importanza data alla riflessività sul ring, alla volontà dei pugili, alla loro facoltà di calcolare, pensare o anticipare, è indice di una forma propriamente storica di organizzazione della pratica boxistica. Man mano che la boxe si è sportivizzata, che ha abbandonato piú nettamente l'universo delle amenità e delle acrobazie, la dimensione cognitiva è diventata centrale[10]. La posta in gioco erano la legittimità dell'attività e la statura dei suoi praticanti. Affermare che un pugile pondera il suo gioco, interrogarsi su ciò che ha voluto fare, non significava affermare che un pugile non boxa a casaccio, che dà prova di volontà, che riflette su quanto compie: collocando la questione sul terreno delle abilità cognitive (e non solo della forza), si assegnava un valore all'attività situandola accanto a quelle di creazione (e non solo di esecuzione), dalla parte dell'intelletto (e non solo del corpo). Appunto perché questa prospettiva struttura la definizione di che cos'è boxare, diventa tanto piú necessario chiedersi quale parte ha avuto, nell'azione, la riflessività degli atto-

[9] Sull'importante questione, si veda (con riguardo a un caso molto diverso) A. Desrosières, *Quand une enquêtée se rebiffe: de la diversité des effets libérateurs, ou les arguments des trois chatons*, in «Genèses», LXXI (2008), n. 2, pp. 148-59.

[10] Sulle convenzioni (morali, deontiche, narrative ecc.) che presiedono agli atti di riflessività, una ricca discussione si può trovare in Descombes, *Le complément de sujet* cit., pp. 457-65. Sul carattere «secondo» della riflessività, dal punto di vista antropologico di ciò che è agire, si veda in particolare la critica (diretta nel caso specifico all'opera di Boltanski, *Della critica* cit.) di N. Mariot, *La réflexivité comme second mouvement*, in «L'Homme», CCIII-CCIV (2012), n. 3, pp. 369-98. Bisognerebbe certo spingersi piú in là nel dibattito: assegnare un posto al «senso» che gli attori attribuiscono a ciò che fanno, com'è il caso dello studio dedicato ai pugili da Jérôme Beauchez (*L'empreinte du poing* cit.), il quale trova nel discorso di giustificazione dell'azione (pugilistica) il modo di cogliere non solo i valori dei pugili, il significato che investono nell'attività, ma anche il rapporto (morale, pratico, politico) che instaurano con il fatto di agire su un ring.

ri. Niente indica che tutti i «mi sono detto», «ho pensato» che Siki pone a monte del combattimento concorressero veramente, sul ring, a determinare i suoi gesti[11]. E niente indica peraltro (ad eccezione di decenni di utilitarismo e di filosofia del soggetto) che è necessario postulare sempre la presenza di un'intenzione, o di una decisione, all'interno di un'azione, che sarebbe insomma altra cosa che *il semplice fatto di agire*[12].

È questo il punto che bisogna chiarire: che posto si deve attribuire agli stati mentali degli attori quando si vuole descrivere un'azione come quei quindici minuti sul ring del Buffalo?

Dove situare l'intenzione?

Oggi l'individuo agente non ha piú l'aspetto che aveva vent'anni fa. Le scienze cognitive (e con questo termine indico una molteplicità di saperi diversi)[13] hanno rivoluzionato ciò che sappiamo sul suo conto. Oggetto dei loro studi sono l'intenzione, la volontà, la decisione, o ancora la co-

[11] Per approfondire, possiamo rifarci alla questione che poneva Maurice Bloch in *How We Think They Think. Anthropological Approaches to Cognition, Memory, and Literacy*, Westview Press, Boulder 1998. A dispetto di una tradizione consolidata in antropologia e in altre discipline, l'autore propone la tesi che il sapere comune di cui gli individui sono portatori (sulle persone, il matrimonio, la società o su ciò che fanno) si fonda su concetti impliciti che restano, per una parte significativa, estranei a ciò che dicono di fare (si veda soprattutto il bel testo *What Goes without Saying: The Conceptualization of Zafimaniry Society*, pp. 22-38).

[12] Questo campo d'indagine, la cui genealogia costituirebbe di per sé uno strumento per illustrare i modi d'essere contemporanei, trova senz'altro una delle discussioni piú illuminanti – sotto il profilo della grammatica del soggetto, dell'esperienza e della logica – in Descombes, *Le istituzioni del senso* cit., pp. 3-114.

[13] Sulla «rivoluzione cognitiva», si rimanda al classico di H. Gardner, *La nuova scienza della mente. Storia della rivoluzione cognitiva*, trad. di L. Sosio, Feltrinelli, Milano 2016 [1985].

scienza. Sappiamo cosí che è l'oscillazione ad alta frequenza dei neuroni della corteccia fronto-parietale ad attivare il processo decisionale che presiede ai movimenti volontari[14]. Sappiamo che l'azione di un individuo implica che si inneschi un meccanismo di attivazione o d'inibizione dei percorsi neuronali che codificano i comandi motori preposti a passare da uno stato di partenza a uno d'arrivo[15]. Sappiamo anche che un'azione umana, quando avviene, è sottoposta a un processo di auto-supervisione e di valutazione del comportamento in corso, che ha sede in diverse aree della corteccia prefrontale, o ancora (secondo il modello a cascata di Koechlin) che piú informazioni richiede il controllo dell'azione, piú numerose e piú anteriori sono le aree coinvolte della corteccia prefrontale:

> Se Thérèse è a casa sua e le squilla il telefono, per alzare la cornetta s'innesca un'azione che risponde a un modello quasi automatico del tipo stimolo-risposta, senza il coinvolgimento di zone della corteccia prefrontale piú anteriori della corteccia premotoria. Se invece Thérèse è da un amico, e quindi in un contesto diverso, sarà necessaria l'attivazione della corteccia dorsolaterale posteriore, che consente d'interrompere l'automatismo dell'azione in funzione del contesto[16].

[14] T. Thiery *et al.*, *Decoding the Neural Dynamics of Free Choice in Humans*, in «PLoS Biology», XVIII (2020), n. 12, online; É. Combrisson *et al.*, *From Intentions to Actions: Neural Oscillations Encode Motor Processes through Phase, Amplitude and Phase-Amplitude Coupling*, in «NeuroImage», CXLVII (2017), pp. 473-87.

[15] Molti gli studi al riguardo; oltre al lavoro apripista di M. L. Platt e P. W. Glimcher, *Neural Correlates of Decision Variables in Parietal Cortex*, in «nature», CD (1999), pp. 233-38, si vedano: J. I. Gold e M. N. Shadlen, *The Neural Basis of Decision Making*, in «Annual Review of Neuroscience», XXX (2007), pp. 535-74; M. Brass e P. Haggard, *The Hidden Side of Intentional Action: The Role of the Anterior Insular Cortex*, in «Brain Structure & Function», CCXIV (2010), nn. 5-6, pp. 603-610; P. Haggard, *The Neurocognitive Bases of Human Volition*, in «Annual Review of Psychology», LXX (2019), pp. 9-28; P. Cisek e J. F. Kalaska, *Neural Mechanisms for Interacting with a World Full of Action Choices*, in «Annual Review of Neuroscience», XXXIII (2010), n. 1, pp. 269-98.

[16] M. Khamassi e E. Pacherie, *L'action*, in T. Collins, D. Andler e C. Tallon-Baudry (a cura di), *La cognition. Du neurone à la société*, Gallimard, Paris 2018, pp. 270-313, citazione alle pp. 289-90.

In altre parole, un'azione è una rete di attivazioni neurofisiologiche. Implica un meccanismo neuronale piú o meno complesso di decisione, ma anche di ottimizzazione dei movimenti, che la rendono prevedibile[17], oltre a tutta una serie di meccanismi necessari per riconoscere l'azione (attraverso i neuroni specchio) o per supervisionarla durante il suo svolgersi (indirizzamento, reindirizzamento)[18]. Certo non è molto utile obiettare che Siki e Carpentier non sono Thérèse, e che l'attivazione della loro corteccia dorsolaterale o premotoria è tanto incerta quanto l'influenza che può aver avuto sull'incontro la pioggia del giorno prima.

Dovremmo essere molto arroganti per negare che questi saperi abbiano la loro importanza nella comprensione delle azioni umane. Il fatto è che poggiano su una concezione molto particolare delle azioni umane, che non è immediata da digerire. Per le scienze cognitive è *azione* qualunque movimento intenzionale[19]. E appena manca l'inten-

[17] Sul tema (nel caso dell'ottimizzazione dei movimenti per raggiungere una maniglia), si vedano H. Hicheur *et al.*, *The Formation of Trajectories during Goal-Oriented Locomotion in Humans. I. A Stereotyped Behaviour*, in «European Journal of Neuroscience», XXVI (2007), n. 8, pp. 2376-90. Si veda anche M. A. Bucklin, G. Brown e K. E. Gordon, *People Adapt a Consistent Center-of-Mass Trajectory in a Novel Force Field*, in «Journal of Neurophysiology», CXXIX (2023), n. 2, pp. 298-306.

[18] Sarebbe necessario distinguere meglio. Volendo uscire dallo schema elementare che antepone a un'azione una decisione, per porre l'accento sull'azione stessa, si può notare che i meccanismi neuronali intervengono per *preparare un contesto per agire*. Si vedano A. Berthoz, *La scienza della decisione*, trad. di F. Niola, Codice, Torino 2004 [2003], soprattutto il capitolo primo, *Il cervello della scommessa e della logica*, e piú di recente Id., *L'inibizione creatrice*, trad. di S. Ferraresi, Codice, Torino 2021 [2020].

[19] Khamassi e Pacherie, *L'action* cit., p. 273. La concezione cognitivista dell'agire – ed è forse questo a renderla comunemente tanto efficace che non si pensa piú di metterla in discussione – deve molto alle categorie aristoteliche della filosofia dell'azione (D. Davidson, *Action*, in J. Benoist *et al.*, *Quelle philosophie pour le XXIe siècle?*, Gallimard, Paris 2001, p. 311; si veda anche la presentazione critica di P. Livet, *Qu'est-ce qu'une action?*, Vrin, Paris 2005). Ciò nonostante, è noto che nel caso di Aristotele il problema non è affatto quello di definire un'*azione in sé*. La distinzione antica tra azione e movimento ripresa dalle scienze cognitive ha in realtà una forma molto diversa in Aristotele (commenta approfonditamente Natali, *Actions et mouvements chez Aristote* cit., pp. 12-35), cosí come il concetto di «decisione» (duplice in Aristotele), che non ha

zione dell'individuo (vuoi per un incidente, vuoi per atti riflessi ecc.) ci si trova davanti a un *movimento involontario* che non è un'azione. Vale a dire che, per quanto diverse, queste scienze sono accomunate dal fatto di individuare il fondamento di un'azione nella *vita mentale degli attori*. Si riproduce una semplice azione (alzare il braccio, afferrare un oggetto ecc.) e si descrive, per esempio facendo ricorso a marcatori dell'attività cerebrale, il *processo* decisionale *interiore* che si ritiene sotteso all'attività[20]. Ebbene, senza neanche mettere in dubbio il procedimento, possiamo perlomeno dire che le situazioni sperimentali cosí analizzate hanno un rapporto solo lontano con quello che fanno effettivamente gli individui quando agiscono[21]. Siamo persino in diritto di considerare come una curiosità questo mondo inesistente dove saremmo costantemente tenuti a decidere di agire prima di agire.

La «parte impersonale del mentale».

Su un ring, come altrove, esiste una moltitudine di fattori che dispensano un individuo dal dover riflettere su ciò che fa nel momento in cui lo fa.

molto a che vedere con gli usi che ne fanno i cognitivisti – M. Crubellier, *Les définitions de la προαίρεσις dans les «Éthiques»*, in «Revue de Philosophie Ancienne», XXXVIII (2020), n. 2, pp. 215-45.

[20] Lo scarto che separa lo stimolo dalla realizzazione dell'azione è cosí diventato uno degli artefatti scientifici privilegiati per l'analisi della decisione (in vista di un'azione) o del «libero arbitrio»; si vedano A. Roskies, *Neuroscientific Challenges to Free Will and Responsibility*, in «Trends in Cognitive Sciences», X (2006), n. 9, pp. 419-23, e Id., *How Does Neuroscience Affect Our Conception of Volition?*, in «Annual Review of Neuroscience», XXXIII (2010), pp. 109-30; P. Haggard, *Human Volition: Towards a Neuroscience of Will*, in «Nature Reviews Neuroscience», IX (2008), n. 12, pp. 934-46.

[21] Si trova uno studio empirico di questa discrepanza e delle sue implicazioni scientifiche in W. Lignier, *Les neurosciences non sociales? À propos du traitement de la socialité dans l'étude expérimentale du cerveau*, in «Actes de la recherche en sciences sociales», CCXL (2021), n. 5, pp. 78-93.

Quando, quel giorno, Siki (o Carpentier) assesta un gancio all'avversario, perché dovremmo immaginare di assistere a due operazioni distinte: una *nella testa*, che consisterebbe nel prendere la decisione di colpire, e l'altra, *sul ring*, con cui si esegue la decisione colpendo[22]? In fondo, ed è questo lo specifico delle azioni convenzionali, non ha nessun senso supporre che ciò che fanno le persone sia radicato in un *voler fare* che hanno in testa nel momento di agire. Sarebbe molto piú realistico riconoscere che *quello che fanno* contiene e si basa su tutta la storia della boxe, la quale organizza, a prescindere dal pugile, il senso di quel gesto e gli effetti su cui l'attore sa di poter contare senza aver bisogno di rifletterci[23].

«Se non ci fosse la tecnica del gioco degli scacchi, – osserva Wittgenstein, – non potrei avere l'intenzione di giocare una partita a scacchi»[24].

[22] Il ragionamento si basa, previa una necessaria trasposizione dall'arena del circo al ring, dal clown al pugile, sulla famosa argomentazione analitica di G. Ryle, *Lo spirito come comportamento*, a cura di F. Rossi-Landi, Einaudi, Torino 1955 [1949], p. 31.

[23] Cosí si rinuncia, inoltre, a quella che Ryle definisce l'«attribuzione di motivi» (il fatto di assegnare all'azione delle «ragioni» che dipenderebbero dall'attore) e alla spiegazione che chiama in causa il «carattere» dell'attore («si vantò perché è vano»: *ibid.*, pp. 87-88). Per una posizione simile e molto calzante, si ricordi Austin, quando osserva che «l'atto dello sposarsi, come dello scommettere, è perlomeno *preferibile* (sebbene non in misura autentica) descriverlo come *pronuncia di certe parole* (per quanto questa non sia ancora una descrizione accurata), piuttosto che come l'esecuzione di un differente, interiore atto spirituale, di cui queste parole sono soltanto il segno esteriore e percepibile. Che effettivamente sia cosí, difficilmente può *provarsi*, ma in ogni caso vorrei asserire che è un fatto» (J. L. Austin, *Quando dire è fare*, trad. di M. Gentile e M. Sbisà, Marietti, Torino 1974 [1962], pp. 55-56).

[24] Wittgenstein, *Ricerche filosofiche* cit., §337, p. 144. Nello stesso senso, troviamo un chiarimento nel testo classico di G. E. M. Anscombe, *Intenzione*, trad. di C. Sagliani, Edizioni Università della Santa Croce, Roma 2004 [1957], §19, p. 73: «Normalmente non ci si chiede se le azioni e i gesti di un uomo siano intenzionali. Spesso è dunque "strano" definirli cosí. Ad esempio, se vedessi un uomo camminare sul marciapiede e poi voltarsi verso la carreggiata, guardare a destra e a sinistra e attraversare quando non c'è pericolo, di solito non direi che ha attraversato la strada intenzionalmente. Ma sarebbe sbagliato dedurre che non si tratta di un esempio tipico di azione intenziona-

Dunque l'intenzione è situata fuori dagli attori: si trova negli usi sui quali si basano. Non vuol dire che quanto fanno non contiene nessuna operazione mentale: vuol dire che tali operazioni si comprendono solo a patto di restituirle alla loro *dimensione sociale*. È tutto qui il senso di una descrizione in primo piano: implica non dare per assodato che ci sia sempre una dose di riflessività in un'azione, pur non volendo dimostrarne l'assenza completa. L'obiettivo da porsi è identificare nell'azione una serie di atti di riflessività, cercando di definirli il piú possibile e di capire come contribuiscono a quanto effettivamente si svolge.

Possiamo «zoomare» su una breve sequenza del combattimento per dare inizio a questo lavoro. La estrapolo dalla prima ripresa. Carpentier domina, basandosi sulla sua boxe abituale, e in quel momento preciso si mette in moto qualcosa – Siki abbandona la posizione di retroguardia che ha adottato finora e lancia un primo attacco, che è anche un microribaltamento del gioco:

Round 1, 1:44-2:08
1:44: *clinch falloso, Carpentier prende la testa di Siki, lo tiene per il braccio impedendogli di boxare;*
1:45: *l'arbitro interviene; separa i pugili passando in mezzo a loro e li riporta al centro del ring;*
1:47: *si riprende; Carpentier avanza, indietreggia, ruota le spalle dando l'impressione di voler sferrare un attacco; lo sferra; veloce diretto di sinistro al viso;*
1:51: *Siki viene colpito; rischia di perdere l'equilibrio, ma ritrova un appoggio; tira i pugni in avanti e poi subisce un potente uppercut, stavolta di destro;*
2:00: *poggia il ginocchio destro a terra per pochi secondi;*
2:01: *intervento dell'arbitro; Siki si rialza e si fa avanti, visibilmente turbato; Carpentier piazza subito una serie di colpi alti, tre ganci in successione e ben assestati, indietreggiando;*

le. Sarebbe peraltro un errore dire: poiché è un esempio tipico di azione intenzionale, consideriamola in sé e cerchiamo di trovare nell'azione, o nell'uomo stesso nel momento in cui agisce, *la* caratteristica che rende l'azione intenzionale».

2:04: *Siki incassa; si copre, abbozza un uppercut che non va a segno; nell'impeto, afferra per una frazione di secondo le braccia di Carpentier; lo allontana con un colpo e tira subito due potenti swing ravvicinati, destro e sinistro, che colpiscono Carpentier in faccia;*
2:08: *nuovo corpo a corpo.*

L'istante che m'interessa è quello al minuto 2:04, cui potremmo certo assegnare molte descrizioni diverse. Una si potrebbe formulare cosí: Siki *si rende conto* di trovarsi in inferiorità; *decide* di dover rompere il dominio di Carpentier e *sceglie* di passare all'attacco ricorrendo *volontariamente* a una particolare combinazione di colpi. Insomma, in quel momento preciso nella mente di Siki sarebbe presente un'*intenzione* (sfilarsi dalla difficoltà, far capire a Carpentier di non essere sul ring solo per subire, imporre il suo gioco ecc.) di cui ciò che compie sarebbe la *realizzazione esterna*. Dobbiamo ammettere che niente concorre a dimostrare questo meccanismo. Che ci sia un ribaltamento del gioco (almeno in questa frazione) è palese. Siki assume un'altra posizione, reindirizza la sua boxe, le imprime maggiore intensità. Quello che fa, però, non necessita di una motivazione, di un'intenzione o addirittura di un processo decisionale. I suoi gesti, oltre a far parte della boxe, appartengono al suo modo di boxare; sono quelli (gli *swing d'incontro*) a cui ricorre quando è messo sotto torchio e vuole ribaltare il gioco. Sulla scorta della sua storia, Siki sa anche che quei colpi gli valgono l'affetto del pubblico e sono investiti di un importante valore simbolico che non è lui a decidere.

Insomma, esistono solide motivazioni per individuare quello che solitamente si cerca nella testa dei pugili in qualcosa di *preesistente*, in una specie di *intenzione istituita* (nella boxe, nell'incontro in questione, nel gioco dell'uno e dell'altro) che s'impone alla mente di ciascuno e fornisce agli attori, perlomeno in determinate circostanze, ciò che è opportuno fare e ciò che possono aspettarsi da quello che avviene. In un saggio importante, per indicare le operazioni mentali preinvestite dal

1:44

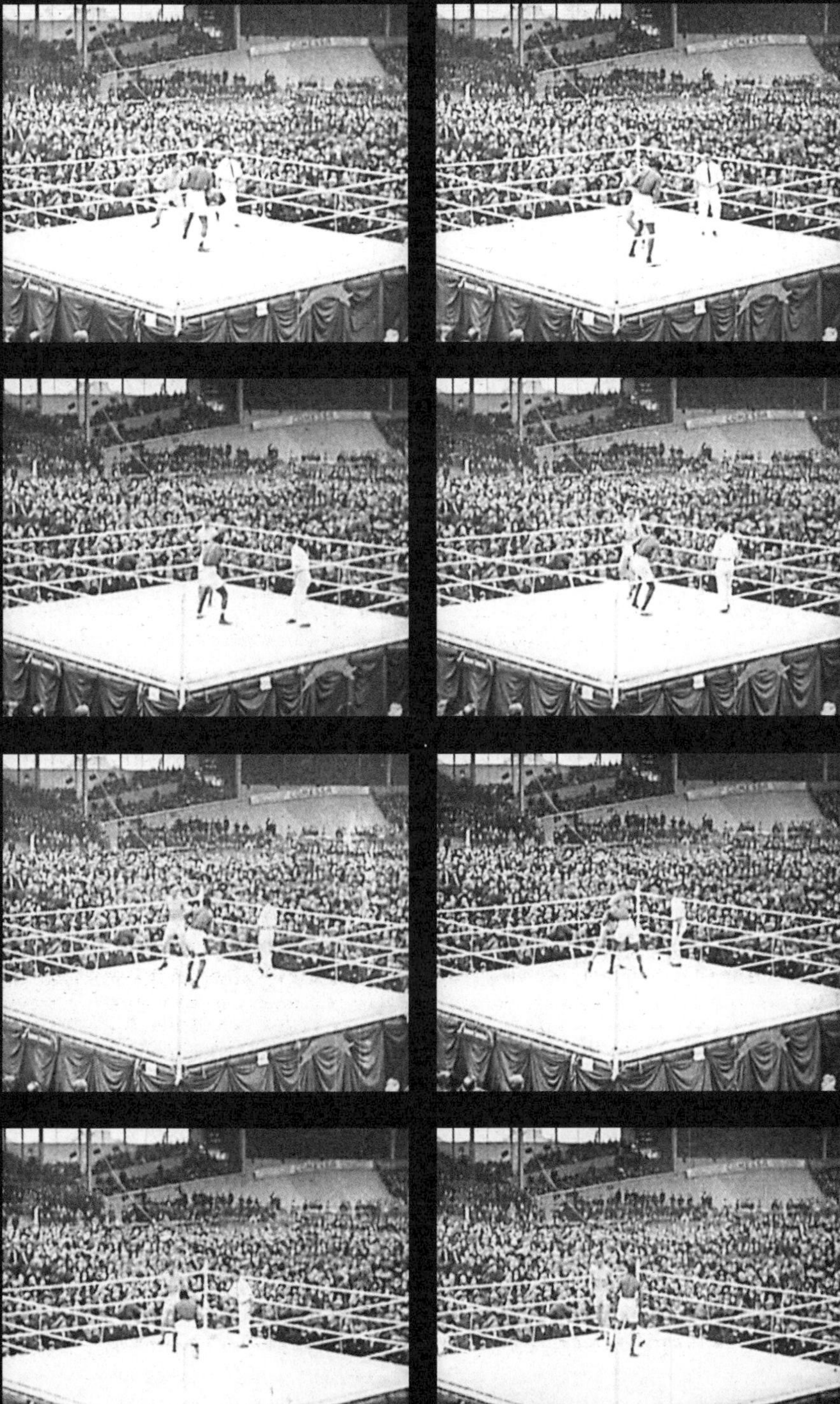

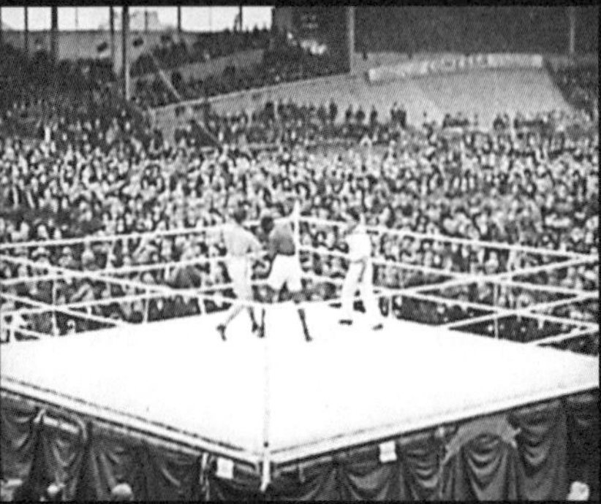
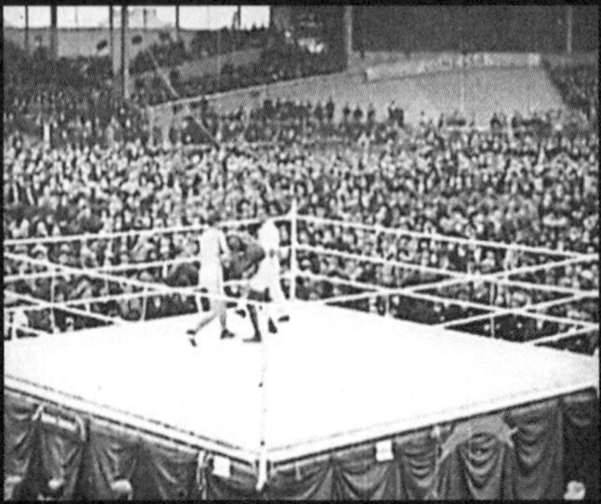
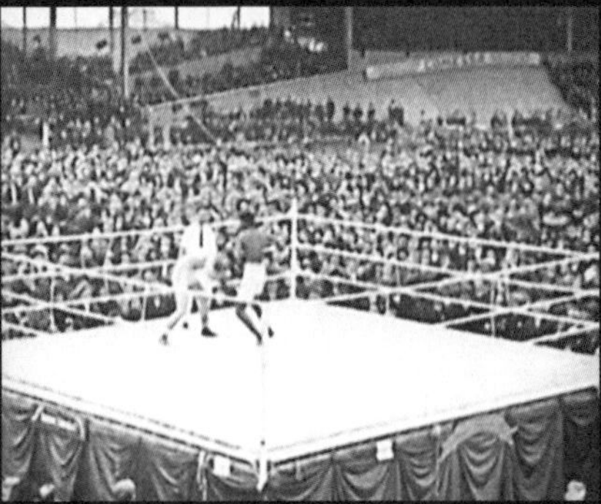
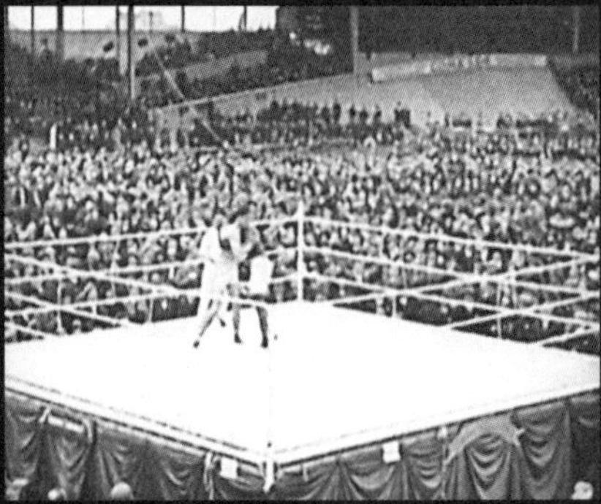
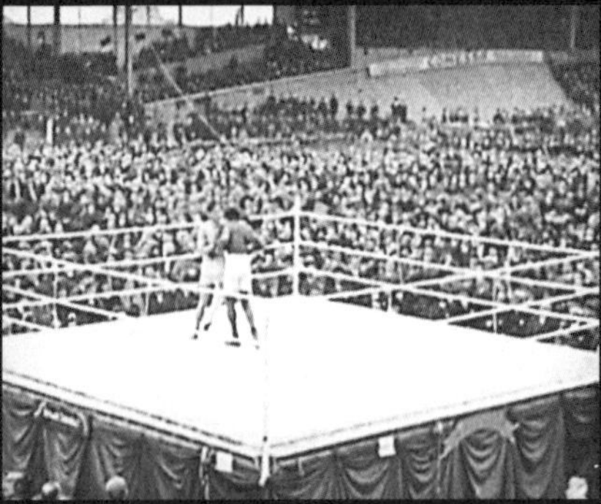

sociale, Vincent Descombes ha coniato la formula di «parte impersonale del mentale»[25]. È la strada che bisogna seguire, anche se c'è ancora un aspetto da precisare. Postulare che Siki e Carpentier non debbano riflettere prima di tirare un colpo non vuol dire che la cosa non avvenga mai; e postulare che, quando lo fanno, i loro atti mentali si presentino come già socializzati, ovvero che i due pugili non li inventino per l'occasione, non basta a descrivere come questi intervengono esattamente nell'azione.

Ragionare sul ring.

Il film del combattimento mostra una serie di microragionamenti incorporati all'azione, o perlomeno momenti di riflessività in atto che vedono l'uno o l'altro pugile colti dal pensiero di che cosa si svolge sul ring. Non è facile dare per scontata l'esistenza di questi atti: non si presentano sotto una forma unitaria, né intervengono in frangenti specifici del gioco. Compongono, piuttosto, un tessuto cognitivo inserito nell'azione, le cui operazioni si adattano allo svolgersi dell'incontro. Alcune consistono in una modalità di valutare il gioco dell'avversario, di osservarlo nei movimenti e di regolare il proprio gioco di conseguenza. Altre derivano da un atteggiamento piú diffuso e si traducono, per esempio, nel sorvegliarsi durante l'azione, nel non esprimere la propria boxe abituale per non offrire appigli all'avversario che saprà ricavarne un vantaggio. Altre ancora, in apparenza piú puntuali, consistono nel fatto di correggere il gioco, ritoccare un movimento, leggere la situazione in modo da continuare ad

[25] Descombes, *Le istituzioni del senso* cit., pp. 107-12, che parla di un «olismo antropologico del mentale». Si vedano anche le discussioni sul tema ad opera di W. Lignier e N. Mariot, *Où trouver les moyens de penser? Une lecture sociologique de la psychologie culturelle*, in B. Ambroise e C. Chauviré (a cura di), *Le mental et le social*, éd. de l'Ehess, Paris 2013, pp. 191-214.

agire o cambiare tattica. Infine, le operazioni piú esplicite assumono la forma di un ritorno riflessivo sullo svolgimento del gioco, quando uno dei pugili giudica nel corso dell'azione che l'altro sta uscendo dal quadro convenzionale della boxe, non solo forzandolo ma semplicemente travalicandolo.

A dire il vero lo storico è male attrezzato per impossessarsi della dimensione mentale delle azioni passate, tanto che normalmente soltanto pochi si prendono la briga di farla comparire in una descrizione. A maggior ragione perché i rischi di sovrainterpretarla sono sempre in agguato. Come per la Colonna traiana – caso per cui Paul Veyne ha dimostrato che il modo piú sbagliato per comprenderla era mettere nella testa degli attori un tentativo d'interpretazione[26] –, abbiamo tutte le possibilità di non cogliere nulla del combattimento se mettiamo nella testa dei pugili un atteggiamento interpretativo estraneo a ciò che fanno. Dobbiamo quindi procedere con cautela[27].

Possiamo dapprima accostarci a quei momenti molto particolari dell'incontro costituiti dai tempi di osservazione in vista dell'azione. Lo scambio pare dissolversi in una successione di tempi vuoti in cui i pugili sospendono il movimento per studiare con lo sguardo la posizione dell'avversario. Manifestano un'attenzione particolare, moltiplicano le occhiate, arretrano, aspettano che l'altro si lanci per determinare la propria azione. Questi momenti non si trovano in tutte le riprese. Intervengono quando il gioco si inverte, quando la

[26] P. Veyne, *Conduites sans croyance et œuvres d'art sans spectateurs*, in «Diogène», 1988, n. 143, pp. 3-22, e Id., *Propagande expression roi, image idole oracle*, in «L'Homme», XXX (1990), n. 114, pp. 7-26 – *contra* S. Settis, *La colonne Trajane: invention, composition, disposition*, in «Annales. Économies, Sociétés, Civilisations», XL (1985), n. 5, pp. 1151-94.

[27] Dico che *lo storico è male attrezzato*, ma lo stesso discorso vale anche per l'etnografo che si avventura nel territorio della cognizione. Si veda a questo proposito la riflessione (nello specifico, sulle aspettative necessariamente deluse degli specialisti di scienze cognitive verso le descrizioni etnografiche sul campo) di M. Bloch, *Cognition and Ethnography*, in Id., *How We Think They Think* cit., pp. 39-53.

linea pugilistica imposta dall'uno viene respinta dall'altro, e si apre cosí una fase di *rivalutazione dell'azione*.

Ne troviamo traccia in una scena come questa:

Round 1, 2:23-2:36

2:23: *centro del ring; i pugili sono faccia a faccia,* ***si osservano****; Carpentier ondeggia, gamba sinistra davanti, provoca l'avversario e finge di tirare un diretto,* ***tenendo d'occhio*** *le reazioni di Siki;*

2:23: [nel frattempo] *Siki* ***fa lo stesso****; accucciato, il busto leggermente indietro,* ***risponde alle finte*** *di Carpentier, fa mulinare le braccia, visibilmente* ***all'erta****;* ***indietreggia e osserva****;*

[passano due secondi]

2:26: *Carpentier si fa avanti e tira un gancio, appena appoggiato, dopodiché riprende posizione; Siki incassa,* ***si allontana e si rimette a osservare****;*

[un altro secondo]

2:31: *Siki avanza, grintoso; sta curvo, il busto piegato a sinistra e quasi orizzontale;* ***battuta d'arresto****; da quella posizione tira un uppercut floscio; Carpentier lo* ***tiene a distanza****, porta un gancio e* ***lo osserva****, con il braccio teso poggiato sulla sua testa;* ***ricomincia l'attesa****;*

[ancora un secondo]

2:33: *Siki si libera la testa, torce il busto e assesta uno swing lungo di destro, seguito di rimbalzo da uno piú corto di sinistro, che colpisce il bicipite dell'avversario; Carpentier* ***si è preparato****, il primo swing va a segno e subito, ancor prima del secondo, porta un gancio che Siki schiva tuffandosi all'indietro;*

2:35: *Carpentier* ***spezza il movimento****; lo vediamo* ***osservare la posizione*** *di Siki;* ***individua un'apertura*** *e carica un uppercut che colpisce Siki al viso;*

2:36: *Siki* ***si allontana*** *e i pugili riprendono posizione,* ***osservando*** *i reciproci movimenti.*

Di questi micro-momenti di riflessività non bisogna certo stupirsi. Siki e Carpentier, agendo l'uno contro l'altro, devono sorvegliare il gioco dell'avversario per regolarsi al meglio. *Interagire* significa compiere un'azione tenendo conto dell'agire altrui. Da questo punto di vista la boxe non è diversa dagli scacchi o dallo spionaggio: fa parte di quelle «interazioni strategiche» in cui l'azione si accompagna sempre

2:23

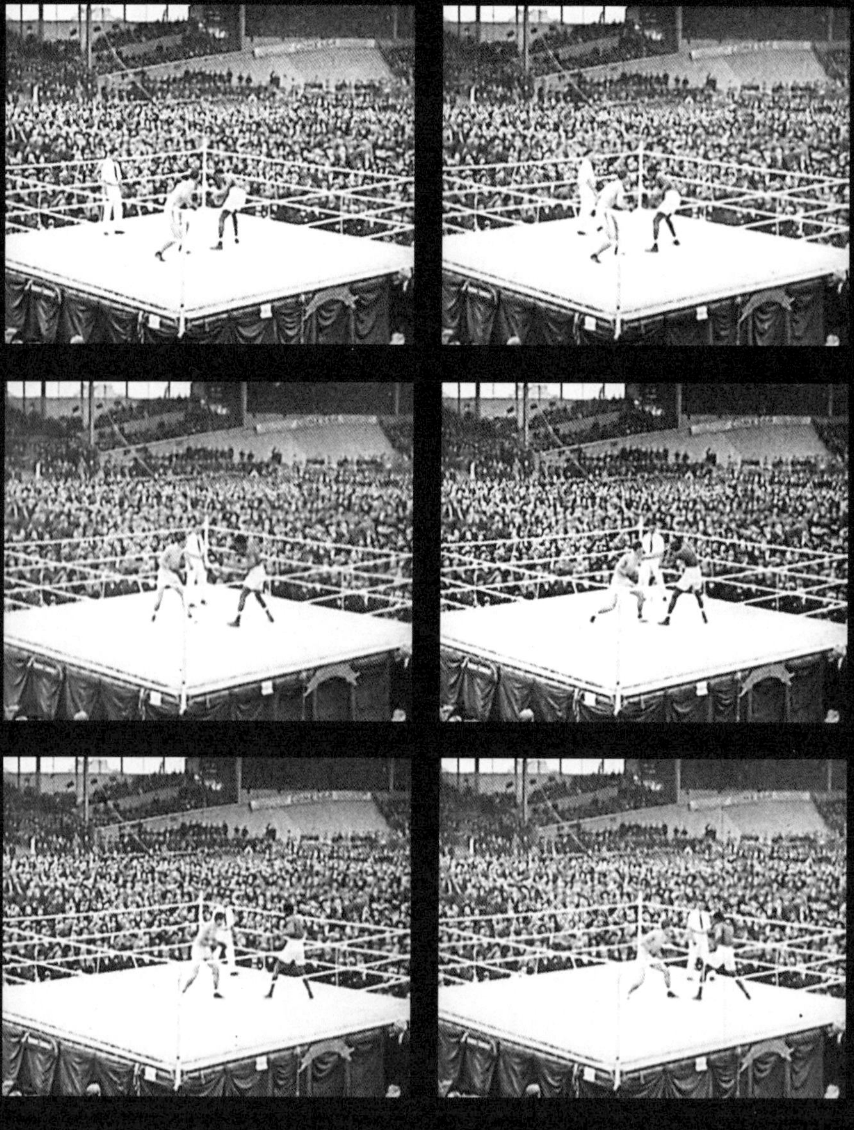

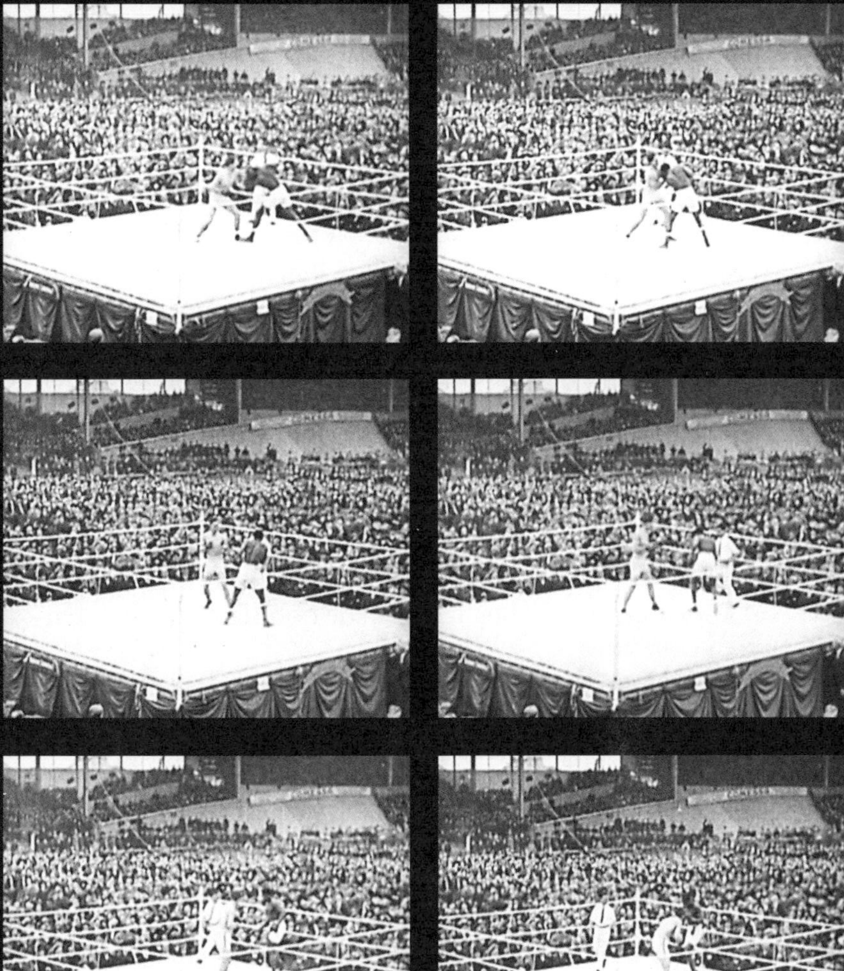

a una sorveglianza riflessiva. Pertanto, come dice Goffman, presenta la forma di un «ciclo potenzialmente infinito di due giocatori che prendono in considerazione la loro considerazione della considerazione dell'altro e cosí via»[28]. Dunque: per agire hanno bisogno di guardare l'altro agire. Da questo punto di vista, diciamo senz'altro una cosa vera affermando che «la capacità del pugile di pensare e ragionare sul ring è diventata una facoltà del suo intero organismo», anche se non è abbastanza[29]. Che sul ring sia *necessario* un ragionamento per adattare il proprio modo di boxare ai vincoli e alle occasioni che l'azione fa nascere non consente di presumere con tanta facilità che cosa sia questo ragionamento. Come fanno esattamente i pugili a determinare quello che cerca di fare l'avversario, o quello che lui stesso è nella posizione di fare? Nella spiegazione c'è una lacuna, che dobbiamo almeno tentare di colmare.

L'occasione ce la dà la scena precedente. Vediamo Siki e Carpentier osservare il gioco dell'altro, certo, ma li vediamo anche giocare d'astuzia, fingere, accennare un gesto, interromperlo, provocare l'avversario, spingerlo ad agire, in sintesi cercare segni comportamentali in base ai quali indirizzare o correggere subito l'azione. Non basta sostenere che hanno imparato a farlo. Il problema che c'interessa è capire di quale tipo di riflessività stiamo parlando.

Una parte delle scienze cognitive ci ha provato, in primo luogo a partire dalla nozione di *cognizione situata*[30]. Vale la pena soffermarsi su questo aspetto, se non altro per esplorare nuove

[28] E. Goffman, *L'interazione strategica*, trad. di D. Cabrini e V. Mortara, il Mulino, Bologna 2009 [1969], p. 166.

[29] La formula si deve a Wacquant, *Anima e corpo* cit., p. 90.

[30] Sul tema, si vedano i testi riuniti in Ph. Robbins e M. Aydede (a cura di), *The Cambridge Handbook of Situated Cognition*, Cambridge University Press, Cambridge 2008, oltre a R. N. Giere e B. Moffatt, *Distributed Cognition: Where the Cognitive and the Social Merge*, in «Social Studies of Science», XXXIII (2003), n. 2, pp. 301-10; si veda anche F. Laville, *La cognition située. Une nouvelle approche de la rationalité limitée*, in «Revue économique», LI (2000), n. 6, pp. 1301-31.

piste. Possiamo riassumerlo dicendo che solo di rado un'azione dipende *interamente* dal soggetto. Essa si colloca in ambienti – di tipo sociale, naturale o materiale – che intervengono orientando ciò che il soggetto compie. Non potremmo mai capire come si fa una divisione, o ancora come si governa una tavola da surf, se non assegniamo un posto al foglio e alla matita (oppure alla tavola) «appunto perché il procedimento cognitivo coinvolto nella divisione, – come osserva Gibbs, – [o nel fare surf] è in parte scaricato in questo ambiente»[31]. In un senso leggermente diverso, gli specialisti di scienze cognitive hanno messo in campo ancora un altro elemento. Per agire, gli attori non si basano solo sulle proprie intenzioni (se cosí vogliamo chiamarle): si regolano anche in funzione delle intenzioni che attribuiscono a chi è coinvolto. Quando attraverso la strada, spiega Berthoz, adotto il punto di vista dell'automobilista per capire se ha intenzione, o meno, di lasciarmi passare[32].

Lo spostamento è interessante, e se mi soffermo è perché indica una strada che bisogna prendere in considerazione, anche se in realtà comporta un procedimento diverso. Gli studi in oggetto sostengono che non si svolge tutto nella mente di un individuo e che è necessario reinserire una parte di mondo nella vita intellettiva[33]. Il problema, naturalmente,

[31] R. Gibbs, *Intentions as Emergent Products of Social Interactions*, in B. F. Malle, L. J. Moses e D. A. Baldwin (a cura di), *Intentions and Intentionality. Foundations of Social Cognition*, The MIT Press, Cambridge (Mass.) 2001, pp. 105-22. Nello stesso senso, oltre al tentativo di Mark Rowlands di fondare un «esternalismo» della cognizione (*Externalism. Putting Mind and World Back Together Again*, McGill - Queen's University Press, Montreal 2003), si veda la discussione dettagliata di F. Adams e K. Aizawa, *Why the Mind Is still in the Head*, in Robbins e Aydede (a cura di), *The Cambridge Handbook of Situated Cognition* cit., pp. 78-95.

[32] A. Berthoz, *La vicarianza. Il nostro cervello creatore di mondi*, trad. di S. Ferraresi, Codice, Torino 2015 [2013], p. 65; in un senso leggermente diverso, si veda anche D. A. Baldwin e J. A. Baird, *Discerning Intentions in Dynamic Human Action*, in «Trends in Cognitive Sciences», V (2001), n. 4, pp. 171-78.

[33] Sul *perspective-taking* si vedano A. Duranti, *Further Reflections on Reading Other Minds*, in «Anthropological Quarterly», LXXXI (2008), n. 2, pp. 483-94, e di recente C. Chamois, *Le perspectivisme est-il une «théorie de l'esprit locale»?*, in «L'Homme», CCXXXVIII (2021), n. 2, pp. 35-62.

sta nel come farlo. Nel caso specifico, è necessario affermare che per agire teniamo conto delle intenzioni altrui. Ma, lo ripetiamo, il meccanismo non si deve situare *nella mente*. Non è la capacità di pensare come un altro a far sí che un'azione altrui determini da parte mia una risposta fattuale alle sue intenzioni: sono gli usi convenzionali che vigono là dove si svolge l'azione. Tenere conto dei segni di irritazione o imbarazzo dell'avversario durante una partita a scacchi, «leggere i suoi pensieri» e mascherare i propri non vuol dire interpretare indizi in vista del gioco: vuol dire per l'appunto giocare a scacchi[34]. O, meglio: le operazioni mentali cui un attore va incontro durante un'azione non sono associate alla sua persona, non è lui a doverne decidere o a investirle di un'intenzione (per quanto sia lui a detenerne l'uso), ma dipendono da un pensiero impersonale che, allo stesso modo in cui muoviamo il braccio per spostare l'alfiere, è inscritto nell'esistenza stessa della partita.

Sul ring avviene la stessa cosa[35]. Certo, l'azione sembra dipendere meno dalla riflessività degli attori. Fatto sta che Siki e Carpentier si studiano, tentano di anticipare l'altro, si sorvegliano in modo costante, anche solo con un'occhiata, misurano la reattività dell'avversario e traggono dal suo gioco indicazioni per adattare il proprio. La diffidenza di cui è imbevuta la boxe di Siki, la vigilanza marcata, o meglio ancora l'*allerta percettiva* in cui è immerso, rendono visibili nel film i momenti di riflessività incorporati all'agire. La riflessività

[34] Desjarlais parla a questo proposito di *agonic empathy*: Desjarlais, *Counterplay* cit., pp. 66-70. Si vedano anche le analisi sulla «dissimulazione» nel gioco a carte (e nel biliardo) da parte di Erving Goffman.

[35] Per restare nell'ambito delle pratiche sportive – poiché di solito (a causa della storia inscritta nello sport) si presume che abbiano a che fare piú con le qualità fisiche che con le competenze cognitive – si vedano le analisi di «sorveglianza reciproca» dei corridori, del modo (socialmente acquisito e strutturato) di simulare il benessere e dissimulare la stanchezza o lo sforzo, in M. Schotté, *Les possibles corporels: support biologique, déterminations sociales*, in «Revue européenne des sciences sociales», LIV (2016), n. 1, pp. 201-20.

ricorre in altri momenti, quando il modo di boxare del senegalese è colto in fallo; e si ritrova anche, in forme diverse, negli atti di Carpentier. A osservare piú da vicino gli scambi, sorprende quanto questo tipo di dettagli sfugga facilmente all'analisi. E devo ammettere che, rileggendo adesso i miei appunti, in un primo momento non ho saputo cosa farmene di questi frammenti dell'azione. Quando non li ho direttamente ignorati, li ho classificati come momenti in cui si prendeva fiato, intervalli, situazioni fortuite che quadravano male con il resto. «Passa un istante», «uno dei due si prepara a», «cambia idea», «aspetta», «osserva» ecc. Ho dovuto tornarci per capire cosa sottende il modo particolare in cui un pugile fa un passo indietro *nel* gioco e *rispetto al* gioco, mantiene la distanza, viene sorpreso da un colpo, si prende una pausa, ritarda, sospende un attacco dopo averlo sferrato, manca il colpo, si riprende come può ecc.

Round 1, 1:34-1:41
1:34: [dopo un attacco? ad opera di Carpentier] *i pugili guadagnano distanza; osservano entrambi per un momento il gioco dell'altro; Siki sta al centro del ring, avanza piano, un passo alla volta, tenendo il sinistro davanti; guardia alta; camminando, muove i pugni davanti a sé come per piazzare un colpo; Carpentier* ***lo osserva con attenzione****; si ritira nell'angolo destro man mano che Siki avanza;* ***studia il suo gioco****; sembra che provi ad anticipare i colpi;*
1:36: *si osservano ancora; vediamo Carpentier* ***accordarsi al ritmo*** *di Siki, attento ai suoi movimenti; continuando a indietreggiare,* ***sta in attesa del colpo*** *che si annuncia; tiene la guardia bassa; lo vediamo* ***fraintendere i segnali, aspettare ancora e ritirarsi con uno scatto piú deciso****;*
1:38: *Siki fa un passo piú lungo, si tuffa letteralmente in avanti; Carpentier lo blocca, con la schiena alle corde; scarta leggermente e gli assesta un colpo veloce al fianco;*
1:40: *Siki si raddrizza; tira uno swing di sinistro che colpisce Carpentier sulla testa; Carpentier* ***è frastornato, visibilmente sorpreso*** *dal colpo, ma si ricompone; butta la testa all'indietro, guadagna spazio e* ***lancia un'occhiata rapida per identificare la reazione e il colpo successivo*** *di Siki, dopodiché,* ***continuando a osservarlo****, fa uno scatto con la testa, da destra a sinistra,* ***per schivare l'eventuale gesto che alla fine non arriva****;*

1:41: *Siki si fa di nuovo avanti; Carpentier lo prende per il torso e lo immobilizza in un clinch.*

Round 1, 2:07-2:21

2:07: *corpo a corpo al centro del ring; l'arbitro separa i pugili; Siki avanza, con la guardia alta; Carpentier indietreggia,* ***segue il suo ritmo e tiene d'occhio il colpo che sta per partire****;*

2:11: *Siki prosegue, porta avanti le spalle e* ***finge di piazzare*** *un diretto, a destra e poi subito a sinistra; Carpentier* ***osserva****; va indietro, con i piedi ben piantati a terra, e* ***a sua volta finge di sferrare un attacco, osserva la reazione*** *di Siki; lo respinge col braccio sinistro e* ***guadagna terreno****;*

2:14: *Siki avanza nuovamente; Carpentier continua a osservarlo e arretra di colpo davanti all'assalto di Siki;* ***ne segue il gesto con lo sguardo, si accorda al movimento*** *e* ***schiva agilmente il corpo*** *di Siki;*

2:18: *Carpentier va al centro del ring; i pugili camminano a lunghe falcate;* ***girano sul ring senza smettere di guardarsi****;*

2:21: *a distanza* ***si rilassano****, dopodiché tornano faccia a faccia; Carpentier riprende l'iniziativa;* ***finge di preparare*** *un colpo;* ***dondola le spalle per misurare la reazione*** *di Siki e fare in modo che si scopra; Siki lo osserva;* ***butta il busto all'indietro e osserva con attenzione****.*

Round 1, 3:30-3:38

3:30: *lungo corpo a corpo; l'arbitro separa i pugili; Siki avanza;* ***fissa*** *Carpentier; saltella;* ***abbassa i pugni****;* ***li rialza****;* ***confonde il gioco****, scatta con il corpo in avanti e* ***fa finta di tirare un colpo****, cambiando continuamente appoggio; Carpentier arretra; segue il suo ritmo e* ***allontana la testa all'indietro*** *quando Siki si fa avanti con la sua;* ***osserva e allunga la distanza*** *per guadagnare terreno;*

3:33: *Carpentier continua ad arretrare;* ***cerca di bloccare l'avanzata*** *di Siki; si sposta di grossomodo un metro a sinistra, poi va subito a destra; Siki incalza saltellando ancora, testa indietro,* ***pronto a*** *tirare uno swing;*

3:35: *Carpentier* ***lo osserva****;* ***aspetta****; arretra girando e arriva in un altro punto del ring; tiene la distanza* ***con lo sguardo fisso su Siki****;*

3:38: *Carpentier rompe di nuovo il gioco di Siki; avanza su di lui e* ***finge di sferrare*** *un attacco.*

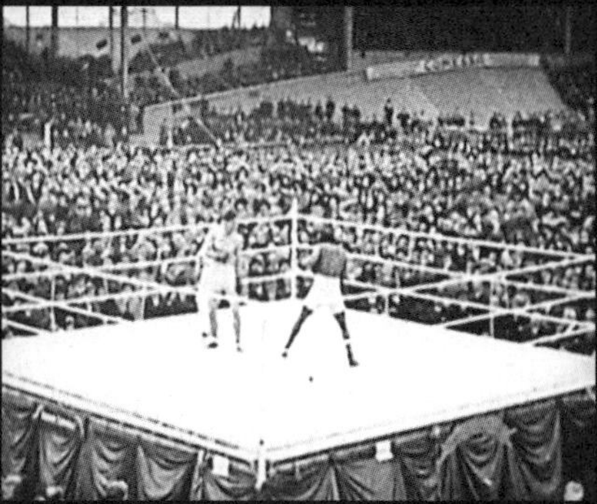
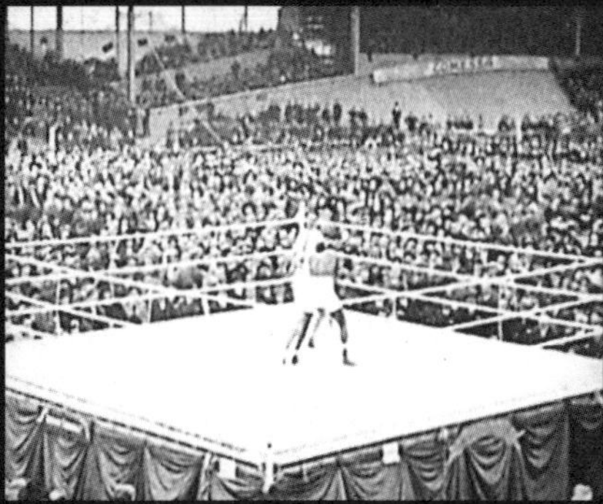

1:34

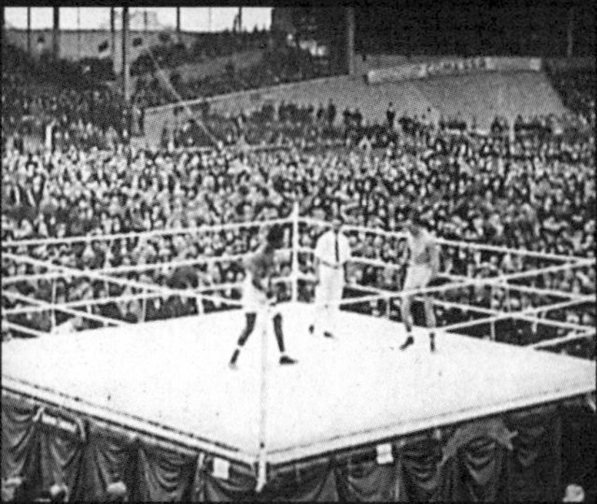
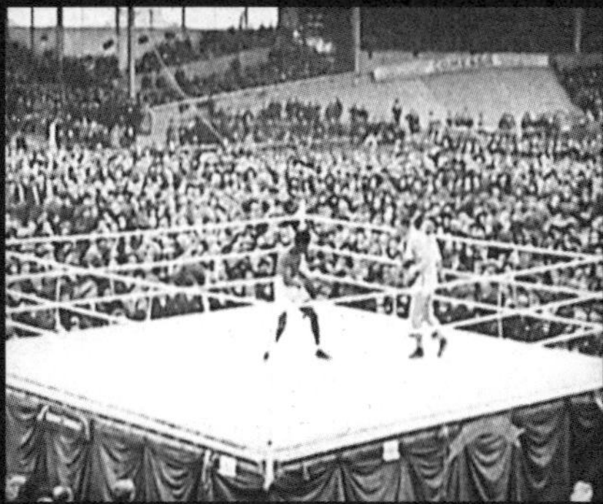
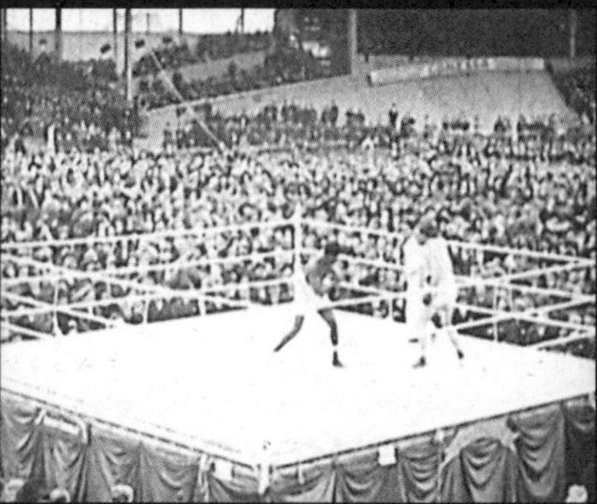
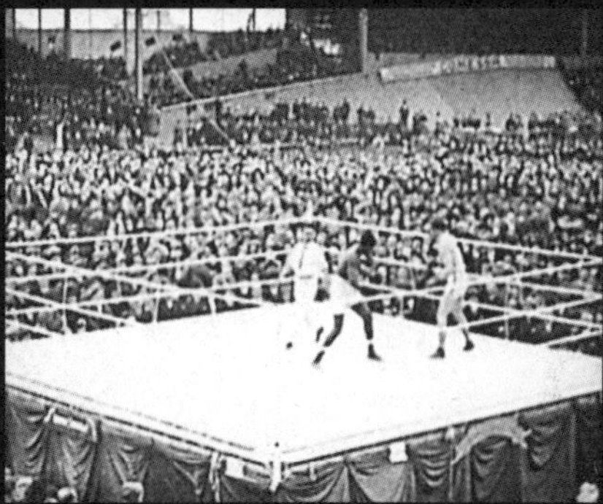
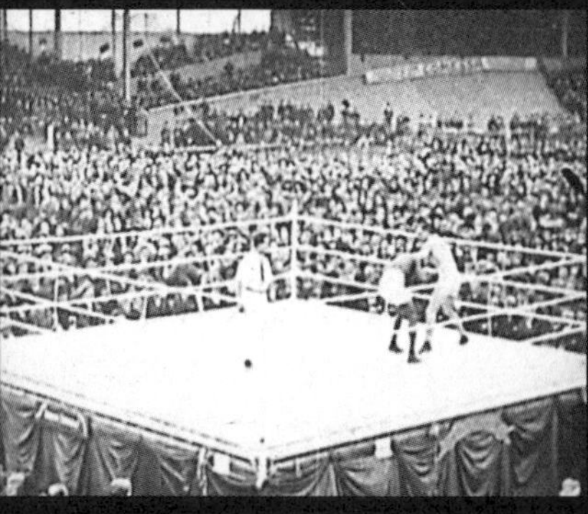
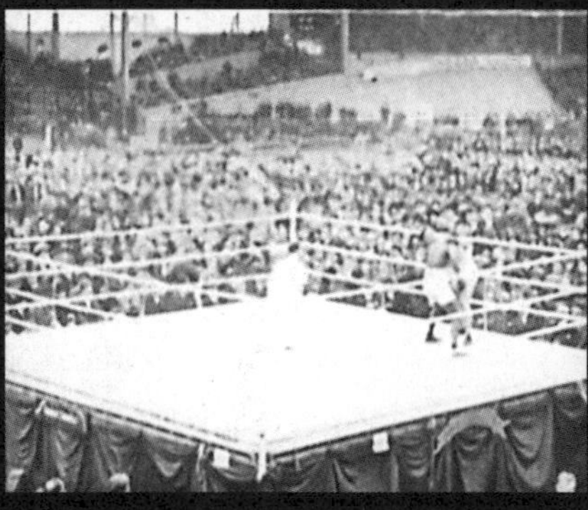

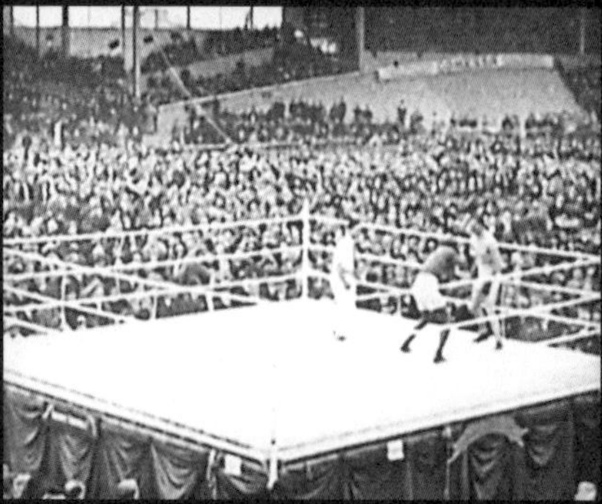
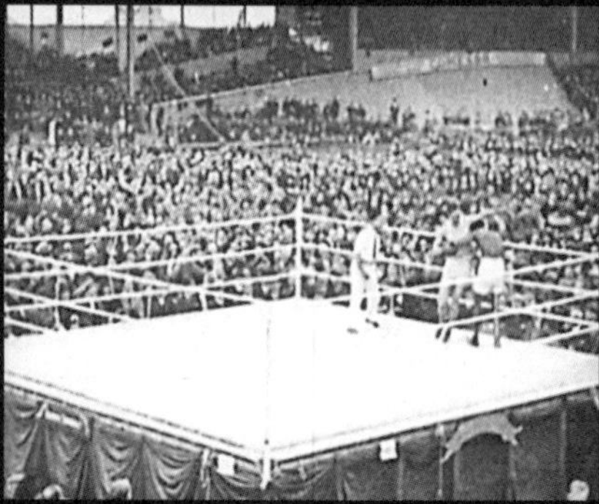
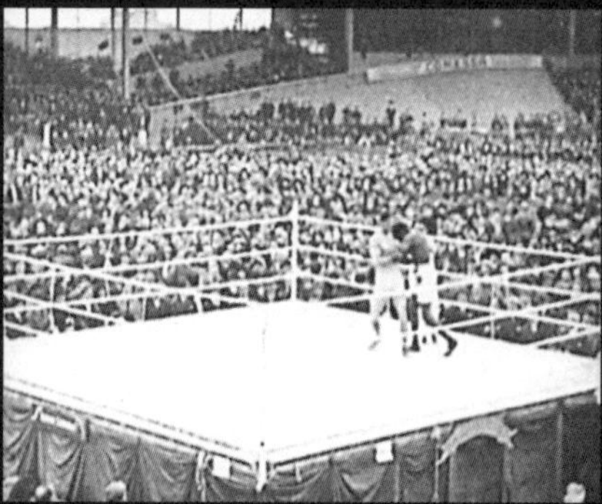

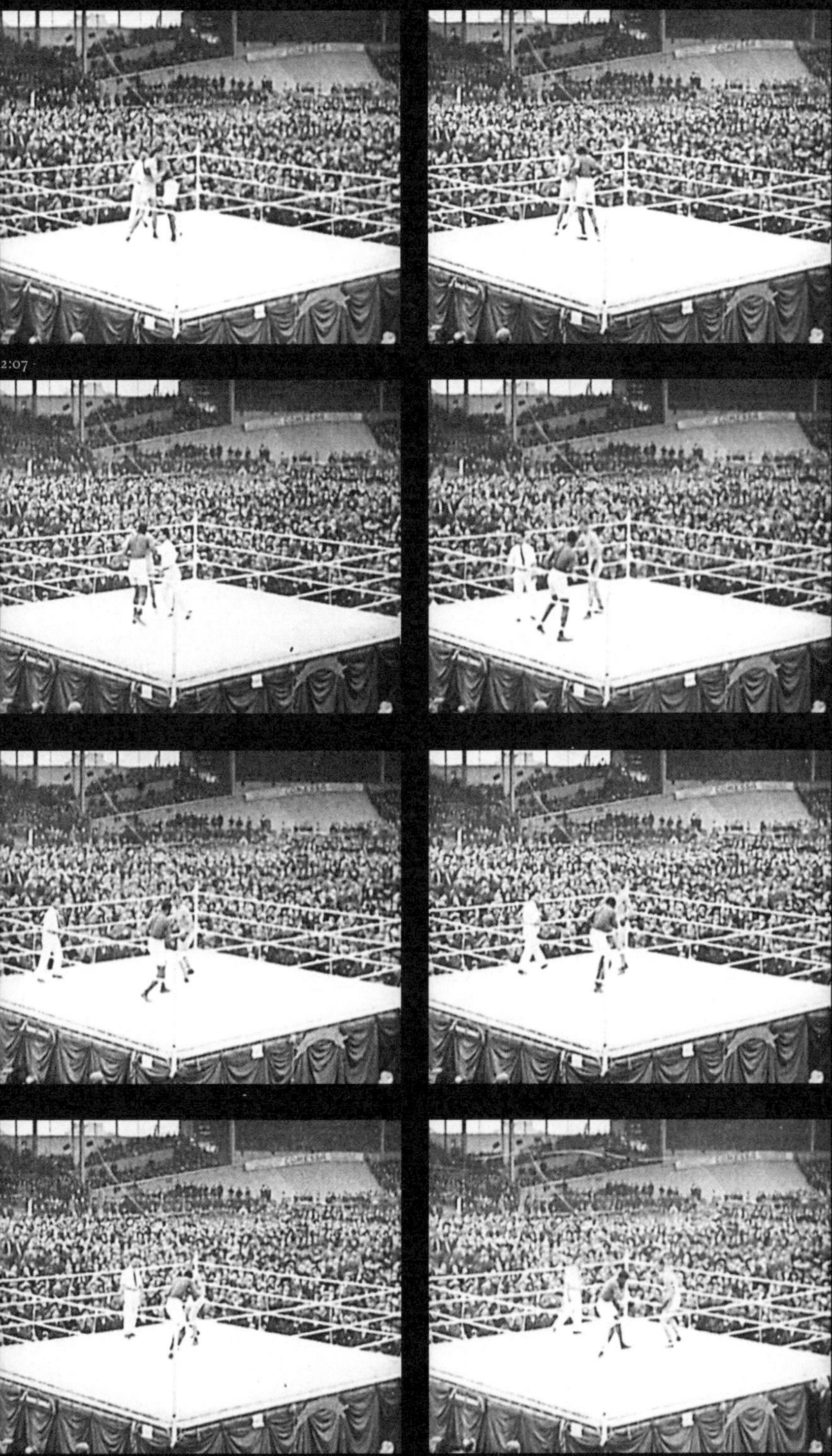
2:07

3:30

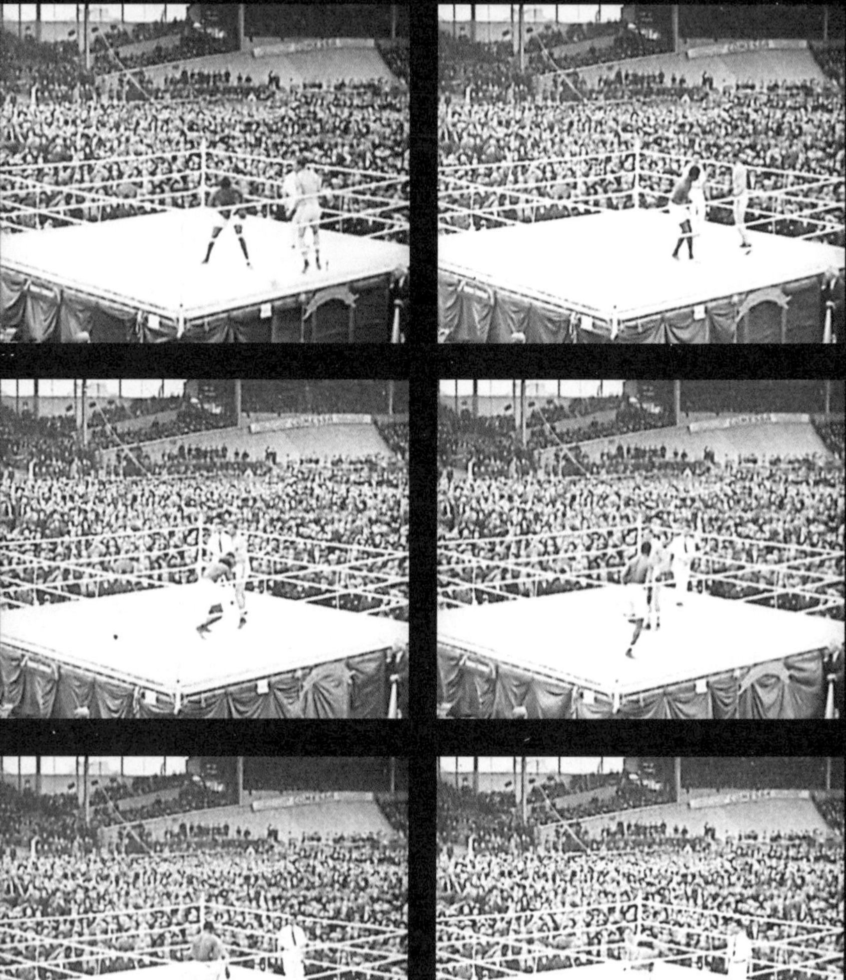

In questi brevi istanti sembra che non accada niente. Sono lenti, piuttosto monotoni. A volerli descrivere, però, si può concludere che non sono il dettaglio, il residuo o un corollario superfluo dell'azione: *senza, l'azione non sussiste*[36]. Certamente non hanno la stessa frequenza nel corso di tutto il combattimento, ma non sono mai assenti. In realtà, consentono di inserire nella descrizione un aspetto fondamentale: i pugili non sono costantemente assorti in ciò che fanno. Il loro coinvolgimento oscilla; la boxe di cui hanno profonda conoscenza è attraversata da attimi ambivalenti di disimpegno, disattenzione, oppure da ostacoli che li obbligano, per poter continuare, a reinserirsi nel gioco, a riprenderlo o a reindirizzarlo. Da quanto avviene in questi istanti bisogna ricavare un senso. Per accostarci alle operazioni attraverso le quali i pugili reindirizzano il gioco, possiamo parlare di *appigli riflessivi*: sono *inseriti nell'azione*; permettono agli attori di passare da un *frame* a un altro, di sospendere un attacco o di optare per un'altra mossa[37].

Da questa prospettiva non possiamo che riconoscere la presenza di una *dimensione mentale*, che non va ignorata se vogliamo dire fino in fondo che cos'è l'azione di nostro interesse. Prendendola in esame, è possibile comprendere come si realizza questa dimensione: se ammettiamo che gli attori, quando agiscono, non stanno semplicemente seguendo un copione scritto, allora come fanno a regolare i loro atti in base alla situazione, come adattano il modo di fare con cui hanno familiarità a ciò che avviene?

[36] Per indicare questi «dettagli» dell'agire, Piette parla di «modo minore» dell'azione e sostiene la necessità di non accodarsi a chi ne decreta la *non*-pertinenza in ciò che avviene: si veda Piette, *Ethnographie de l'action* cit., pp. 130-144 e 231-35.

[37] La nozione di *frame* (e quindi quella di *framework*) è ovviamente desunta dalle riflessioni di Goffman, *Frame Analysis* cit.

Non interpreto.

Arrivati fin qui, possiamo cogliere meglio tutta la differenza tra questo approccio e la prospettiva adottata dalle scienze cognitive, che in un'azione vedono semplicemente una serie di processi cognitivi intesi come una risorsa naturale sempre all'opera, a prescindere sia dall'attore sia dall'azione. Si dimentica cosí non solo che gli atti mentali intervengono esclusivamente in precisi istanti dell'azione (per esempio, tutte le volte che un pugile è contrastato nello svolgimento della sua boxe)[38], ma soprattutto che non dipendono necessariamente da un meccanismo personale o interiore cui farebbero appello gli attori stessi. Dobbiamo ammettere invece che la soluzione data a un problema in atto è inscritta *nell'azione stessa*. Gli attori non stanno riflettendo sul combattimento (come succederebbe per raccontare com'è andato): fanno precisamente quello che si fa quando si tira di boxe.

Parlare di atti mentali vuol dire restare ancora troppo sul vago. Valutare, giudicare, concepire, percepire, inferire, dedurre, interpretare, identificare, anticipare: sono tutte cose presenti nel combattimento, cosí come possono esserlo nello stabilire una diagnosi medica, nel cuocere un'omelette, nel guidare una bicicletta per le strade di Parigi[39]. L'importante è affinare la concezione che abbiamo di tutti questi elementi.

[38] L'espressione piú compiuta di quest'atteggiamento si trova nei lavori che procedono allo studio comparato delle facoltà cognitive di umani e primati, per esempio in quello dei neurobiologi: K. Kessler, L. Cao, K. J. O'Shea e H. Wang, *A Cross-Culture, Cross-Gender Comparison of Perspective Taking Mechanisms*, in «Proceedings of the Royal Society B: Biological Sciences», CCLXXXI (2014), n. 1785, online. Per una critica di questa universalizzazione indebita, anche se non sottrae la questione alla prospettiva interpersonale degli atti cognitivi, si veda B. F. Malle, *How the Mind Explains Behavior. Folk Explanations, Meaning, and Social Interaction*, The MIT Press, Cambridge (Mass.) 2004.

[39] Sulla categorizzazione degli «atti mentali» si veda lo studio classico di P. Geach, *Mental Acts. Their Content and Their Objects*, Routledge & Kegan Paul, London 1971 [1954], e le considerazioni sull'«olismo del mentale» che ne trae Descombes, *Le istituzioni del senso* cit., pp. 107-10.

Pur correndo il rischio di rallentare il nostro cammino, vale la pena soffermarsi su una discussione che ha già un buon numero di anni. In uno dei frammenti che compongono la sua *Grammatica filosofica*, Wittgenstein inserisce questa osservazione radicale che resta ancora oggi calzante:

> Se mi si chiede «Che ora è?», in me non ha luogo nessun lavoro d'interpretazione, semplicemente reagisco a quel che vedo e odo. Se uno mi sguaina un coltello in faccia non gli dico: «L'interpreto come una minaccia»[40].

Il capovolgimento è completo. Anziché attribuire alle persone – quando ci troviamo nella condizione di dire che cosa fanno – processi interpretativi, calcoli, valutazioni, in una sola parola deliberazioni interiori, dovremmo ammettere che il piú delle volte non ne hanno bisogno, e ne fanno benissimo a meno. Se a monte esiste un atto mentale, se è necessario che, vedendo il coltello, si regoli di conseguenza il proprio comportamento, questo atto non è un'interpretazione attraverso cui prendere successivamente la decisione di agire. Cosí, non c'è motivo di immaginare che Siki e Carpentier, quando sono sul ring, vadano incontro a una decodificazione dei segni manifestati dall'altro per decidere che cos'è meglio fare: semplicemente, reagiscono a ciò che vedono.

Per chiarire i risvolti di questo tipo di operazione, troviamo in un saggio, anch'esso leggermente datato, una risposta che merita di essere segnalata. È un testo di Geertz che pone il famoso problema dell'occhiolino. Davanti a una persona che fa l'occhiolino, come faccio a sapere se è un tic involontario o «un segnale d'intesa rivolto a un amico»[41]?

[40] Wittgenstein, *Grammatica filosofica* cit., §9, p. 13. Da notare che, in modo abbastanza curioso, i fautori della «cognizione situata» schierano Wittgenstein tra le fila dei loro precursori, senza considerare il fatto che il *realismo* del filosofo si estende alla critica delle categorie psicologiche.

[41] Tralascio naturalmente l'occhiolino che ha intenzioni parodiche, ad esempio di enfasi o ironia. C. Geertz, *Interpretazione di culture*, trad. di E. Bona, il Mulino, Bologna 2007 [1973], pp. 24-25 (è noto che Geertz trae il sagace esempio, con i cambia-

Risposta di Geertz: conosco la differenza perché ho acquisito la cultura in cui quel gesto vuol dire una determinata cosa; so di cosa è segno e in quali circostanze lo è. Per quanto la pista sia buona, il punto d'arrivo non è soddisfacente. Illustrare l'interpretazione di quel gesto attraverso la cultura in cui si manifesta vuol dire presupporre l'esistenza di situazioni in cui gli attori devono stabilire *il senso di un occhiolino*. Cosí si isola indebitamente un atto interpretativo, il cui uso acquisito risparmia appunto, a chi ne conosce il senso, di rendere il gesto oggetto di una simile speculazione. Non interpreto un occhiolino, perché nella situazione che conosco bene tutto mi induce a dargli un posto adatto in ciò che si svolge[42].

Potremmo dire che, come nella situazione di Siki e Carpentier sul ring, ci troviamo di fronte a un *mentale istituito*. Certamente agisce un ragionamento, ma si tratta di un ragionamento in atto di cui gli attori hanno appreso l'uso da tempo e per realizzare il quale si affidano non tanto a una

menti necessari per la sua interpretazione culturalista, da G. Ryle, *Collected Papers*, II: *Collected Essays 1929-1968*, Hutchinson, London 1971). Ecco cosa scrive Geertz: «Considerate due ragazzi che contraggono rapidamente la palpebra dell'occhio destro. Nel primo caso, questo è un tic involontario; nell'altro, un segnale di intesa a un amico. I due movimenti sono come tali identici: un'osservazione di tipo meramente «fotografico», «fenomenico», non è sufficiente per distinguere un tic da un ammiccamento, e neanche per valutare se entrambi o uno dei due siano tic o ammiccamenti. Tuttavia la differenza tra un tic e un ammiccamento, per quanto non fotografabile, è grande, come sa chiunque sia abbastanza sfortunato da aver scambiato l'uno per l'altro. Chi ammicca sta comunicando, e in un modo molto preciso e particolare: *a*) intenzionalmente, *b*) con qualcuno in particolare, *c*) per trasmettere un particolare messaggio, *d*) secondo un codice socialmente stabilito e *e*) senza che il resto dei presenti lo sappia. Come fa notare Ryle, non è che chi ammicca ha fatto due cose, contratto le palpebre e ammiccato, mentre chi ha un tic ne ha fatto solo una, ha contratto le palpebre. Contrarre le palpebre apposta quando esiste un codice pubblico per cui farlo equivale a un segnale d'intesa, è ammiccare. Vi è qui tutto questo: un briciolo di comportamento, un granello di cultura e – *voilà* – un gesto».

[42] Seguo J. Bazin, *Questions de sens* [1998], poi in Id., *Des clous dans la Joconde* cit., pp. 435-63, qui alle pp. 450-51. Si vedano anche le riflessioni concordi di N. Mariot, *Qu'est-ce qu'un «enthousiasme civique»? Sur l'historiographie des fêtes politiques en France après 1789*, in «Annales. Histoire, Sciences Sociales», LXIII (2008), n. 1, pp. 113-39.

decodificazione libera e deliberata, ma a ciò che si è soliti fare quando si affronta quel tipo di attività[43]. Vale a dire che non hanno bisogno di interpretare quello che fa l'altro, di determinare quali possono essere le sue intenzioni: ne sanno «leggere» il gioco, ne sanno anticipare (almeno in parte) i colpi (mentre l'avversario cerca di renderli meno prevedibili che può), perché quel gioco è una declinazione del gioco che è anche quello di ciascuno di loro. Hanno imparato a boxare, e saper boxare (o, se si preferisce, farsi carico di quanto si compie su un ring) implica quel tipo di operazioni mentali.

Da questa divagazione possiamo trarre una certezza: chiedersi se in un'azione vi siano, o no, atti mentali vuol dire porre male il problema, o non afferrarlo dal lato giusto. Nello specifico, nella misura in cui l'intero combattimento è attraversato da una tensione che spinge i pugili (proprio perché ognuno ha il suo modo di boxare) a cogliere e impossessarsi di ciò che avviene per correggere la loro boxe, mantenerla o adattarla a quella dell'altro, non v'è dubbio che nell'azione si dispieghino delle operazioni mentali: ma – ed è questo il nocciolo – agiscono sotto forma di una necessità pratica che non sono i pugili a inventare sul ring. In altre parole, non basta dire, come fa Durkheim, che «i nostri stati mentali [...] hanno un'origine sociale» o che

[43] Di questi atti mentali impliciti nell'azione possiamo dire che sono allo stesso tempo *oggetto* e *agente*, depositari di una parte dell'orientamento di ciò che fanno gli attori e prodotti da istituzioni che li oltrepassano (com'è il caso di *questo* combattimento, nella misura in cui ha la forma di un'istituzione). Pur trattando di corpi, e non di atti mentali, apre un importante spazio di riflessione lo studio di Raewyn Connell, e soprattutto ciò che l'autrice definisce *body-reflexive practices* (tradotto come «azioni corporee riflesse» nell'edizione italiana), ovvero la logica propria dei corpi che sovverte le aspettative sociali piú incorporate: lasciando libero corso alla «capacità dell'agire sociale» sottesa ai corpi e mostrando che, anziché essere individuale o derivata semplicemente da una singola *traiettoria*, essa si fonda sul lavoro di istituzioni che la incoraggiano o la scoraggiano, Connell invita a cogliere i determinanti specifici della pratica, gli aggiustamenti corporei *della*, *nella* e *per* l'azione. C'è da pensare che le cose non stiano cosí diversamente per le *body and mind-reflexive practices* che mi riguardano; R. W. Connell, *Maschilità. Identità e trasformazioni del maschio occidentale*, trad. di D. Mezzacapa, Feltrinelli, Milano 1996 [1995], pp. 59-67).

la società li plasma «a sua immagine e somiglianza»: dobbiamo poter dire dove e come questi fattori intervengono in ciò che facciamo[44].

Adattarsi al gioco e continuare ad agire.

Nella prima ripresa si trova una realizzazione compiuta di tutto questo. Il predominio di Carpentier, l'influenza che assume rispetto al gioco, fanno sí che Siki adotti un modo di boxare che si distingue per la sorveglianza verso tutto ciò che avviene. In seguito, dalla terza ripresa, il senegalese abbandonerà completamente questo atteggiamento. Ma all'inizio lo vediamo, come ho già illustrato, arroccarsi sulla difensiva, dedicarsi a una boxe chiusa, diversa da quella che lo caratterizza abitualmente, e il cui tratto piú identificabile sta in un controllo che fa sembrare i suoi movimenti costantemente sorvegliati. Lo vediamo seguire Carpentier con lo sguardo, come a studiarne il gioco, lo vediamo *sovra-reagire* alle finte dell'avversario, arretrare piú di quanto ce ne sia bisogno, stare all'erta, scambiare ogni gesto dell'altro per un attacco, moltiplicare le schivate convulse ecc. Nel suo gioco, dunque, s'insinua almeno in questo momento una forte componente riflessiva. Non si accontenta di sorvegliare il gioco di Carpentier: *si sorveglia* boxando. In breve, nel suo solito modo di fare s'inserisce, piegata alle necessità dell'azione presente, un'*allerta cognitiva* che abitualmente non c'è.

Round 1, 1:46-1:57
1:46: *ritorno al centro del ring; Siki si mette al riparo dai pugni di Carpentier; tiene d'occhio l'attacco; non agisce; Carpentier finge*

[44] Cito il celebre saggio (che torna su certi aspetti di *Le forme elementari della vita religiosa*, pubblicato due anni prima, nel 1912) di É. Durkheim, *Il dualismo della natura umana e le sue condizioni sociali*, a cura di G. Paoletti, Ets, Pisa 2009 [1914], che quasi in apertura recita: «La società infatti può formarsi solo a condizione di penetrare le coscienze individuali e modellarle "a sua immagine e somiglianza". Anche senza esagerare con le asserzioni dogmatiche, si può tranquillamente affermare che molti dei nostri stati mentali, e fra i piú essenziali, hanno un'origine sociale» (p. 37).

di sferrare un colpo, che però non arriva; il gioco di Siki si sfalda; arretra bruscamente; schiva a vuoto, indietreggiando di un passo;
1:51: *Carpentier riparte subito all'attacco; testa in avanti, scuote le spalle, lasciando incompiuto l'avvio del colpo; Siki è all'erta; tiene d'occhio il corpo che ha davanti a sé; accenna un gesto e lo abbandona; corregge la distanza e sta attento a coprirsi;*
1:53: *Carpentier alza il braccio sinistro e tira un colpo; Siki compie di nuovo un gesto scomposto; ha un soprassalto; alza i pugni per coprirsi il viso e, quando alla fine non succede nulla, fa un piccolo salto all'indietro che traduce lo stato di vigilanza in cui si trova;*
1:55: *si riprende e, senza lasciare la posizione di difesa, accenna un attacco, corto e fuori misura, che non va a segno;*
1:56: *i due pugili si allontanano; Carpentier riprende la posizione d'attacco, pugni alti ai lati del busto, dando l'impressione di essere pronto a colpire;*
1:57: *Siki si riposiziona, badando a tenere la distanza; assume una postura diffidente; tiene d'occhio l'attacco; avanza un minimo, stando però con il busto indietro, la testa lontana, al riparo dai colpi, e sorveglia ogni movimento di Carpentier, arretrando ancora [...].*

Questo modo di trattenere il gioco, investendolo di una sorveglianza continua, Siki non lo decide sul ring. Gli deriva, almeno in parte, dalla preparazione al combattimento, responsabile di una specie di riprogrammazione preliminare, come testimoniano, al momento di salire sul ring, i richiami alla cautela che gli rivolge il suo manager: «Attento al destro; accucciati se puoi, ma non prenderlo». Nel corso di settimane ha acquisito la vigilanza necessaria per diffidare soprattutto del «destro di Carpentier», per *tenere d'occhio* i segni che annunciano la minaccia[45]. La sua partecipazione al gioco è dunque segnata dalla necessità di tenere a bada la propria boxe e di limitarsi ad atti cognitivi funzionali in primo luogo ad adattarsi al gioco dell'avversario.

Nel resto del combattimento, quando Siki riguadagna terreno e comincia a imporre la linea pugilistica dominante, questa riflessività in atto, pur non scomparendo, assume una forma meno univoca. Interviene al livello degli scambi; non tanto

[45] Fédération française de boxe, *Rapport de la commission d'enquête* cit., pp. 9 e 8.

1:46

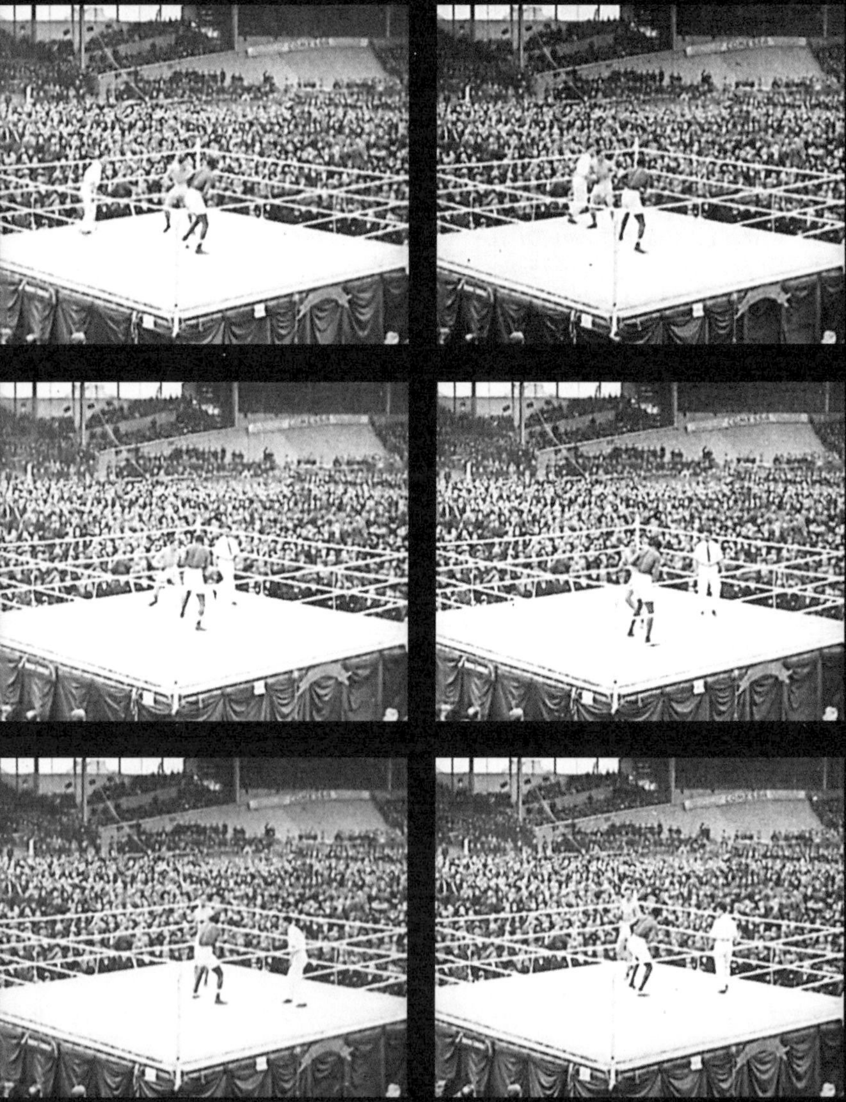

(come al principio) per regolare la boxe dell'uno o dell'altro, quanto per adattarla a ciò che succede. Fino ad allora Siki non riusciva a esprimere il suo gioco: aderiva a quello di Carpentier. Adesso è approdato alla sua boxe, e gli aggiustamenti a cui la sottomette sono un mezzo per mantenerla all'opera. Carpentier agisce allo stesso modo. Il risultato è che la situazione piú ricorrente consiste nello spezzare un attacco e, da parte di chi l'ha condotto, nel cercare di dargli un seguito. Il pugile in questione s'interrompe in conseguenza di un gesto dell'altro, arretra, corregge il tiro, si reinserisce nel gioco e riprende diversamente. Di fronte all'ostacolo che ha impedito al movimento con cui hanno familiarità di andare a segno – ostacolo che impone un cambio di direzione o di intenzione nel gioco –, è necessario che intervengano atti cognitivi di correzione o di rilancio, che permettano ai pugili di *continuare a boxare*.

Da questo punto di vista i due non presentano lo stesso modo di fare. Carpentier, che conta su una boxe piú varia e su combinazioni piú sfuggenti e raffinate, ha la tendenza (come nella maggior parte dei suoi combattimenti) a interrompere piú spesso l'attacco, per muoverne un altro che magari attinge a una tecnica molto diversa. Siki ricorre meno di frequente a questo tipo di correzioni. È raro che abbandoni un attacco iniziato; e quando è costretto a farlo, tende piuttosto a modificare l'angolazione o la posizione, per poi eseguire lo stesso movimento.

Round 1, 3:29-3:39
3:29: *clinch; l'arbitro interviene per separare i pugili; centro del ring; Siki riprende subito a muoversi; saltella stando di traverso, spalla destra indietro; finge di essere sul punto di tirare un diretto; Carpentier è piú fermo; osserva Siki; aspetta l'evolversi della situazione;*
3:34: *Carpentier arretra verso la destra, si blocca, scarta a sinistra sempre indietreggiando; descrive un cerchio attorno a Siki e lo obbliga a spostarsi, a rompere l'attacco;*
3:39: *Carpentier rompe di nuovo il movimento; ha smesso di arretrare; avanza; pochi passi; si abbassa e si sposta; fa finta di prepararsi a tirare un diretto; Siki arretra; abbandona la posizione di attacco, si raddrizza ed esegue qualche saltello sul posto; riprende la stessa posizione.*

Round 3, 4:20-4:35
4:20: *Siki va all'attacco; tenta due diretti corti alla pancia e al torso di Carpentier, colpendolo però di striscio; Carpentier, che si preparava a colpire, varia il movimento; afferra Siki, avanza e poi subito arretra tirandoselo dietro e girando lungo un paio di metri;*
4:22: *Siki si tira su dritto; Carpentier molla la presa e si sposta piano al centro del ring per guadagnare terreno;*
4:24: *Siki riprende a muoversi; incalza e tenta di riprendere l'attacco dove l'aveva lasciato;*
4:27: *Carpentier lo interrompe con un diretto lungo di sinistro; Siki lo para e fa un balzo indietro, per poi riprendere subito posizione leggermente piú lontano;*
4:31: *Carpentier cambia approccio; se prima lasciava che fosse Siki a stabilire la distanza, ora lo obbliga a muoversi piazzando, da lontano, qualche diretto alla testa; sono colpi flosci, ma impongono a Siki di ricorrere a un altro tipo di attacco;*
4:35: *Siki rallenta; arretra con la schiena alle corde e riprende la posizione che non ha smesso di adottare durante lo scambio; ginocchia flesse, sta di traverso con la spalla sinistra avanti, pronto a sferrare uno swing.*

Round 4, 7:20-7:40
7:20: *Siki attacca, incombe su Carpentier, il quale arretra; Siki si mette in posizione e assesta uno swing di sinistro, poi un altro; Carpentier incassa;*
7:22: *Siki cerca di ripetere il colpo; Carpentier si avvicina per impedire all'avversario di colpire; si tengono uno addosso all'altro; Siki affonda diversi diretti corti; Carpentier subisce; segue un lungo movimento immobile; Siki picchia; piazza un gancio al mento e di seguito un diretto all'addome; Carpentier incassa;*
7:34: *Carpentier si rimette in gioco; si raddrizza e tira un jab in faccia a Siki, facendolo seguire da un uppercut di destro, che sorprende l'avversario interrompendone il movimento;*
7:36: *Carpentier si rimette in guardia; Siki si posiziona in attacco, tiene l'avversario a distanza e tira uno swing di destro che lo raggiunge alla testa* [film danneggiato]*;*
7:40: *Carpentier incassa; cerca di guadagnare terreno; Siki incalza di nuovo e sferra un altro swing alla testa, identico.*

Avviene anche, ed è forse lí che l'intervento degli atti riflessivi si nota con maggiore nitidezza (il che non vuol dire

3:29

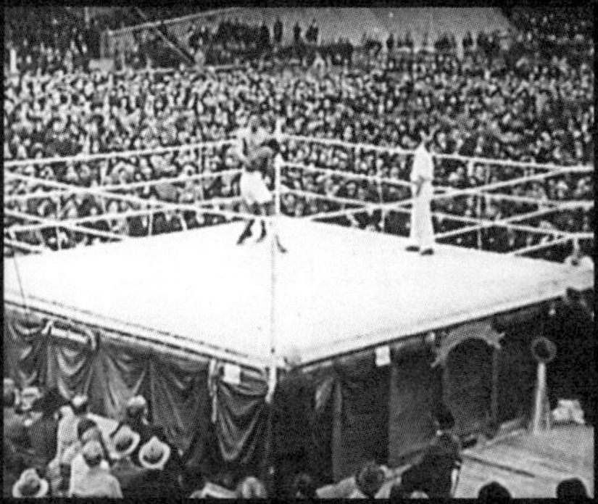

4:20.

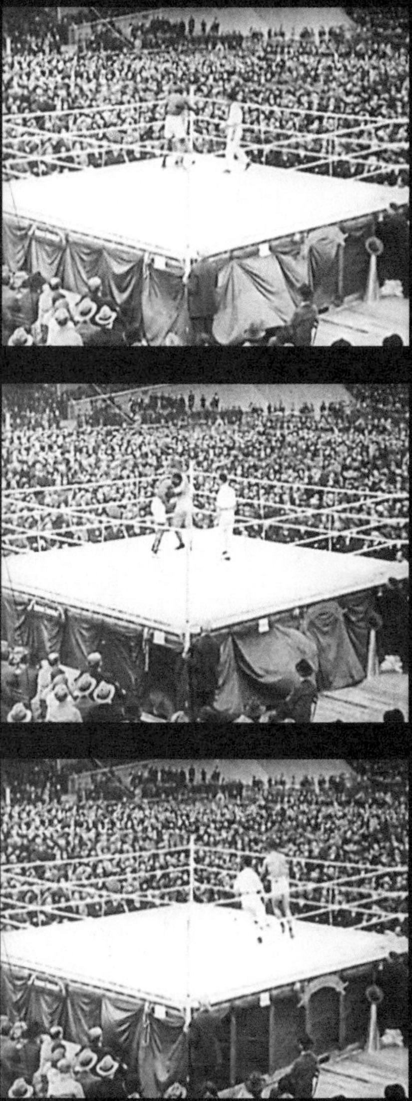

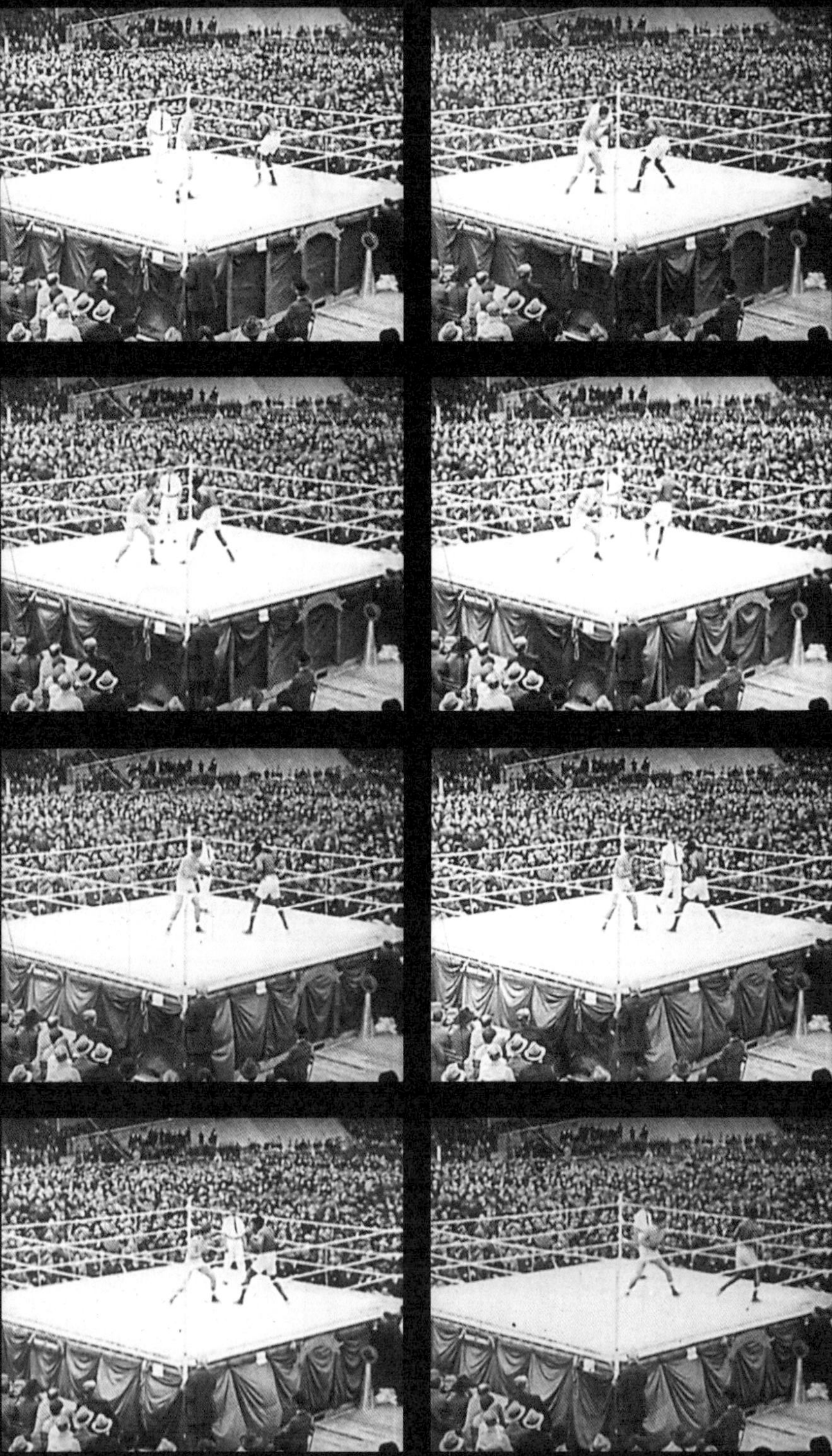

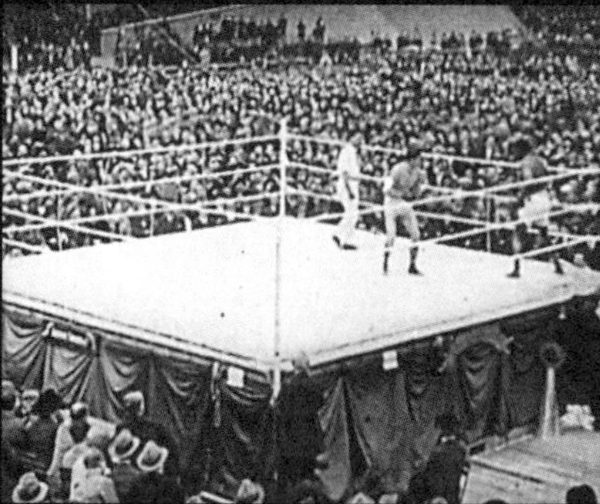
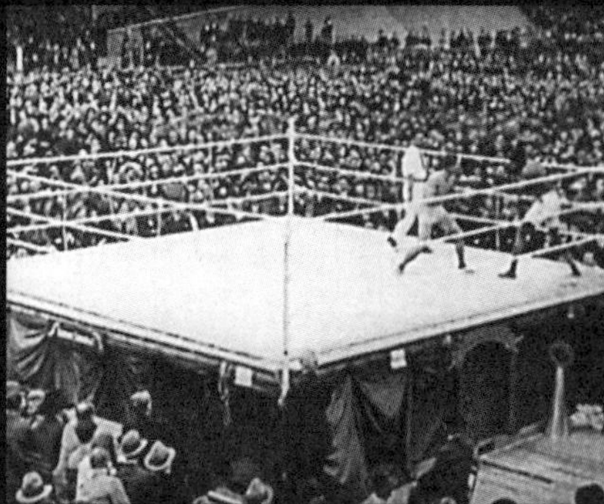
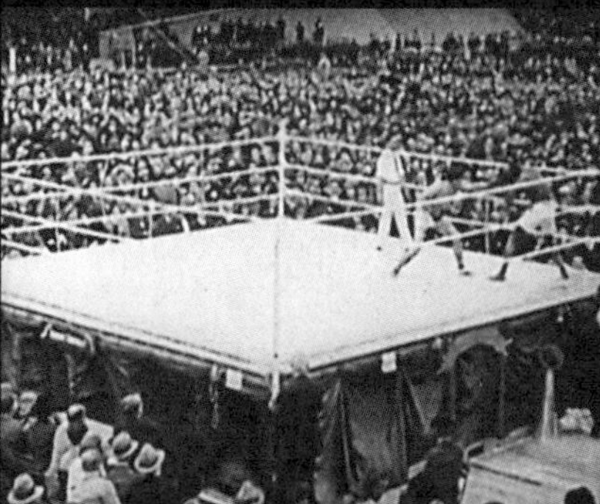
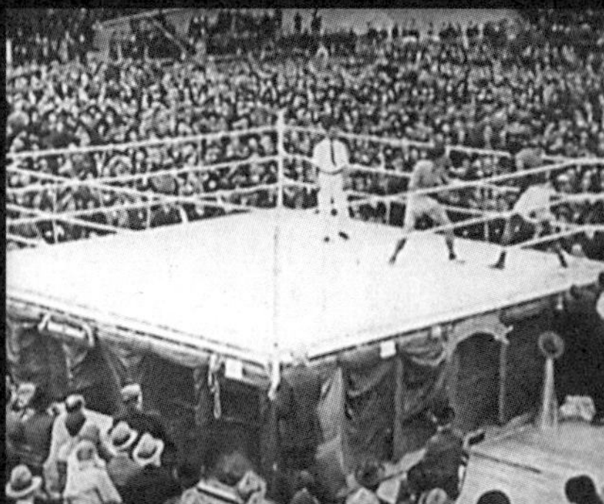
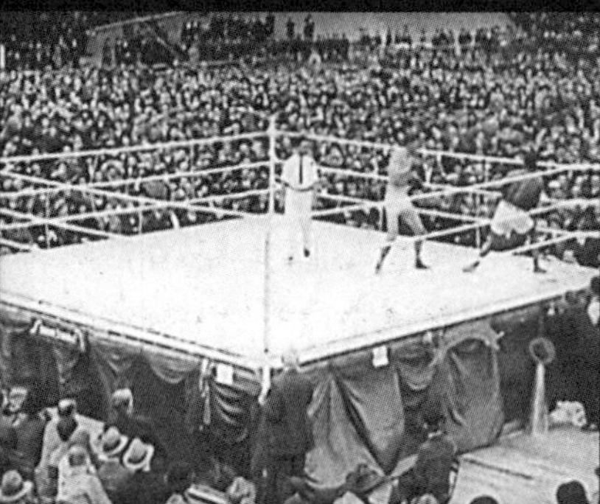

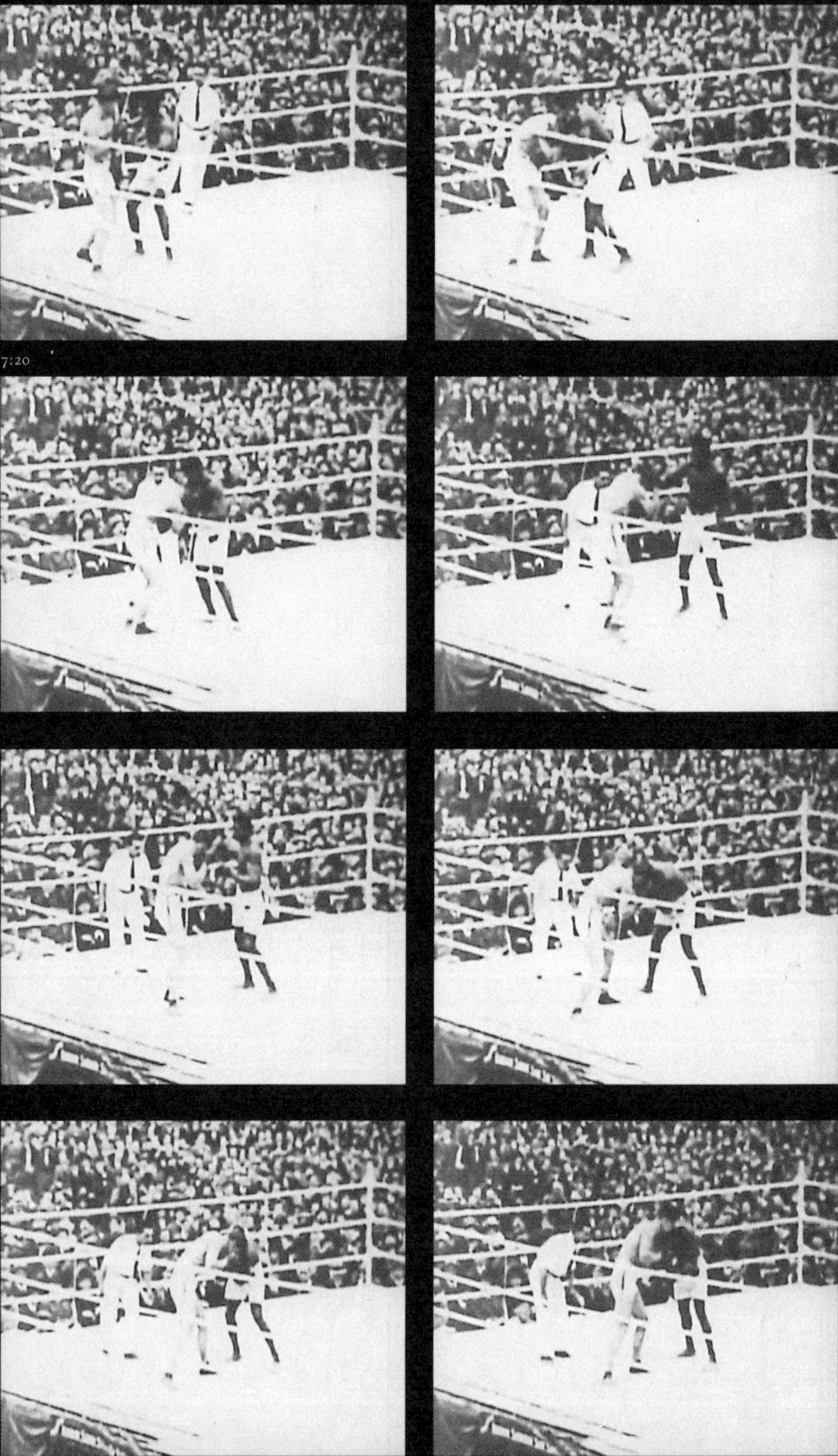

7:20

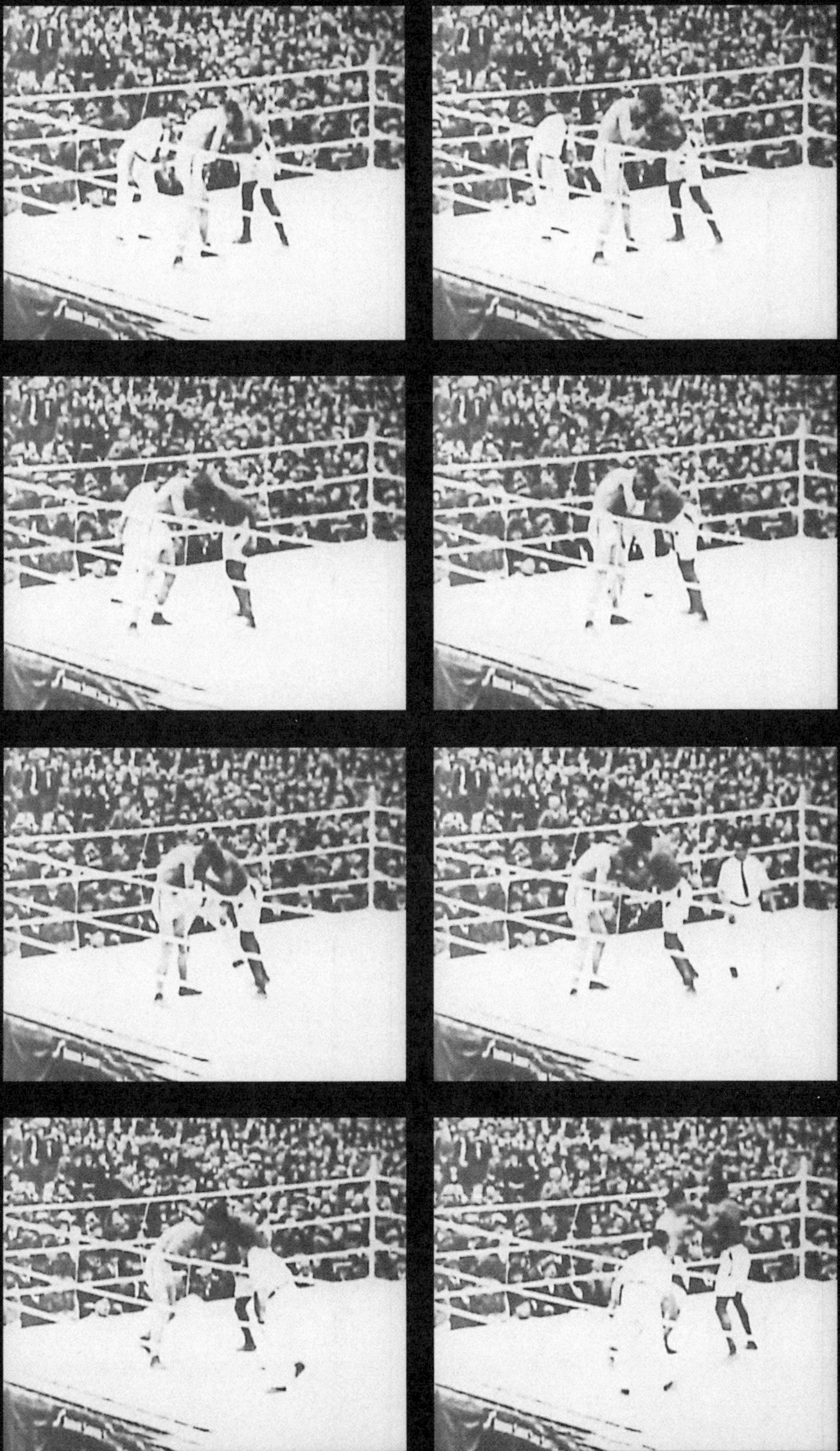

piú facilmente), che uno dei pugili si sottragga al duello per richiamare l'avversario allo spirito del gioco. Si manifesta cosí – sempre che non vogliamo limitarci a parlare di nervosismo o di trasgressione delle regole – il fatto che il combattimento lascia spazio a una forma di riflessività latente, che in entrambi i partecipanti consiste nel giudicare quello che avviene tra loro. Certo non stanno lí a paragonare continuamente ciò che fa l'altro alla condotta che si deve adottare su un ring, come gli arbitri e i giudici che valutano l'azione alla luce delle regole (cosa che accadrà, appunto, nell'epilogo dell'incontro): quando hanno l'impressione che un atto o una serie di atti escano dalla cornice del gioco, si mettono a strattonare, gridano, adottano insomma gesti che sottintendono una valutazione riflessiva del combattimento, volta a reindirizzare la partita. In alcuni casi sono pochi microsecondi, ma in altri questa forma di riflessività si delinea piú chiaramente[46]. Riprendiamo una frazione della quinta ripresa, quando Carpentier ricorre a colpi fallosi, descrivendola in modo piú serrato[47]:

Round 5, 9:58-10:24
9:58: *clinch; Carpentier spintona; Siki lo prende sotto le braccia; Carpentier si fa avanti, gli blocca la testa mettendosela sotto il braccio e cerca di assestare un gancio con il pugno libero; l'arbitro interviene e separa i pugili;*
10:07: *il corpo a corpo riprende un po' piú in là; Siki si aggrappa a Carpentier, infilando le braccia sotto le sue; Carpentier continua a muoversi; tiene Siki e avanza;*

[46] Approfondisco la descrizione di una scena già analizzata nell'*inquadratura* precedente; si veda *supra*, pp. 160-61.

[47] È un aspetto che aveva già individuato Elias: quello del giocare con la regola del gioco. «Se i giocatori non si controllano a sufficienza, sono portati a infrangere le regole e la vittoria può andare ai loro rivali. Se si contengono troppo, non avranno la vivacità e l'energia necessarie per vincere. Se osservano le regole pedissequamente, rischiano di perdere per mancanza di inventiva; se le eludono o forzano al massimo, rischiano di perdere per aver infranto le norme»; N. Elias, *Sport e violenza*, in Elias e Dunning, *Sport e aggressività* cit., pp. 191-222, citazione a p. 200. L'autore sorvola però sul fatto che il gioco con la regola non si svolge solo sul proscenio, configurando la posizione particolare che occupano i vari partecipanti: si svolge anche *nel gioco*, in atto.

10:10: *in quella posizione, sempre spingendo, Carpentier si tiene Siki addosso e gli assesta sul viso un colpo con la spalla (la sinistra); l'arbitro interviene e li separa;*
10:16: *i pugili si allontanano un po'; Siki sta fermo, curvo; Carpentier si tuffa di testa e lo colpisce forte in faccia;*
10:18: *continua a muoversi, bloccando da sopra il corpo di Siki, e gli tira un colpo di sinistro;*
10:20: *Siki incassa, riesce ad afferrare l'avversario e, per liberarsi, gli s'infila sotto girando su di sé;*
10:21: *Siki si volta per rimettersi di fronte a Carpentier; si raddrizza e interrompe lo scambio; poggia i due pugni sul torso dell'avversario e lo spinge con un colpo secco; Carpentier si blocca e gli si mette davanti; Siki s'inalbera e, visibilmente esasperato, gli urla qualcosa* [non udibile]*; poi, senza soluzione di continuità, butta le braccia all'indietro e continua a gridare in faccia a Carpentier restando immobile;*
10:23: *l'arbitro s'insinua tra i due; li separa e chiede loro* [non udibile] *di stringersi la mano; i pugili lo fanno;*
10:24: *lo scambio riprende al centro del ring [...].*

Da questo scambio possiamo misurare meglio il fatto che amputare un'azione delle marche di riflessività che contiene (anche quando possono sembrare secondarie) equivale a fornirne una descrizione incompleta e ingannevole, ovvero a dare per assodato che gli attori agiscano in uno stato di *completa adesione* a ciò che fanno, oltre a dimenticare che un'azione, per quanto istituzionalizzata nel tempo, non è mai il calco di ciò che dovrebbe essere. Oltre a dimenticare che *con il gioco si gioca sempre un po'*. Aveva ragione Jean Bazin: è possibile andare in chiesa e compiere diligentemente i gesti della messa, pensando però alla partita di calcio della sera prima. «Dal fatto che si agisca, salvo eventi eccezionali, in ottemperanza alle aspettative, non devo concludere che ci si trovi in un determinato e opportuno stato mentale»[48]. Mancava di aggiungere che il rapporto obbligato tra un'*azione* (*questa* messa) e l'*istituzione* da cui trae

[48] Bazin, *Questions de sens* cit., p. 458.

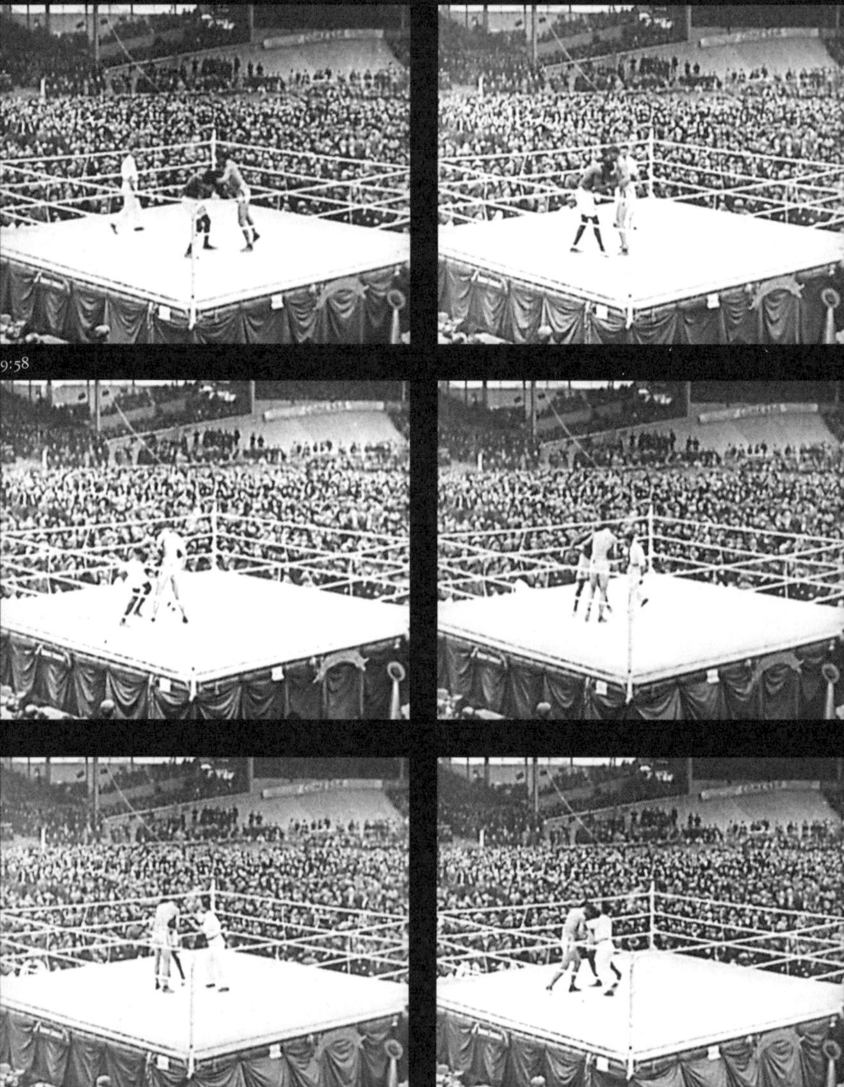

9:58

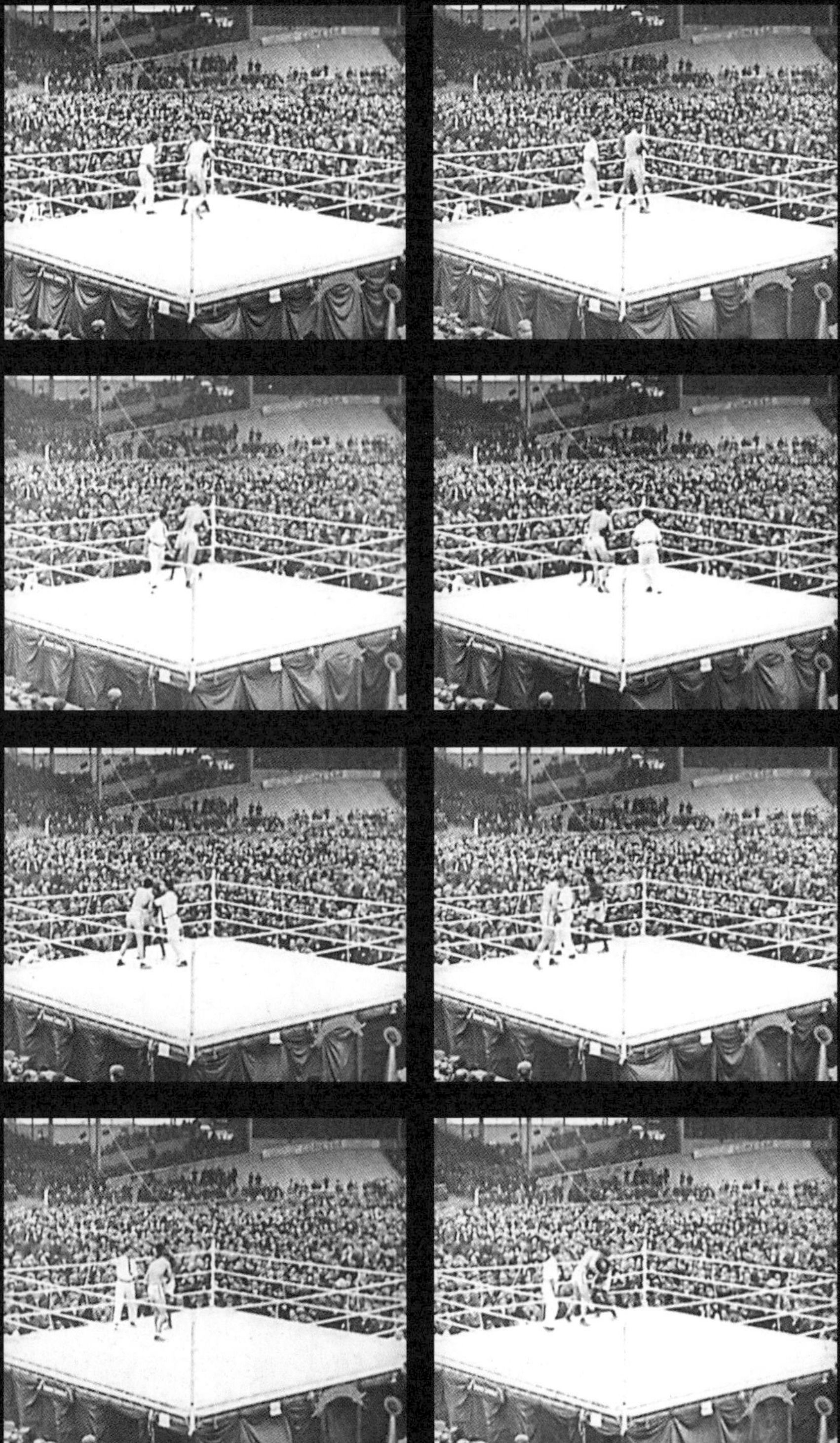

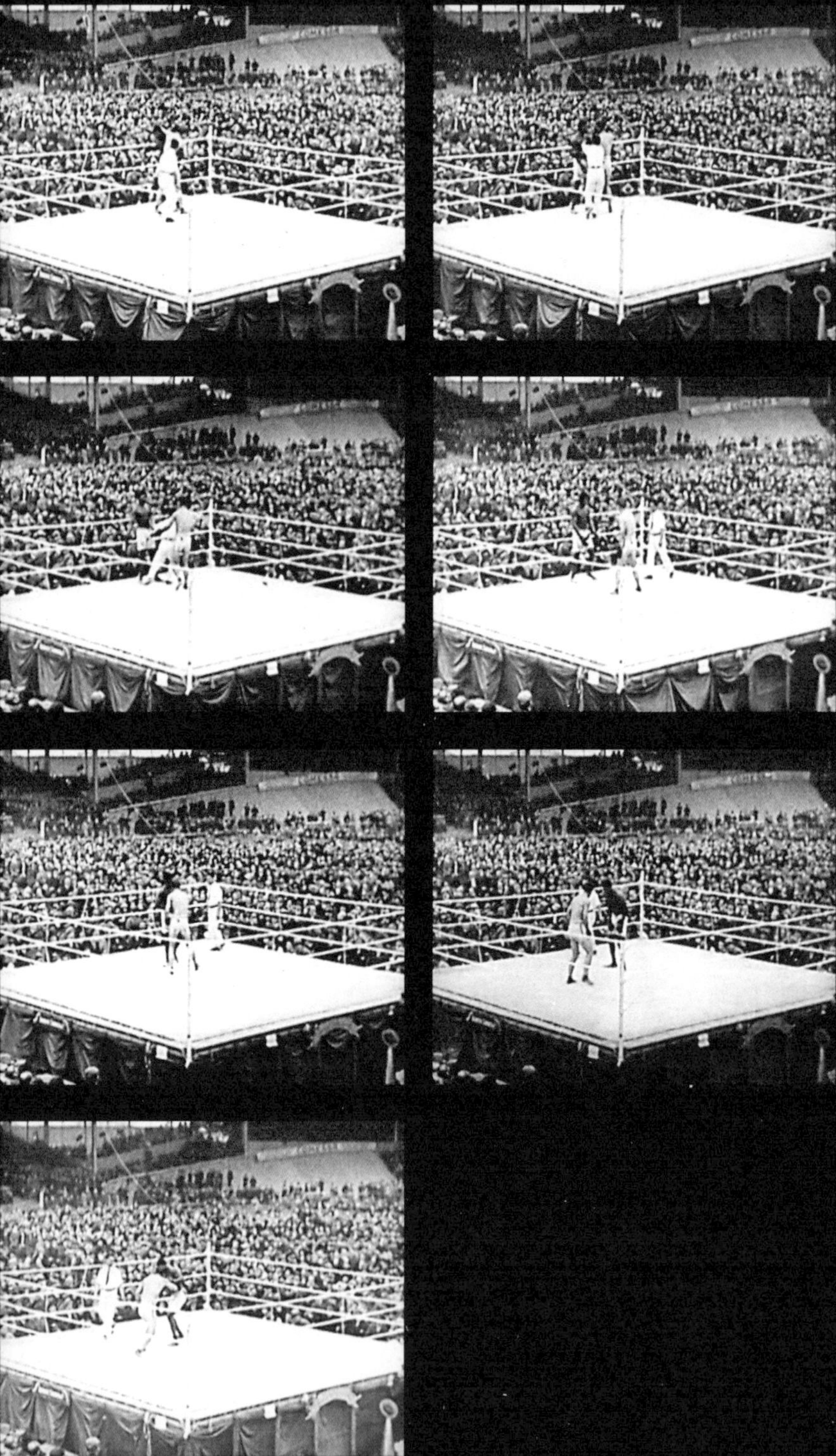

fondamento (*la* messa) è valido solo a patto di considerare una serie di *momenti fissi* in ciò che lega i due termini. Se (per una ragione qualunque) la messa si disarticola, se non viene eseguita secondo l'uso, o se veniamo sorpresi da una variante che non ci è familiare, per compiere i gesti ai quali siamo tenuti sarà necessario un atto di riflessività, l'unico modo per fare quanto c'è da fare perché la messa sia effettivamente una messa.

Il combattimento del Buffalo, poiché riunisce due maniere necessariamente diverse di fare quello che si deve fare su un ring, due versioni in atto di una stessa *azione istituita*, è disseminato di questi strappi. Si tratta di un combattimento con tutti i crismi, e Siki e Carpentier vi partecipano rispettando le regole: ma lo fanno *in funzione* della boxe che è propria a ognuno di loro, e tenendo conto di quella dell'avversario. Quindi dobbiamo farci carico di illuminare anche da questa prospettiva la cornice a cui ricorriamo abitualmente per descrivere un'azione. Bisogna tenere in piedi, sul filo che lega l'azione all'istituzione regolatrice, la questione delle operazioni di adattamento attraverso le quali si ristabilisce il rapporto quando, in qualche modo, arriva ad allentarsi. Come fa un attore ad agire di nuovo, quando gli viene impedito di agire come sa fare?

Le stampelle cognitive dell'azione.

La domanda non è affatto scontata. Per tentare una risposta, concediamoci una breve parentesi. Nell'indagine che ha dedicato ai Mitsogo del Gabon, Julien Bonhomme descrive minuziosamente un rituale religioso di iniziazione (una danza attorno a un palo) nel corso del quale intervengono, secondo regole che ne stabiliscono forma e pertinenza, brevi momenti di riflessività da parte degli attori coinvolti. Quando un aspetto è fuori posto oppure quando il suo assistente compie un gesto incongruo, Anyepa, che organizza la cerimonia, «si alza bruscamente, con l'aria sospettosa, salvo poi risedersi subito senza proferire parola». Nell'azione s'inserisce – fugace ma fondamentale – un momento di riflessività su quanto avviene. Sennonché la rottura della messinscena, che assume cosí la forma di un atto mentale di valutazione e correzione dell'azione in corso, non dipende dalla volontà degli attori. Non sono loro a decidere per se stessi: il momento dispone di una cornice preesistente, al punto da diventare una parte prevedibile del rituale. «I momenti riflessivi, quindi, non sono lasciati al caso né all'iniziativa dei partecipanti, ma si integrano nel rituale»[49].

Va da sé che il ring del Buffalo non è il palo dei Mitsogo, ma quello che entra in gioco è paragonabile. Per comprendere le forme dell'agire, bisogna assegnare un posto ai momenti di riflessività che vi si trovano implicati. Interrompersi, deviare, sospendere un gesto, allontanarsi e riprenderlo in un altro modo: in questi aspetti dell'azione è individuabile una dimensione mentale ben lungi dall'essere trascurabile. Al contrario, indica la pista per una componente decisiva delle azioni umane. Agire, infatti, non vuol dire solo agire: assume almeno lo stesso peso *continuare ad* agire, riuscire a farlo, perseverare, tentare una seconda volta, interrompersi, valutare il gioco dell'altro, cambiare modalità, e il tutto nel corso dell'azione che si sta svolgendo. Insomma, ed è questo che si deve riuscire a cogliere, a volte per agire è necessario passare attraverso atti mentali che intervengano per correggere l'azione o per mantenerla su certi binari.

Nel caso specifico, non potremmo descrivere il combattimento del Buffalo se non descrivessimo anche quegli atti riflessivi tramite i quali i pugili si adeguano al gioco. Siki

[49] J. Bonhomme, *Incident autour d'un poteau. Rituel, script et performance dans le Bwiti du Gabon*, in «L'Homme», CCXXVII-CCXXVIII (2018), n. 3, pp. 153-78.

e Carpentier non eseguono un copione. Hanno assimilato un loro modo preciso di boxare, l'hanno allenato, e quello stile è diventato costante in ognuno di loro. Una volta sul ring, però, si riduce a una potenzialità. Possono farvi affidamento solo nella misura in cui ci riescono. Quel modo di boxare non si attualizza interamente; i pugili ne adattano certi aspetti in funzione del gioco dell'avversario, della stanchezza, dell'imprevisto. Quando agiscono sul ring, Siki e Carpentier non devono pensare. Non ne hanno bisogno. Fanno quello che sanno fare e lo fanno secondo una loro consuetudine. Da questo punto di vista, è vero che a pensare è il loro corpo. Ma perché il corpo pensi, è necessario che ciò che fanno si adegui a ciò che sanno fare. Quando le due dimensioni si disallineano, intervengono momenti riflessivi che assumono la forma di correzione, insistenza o adattamento.

Individuare quei momenti, poterli catalogare e situarli nel combattimento non è ancora sufficiente per definirli. La trappola sta nel presumere che in quei momenti gli atleti sottopongano ciò che fanno a una riflessione critica[50]. Questi atti cognitivi, in realtà, non sono frutto di riflessione: i pugili non ne hanno semplicemente il tempo. Procedono in base alle loro abitudini mentali, quelle di cui hanno assorbito l'uso e che risultano inscritte nella loro boxe. Sanno regolare il gioco quando vengono presi in contropiede, e lo fanno sotto la forma intuitiva di un atto. I saltelli in movimento di Carpentier contengono questa possibilità di rimettersi in gioco per ovviare alla passeggera innocuità della sua boxe; e la copertura curva di Siki opera allo stesso modo. In entrambi, con forme distinte, si scorge un'ar-

[50] Sul tema si trovano chiarimenti fondamentali (proprio perché affrontano la questione del *soggetto* e dell'agire personale) in V. Descombes, *Comment savoir ce que je fais?*, in «Philosophie», LXXVI (2003), n. 1, pp. 15-32. Si veda anche E. Anscombe, *Rules, Rights and Promises*, in Id., *Ethics, Religion and Politics*, Blackwell, Oxford 1981, pp. 97-103.

te della sospensione del gioco, della riflessività su quanto avviene, che presenta i tratti di una firma cognitiva. Interviene nel cuore dell'azione, pur appartenendo all'insieme delle abilità acquisite.

Fatto sta che parlare di abitudini mentali non è abbastanza. In un'azione come questa la cognizione assume diverse forme. Alcune, latenti, stanno nella capacità di continuare a boxare quando si prende un colpo, nel misurare con un'occhiata furtiva la posizione dell'avversario e nel tirare – d'istinto, ma un istinto certamente socializzato – il colpo piú adatto fra quelli di cui il pugile ha il controllo. Inframmezzata a questa cognizione latente ce n'è però un'altra, piú puntuale. Quando il gioco va in panne, i pugili, non potendo piú affidarsi all'abilità sistematizzata che è inscritta nei loro corpi, si trovano nella posizione di dover cercare i colpi, di dovere – essendo ostacolati – regolare il proprio gioco[51]. Non è tanto questione di inventare il gioco, ma di *riuscire ad* agire come sanno fare, di *riuscire a* basarsi nuovamente sul proprio gioco. Questi specifici atti cognitivi, che qui si lasciano cogliere attraverso dettagli comportamentali e consistono nel *fare certe cose con la mente*, si annidano nelle modalità di agire. Possiamo chiamarli performativi[52].

[51] Al momento di chiudere queste pagine, scopro nel bellissimo libro di Isabelle Kalinowski (*La mélodie du monde. Les musiques extra-européennes en Allemagne autour de 1900*, Philharmonie de Paris, Paris 2023, pp. 49-50) una riflessione di Ernst Mach che, pur riguardando un oggetto molto diverso (la musica in azione), mi sembra illuminante. Mach assegna un ruolo decisivo a come i diversi musicisti debbano regolarsi, nell'azione, quando è il momento di esercitare ciò che sono in grado di fare: cantanti e violinisti si distinguono dai pianisti, che non sono costretti a «cercare da soli i propri suoni» né a «regolarsi». L'aspetto illuminante, a mio avviso, è che l'azione svolta in questo caso dai pugili si avvicina a quella del cantante o del violinista: pur disponendo di un'abilità sistematizzata e allenata su cui fanno affidamento, per poter agire non sfuggono alla necessità di dover cercare i colpi e regolarsi. Ed è appunto questo *gioco* nascosto nelle modalità dell'agire ciò che m'interessa.

[52] Mi ispiro qui, anche se su un punto molto preciso, allo studio classico di Austin, *Quando dire è fare* cit. A volte pronunciare una frase non è solo dire una cosa, ma equivale in tutto e per tutto a farla – «Quando, davanti all'ufficiale di stato civile o all'altare, dico "Sí [lo voglio]", non sto facendo la cronaca di un matri-

Sono le stampelle cognitive dell'azione. A volte, in base alle loro specifiche abilità, e man mano che si svolge il combattimento e il gioco esce da determinati binari, i pugili devono indirizzare o reindirizzare quello che stanno facendo per agire efficacemente.

Nell'*inquadratura* precedente, mi sono limitato a osservare che, verso la fine, la boxe di Carpentier si disarticola. Adesso possiamo cogliere meglio in che cosa consiste questa avaria. I segni di stanchezza, il nervosismo, la minore coerenza dei colpi, le combinazioni immutabili, il modo in cui non riesce a mantenere il gioco, indicano tutti insieme lo stesso punto: sotto l'effetto dei colpi accumulati, il pugile non riesce piú ad adattare la sua boxe alla situazione in corso. Ad andare in panne è questa cognizione performativa, la facoltà di indirizzare e reindirizzare il gioco nell'azione. È incapace tanto di correggere la sua boxe quanto di mantenerla. Quando un gesto non va a segno, non lo riprende; non considera piú con distacco l'azione; non si adatta; non riesce piú a interrompere i colpi di Siki cambiando ritmo o distanza. I suoi tentativi non sono soltanto miseri e ripeti-

monio: mi sto sposando» (p. 49). In questo caso m'interessa un duplice aspetto. Da un lato, come ha sottolineato la pragmatica linguistica (a partire da A. Berrendonner, *Éléments de pragmatique linguistique*, Minuit, Paris 1981, pp. 80-81), il carattere performativo del linguaggio è solo un'eccezione ai normali usi linguistici; il piú delle volte, nella vita sociale, non agiamo attraverso «significati verbali», e parlare vuol dire semplicemente parlare. Lo stesso vale per gli atti cognitivi: il piú delle volte sono inscritti nelle abitudini mentali necessarie per l'azione e non ci aspettiamo che siano loro a dirigerla; ma di tanto in tanto succede, e dunque in quei casi gli atti cognitivi sono dotati della capacità di farlo. Dall'altro lato, possiamo supporre (ricorrendo a un po' d'immaginazione, è vero) che gli atti di cognizione di cui discuto in questo libro siano accostabili alle «parole che fanno»: non solo intervengono esattamente per fare – o rifare – l'azione, per correggerla, piegarla o renderla efficace, poiché senza il loro ausilio ciò non accadrebbe (come avviene man mano che il combattimento va avanti, e il gioco di Siki e Carpentier deraglia), ma – sul modello del linguaggio agente di Austin – non agiscono autonomamente, dipendono da una costruzione sociale che organizza tanto quegli atti cognitivi (bisogna apprenderne l'uso e la capacità) quanto ciò che li rende agenti nell'azione (non intervengono allo stesso modo per Siki e per Carpentier, poiché il gioco di ognuno ha caratteristiche proprie).

tivi: non sono misurati, non incidono minimamente sullo scambio. Insomma, non riesce piú a basarsi sulla sua boxe: è uscito dal gioco.

Round 5, 10:44-11:00
10:44: *nuovo corpo a corpo; i pugili sono allo stremo; Carpentier tira qualche colpo; l'arbitro interviene; sanziona Siki e ammonisce Carpentier* [non udibile]; *li separa;*
10:46: *riprende lo scambio; Siki incalza; Carpentier lo afferra e cerca di assestare un gancio che non va a segno;*
10:48: *Siki si libera dalla presa; si raddrizza girando su se stesso* [come fa dall'inizio del combattimento] *e porta subito uno swing di destro al fianco di Carpentier, poi un altro di sinistro oscillando con il corpo com'è per lui abituale;*
10:53: *Carpentier gli afferra le braccia; lo tira a sé; non riesce né a contrare né a combinare gesti né a cambiare movimento; subisce;*
10:54: *Carpentier, sempre aggrappato, spintona Siki; sta con la testa incassata e poi lo spinge di nuovo piú lontano;*
10:59: *lo tiene in quella posizione e cerca di prendergli la testa; lo spintona un'altra volta ma non piazza nessun colpo;*
11:00: *si raddrizza e ricomincia; non tenta combinazioni, neanche quando Siki, arretrando con la guardia bassa, gliene dà l'occasione; Carpentier si limita a trattenere e spingere.*

Dire, come faccio in questa sede, che sul ring vi sia una *cognizione in atto*, attraverso cui i pugili orientano, mantengono o regolano quello che fanno *facendolo*, ci instrada verso una verità molto piú generale. Aiuta a capirlo il movimento di chiusura del combattimento, certamente collegato a tutto ciò che lo precede.

Finale.

Fin qui ho lasciato da parte la sesta ripresa, che dura appena trenta secondi. Ciò nonostante, è l'oggetto di tante interpretazioni (c'è stato lo sgambetto? l'attacco impetuoso di Siki è la prova che fino a quel momento il pugile si tratteneva?)

10:44

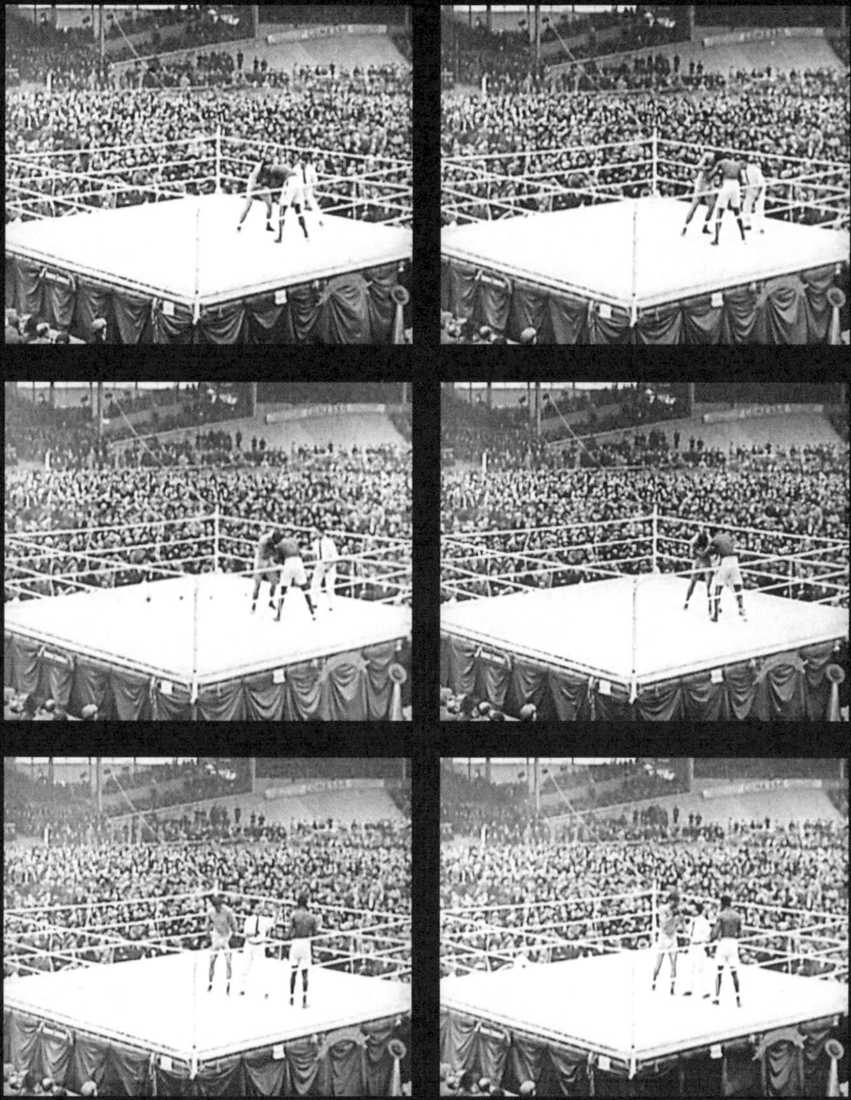

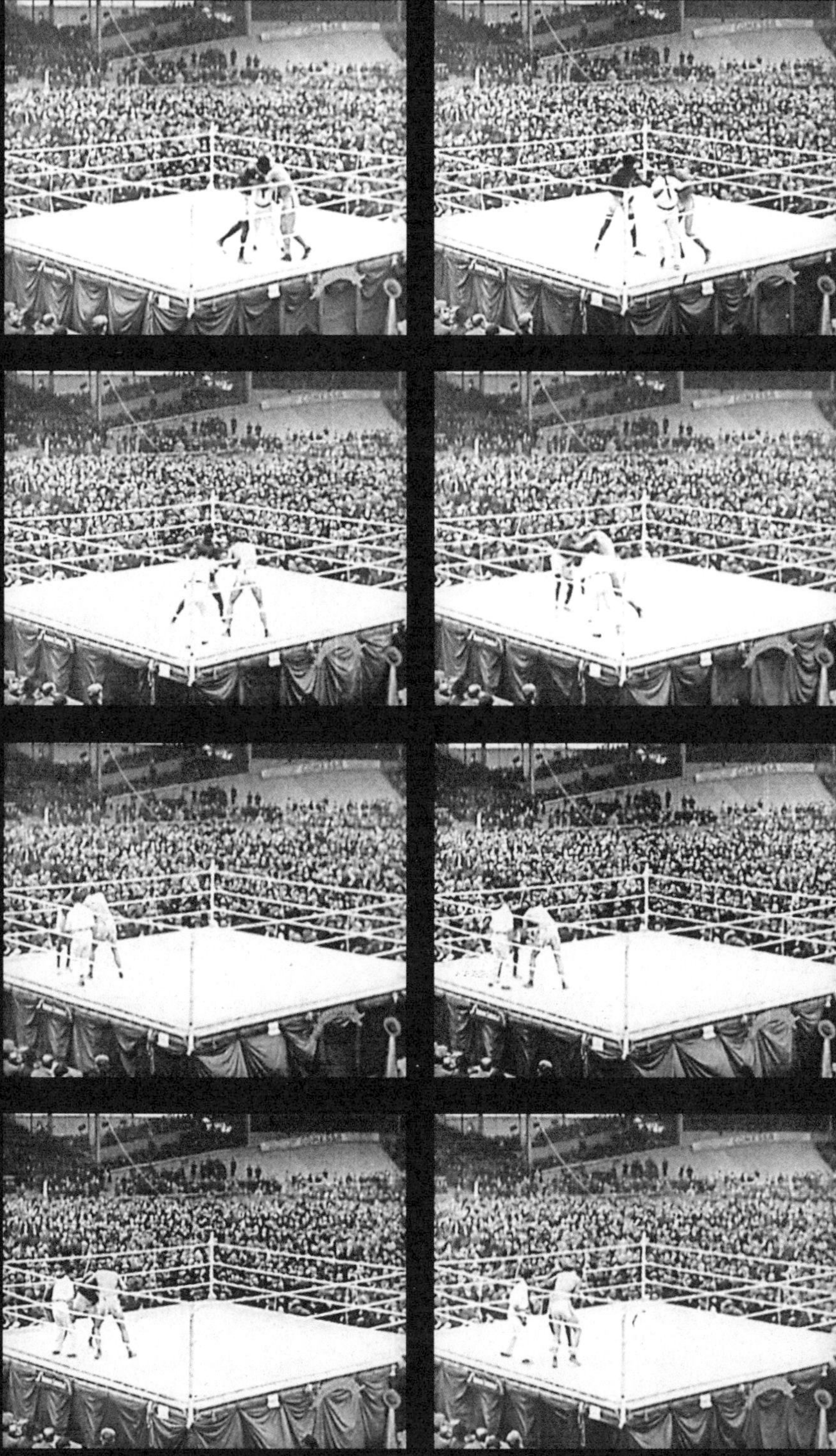

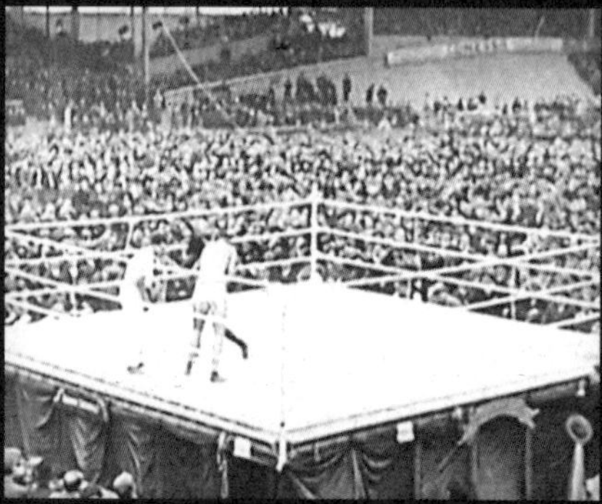
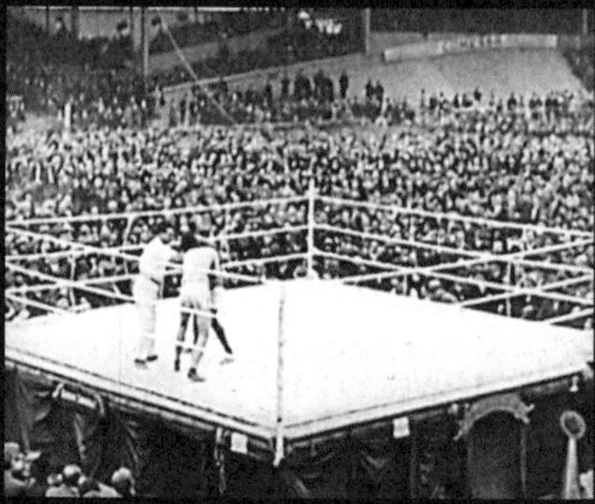
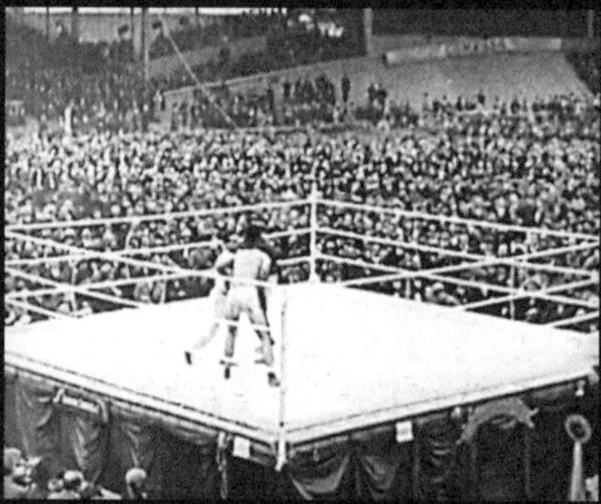

che per descriverla correttamente è necessario collocarla prima nella logica degli atti mentali che ho appena esposto[53]. Ecco i trenta secondi:

Round 6, 11:53-12:47
11:53: [fine della pausa] *Carpentier attraversa il ring, oltrepassa il centro e sconfina nella zona di «riposo» di Siki; l'arbitro non ha ancora segnalato la ripresa del combattimento; sorpreso, Siki si alza precipitosamente e incassa un colpo* [l'azione si svolge quasi fuori campo, s'intravede solo la fine];
11:54: *l'arbitro interviene; li separa; allontana un po' Carpentier, che si sposta lungo le corde, lo sguardo fisso sull'avversario, il pugno destro in alto e l'altro abbassato lungo la coscia;*
11:56: *angolo sinistro; Siki coglie l'occasione, fa passare l'arbitro, si porta avanti, si appoggia bene, ruota il torso e tira subito un potente swing di sinistro, che raggiunge Carpentier direttamente al viso e prosegue la sua corsa oltre, fino a colpire nella parabola il fianco destro di Siki;*
11:57: *Carpentier si copre, incassa la testa dietro ai pugni e para il gancio destro che l'altro ha già fatto per assestare; poi Siki lo incalza con una serie di colpi vivaci e ravvicinati; un gancio di destro, uno swing di sinistro che va a vuoto e poi di nuovo un colpo col destro che affonda sull'avambraccio di Carpentier;*

[53] Un'osservazione s'impone sulle particolari qualità di questa breve sequenza: è su di essa che si sono concentrate le accuse di combine, e pertanto è il momento esatto che la commissione d'inchiesta della Federazione, visionando il film del combattimento, chiede di proiettare «al rallentatore», nel tentativo di stabilire (attraverso una lettura *tipicamente ermeneutica* dell'azione) che cosa *vuol dire* ogni gesto, quale *intenzione* ha potuto riversarvi il pugile, che cosa poteva passargli *in testa* in quel momento, giacché, isolando la scena dal resto dell'incontro, tutto concorre a distinguerla da quanto è avvenuto in precedenza. Inoltre, è sotto questa forma – quella di un ralenti che mette gli spettatori nella posizione di potere (volere?) decidere su cosa avviene – che il film del combattimento è sfruttato nelle sale cinematografiche ed è giunto fino a noi: la sequenza compare due volte, una a velocità normale e l'altra isolata dal resto e al ralenti. Vale a dire che lo sguardo portato sulla scena rappresenta un retaggio, e mi ci è voluto molto tempo per riuscire a sbarazzarmi di questo modo di vedere inscritto persino nel film, per cogliere la sequenza – e quindi tutto il combattimento – in quanto azione sociale svolta sul ring nel momento in cui avveniva. Quanto alle domande che ho inserito e raccolto intenzionalmente tra parentesi, sono grossomodo le stesse che pongono gli uomini della commissione – e con loro la stampa – al momento di esaminare questo frangente controverso.

11:59: *breve corpo a corpo; Carpentier, accucciato, si aggrappa alle braccia dell'avversario; Siki si sfila e riprende a colpire, con potenza; uno swing di destro seguito da uno di sinistro, il primo troppo corto e l'altro che colpisce di striscio la testa di Carpentier, il quale afferra alla bell'e meglio Siki e ingaggia di nuovo un corpo a corpo, trattenendo le braccia dell'avversario sotto le sue e facendolo arretrare con una spinta verso il capo opposto del ring;*
12:04: *tre passi stentati, durante i quali Siki, ostacolato, assesta qualche debole colpo; piú o meno al centro del ring, si smarca dagli spintoni, trattiene la spalla sinistra di Carpentier, porta la gamba dietro per guadagnare spazio, si abbassa leggermente e sferra un uppercut scattante che colpisce Carpentier al mento;*
12:05: *Carpentier si protegge come può, barcolla, si copre con i pugni; Siki accelera il movimento* [dal suo angolo qualcuno grida: «Uccidilo», «Ce l'hai in pugno», «Finiscilo»][54]*;*
12:06: *dopo pochi passi ravvicinati, girando su se stesso, Siki assesta un gancio al viso di Carpentier; scalpita per pochissimo tempo e carica, di slancio, uno swing piú lungo che va a colpirlo alla spalla; indietreggia e tira un uppercut di destro fuori misura, colpendo di striscio la guancia di Carpentier, il quale è allo stremo, si trincera in una posizione di difesa, la schiena curva, la testa abbassata, impegnato ad afferrare come può le braccia dell'avversario;*
12:08: *Siki interrompe il movimento, scalpita, aspetta un istante e poi afferra con i pugni le spalle di Carpentier e, sempre arretrando, lo tira facendoselo girare attorno alla gamba sinistra, che solleva un po' e tiene ferma davanti a sé; Carpentier perde l'equilibrio; il corpo segue un movimento verso il basso; è piegato in due, le braccia verso terra;*
12:10: *Siki coglie l'occasione; i piedi immobili, il pugno sinistro sulla scapola di Carpentier, torce il busto verso destra e assesta di traverso uno swing di destro che colpisce Carpentier in faccia e lo fa cadere a terra;*
12:11: *Carpentier crolla; termina il movimento sul fianco, spalla destra a terra, testa e gamba sollevate, con i pugni stretti al polpaccio destro; Siki è sopra di lui, si avvicina, si piega e gli grida qualcosa d'indistinto che accompagna con un gesto scattante del pugno destro;*

[54] Stando all'inchiesta della commissione (ma dall'inquadratura del film non si evince), il manager di Carpentier (Descamps) si è avvicinato all'angolo di Siki e, a quelle grida (che definirà «di violenza»), ha reagito subito urlando a sua volta al manager di Siki: «Sta' zitto, Hellers!» Si ha cosí un'idea dello stato di tensione che accompagna il finale (Fédération française de boxe, *Rapport de la commission d'enquête* cit., p. 11).

12:12: *l'arbitro interviene; ha seguito l'azione tenendosi due passi dietro Carpentier; adesso prende Siki per il braccio e poi per la spalla; lo fa arretrare rivolgendosi a lui* [non udibile], *lo allontana da Carpentier e lo rimanda nel suo angolo* [Siki esce dall'inquadratura]; *Carpentier ha mantenuto la sua posizione, appena sollevato su un gomito;* 12:20: *l'arbitro torna verso di lui, esita, comincia a contare; s'interrompe e gli dice qualcosa* [non udibile]; *esita di nuovo, stando due passi indietro, dopodiché fa un cenno all'angolo del pugile; un secondo di Carpentier sale sul ring, e da un altro lato anche lo speaker;* 12:47: *Carpentier viene sollevato dal secondo, che lo prende sotto le braccia e lo trascina al suo angolo, intontito; nella confusione, Siki si piazza al centro del ring e fa su e giú verso le corde ecc.*

Della breve sequenza si può dare, senza troppi indugi, una lettura abbastanza semplice, com'è quella che si diffonde seduta stante. La troviamo in gran parte delle cronache circolanti sull'incontro. Qui riprendo «Le Miroir des sports»[55]:

> Siki, che Carpentier aveva colpito alla fine del round precedente in condizioni poco regolari, si avventò sull'avversario con una furia selvaggia e lo mise al tappeto, in parte con uno sgambetto, in parte perché Carpentier non ne poteva piú. Si sarebbe detto che aveva il viso devastato di calci.

Siki è chiaramente esasperato, esce fuori dai gangheri, dà libero corso ai suoi colpi e mette Carpentier Ko[56].

Descrivere la vicenda in questi termini non vuol dire solo addurre come unica spiegazione la collera (a detrimento di tutto

[55] G. Hanot, *Les phases principales du terrible match de boxe Carpentier-Siki dimanche au Vélodrome Buffalo*, in «Le Miroir des sports», 28 settembre 1922, pp. 200-1. In *Le match Carpentier-Siki: L'idole brisée*, in «Le Gaulois», 25 settembre 1922, p. 1, Georges Bruni parla di «irruenza selvaggia».

[56] L'argomento dell'escandescenza pare imporsi in modo naturale, tanto piú che è messo in scena nelle fotografie che immortalano la sequenza. In particolare una, che cattura il momento finale in cui Siki lascia esplodere la sua rabbia, traduce stilisticamente il gesto conformandolo ai codici visivi e patetici della collera appagata. Sottraendo l'azione a un inquadramento «affettivo», basta ricollocare la foto nella catena di atti da cui è stata *arbitrariamente* prelevata (un attacco continuo e ripetuto, da cui si evince piuttosto da parte di Siki una certa applicazione nel portare i colpi e nell'adattarli al gioco) per capire fino a che punto usufruire del film autorizza a smontare la logica descrittiva dell'azione che ne pregiudica la lettura.

11:53

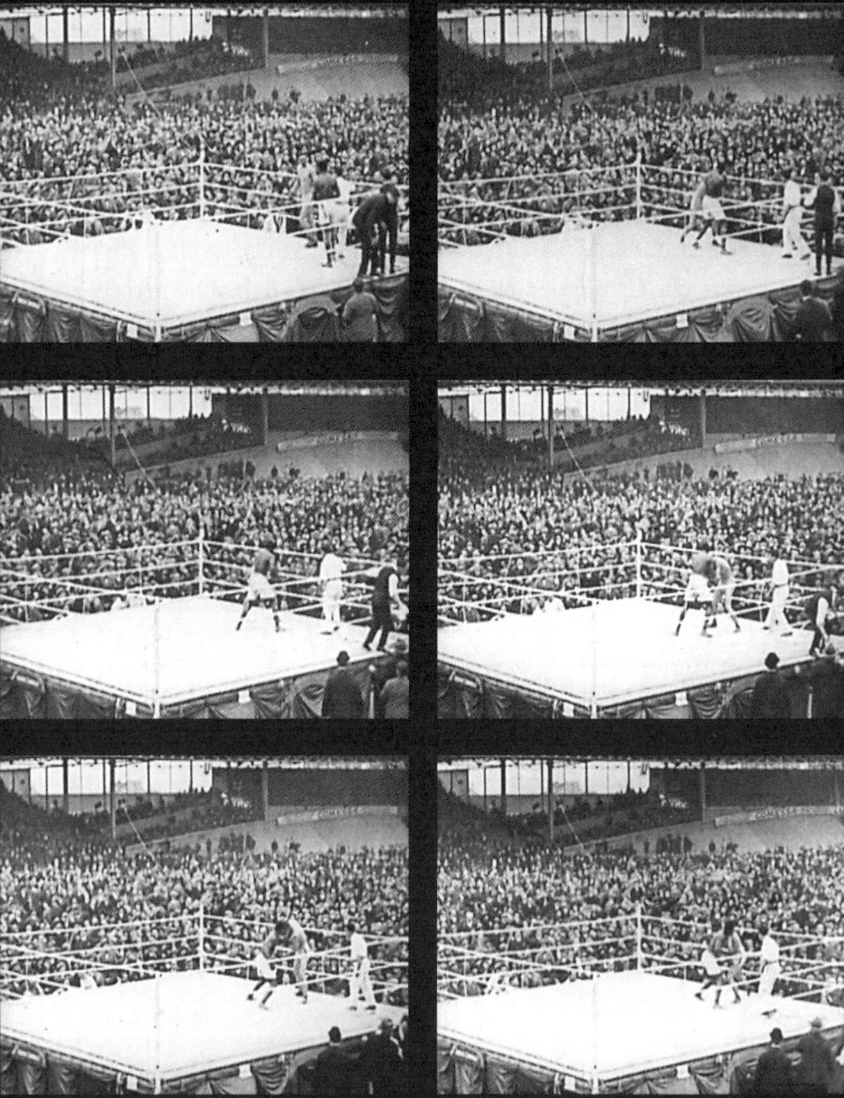

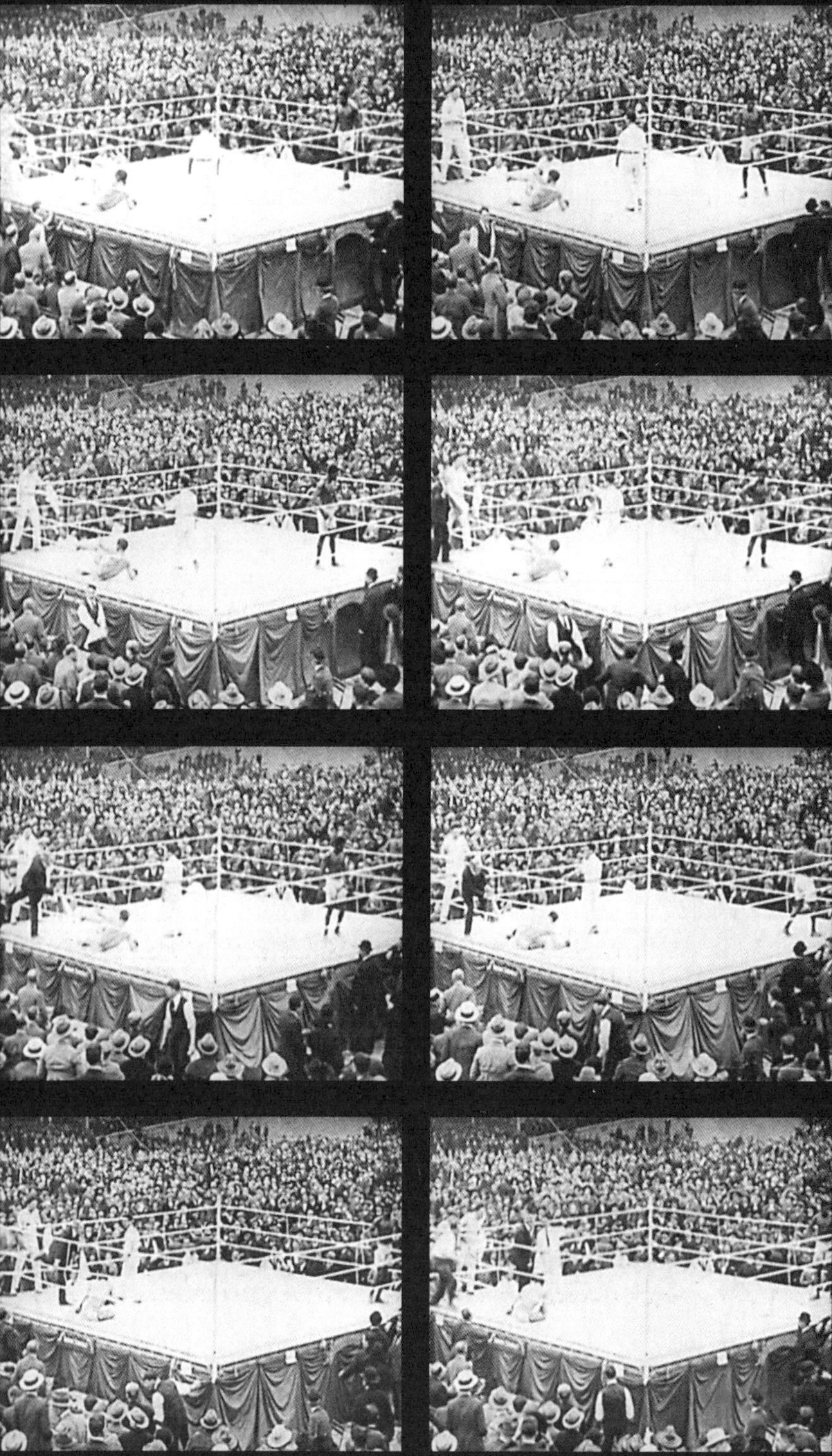

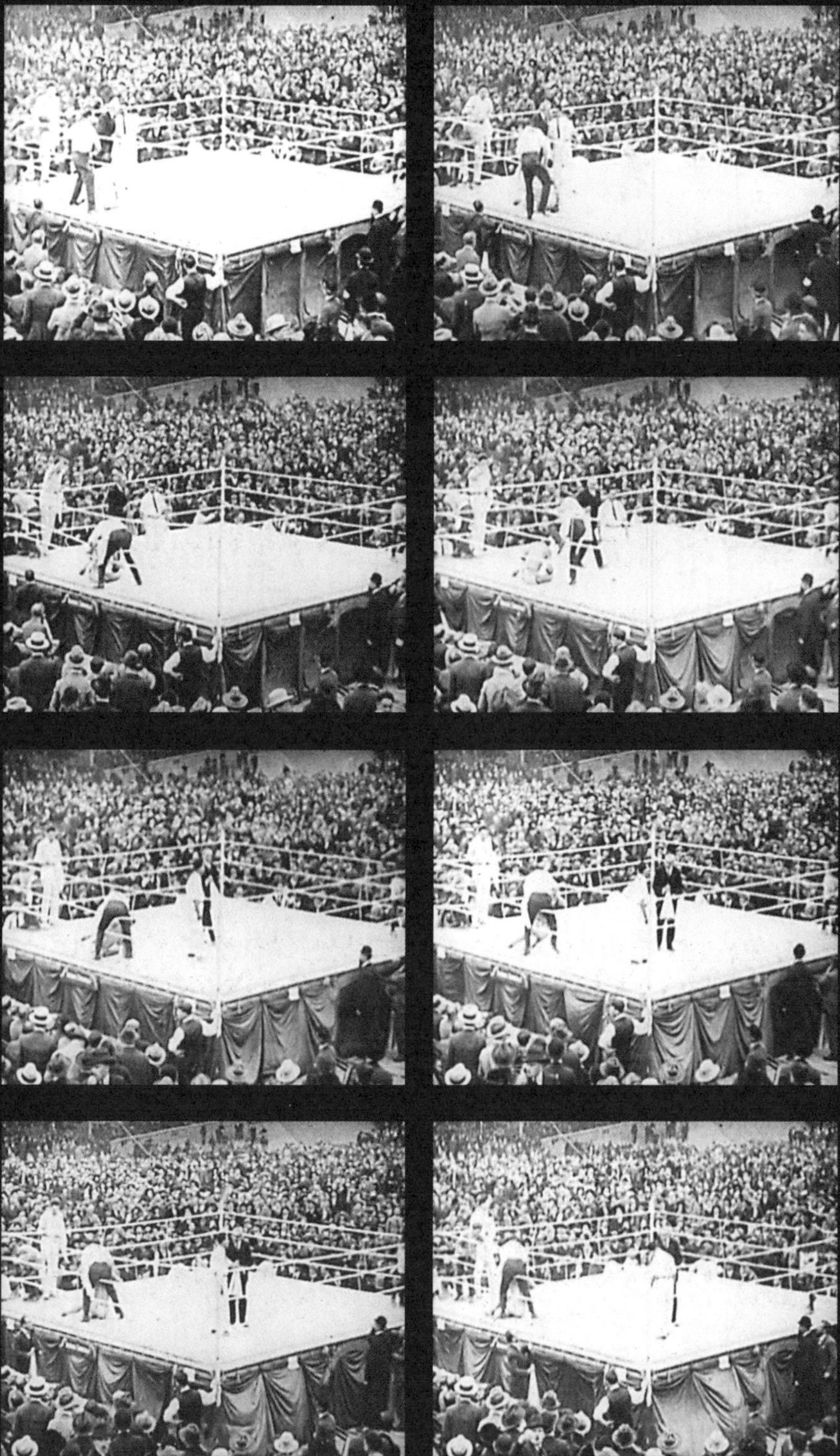

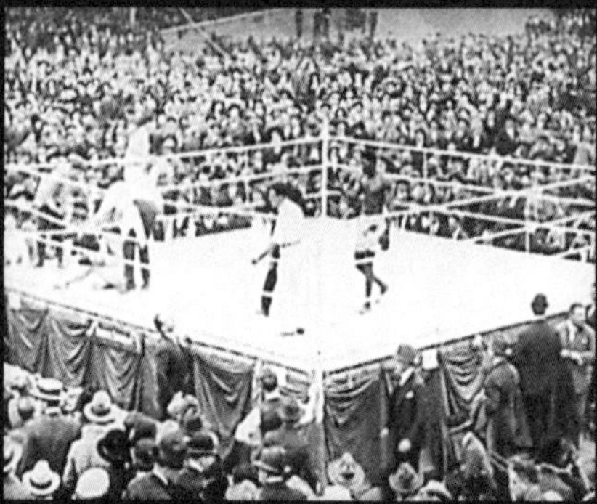
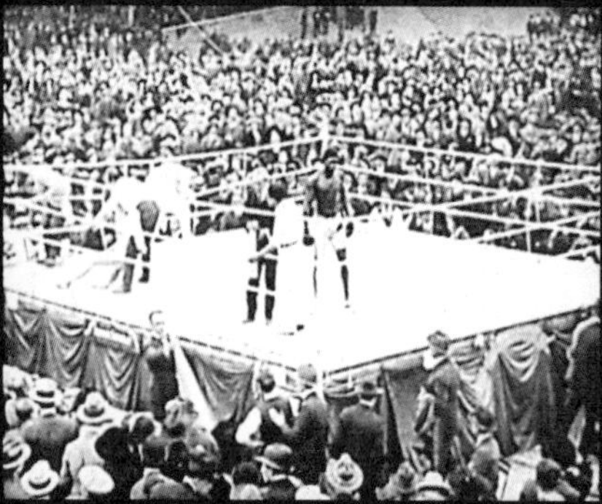
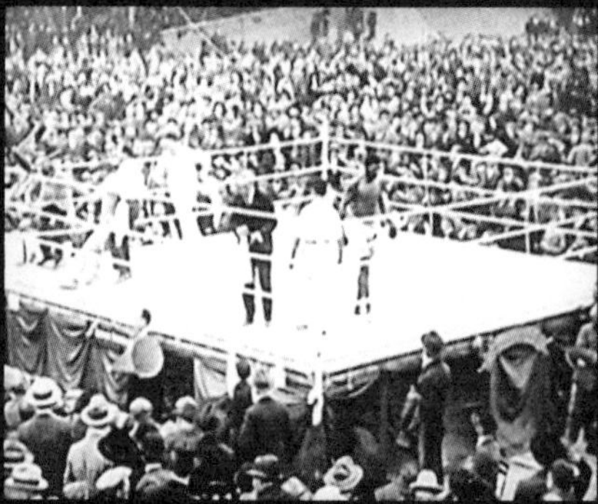
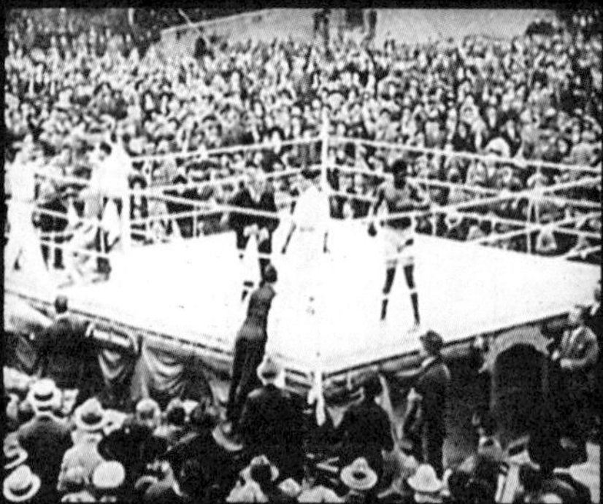

il resto), bensí fare dell'espressione delle pulsioni la chiave di lettura di quanto avviene: Siki è violento, non si contiene piú ecc.[57]. Varrebbe la pena discutere meglio di questo riflesso interpretativo, che da un lato accarezza lo stereotipo della boxe belluina dei neri (a maggior ragione nel caso di Siki), dall'altro accarezza, soprattutto, la definizione di boxe cara agli intenditori, incentrata sul controllo delle emozioni e sull'esercizio sempre addomesticato della violenza[58]. Equivale a considerare quello che avviene sul ring come un *deragliamento del gioco*, come un eccesso concomitante al fatto che gli individui *smettono di trattenere* i loro colpi. La spiegazione non convince[59].

Goffman ne fornisce un'altra, quando afferma che una situazione può capovolgersi o disarticolarsi, e in quel caso la «rottura della cornice» obbliga gli attori ad agire diversamente da come hanno fatto fino ad allora[60]. È una spiegazione mol-

[57] È un nodo cruciale nel processo di strutturazione della boxe in quanto sport, non solo come conseguenza delle morti e degli eccessi che avvengono sui ring, ma anche in funzione della strutturazione dello spazio degli stili pugilistici.

[58] Oltre alle considerazioni generali di Elias e Dunning, *Sport e aggressività* cit., si veda in particolare Elias, *Boxing and Duelling* cit. Sull'argomento, si veda anche C. Granger, *Rule Matters: On Sport, Violence, and the Law*, in «Historical Social Research», XLIX (2024), n. 2, pp. 172-94.

[59] Persuade ancora meno quando si considera che appare assai debole sul piano logico: supporre che all'improvviso Siki si lasci andare e dia libero corso ai suoi colpi vuol dire ammettere (ma in base a che cosa?) che per lui il resto del combattimento è consistito in un *trattenersi*, per il semplice fatto che questa parte dell'incontro sembra *non quadrare con* quanto è avvenuto fino ad allora. Aggiungo di sfuggita, anche se bisognerebbe approfondire la questione, che, come mostra per esempio Randall Collins, il passaggio a un atto di violenza, anziché indicare un allentamento del controllo (Freud, Elias ecc.), presuppone una padronanza pratica estremamente dispendiosa: è necessario, fra le altre cose, che la situazione lo permetta, ma bisogna anche aver appreso quei gesti e prevedere lucidamente quale effetto avranno; si veda R. Collins, *Violenza. Un'analisi sociologica*, trad. di G. L. Carlino, Rubbettino, Soveria Mannelli 2014 [2008], pp. 70-146 (e anche, a proposito di sport, pp. 323-99).

[60] Sulla nozione di «rottura della cornice» (ma l'autore parla anche, nella stessa accezione, di «disorganizzazione interazionale» o di «cambiamento di modo»), si veda Goffman, *Frame Analysis* cit., che fornisce questo esempio: «I giocatori di hockey possono dimenticarsi di sfogare la loro aggressività nei movimenti strumentali del gioco e di conseguenza usare la loro mazza come se fosse un vero e proprio manganello. I lanciatori nel baseball, all'occasione, sono incorsi in una simile "franchezza"» (p. 398).

to piú persuasiva, anche se lascia ancora insoddisfatti: che la situazione sia in grado di spiegare l'azione è una pretesa che va oltre le sue capacità. Perché gli individui cambino modo d'agire nel bel mezzo dell'azione è necessario che dispongano *in precedenza* degli strumenti per agire diversamente. Ma neanche cosí si fanno progressi: dove trovano allora il modo per invertire quello che fanno? Non è la situazione in sé a contenerlo. In quest'ultima ripresa (anche se i pugili non possono sapere che sarà l'ultima) Siki non inventa liberamente un modo di boxare che non abbia già appreso o sperimentato. È questo il punto che la riflessività in atto permette di cogliere, e che sarebbe altrimenti incomprensibile.

Bisogna ripartire da una domanda semplice: il ribaltamento finale che cosa ribalta precisamente? Senz'altro si capovolge l'esito che era atteso all'inizio del combattimento. Se l'incontro si tiene, è perché c'è Carpentier, e se c'è Carpentier, lui è il favorito. Il suo dominio a priori (come testimoniano le frasi «Finirà presto!» e «Sbrighiamoci, sta per piovere»), insieme a quello raggiunto nella pratica agli inizi del match, procurano al combattimento una cornice di realizzazione. È questa cornice a entrare in crisi, ed è appunto questo a spiegare l'imbarazzo di arbitro e giudici. Stentano ad accettare quella fine, non tanto per un *razzismo latente* che impedirebbe loro di ammettere la vittoria di un pugile nero, quanto perché non è la fine che si confà socialmente a *quel* combattimento: considerato tutto ciò che la boxe è in quel momento, non è la fine in cui *dovrebbe* risolversi qualora si conformasse alle *possibilità oggettive* che precedono i due pugili.

Qualcosa si capovolge, dunque, a un livello molto generale, che va al di là del ribaltamento cui assistiamo nell'azione. Sul ring avviene altro: a quest'altezza dell'incontro, la boxe di entrambi è diventata imprecisa, irriconoscibile; nel frangente analizzato, però, perde la sua approssimazione. Siki, sconvolto dal nuovo colpo falloso di Carpentier, si riprende, recupera il gioco con cui ha familiarità, e vi fa affidamento investendolo di un'unica concatenazione di gesti. Assistiamo cosí a una correzione che dà vita a un movimento già presente. Ciò che avviene non è determinato né da un aspetto umorale né da uno scatto d'ira. Siki ricolloca l'azione nella sua cornice. Ha preso il sopravvento su Carpentier da due riprese, ma non riusciva a esprimere appieno la sua boxe: gli attacchi erano brevi e ostacolati dal ripiegamento dell'avversario.

È appunto questo che si ribalta. Siki ricalibra il gioco; lo vediamo agire come se riprendesse il combattimento da zero; la sua boxe si modifica all'improvviso; fa appello in maniera esatta e il piú compiutamente possibile al suo modo di boxare. Lascia che Carpentier riprenda posto. Introduce una pausa nel gioco e, senza innervosirsi, senza agire avventatamente, si posiziona davanti all'avversario con tutta calma. Adotta l'angolo e la distanza piú adatti al suo gioco e, nonostante la fatica, scaglia al ritmo che gli è abituale – nettamente contrapposto agli scambi precedenti – una combinazione quasi ininterrotta di una dozzina di colpi potenti. Apre con un robusto swing di sinistro, che costituisce la sua firma pugilistica, dopodiché, nella foga, snocciola una serie di ganci che lo inducono – incoraggiato dagli «Uccidilo», «Finiscilo» che si levano stentorei dal suo angolo – a ripetere lo stesso swing, identico, in un lungo attacco continuo fino al Ko.

Conosciamo l'epilogo:

«Carpentier crolla, visibilmente malmesso, fa una smorfia di dolore e rotola sulla schiena da una parte all'altra tenendosi la gamba, mentre sopra di lui, portando a termine il suo gesto, quasi rimasto in sospeso a causa della caduta imprevista, Siki, in piedi, gli urla qualcosa d'indistinto che si perde nel frastuono e nel finale inatteso.

L'arbitro non li ha lasciati di un passo. Afferra Siki per spingerlo nel suo angolo e raggiunge Carpentier. Dopodiché torna indietro e alzando il braccio [...]».

Quello che avviene nel ribaltamento finale, insomma, non è il passaggio da una boxe all'altra. Siki non inventa da nessuna parte un modo di fare in funzione di quanto sta accadendo. Non ha questa libertà. E neanche si può dire che si lasci andare, recuperando all'improvviso tutto ciò che è in grado di fare. Nel momento in cui lo vediamo interrompersi, riprendersi, misurare la disarticolazione del gioco di Carpentier e ricavarne il modo per regolare il proprio, avviene un'operazione mentale performativa. Non che là, sul ring, si metta a pensare al combattimento e ad analizzarne le caratteristiche. Valuta e reindirizza la sua boxe, la riprende in modo da poter ricorrere appieno ai colpi che possiede meglio. Questi aggiustamenti riflessivi, che operano in atto, sono necessari per descrivere un'azione umana. *Succede*, infatti, *che* per agire sia necessario correggere quanto si sta facendo, cosí da poter attingere nuovamente al «modo di fare» cui ricorriamo di solito; che sia necessario, insomma, rimettere l'azione nei suoi binari, ristabilirla nella sua forma. È un tipo di operazione mentale che non inventa. Reintroduce qualcosa di già compiuto, corregge gli sbandamenti di un modo di agire presente, riavvicinandolo a quello plasmato dall'uso. In breve, consente di mantenere o ristabilire le *forme socializzate dell'agire individuale*[61].

L'istituito e il re-istituente.

Considerare le vicende in questo modo non vuol dire concentrarsi su un dettaglio. Quel *succede che* non ha in effetti nulla di secondario. Quando si considera un'azione nella sua durata, risulta improbabile l'assenza di aggiustamenti. Il com-

[61] Per una bella discussione su questo problema, che propone di chiamare «l'umanità della regola», si veda Descombes, *Le complément de sujet* cit., pp. 432-42.

battimento del Buffalo non si svolge senza soluzione di continuità, e il gioco dei pugili – a causa della stanchezza, dei dubbi o del disappunto man mano che l'azione procede – devia dal gioco che, sulla carta, potremmo attribuire a entrambi. Come ogni azione umana, neanche questa è fissata in formule precostituite che gli individui apprenderebbero una volta per tutte e alle quali non devono far altro che affidarsi quando arriva il momento di boxare.

In fondo sta qui un aspetto centrale del descrivere un'azione, ed è quello che ho voluto dimostrare. Bourdieu ha spesso insistito sui fallimenti, gli scarti e le discordanze cui è possibile che si accompagni l'habitus[62]. Che un individuo, debitamente socializzato, abbia acquisito i gusti, i gesti, gli usi e le aspettative confacenti a ciò che il mondo sociale in cui si trova si aspetta da lui, o che sia disposto in una certa situazione ad adottarli senza calcolo e senza consapevolezza, non esclude che questo adattamento immediato possa essere preso alla sprovvista. A volte le disposizioni acquisite non si conciliano con le condizioni sociali della loro attualizzazione. Il fatto è che Bourdieu situa questi fallimenti a un livello molto generico: un individuo che cambia universo sociale e non può basarsi su ciò che ha appreso a fare; oppure un universo sociale che subisce cambiamenti. Io ho scelto di situarli in un posto molto piú prosaico: dentro un'azione. Come fanno gli individui ad agire quando non possono piú contare, in tutto o in parte, su questa concordanza spontanea?

Ciò che ho voluto dimostrare sta qui: è necessario dedicare spazio agli atti cognitivi di adattamento attraverso cui le disposizioni ad agire ridiventano agenti. Sennonché a queste

[62] Si veda soprattutto Bourdieu, *Meditazioni pascaliane* cit., p. 168 (nel paragrafo *Scarti, discordanze e fallimenti*): «L'habitus non è né necessariamente adeguato né necessariamente coerente. Ha i suoi gradi di integrazione – che corrispondono in particolare a gradi di "cristallizzazione" dello statuto occupato». Sul punto discute B. Frère, *Incertitudes sur l'habitus*, in «European Journal of Sociology / Archives Européennes de Sociologie», XLVI (2005), n. 3, pp. 469-94.

operazioni mentali va assegnato un fondamento sociale. Un'azione (ogni azione?) non si deduce semplicemente dalla forma istituita che ha finito per assumere: un combattimento di boxe non è tutti i combattimenti. Ma non si deduce neanche dalle disposizioni ad agire che gli attori hanno acquisito nel tempo e che costituiscono una loro seconda natura: il modo di boxare di Carpentier può discostarsi, durante il combattimento, dal suo modo di boxare abituale. Quando avviene, un'azione è il prodotto della tensione primordiale che si stabilisce incessantemente tra l'istituito e il re-istituente, tra il dover-essere che per gli attori ha la forma di un modo d'agire abituale e quanto è necessario perché quel dover-essere si concretizzi. È lí che intervengono appunto gli atti mentali di adattamento. Di fronte ai fallimenti e agli scarti dell'habitus, di fronte alle difformità inevitabili che separano un'azione dal suo compimento in un contesto diverso, sono quegli atti a consentire di comprendere – a differenza di quanto avverrebbe nell'improbabile caso di una stabilità dei modi di fare acquisiti – la tensione continua a ricreare che infonde una certa costanza ai modi di fare di un individuo.

In fondo la mia indagine sfocia in una conclusione piuttosto semplice. Comprendere che cosa fanno le persone vuol dire poter descrivere tutto ciò che la loro azione contiene. Non derogando a un vuoto causalismo, ma considerando l'azione – con una precisione e, a mio avviso, anche con un realismo diversi – come una moltitudine di storie che si attualizzano nel presente. Alla situazione in cui ci si trova ad agire è sotteso tutto un passato che pretende dagli attori che agiscano com'è opportuno che si faccia. Le condizioni non sono determinate dalla loro volontà, ma si basano su aspettative preesistenti che consentono appunto di non doversi chiedere *che cosa c'è* da fare e *come* farlo. Nel combattimento del Buffalo si realizza cosí un'intera organizzazione sociale, che stabilisce a priori che cosa si fa su un ring, che cosa ci si può ragionevolmente aspettare da un combattimento, che cos'è un *bel* combattimento e quali tipi di pugile si possono contrapporre faccia a faccia. È individuabile un passato anche nei gesti degli attori, in ciò che fanno nell'istante in cui lo fanno, nella loro posizione e nei loro spostamenti, nel ritmo, nello stile e nell'impegno che investono nel fare quello che fanno. Questi passati, che ho voluto riassumere qui, agiscono come forze istituenti l'azione.

Ma ci vuole anche altro. Un'azione (ogni azione?) è fatta anche di una dimensione mentale. Quando nello stesso punto convergono i modi di fare distinti degli attori che concorrono a realizzarla, dobbiamo ammettere che questi possono essere ostacolati nel loro modo di agire, o riuscire ad adottarlo solo in parte. Per realizzarsi senza il soccorso di operazioni di riflessività, la loro tendenza ad agire dovrebbe compiersi nell'azione in modo che gli attori si basino solo su di essa. In caso contrario, come avviene sul ring, devono andare incontro, nel pieno dell'azione, ad atti cognitivi di correzione e adattamento, che assumono la funzione di re-istituzione del gioco[63]. Cosí questi atti mentali, che il piú delle volte non si colgono considerando le azioni da lontano, non hanno nulla a che vedere con una deliberazione personale o con un'interpretazione riflessiva di ciò che avviene. Procedono anch'essi, come lo swing di sinistro o il «giro di valzer», da abitudini mentali di cui i pugili hanno acquisito l'uso. Pertanto mettono in evidenza un fattore ancora piú importante: nelle

[63] Sono operazioni mentali riscontrabili in un gran numero di azioni umane: il medico che durante una consultazione si discosta dal dialogo in corso per *ricollocare* attraverso le sue domande quanto il paziente gli dice della sua malattia, per poter *continuare* un efficace ragionamento diagnostico; i credenti che, in seguito al divieto di mostrare una bandiera alla finestra, *continuano* a farlo investendo il gesto di un fervore che l'abitudine non aveva contemplato fino a quel momento; o ancora il falegname i cui pensieri vagano durante il lavoro e che corregge l'errore introdotto adattando il proprio gesto, non fanno nulla di diverso: A. V. Cicourel, *Le raisonnement médical. Une approche socio-cognitive*, Seuil, Paris 2002, pp. 89-114; C. Granger, *Bannir le drapeau du pape (v. 1910). Pratiques symboliques et réflexivité en action*, in «Ethnologie française», LIII (2023), n. 2, pp. 195-210; G. Gauny, *Le travail à la journée*, in Id., *Le philosophe plébéien*, La Fabrique, Paris 2017, pp. 53-58.

azioni umane c'è una componente mentale, ma è un mentale socializzato. Tentare di situarlo o di capire come interviene ci obbliga in sostanza a riconsiderare che cosa significa agire.

La posizione ha senz'altro aspetti sconcertanti. Sostiene un'ipotesi che cozza con il ritornello falsamente ottimista, e cosí poco scientifico, secondo cui il presente è incerto o la storia non è mai già scritta. In realtà questa indagine mostra che il mondo sociale non ha niente d'imprevedibile, e gli attori – persino nell'ambito di una singola azione – non possono sperare di cambiarlo a loro piacimento. Non che non possano cambiarlo. A volte succede. Ma per prendere sul serio la possibilità che gli individui possano avere un peso su quello che fanno è necessario dapprima descrivere tutto ciò con cui devono fare i conti. Il mondo sociale è presente nelle loro minime azioni, comprese quelle che durano solo quindici minuti. Determina e ipoteca ciò che fanno. Non si assenta; neanche sulla soglia degli atti mentali da loro compiuti.

Se vogliamo descrivere correttamente un'azione, se vogliamo riuscire a descriverla nel presente, con la sua forma effettiva e osservabile, cosí com'è *quel* combattimento a Montrouge nel 1922, bisogna descrivere allo stesso tempo i principî secondo i quali si organizza in quel preciso momento ciò in cui consiste l'agire in quella circostanza, il modo di fare appreso dagli attori nel corso della loro socializzazione e la maniera in cui, in atto, riescono a farvi appello. Ritroviamo cosí le tre dimensioni dell'azione che ho individuato nel libro: istituzione, interazione, cognizione. Ora non resta che metterle in moto, emanciparle dal tenore troppo teorico con cui le ho trattate fin qui. *Comprendere* un'azione, ammesso che non abbia imboccato una falsa pista, significa acquisire familiarità con tutto ciò che contiene e che la fa essere quello che è. È questa familiarità che ho cercato di costruire. È ora di riprendere per un'ultima volta tutto il combattimento, per capirlo finalmente.

4.
Comprendere

The referee declared Carpentier the winner on a foul. The judges reversed this decision and declared in favor of Siki.

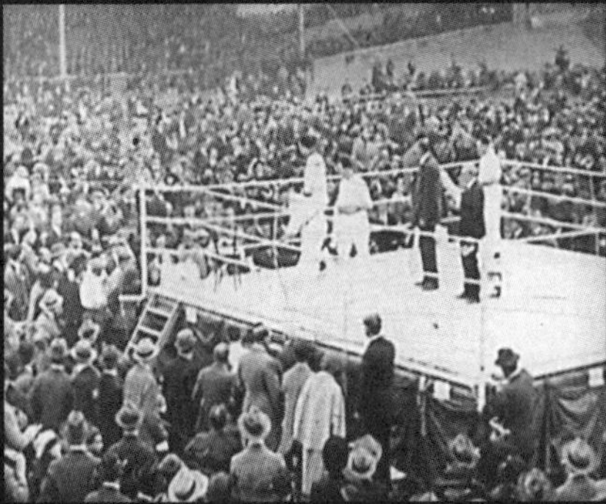

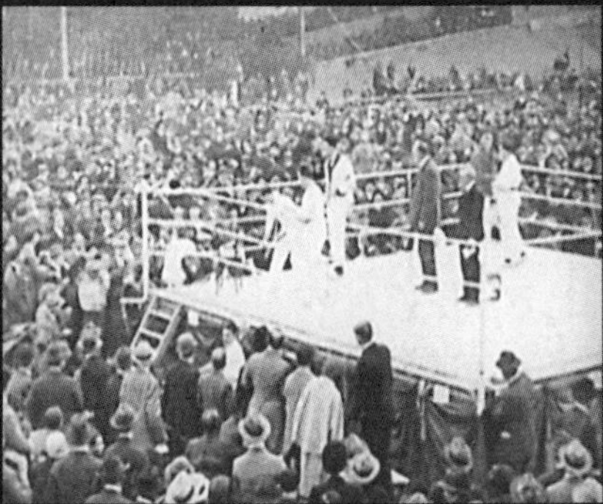

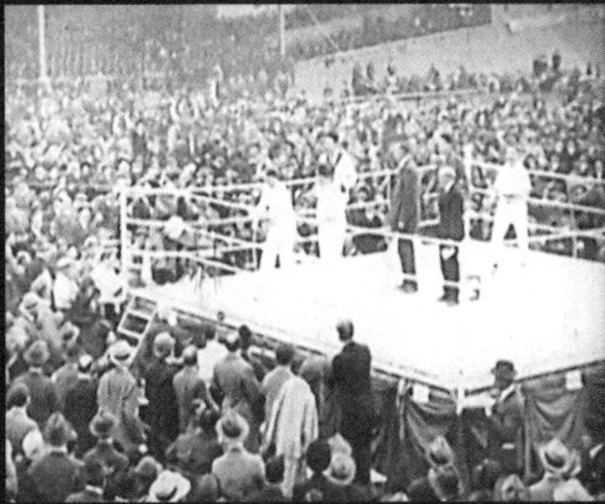

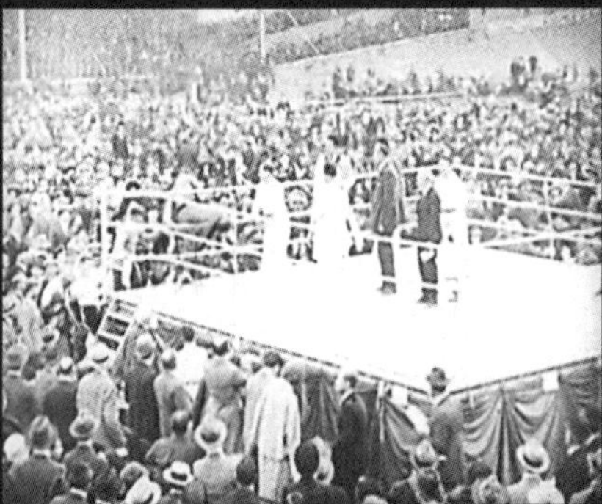

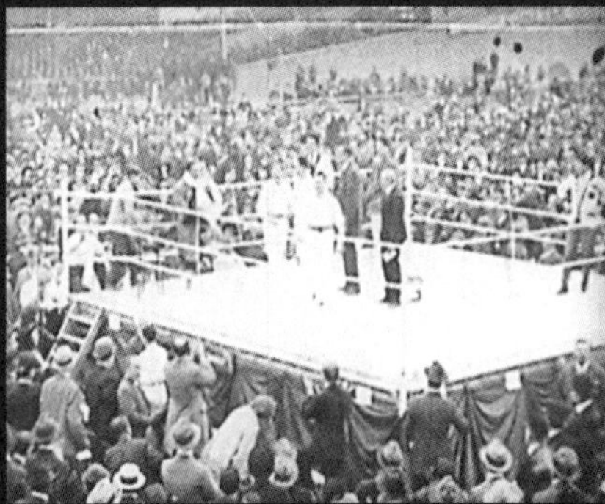

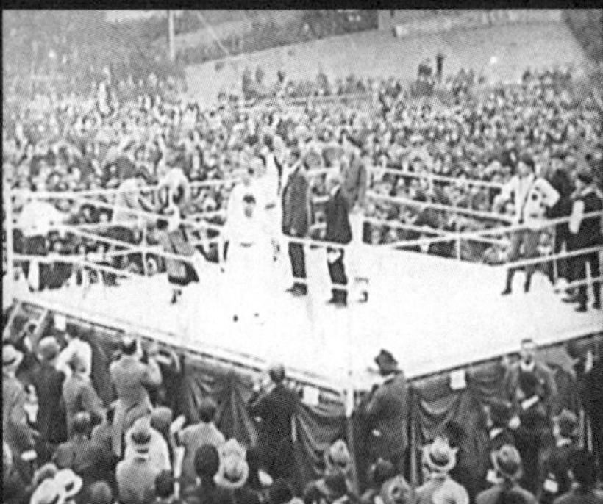

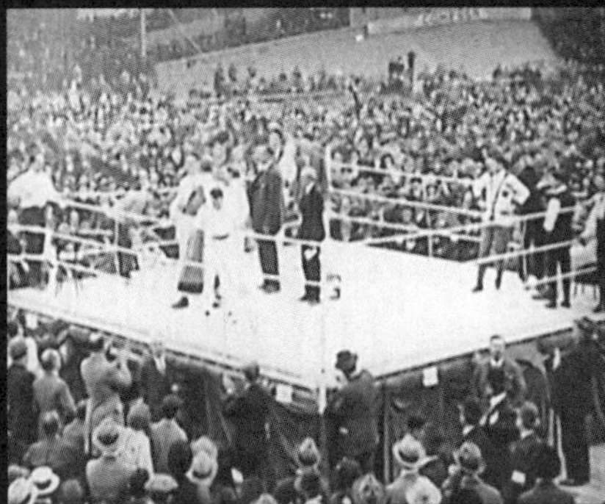

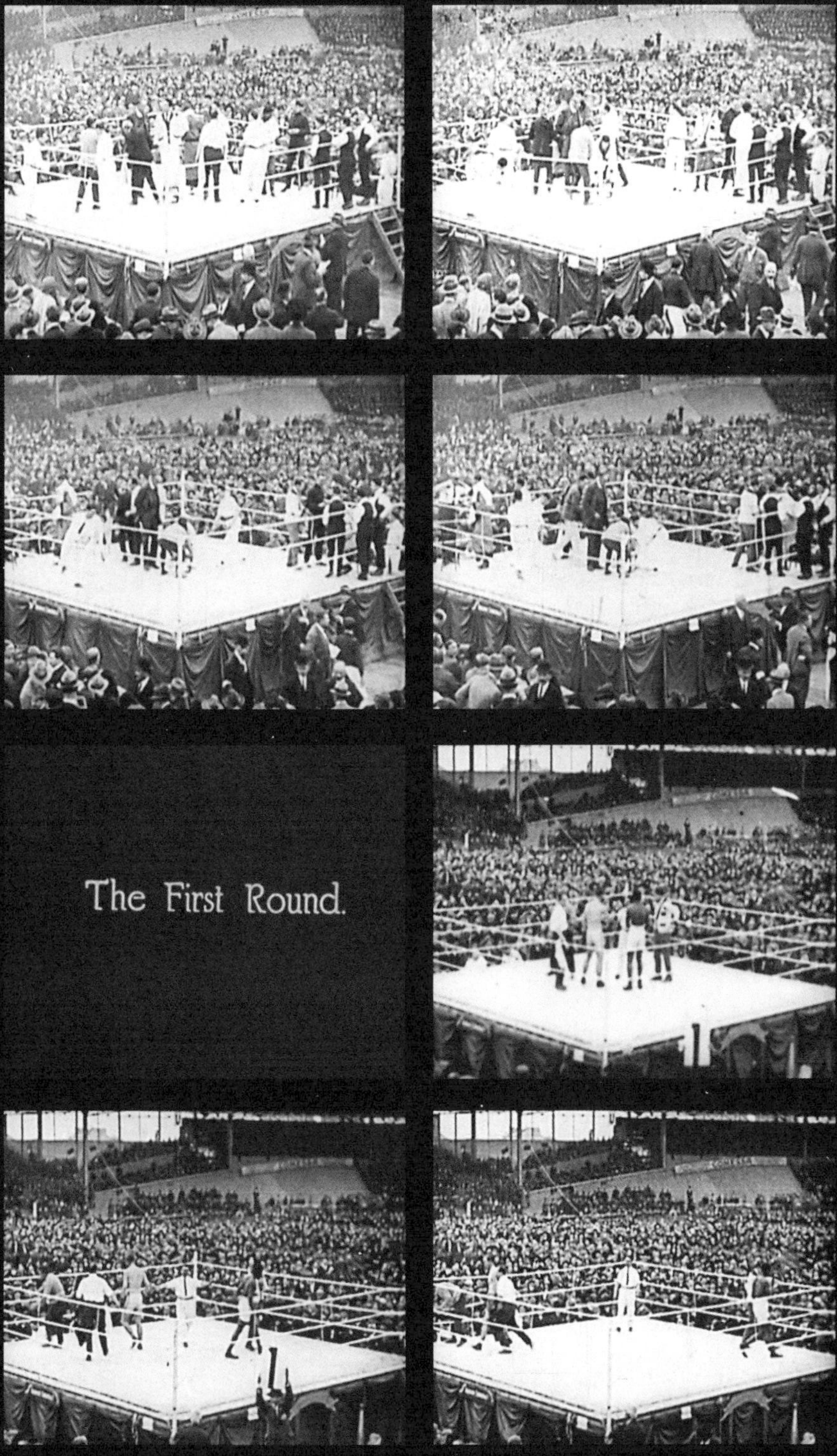
The First Round.

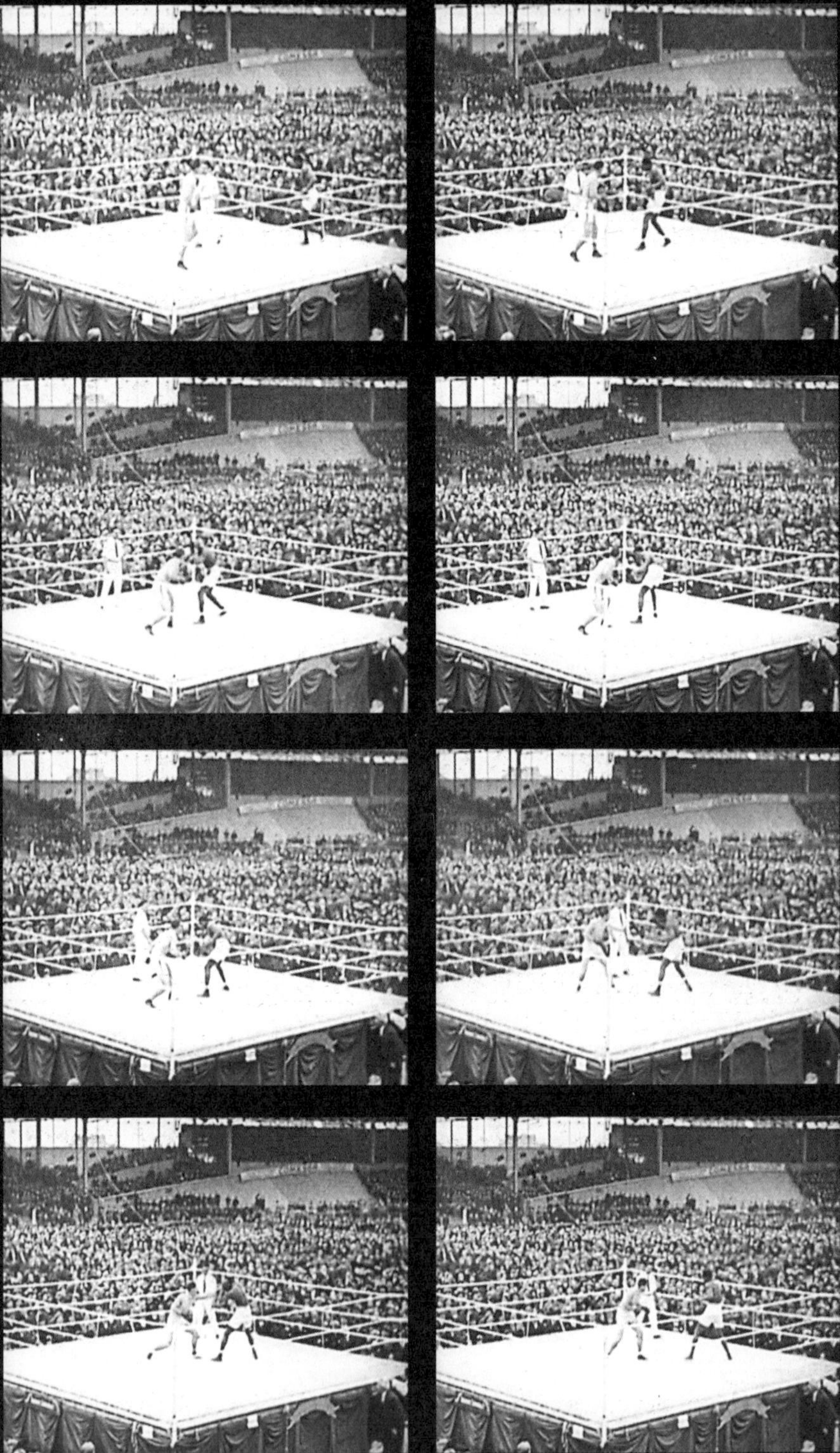

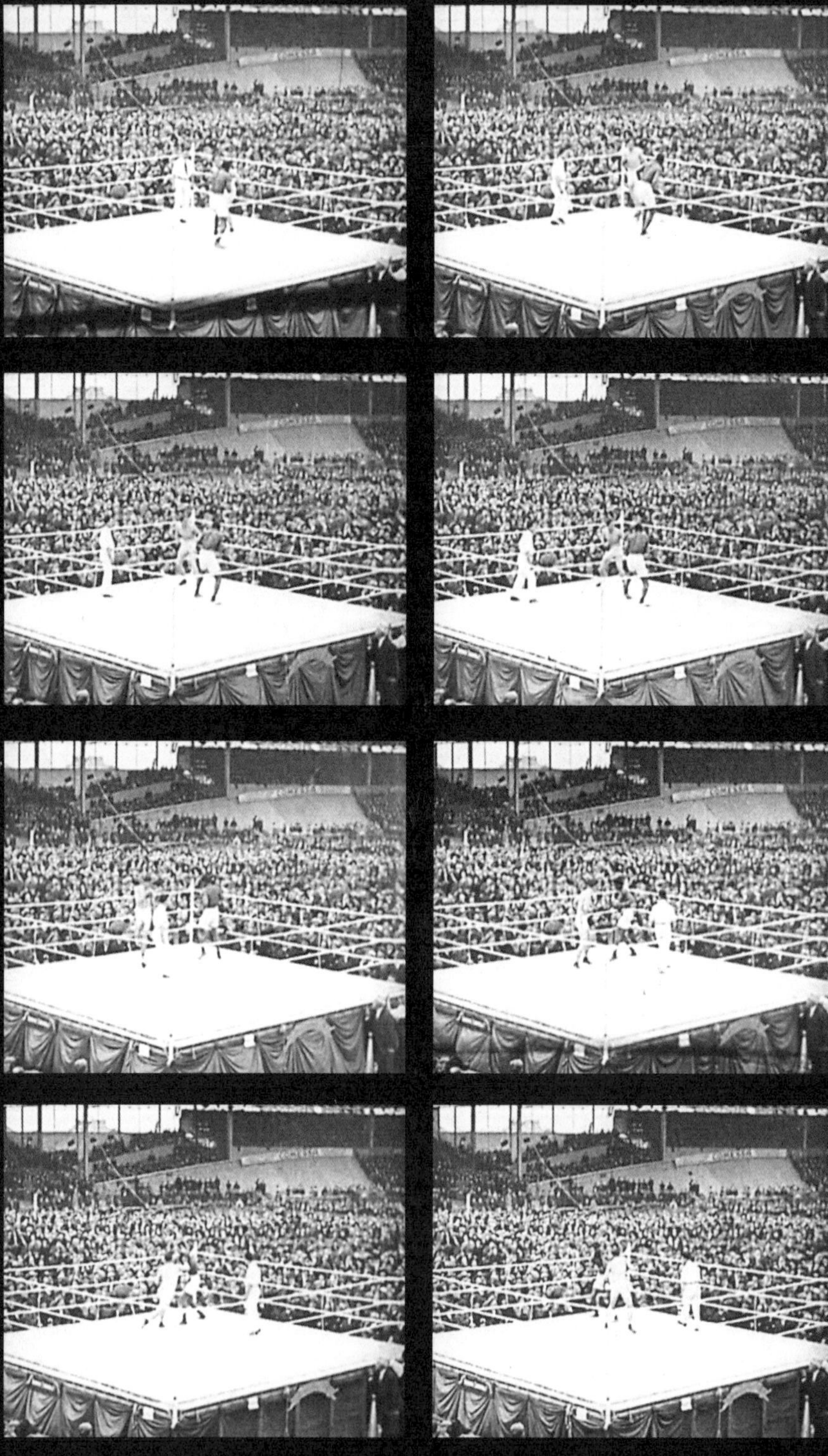

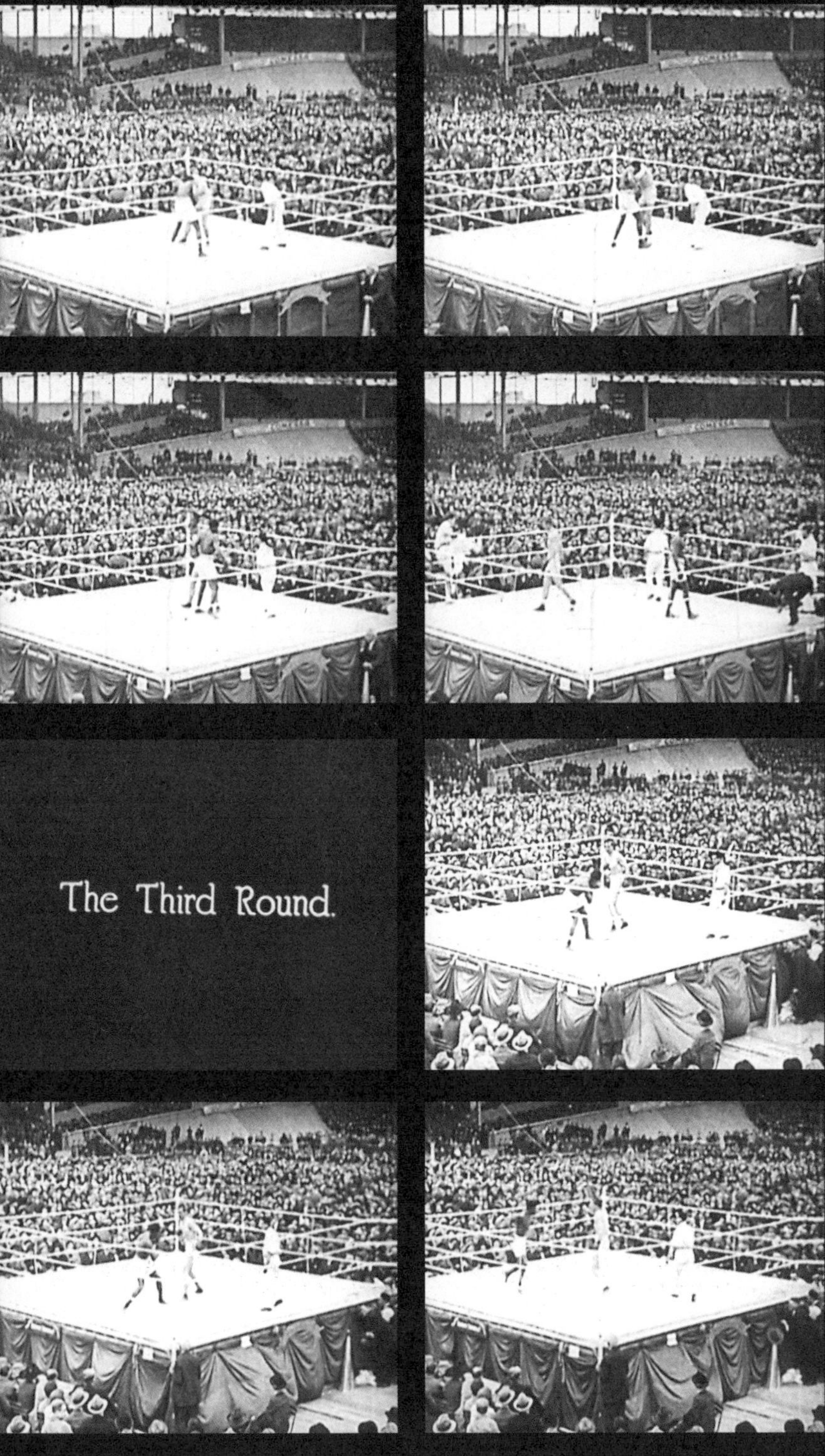
The Third Round.

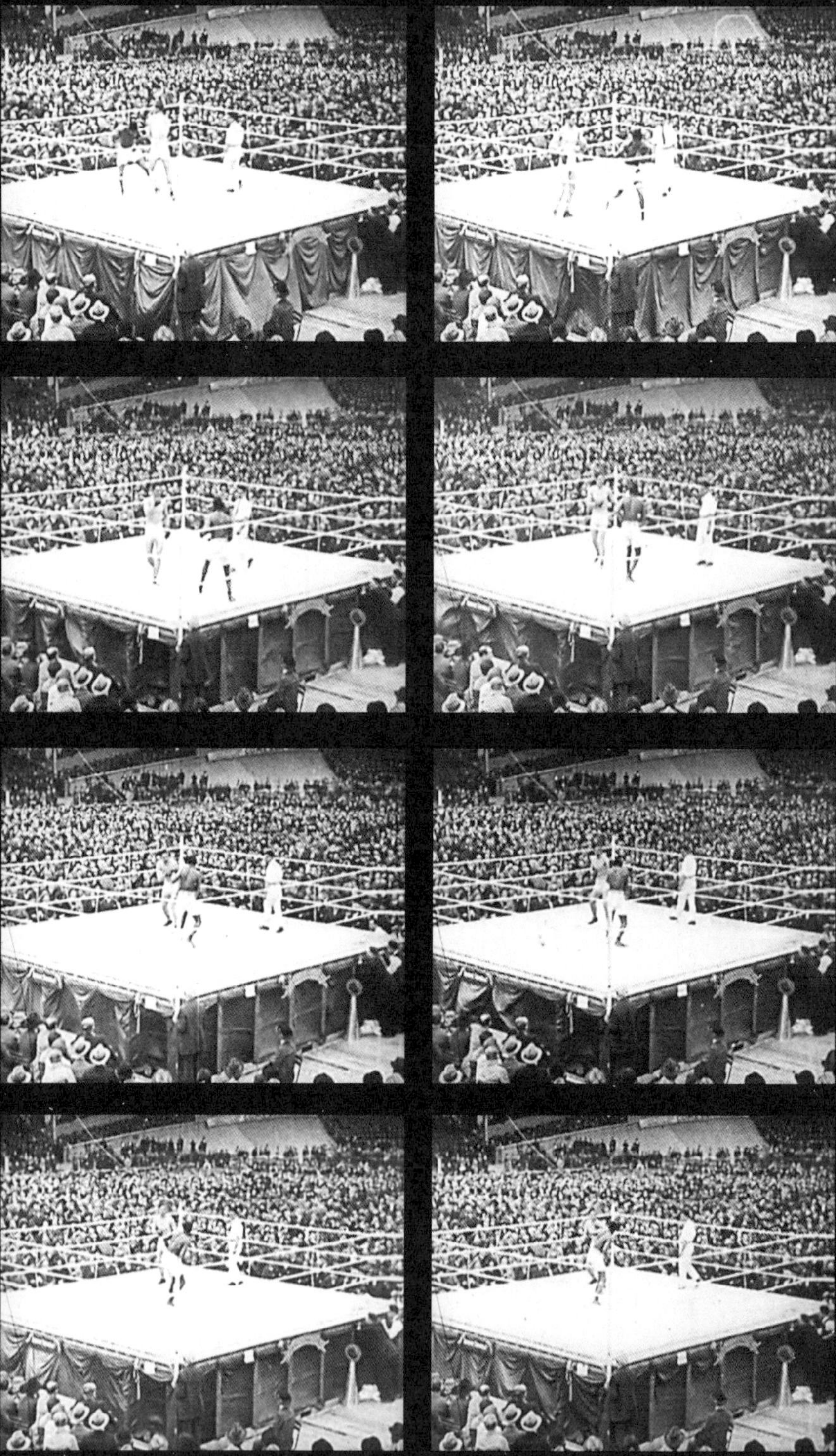

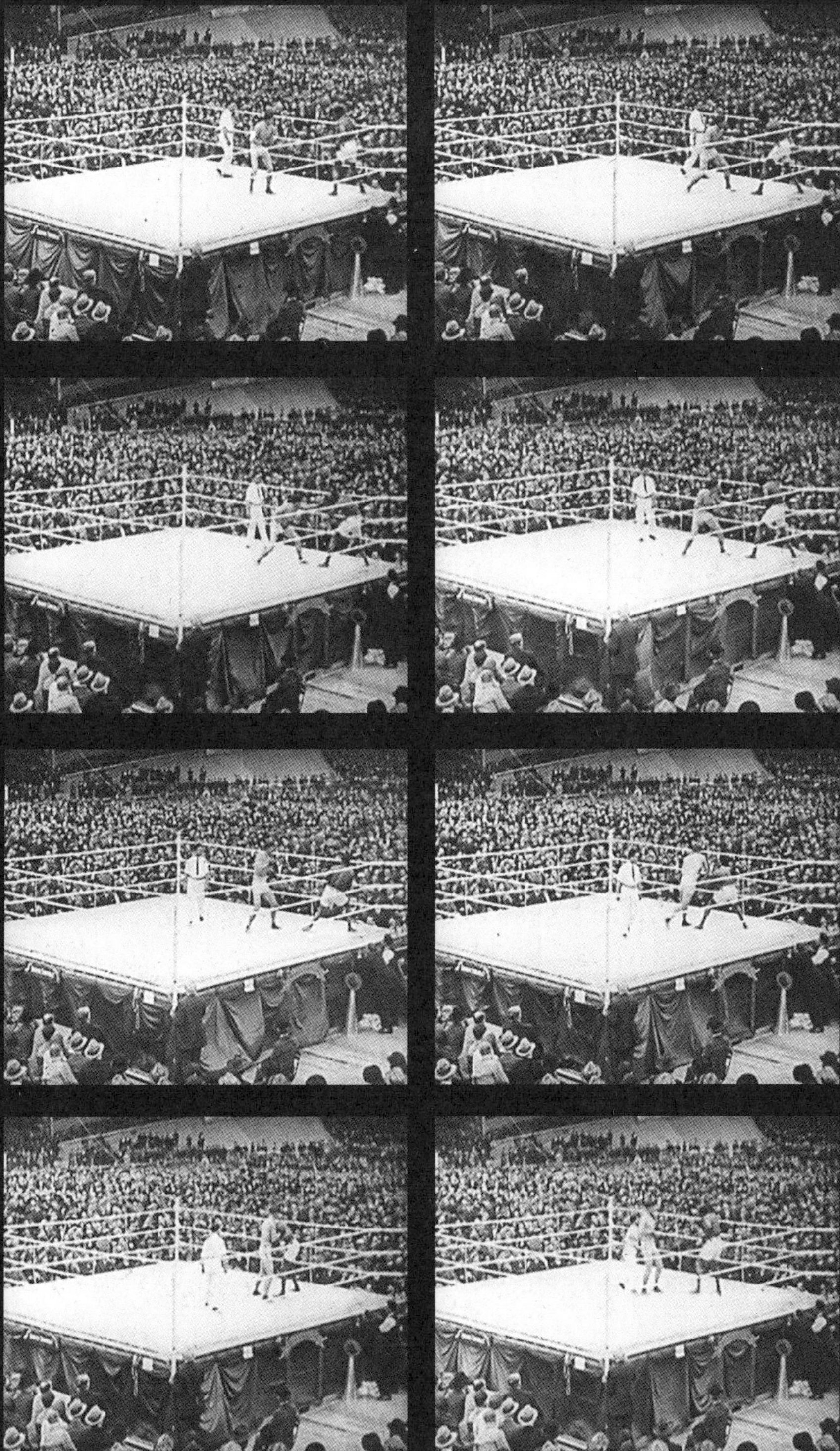

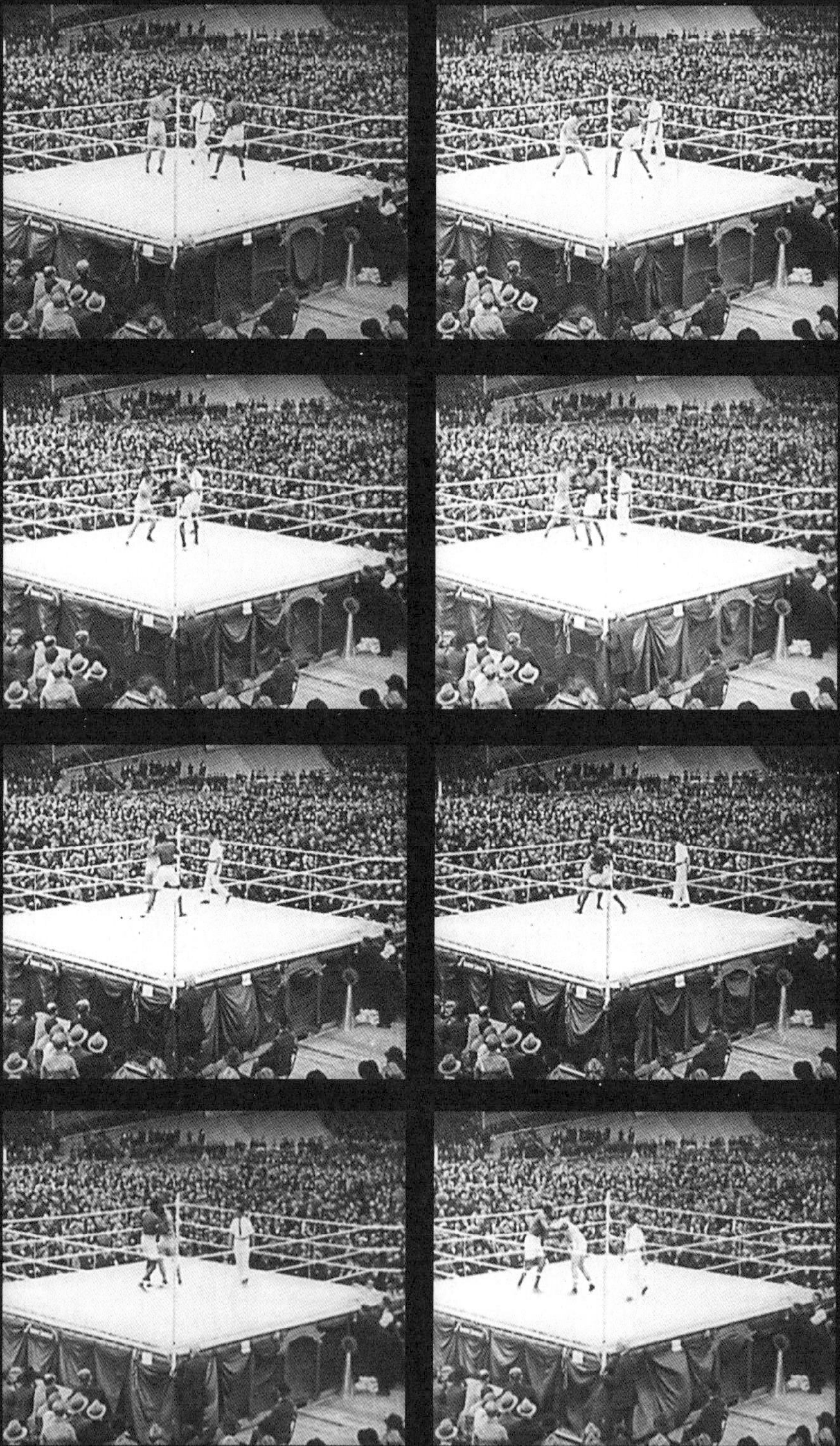

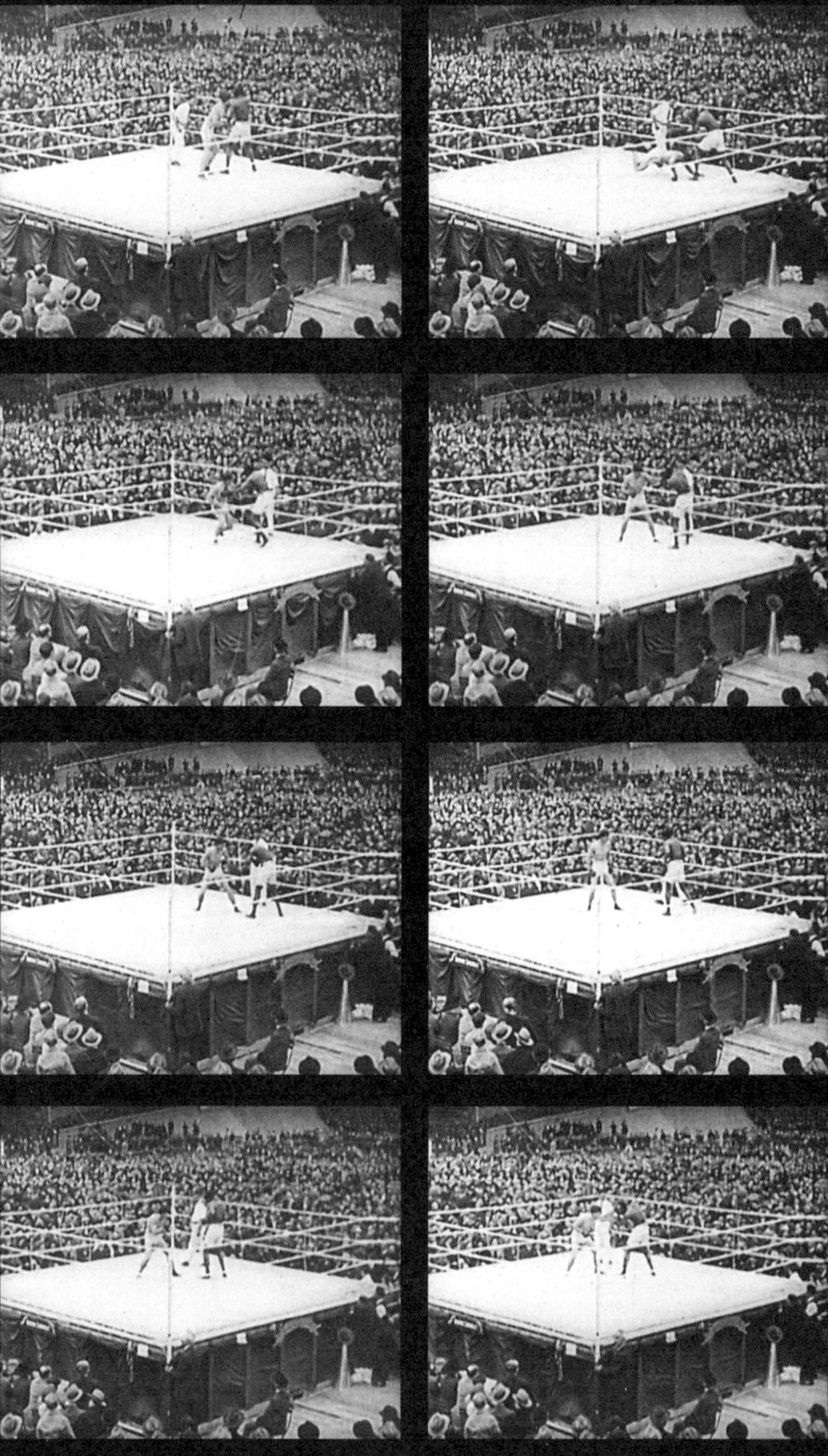

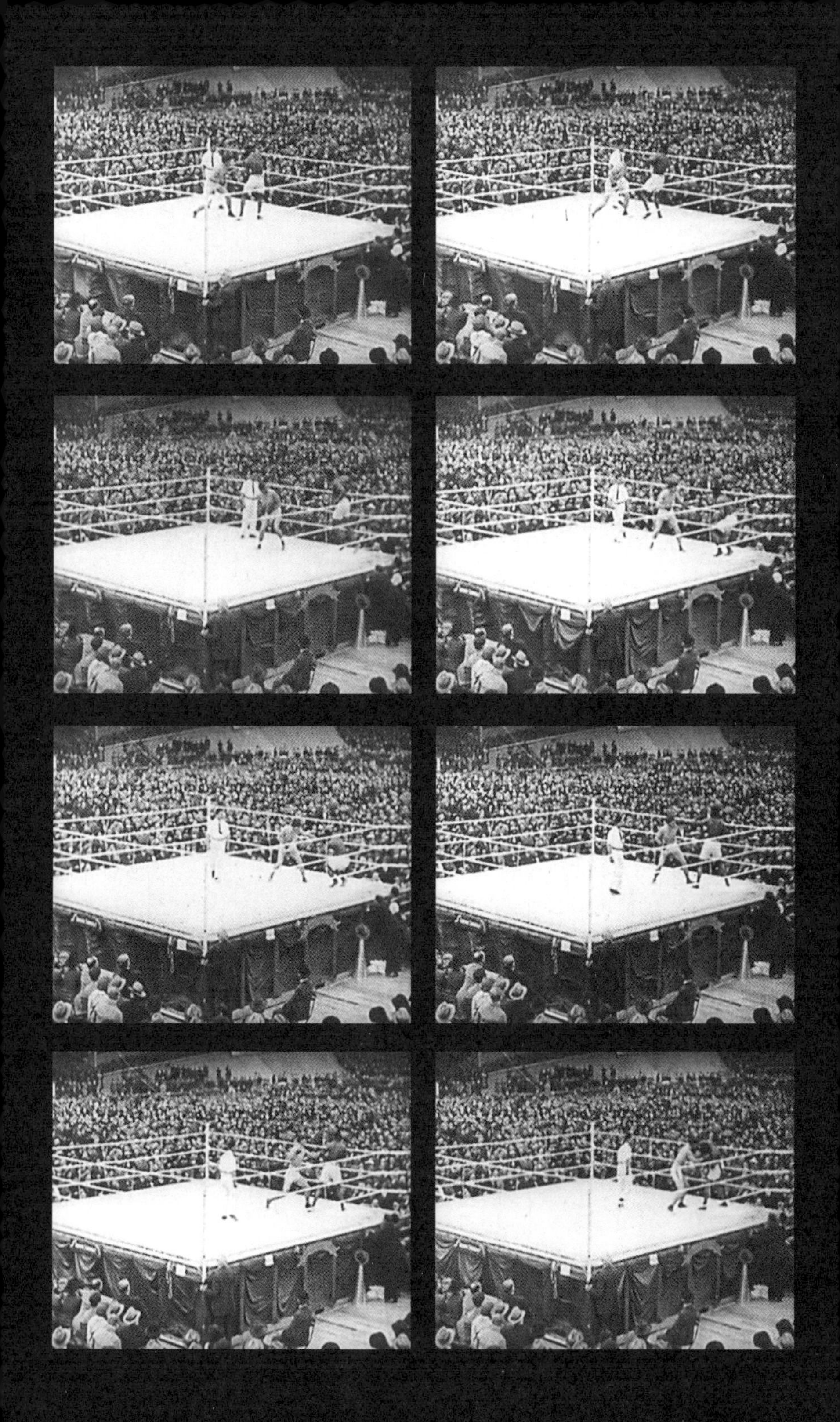

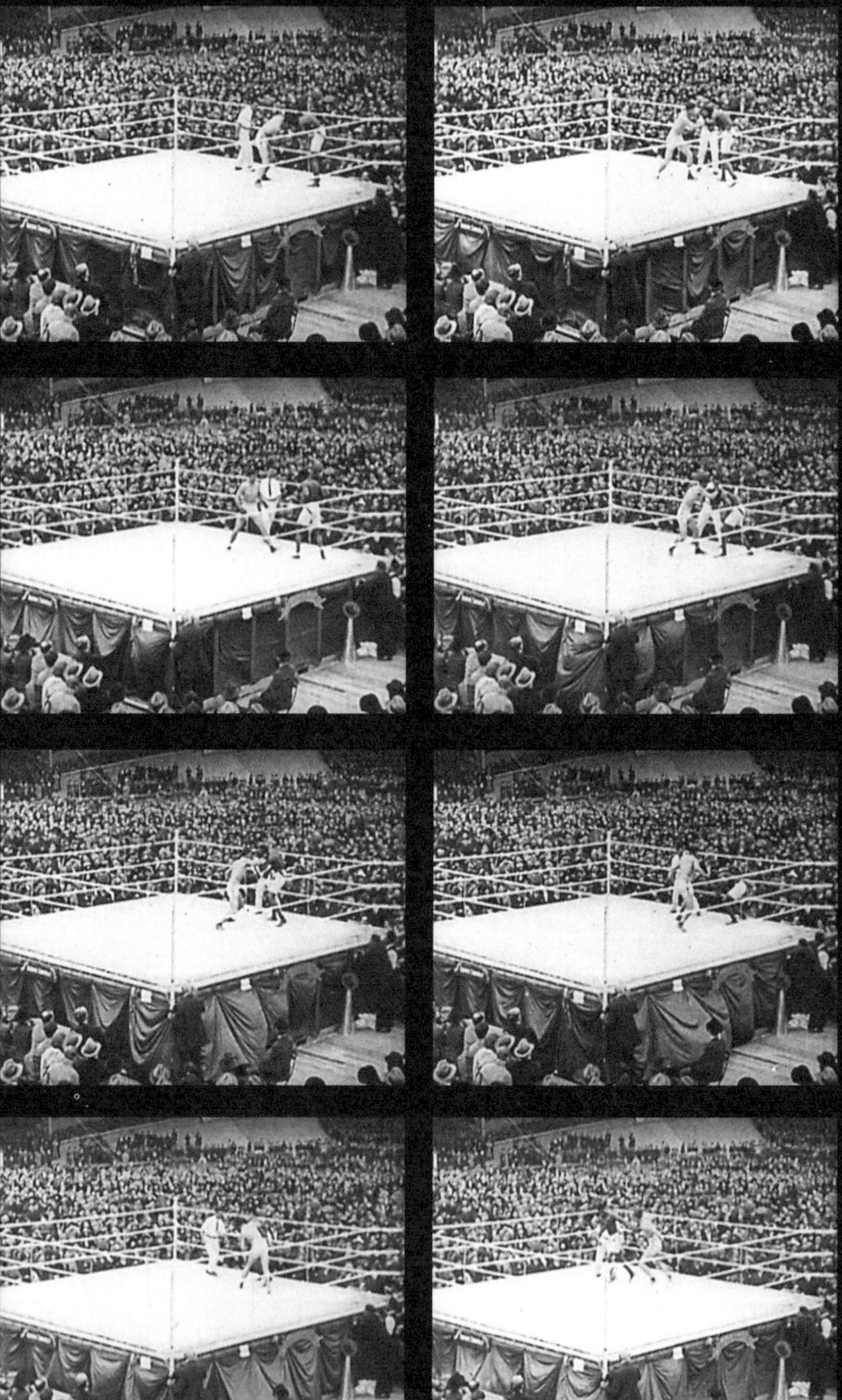

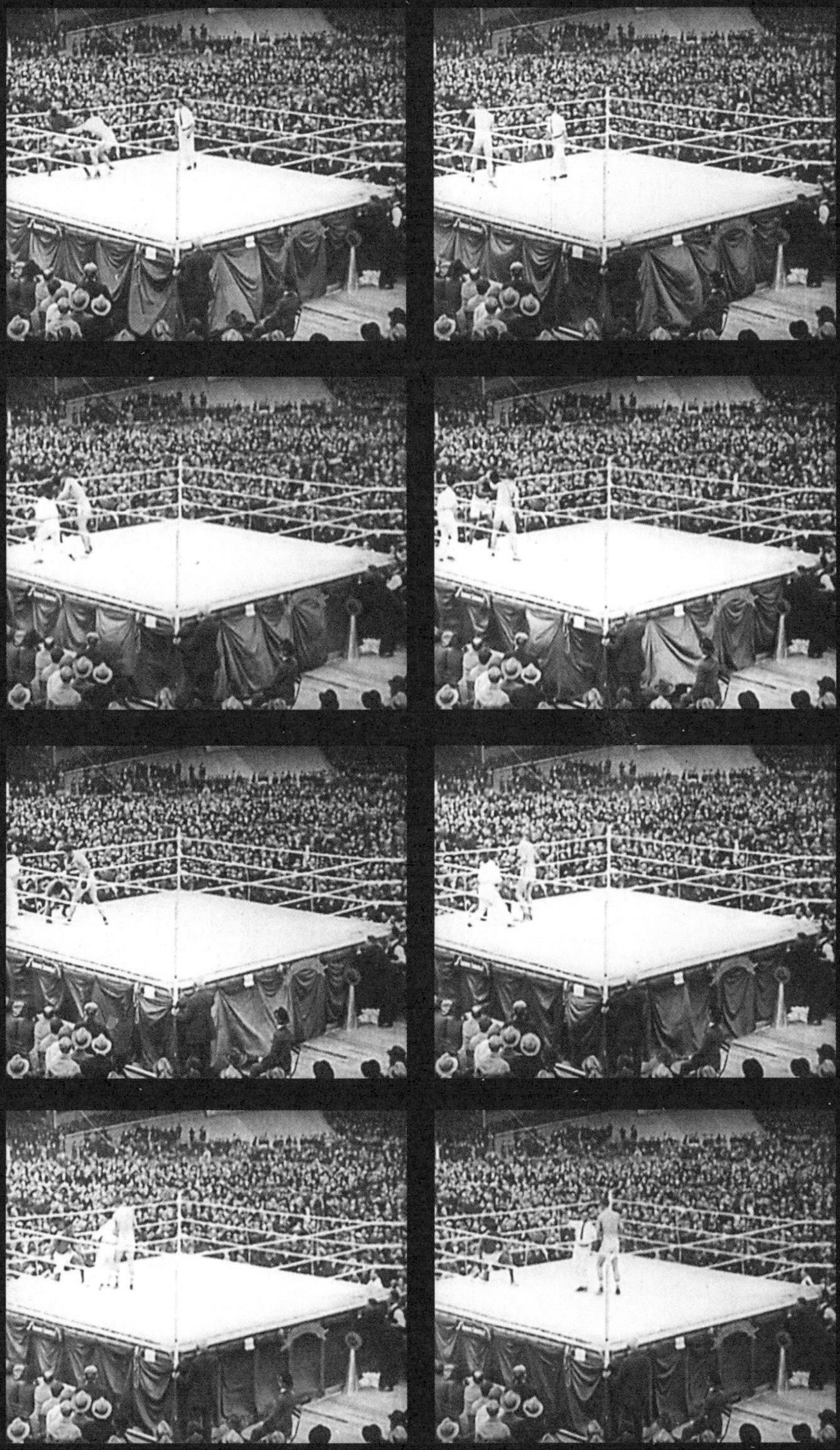

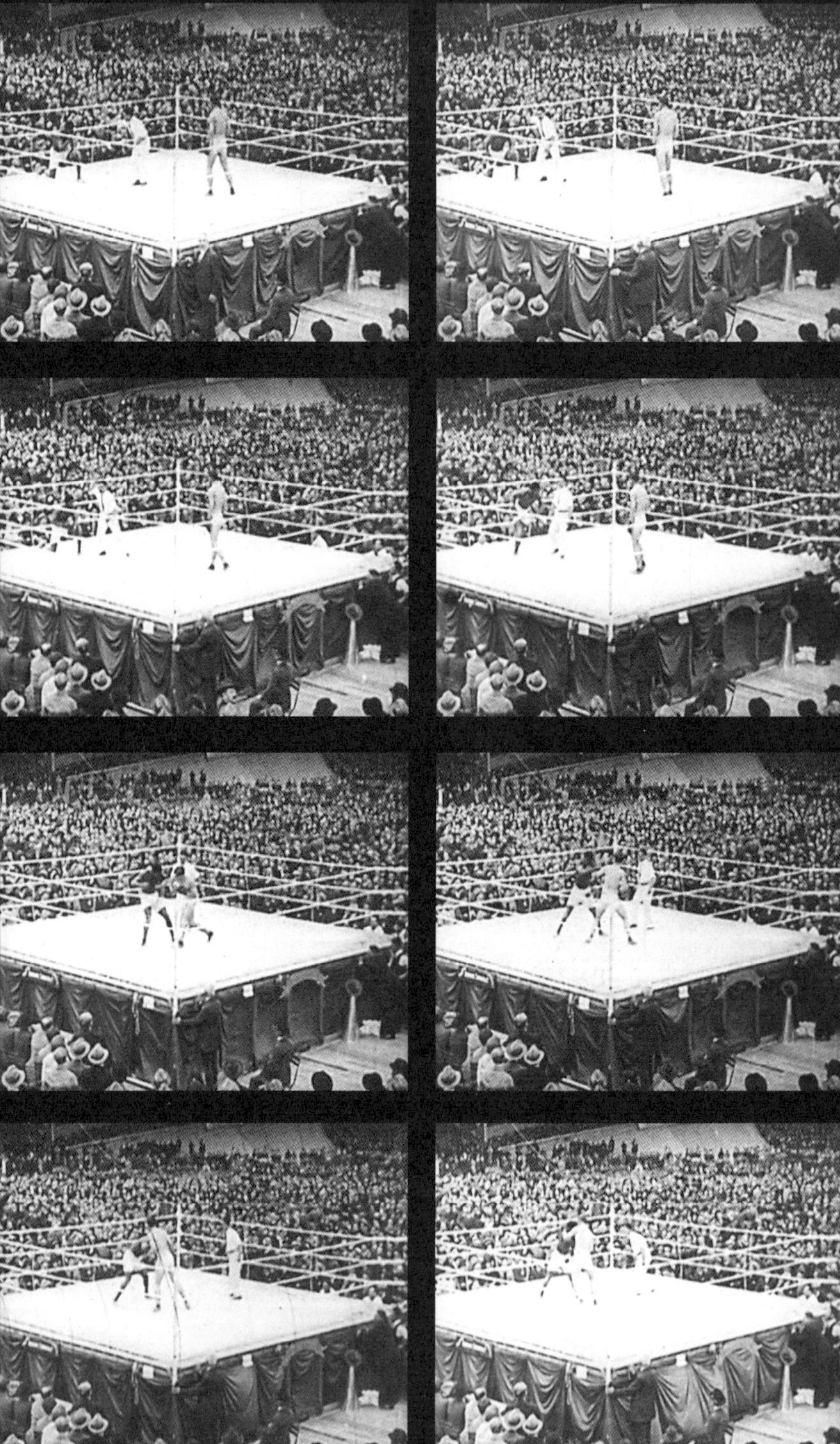

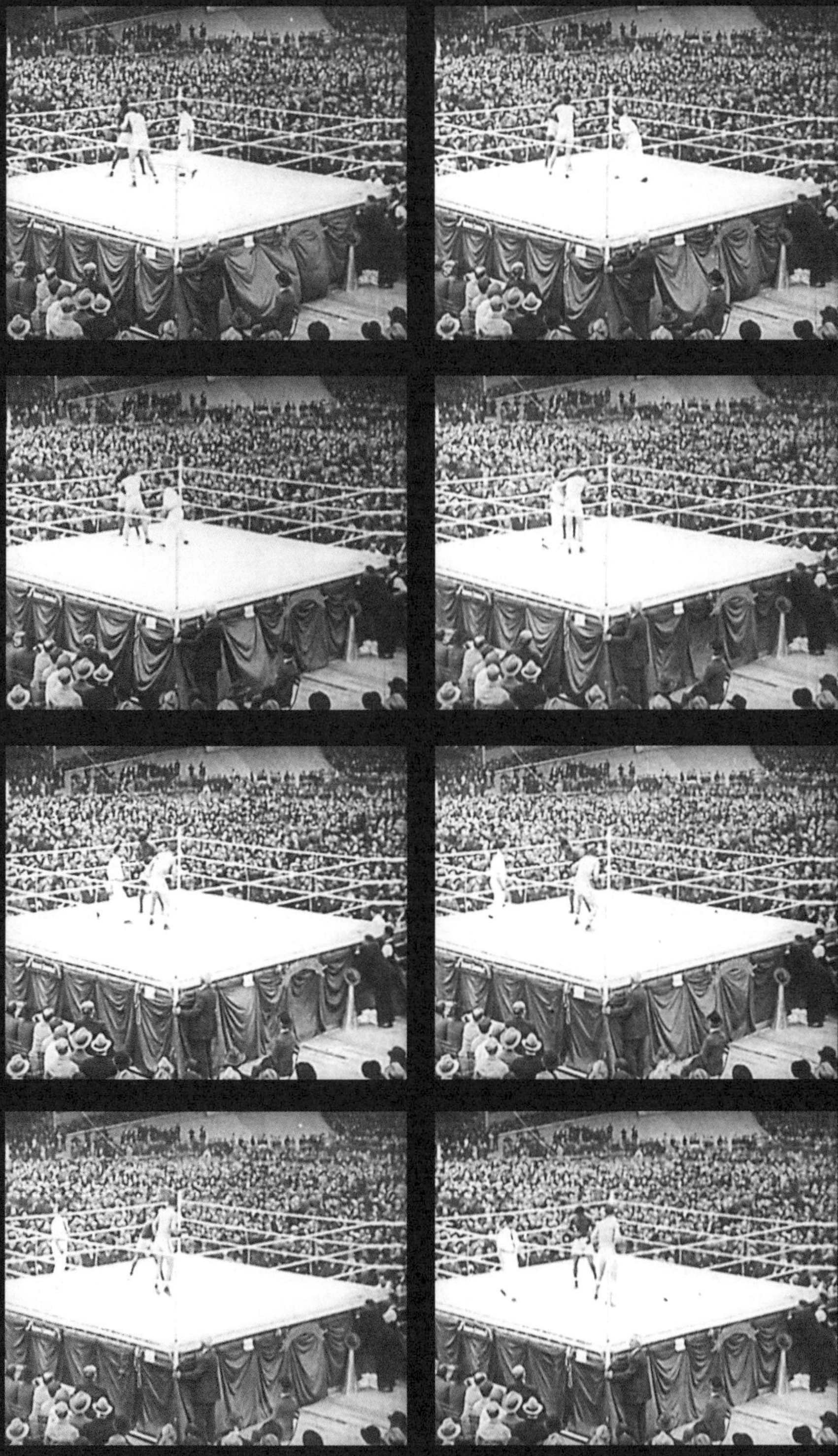

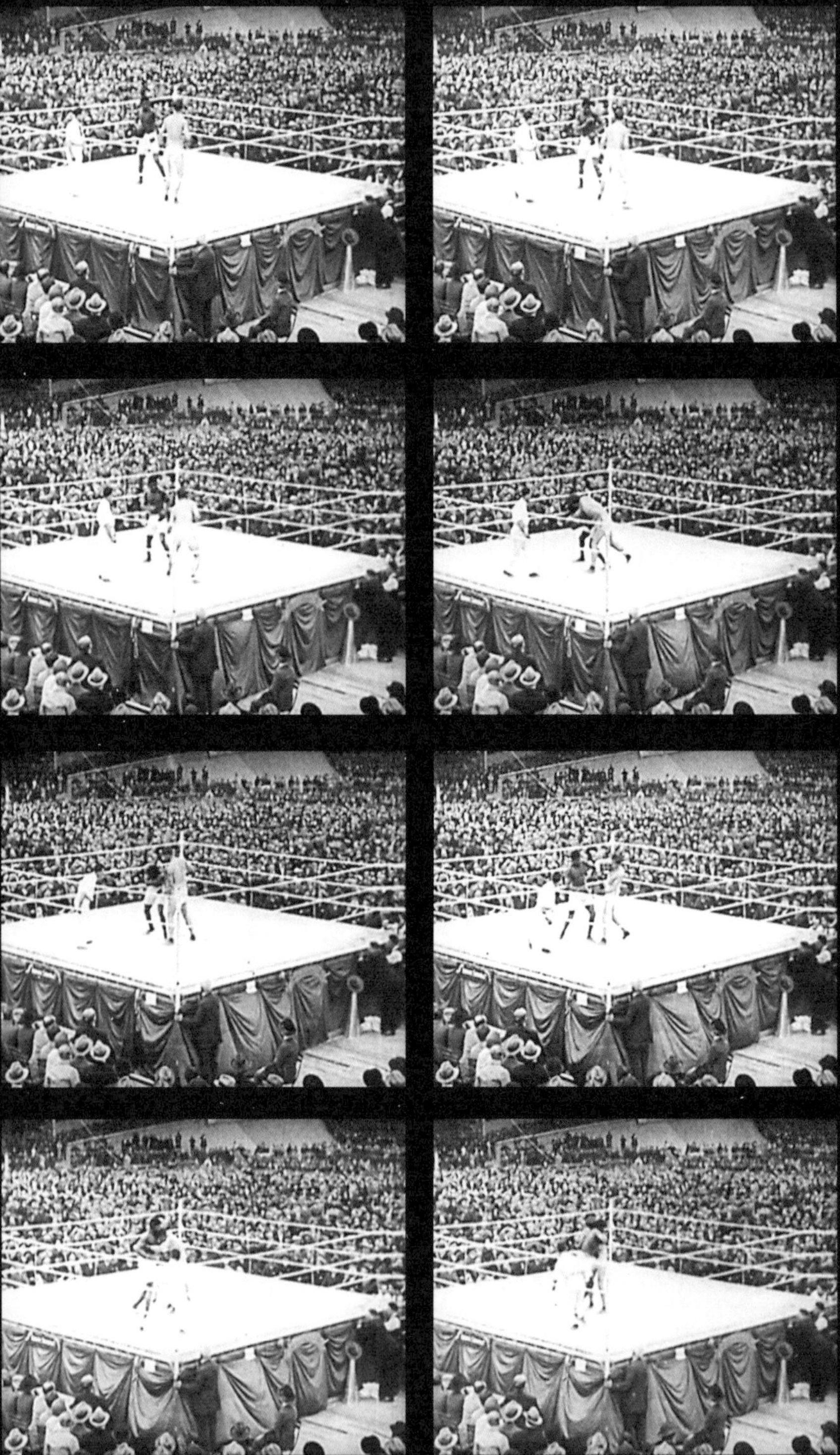

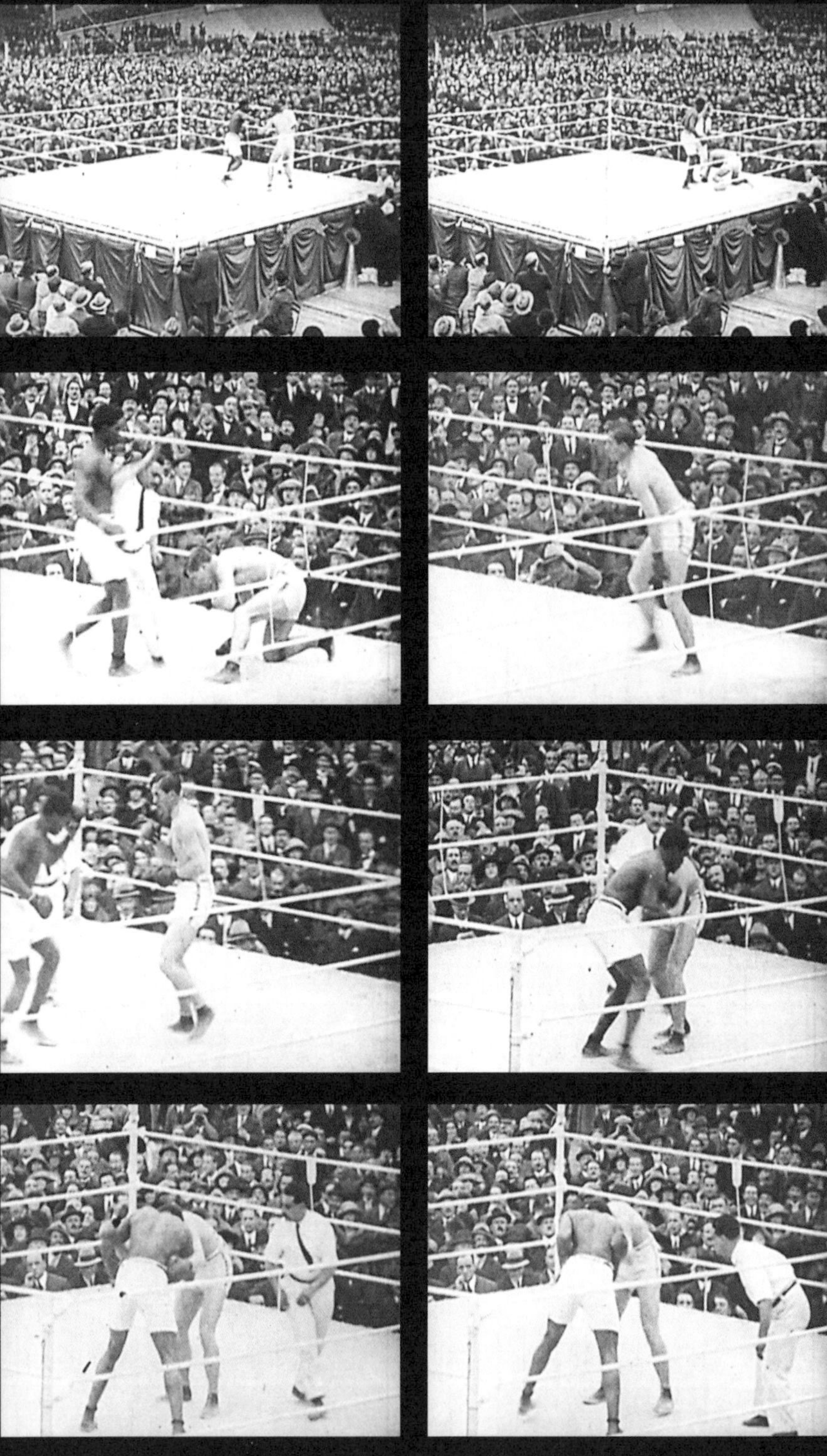

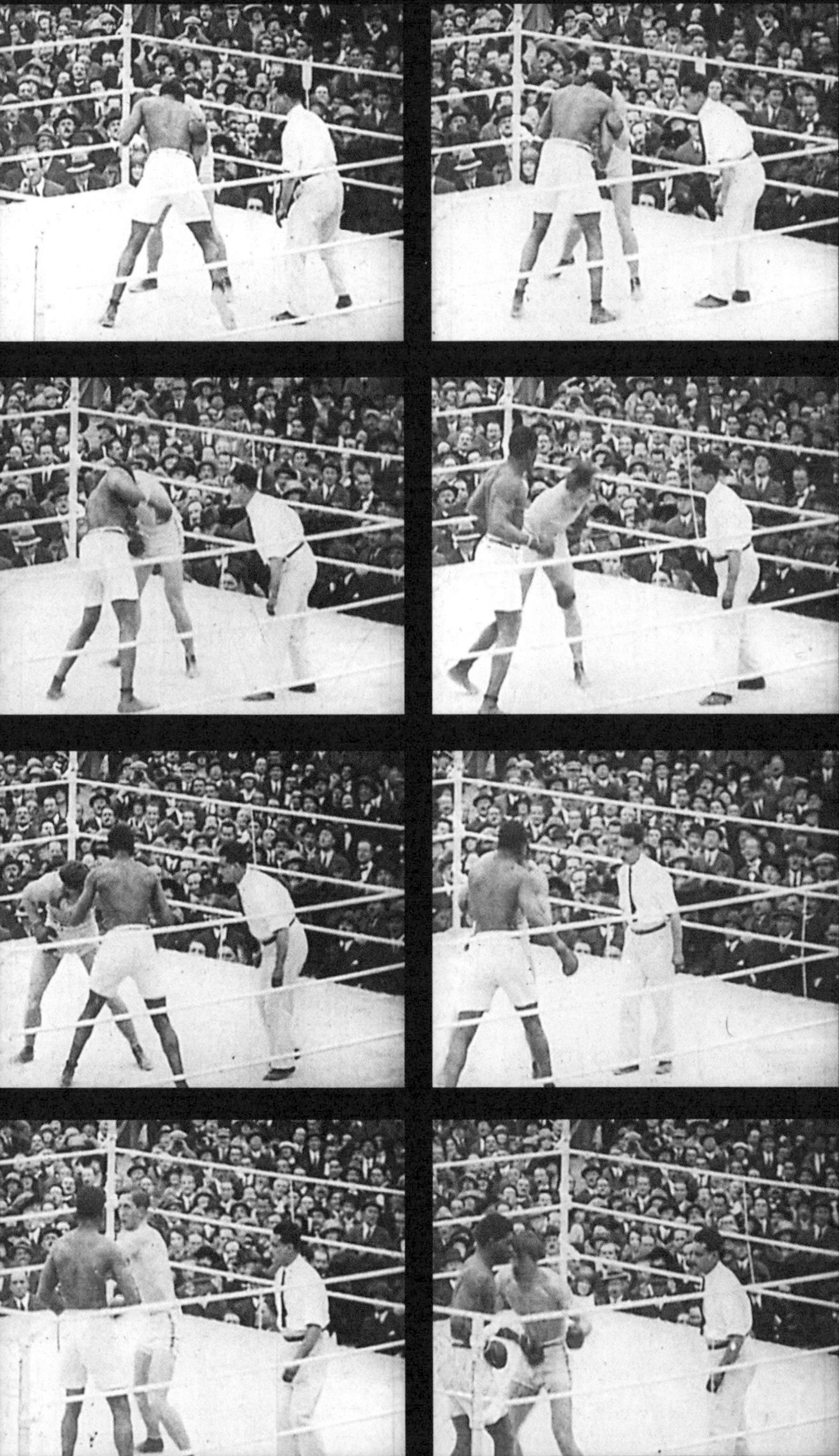

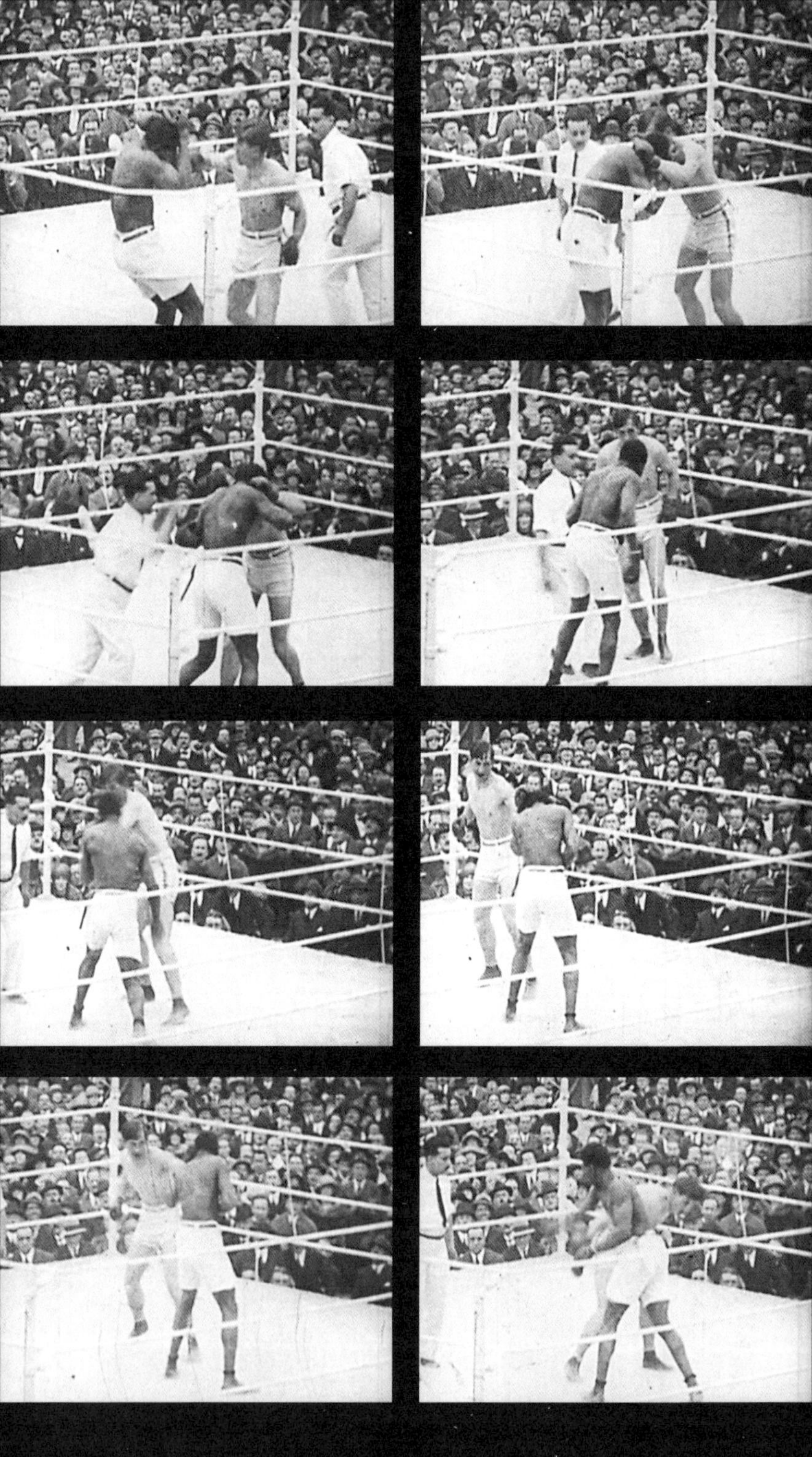

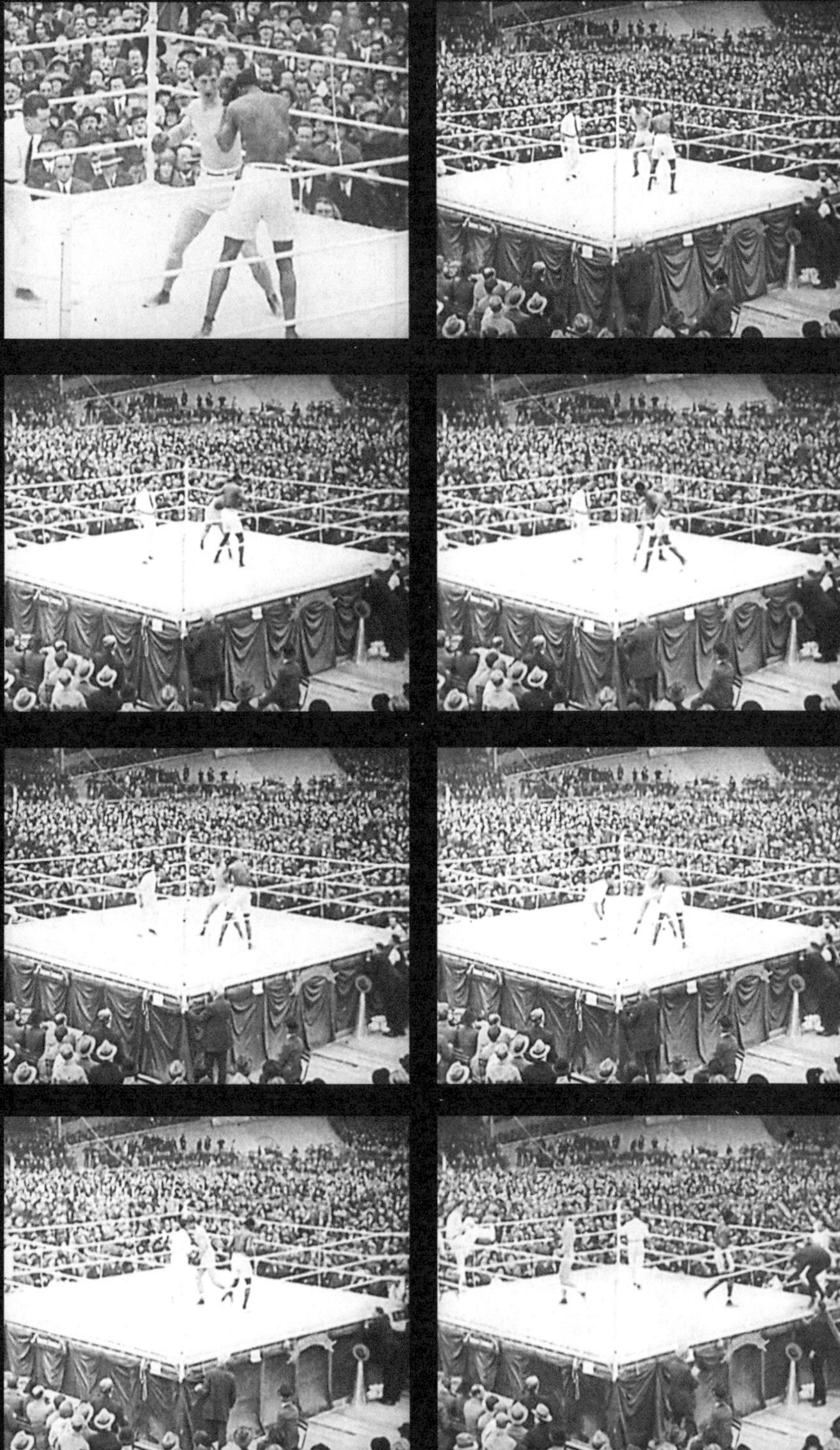

ROUND

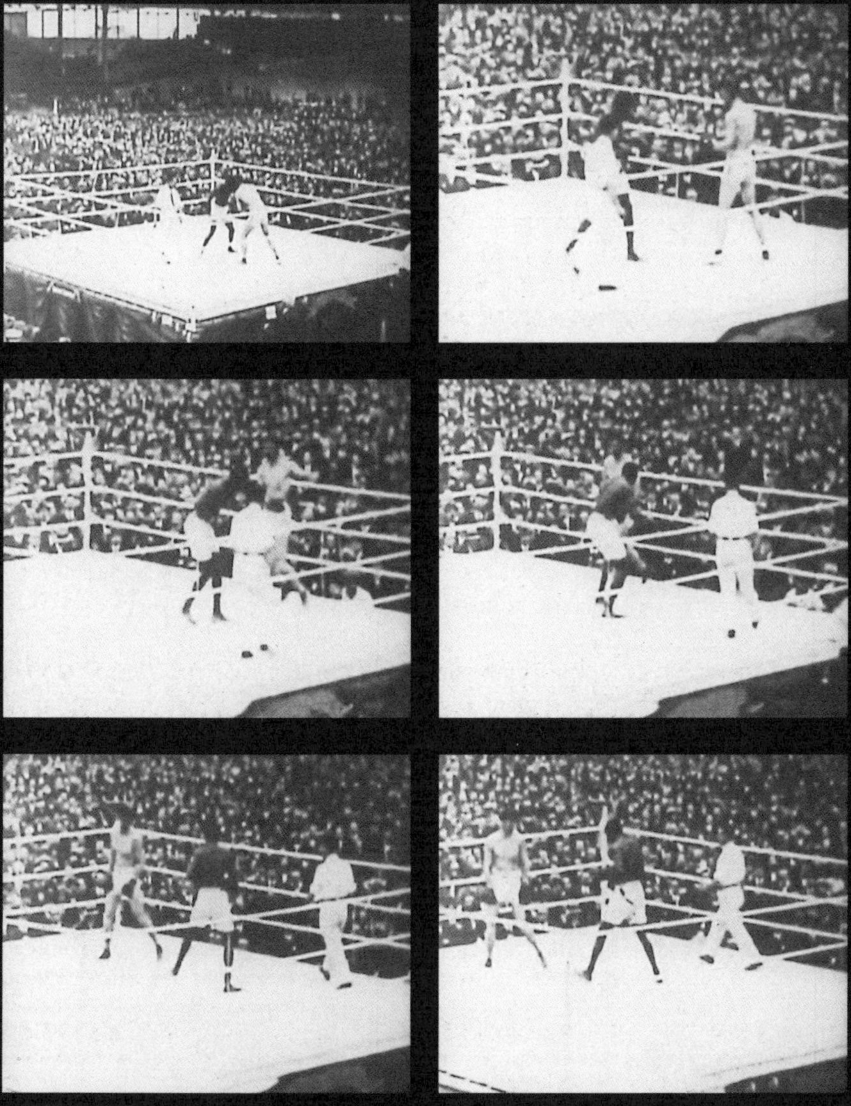

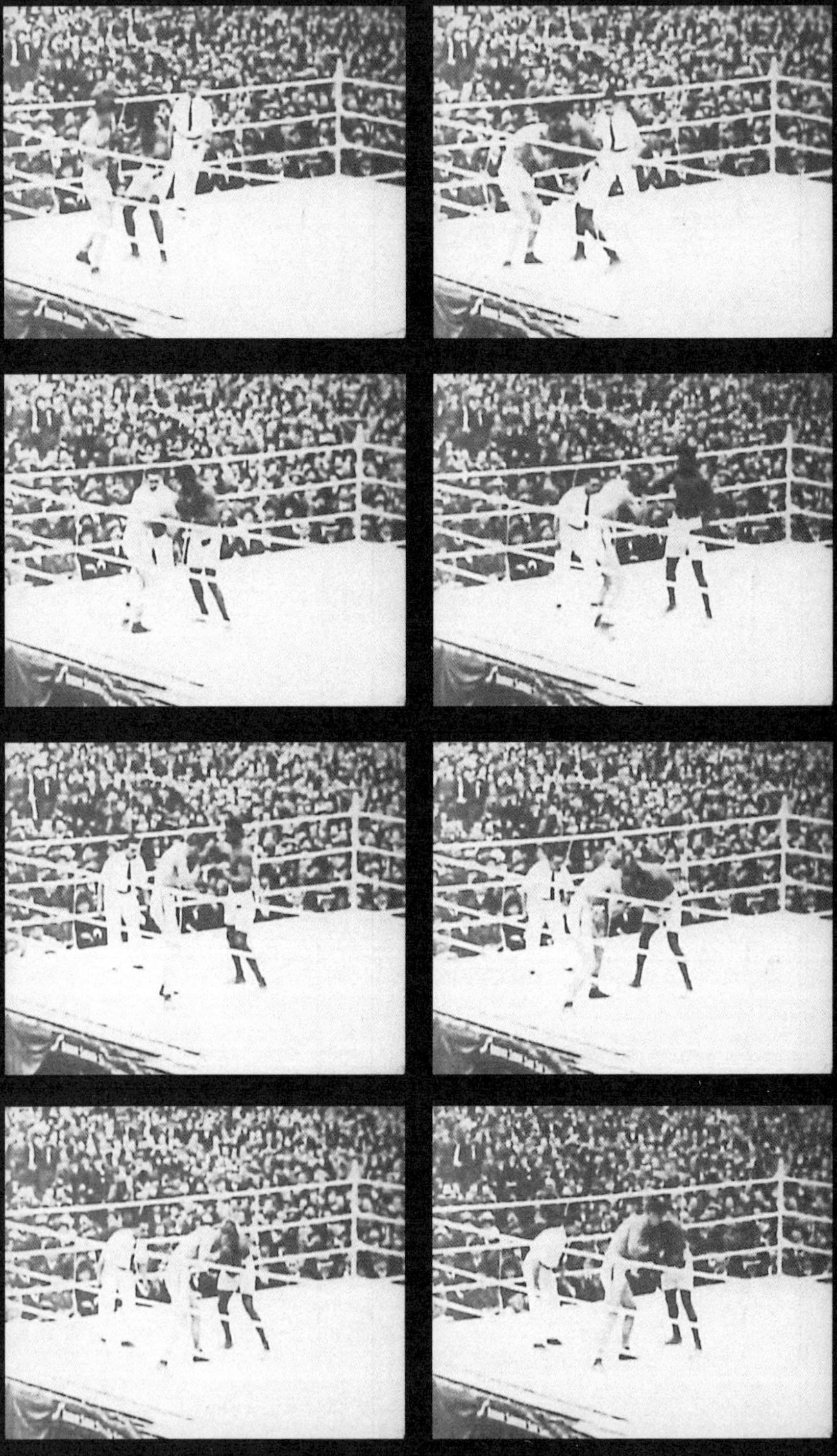

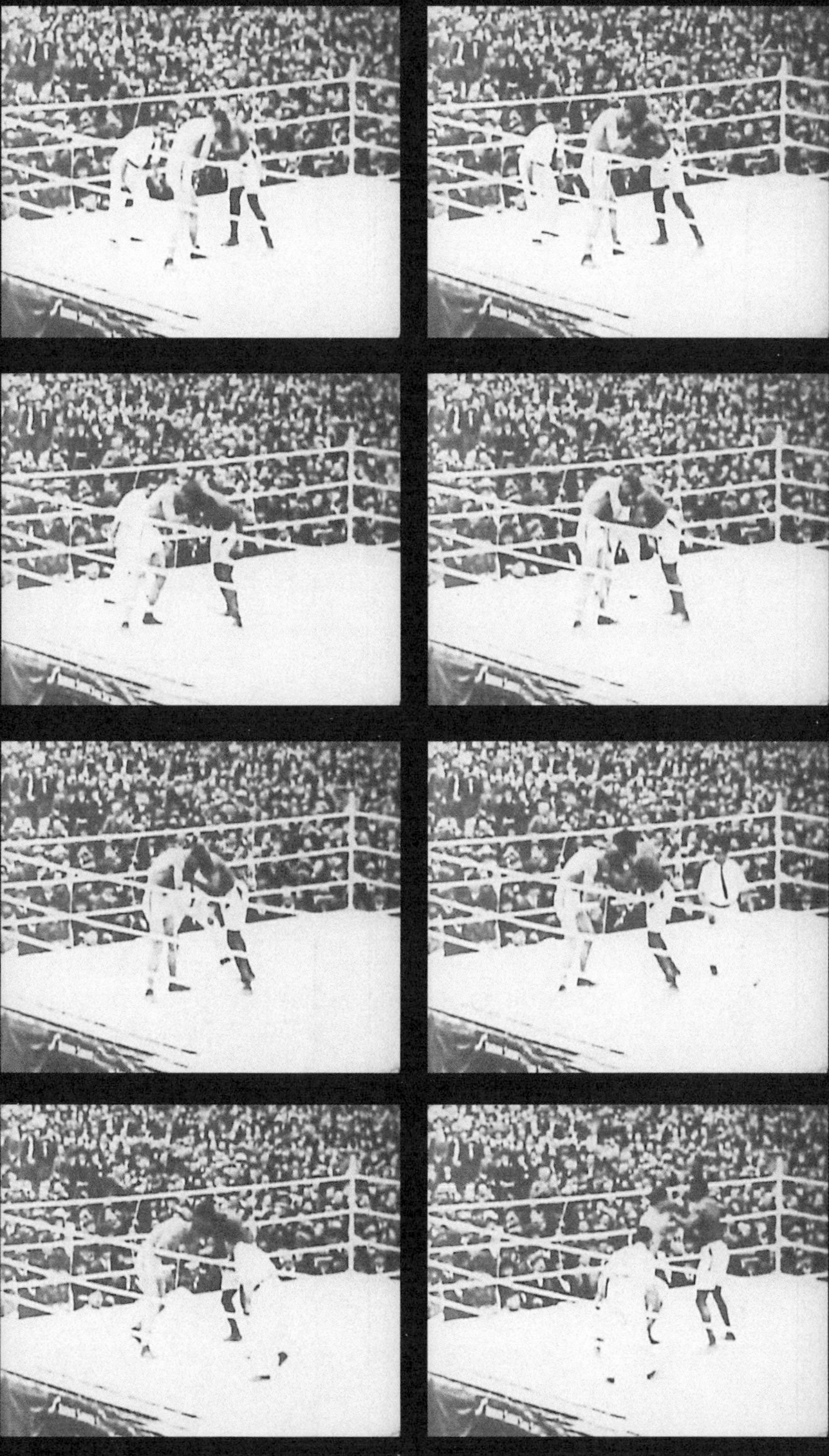

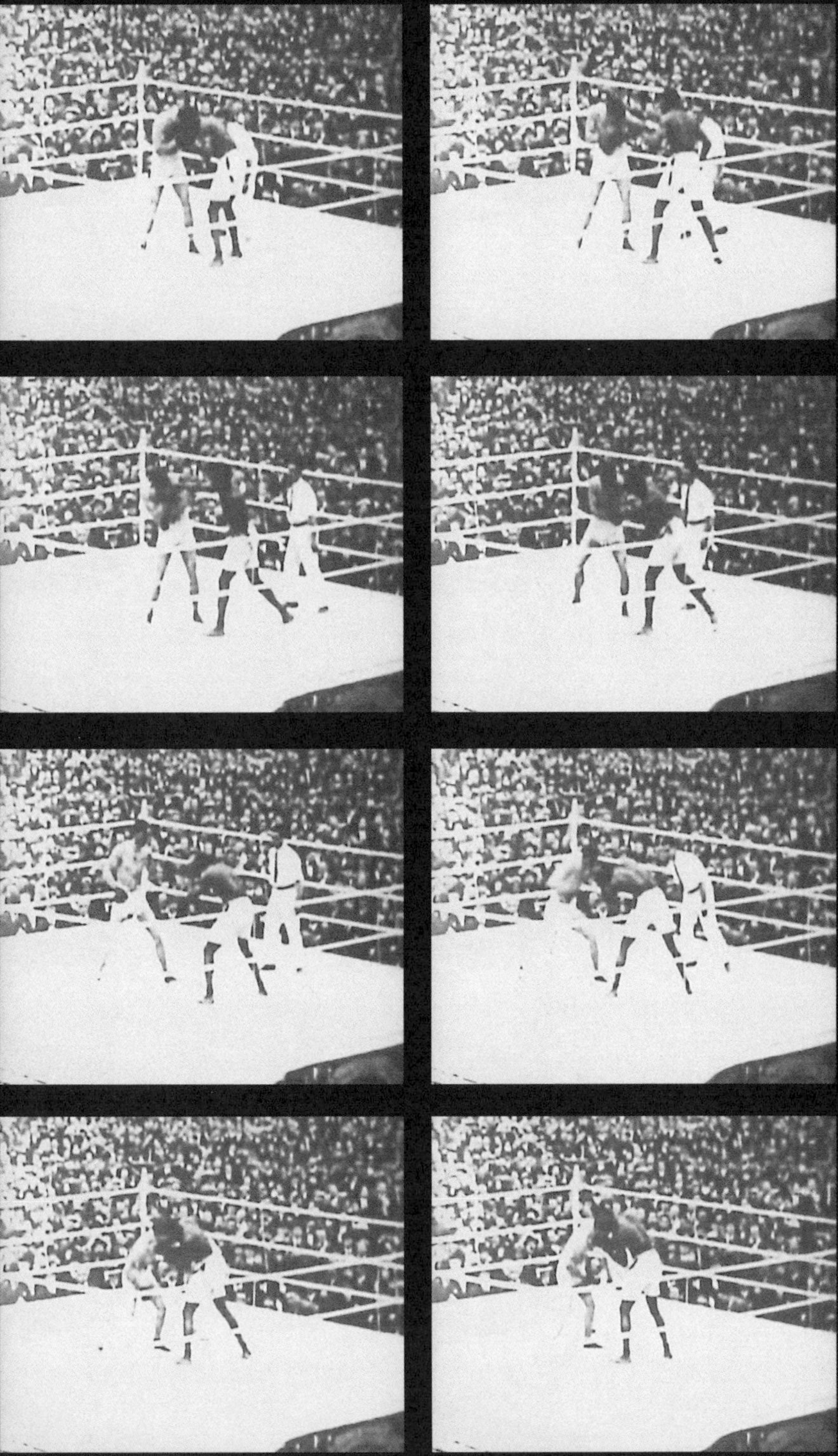

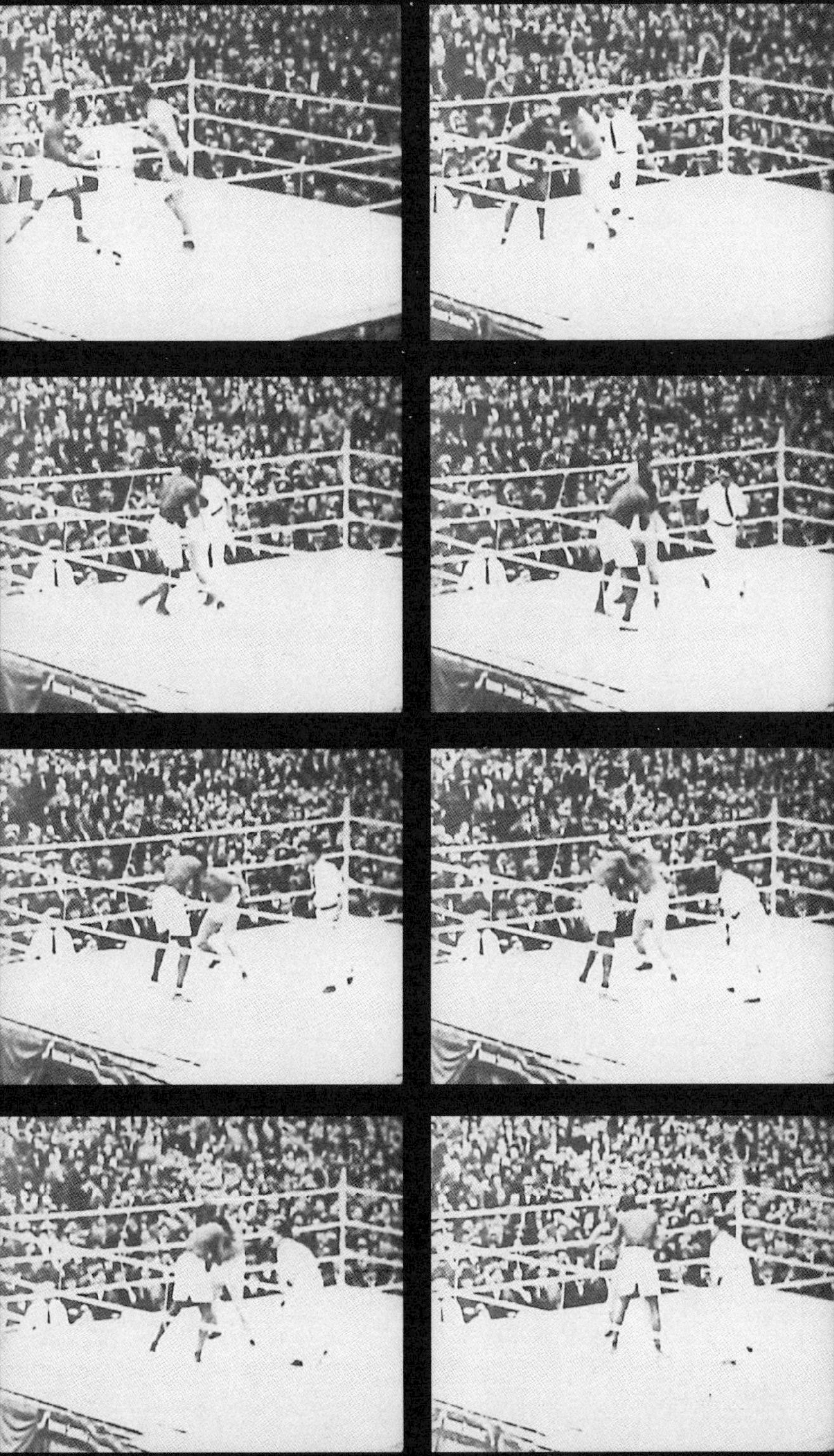

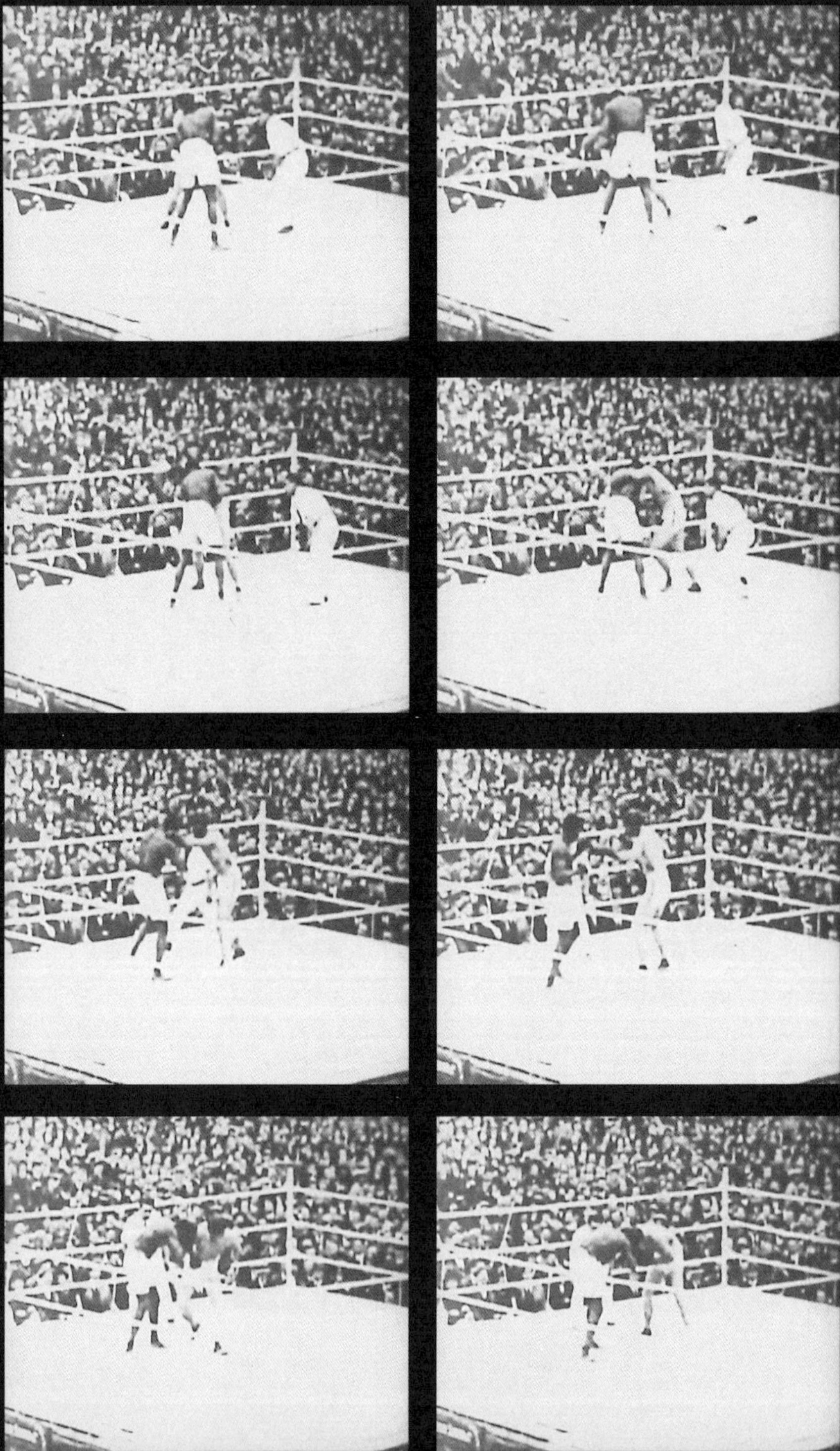

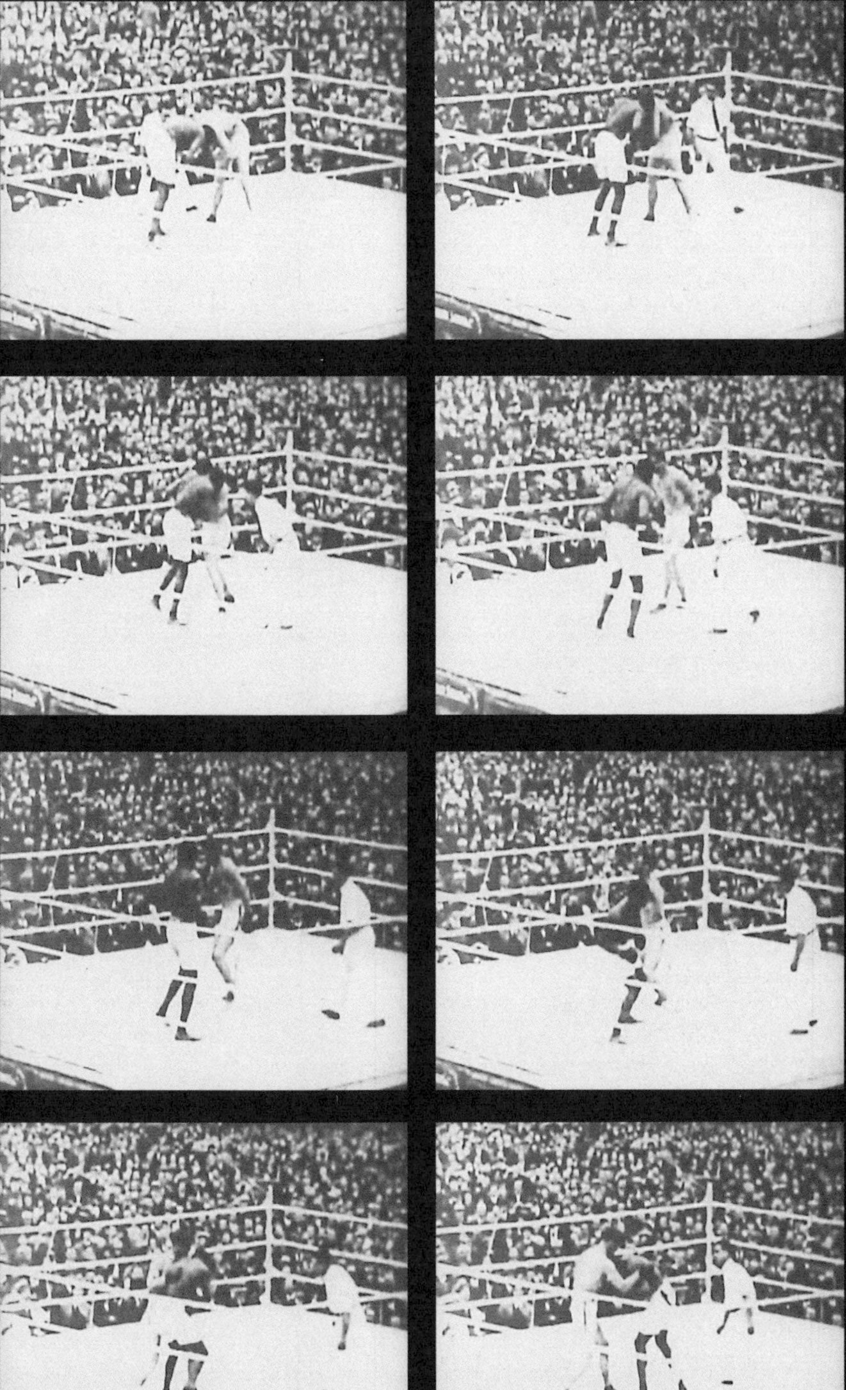

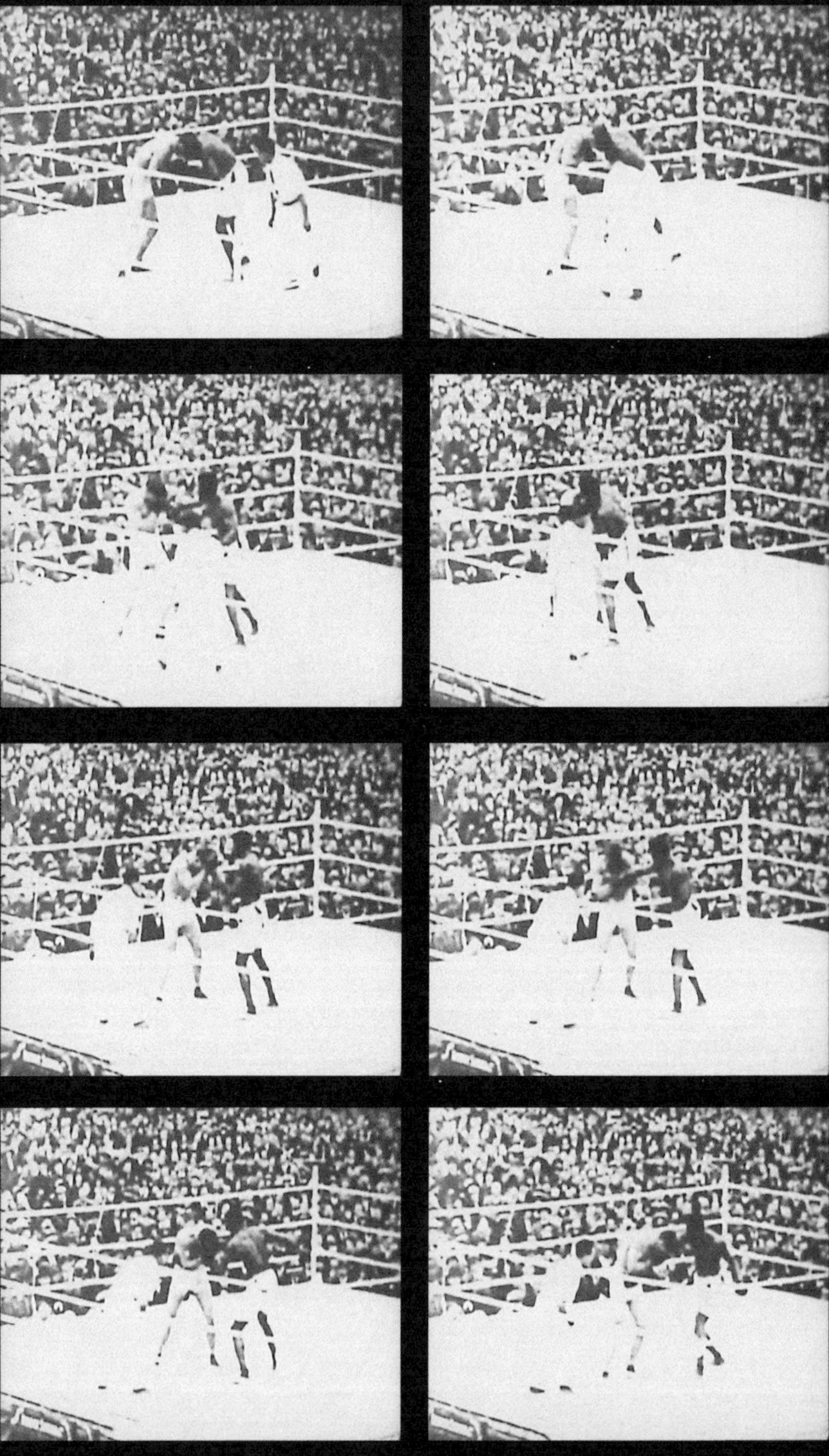

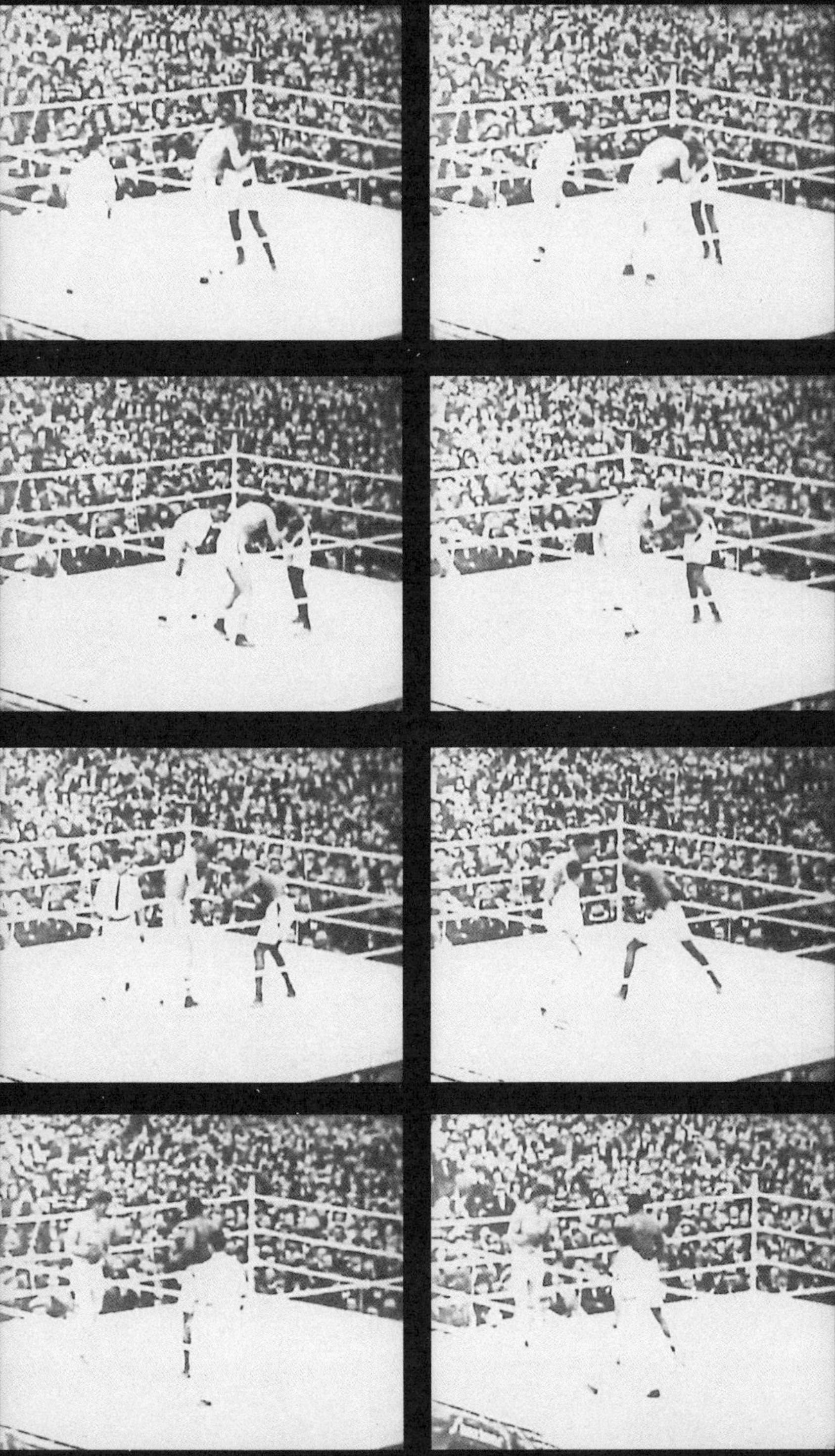

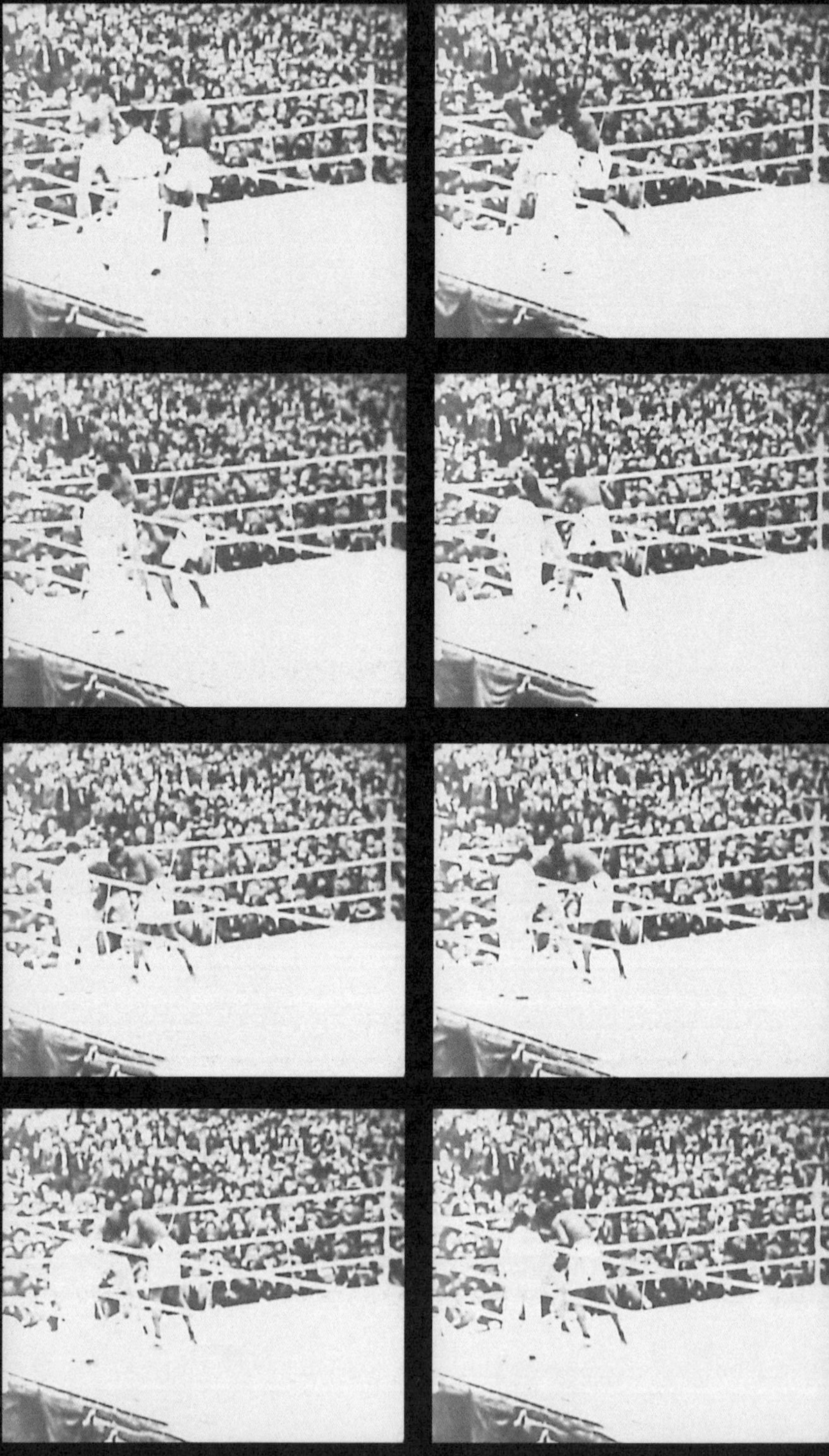

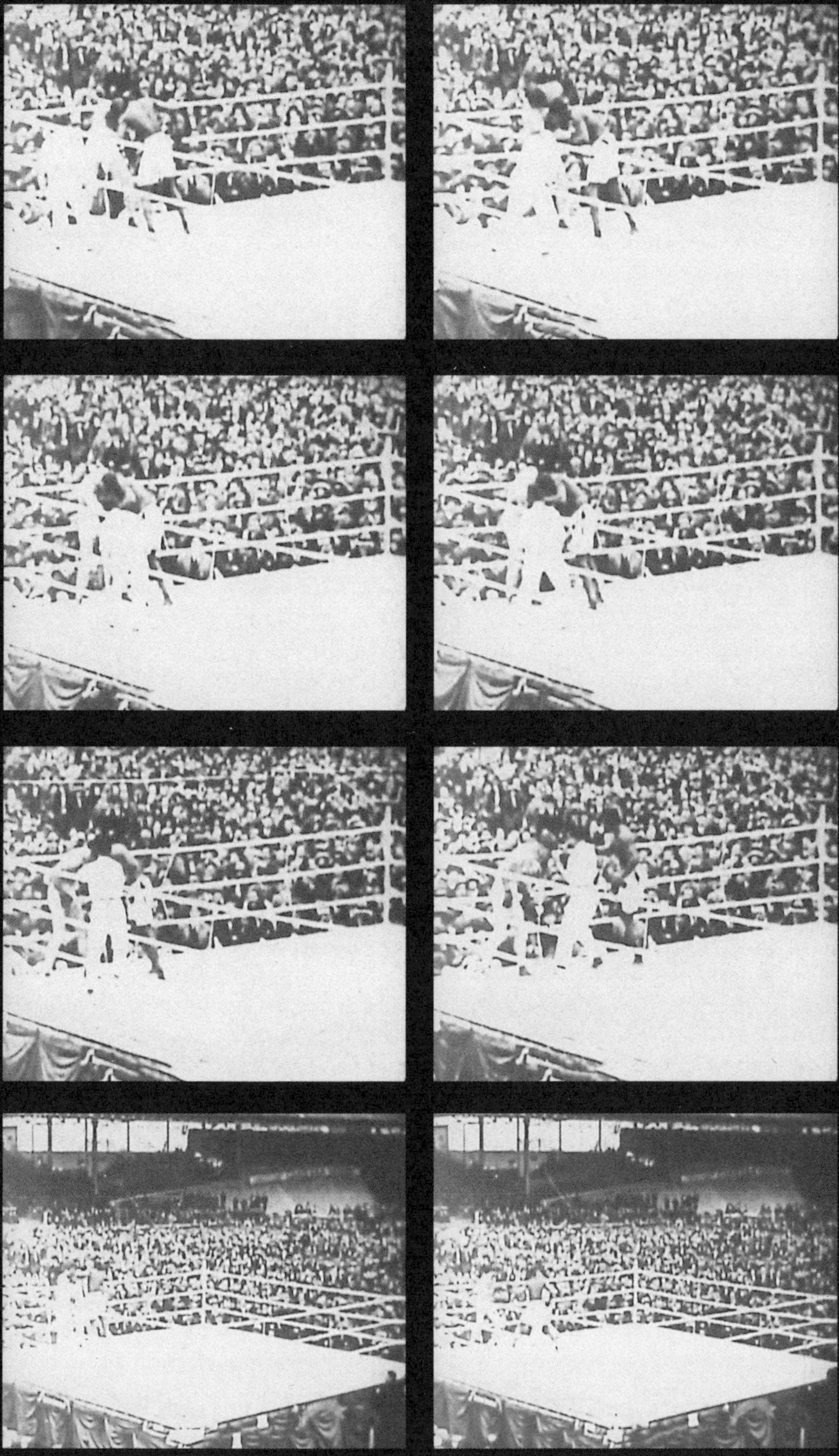

The Fifth Round.

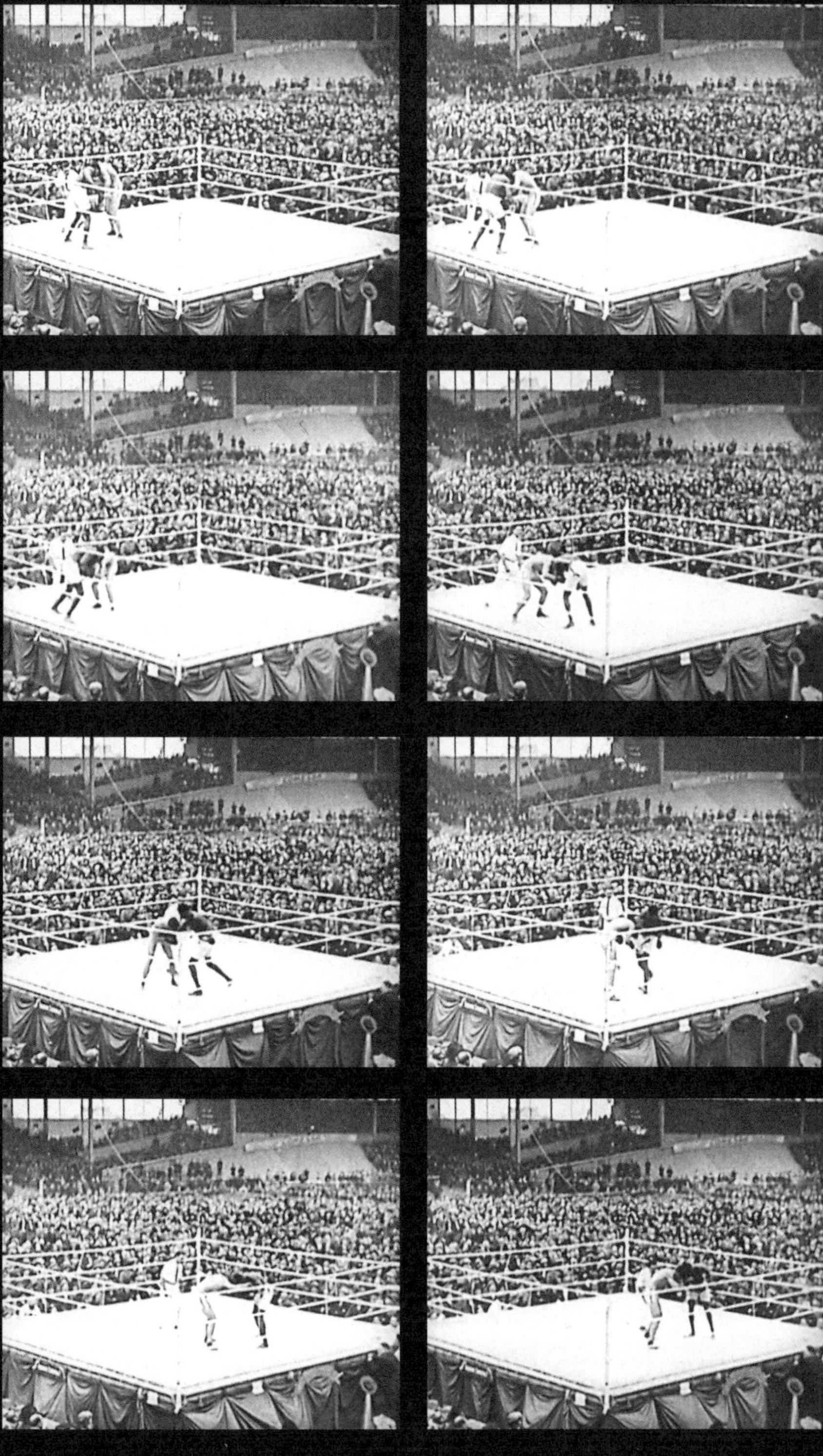

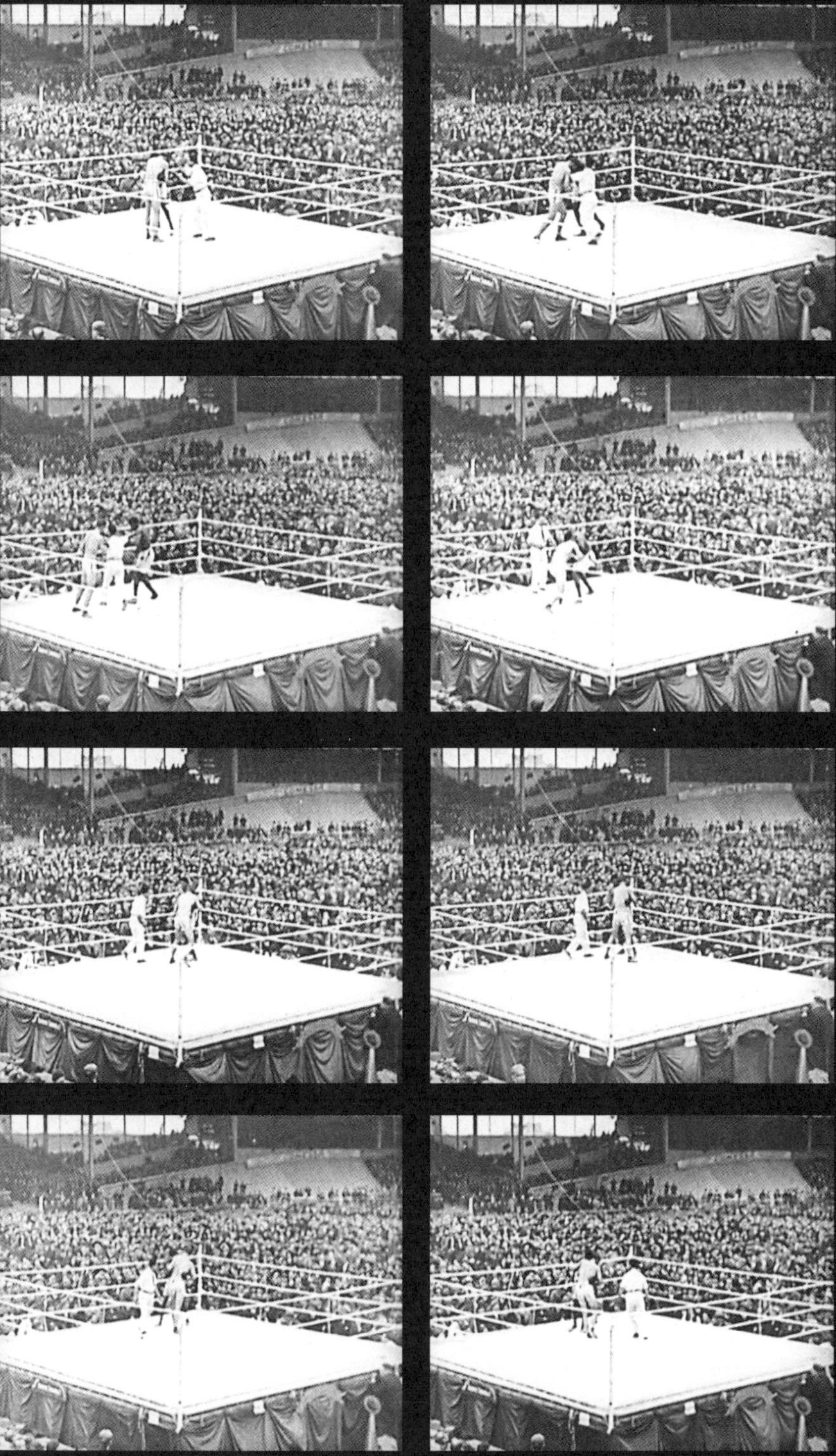

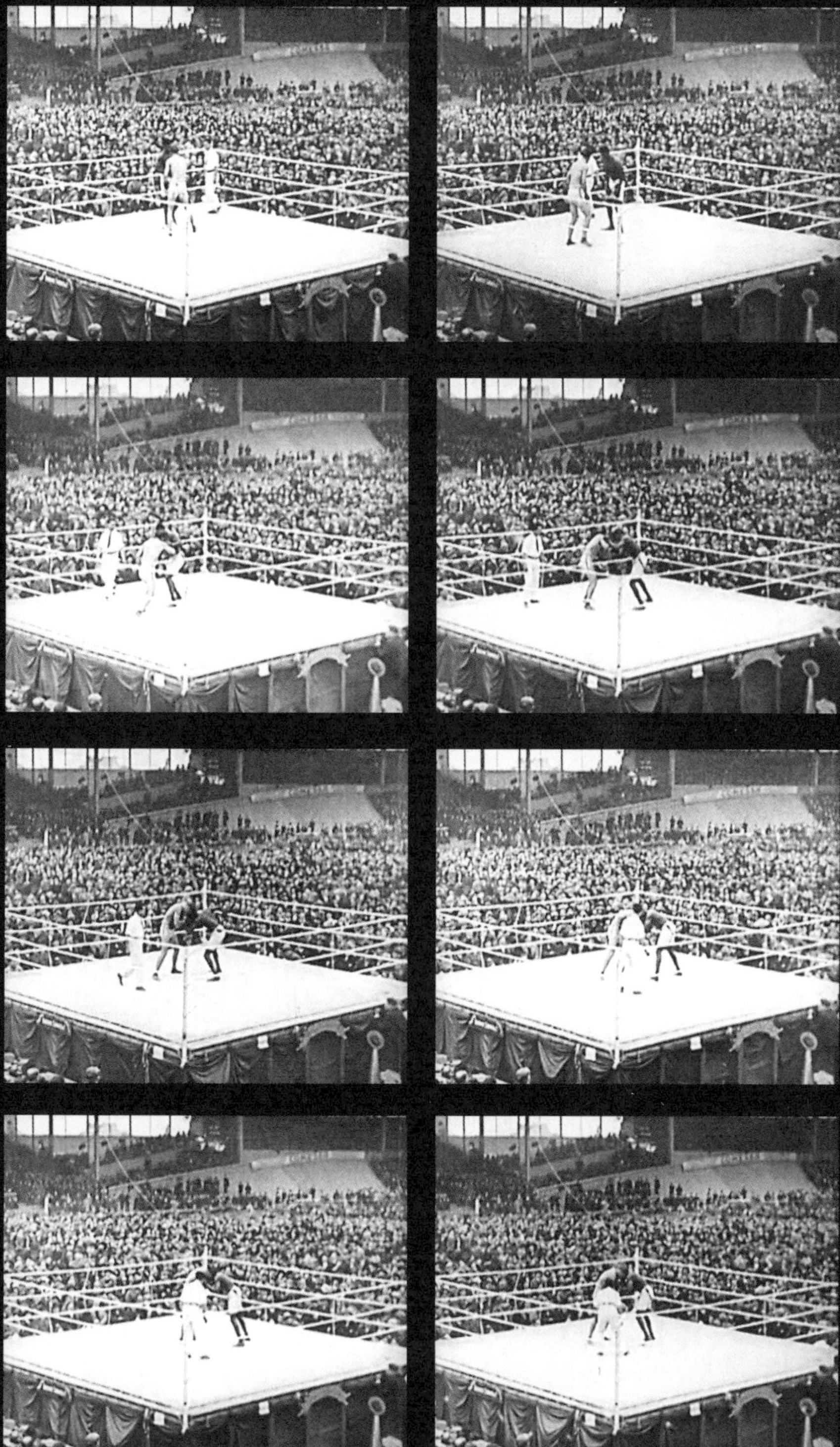

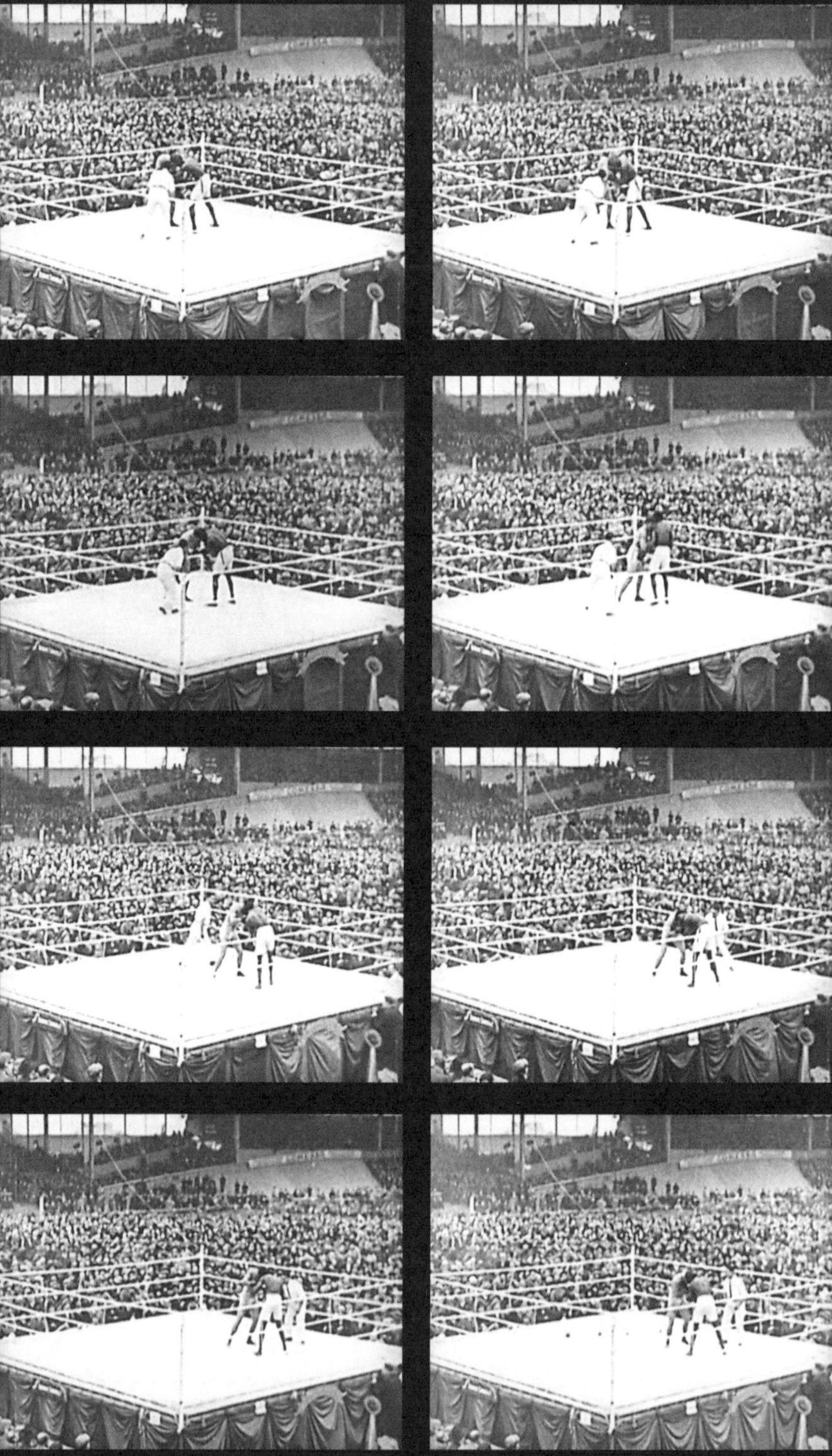

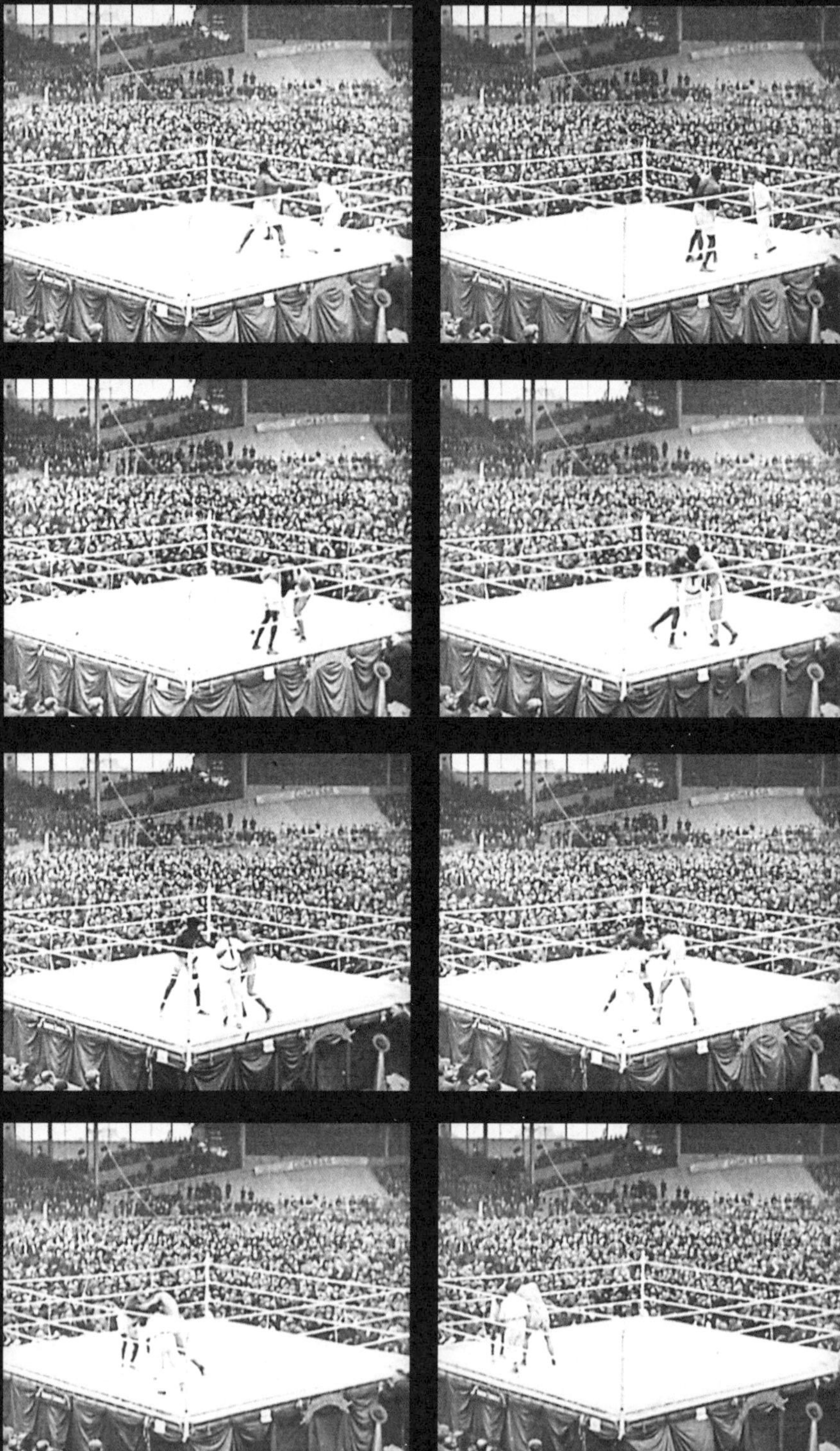

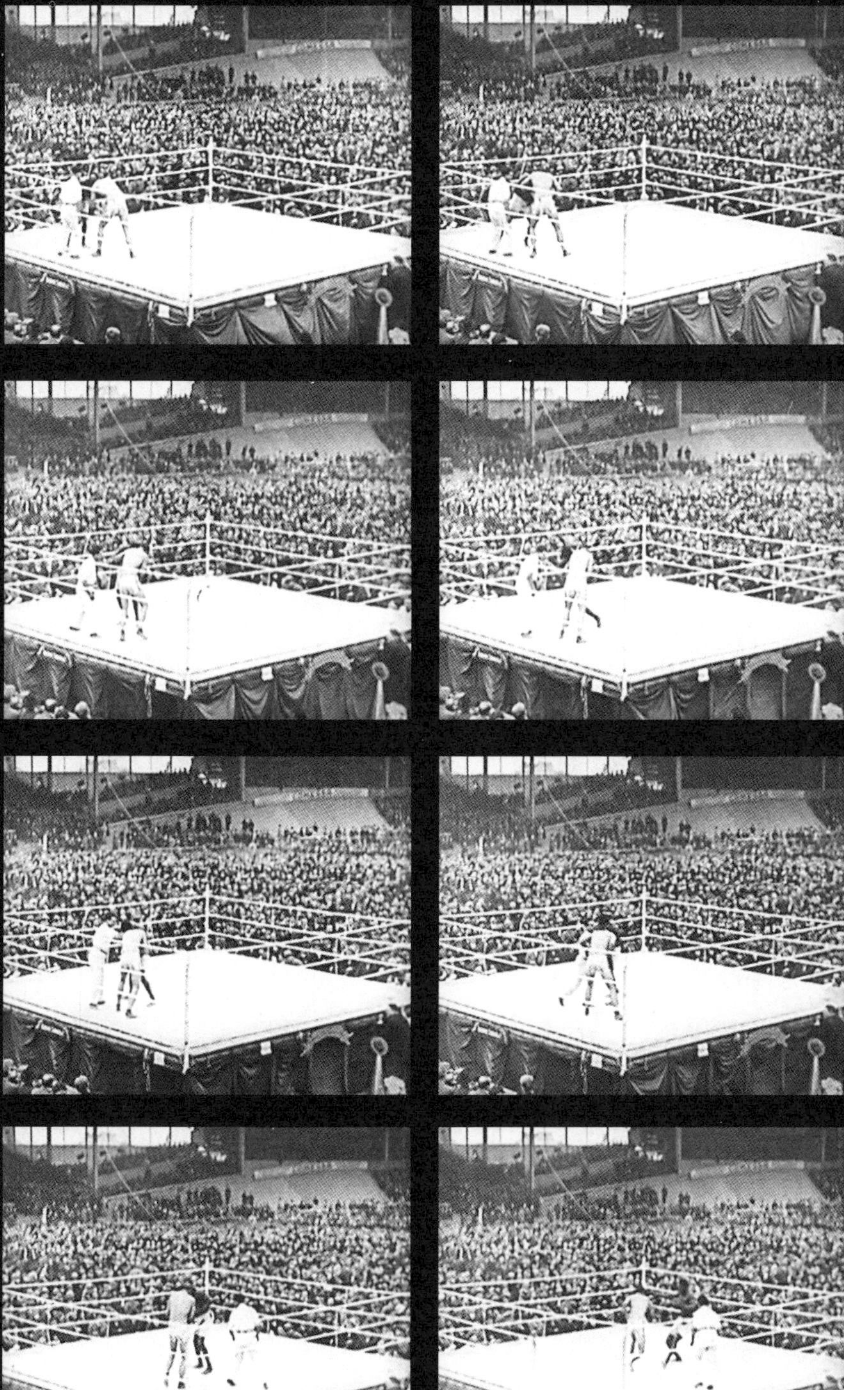

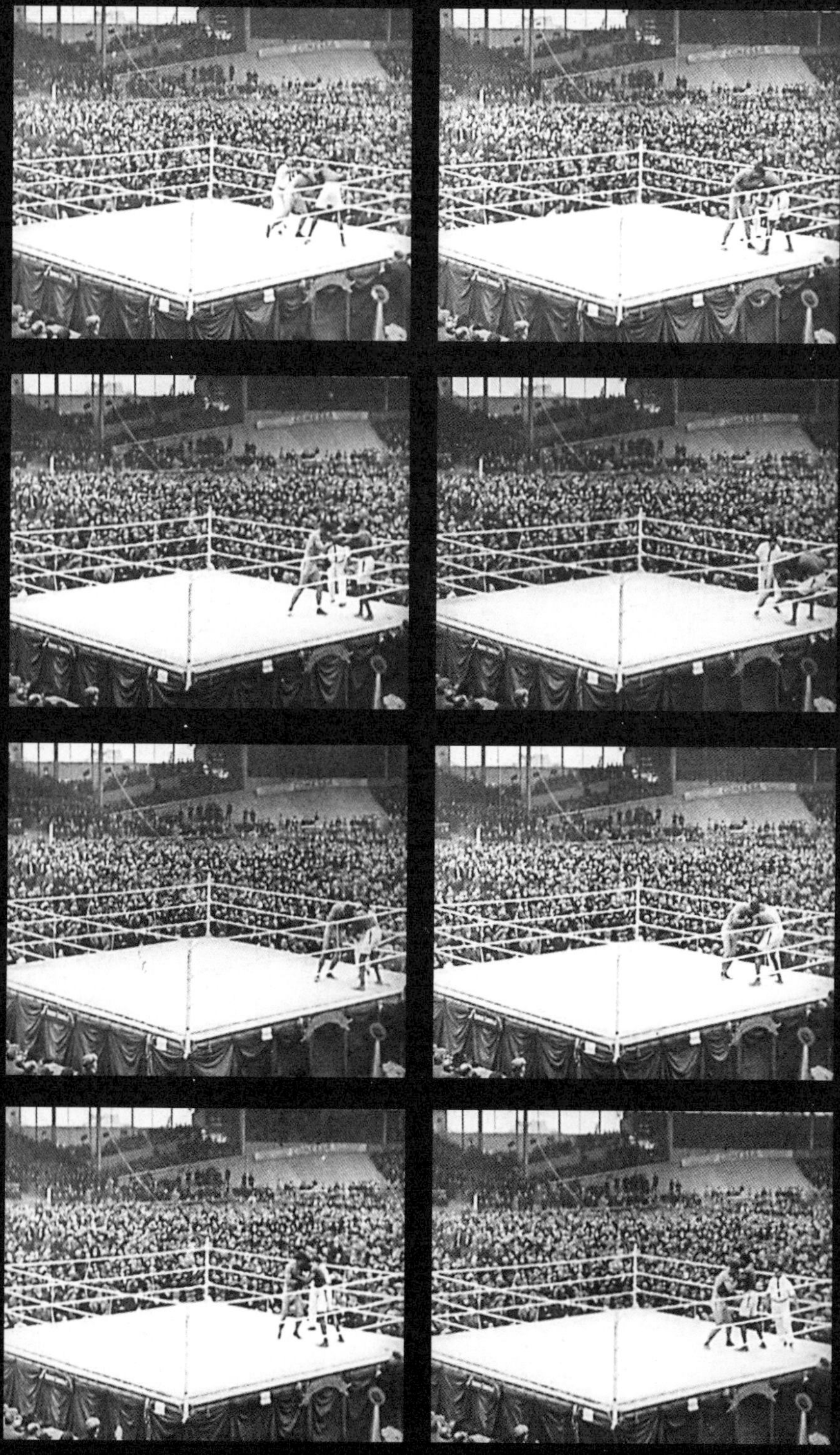

Sixth, and last round, in which the knockout occurred also the alleged foul.

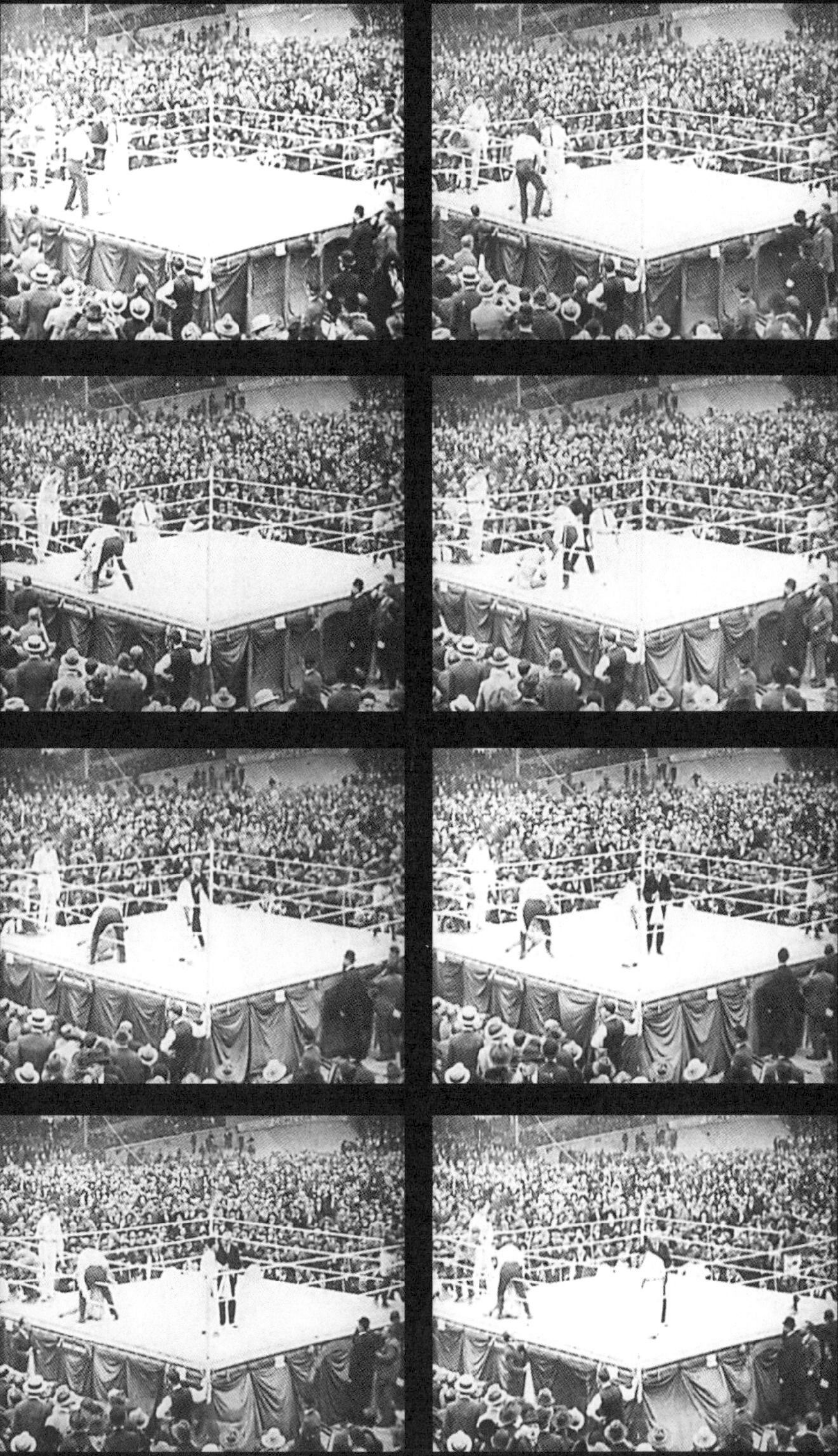

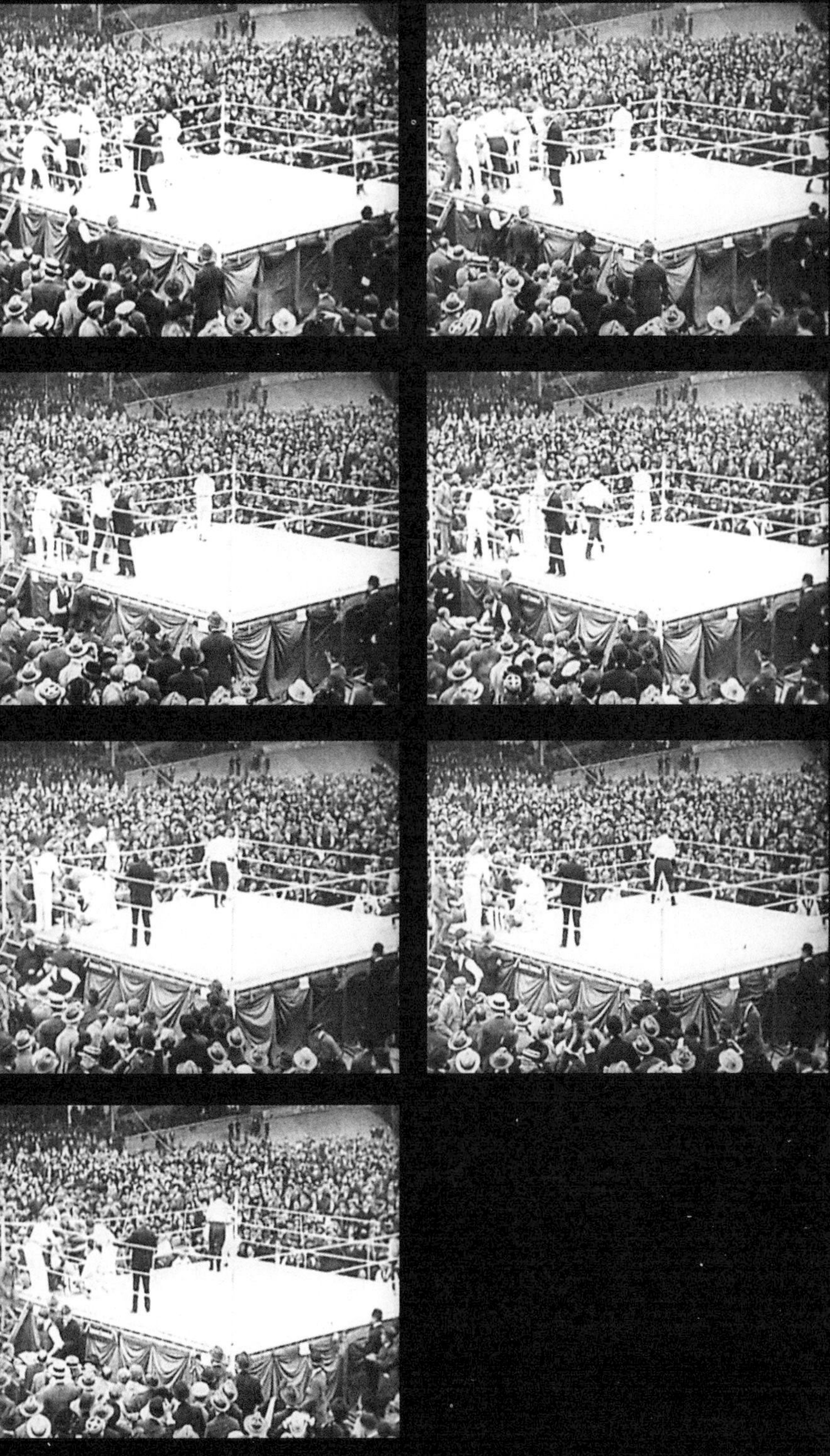

Making of

Non date ordini al vostro scrittore; cercate di diventare lui stesso. Siate il suo compagno di lavoro e il suo complice.

V. WOOLF, *Come dobbiamo leggere un libro?*, 1926.

1.

Avevo deciso di non aggiungere una parola. Lascia al lettore ciò di cui è capace... *Ma a ben vedere mi è parso importante tornare sulla genesi di questo libro piuttosto insolito e su ciò a cui approda.*

2.

Questo libro si può leggere in diversi modi. Anzitutto è una difesa in atto dei libri di ricerca. Non tornerò sulle operazioni di montaggio che rimandano dal film al libro e dal libro al film. Sono innumerevoli. Mi sembra piú utile chiarire le condizioni in cui la mia indagine è stata realizzata. La forma che assume, che possiamo dire sperimentale, non è estranea alla devastazione del lavoro scientifico che è in corso in Francia e non solo. Passare anni su un'azione minuscola è un modo, senz'altro abbastanza radicale, di contrapporsi alla competizione generalizzata, alla corsa ai finanziamenti e all'obbligo di ricerche prioritarie che definiscono ormai l'essenza del fare ricerca.

Se ho deciso di studiare che cosa vuol dire agire è soprattutto per avere un saggio di che cosa possiamo aspettarci di imparare dalle scienze sociali, ormai inequivocabilmente bersaglio di attacchi e bisognose di una difesa. Difenderle equivale a procurarsi i mezzi per determinare le loro possibilità. In questo caso la sfida era spingere il piú possibile in là la soglia oltre la quale, per quanto riguarda i comportamenti umani, rinunciamo al tentativo di comprendere. Infatti arriva sempre un punto, presto o tardi e in modo piú o meno chiaro, in cui ci accontentiamo di affermare che i nostri atti sono impenetrabili, ossia personali e contingenti. E cosí, delle due l'una: o accettiamo che non c'è niente da trovare perché non c'è niente di cui andare in cerca, ovvero che le nostre azioni sono un punto cieco del sapere che è meglio lasciare alla speculazione o alla letteratura; oppure diamo per scontato che, poiché procedono dall'irriducibile interiorità degli individui, dev'esserci qualcosa da capire nell'ambito delle neuroscienze, e solo in quell'ambito. In entrambi i casi le scienze sociali sono tagliate fuori. Prima di sentenziarlo, bisognerebbe almeno fare un tentativo. È quello che ho provato a fare con il mio studio, arrivando quanto piú possibile fino in fondo.

3.

Il libro è anche una difesa dell'inventività delle forme di indagine nella storia. Non ho rinunciato alle ricerche documentali care agli storici (si trovano testi, archivi, critica delle fonti). Eppure non era la strada per arrivare in fondo al problema che m'interessava: che cosa c'è in una *azione? L'esistenza di un film è stata decisiva. Non perché abbia predisposto un accesso piú diretto o preciso al combattimento (sarebbe un inganno): ma perché consente, sulla scorta di visioni ripetute e a volte con un'approssimazione dell'ordine di secondi, di porsi le domande che emergono dall'analisi ravvicinata di un'azione. Dunque l'ho usato come un* etnografo *che volesse* osservare *ciò che è avvenuto in quello che è avvenuto. Ma questo non basta a dare un'idea del dispositivo che ho dovuto costruire per osservare. Visionare l'azione, riprenderla, scomporla in sequenze, riconoscere i modi di fare, tutto questo emerge dal libro e non ci tornerò. L'aspetto piú difficile è stato trovare gli strumenti per tradurlo operativamente in una forma scritta. Come infondere a questo sapere che passa* attraverso il film *la forma piú adatta* in un libro*? È senz'altro il punto che mi ha tenuto occupato per piú tempo.*

Davanti a un problema paragonabile, Gregory Bateson aveva deciso di proiettare direttamente il film che studiava, accompa-

gnandolo con un commento puntuale e corredandolo di scritte che indicavano gli aspetti a cui bisognava prestare particolare attenzione[1]*. Sennonché io ho voluto farlo con un libro; ma un libro che fosse scritto con il testo* e *con il film. Arriviamo qui alla questione del montaggio. Come offrire al lettore il modo per comprendere l'azione inserendo anche tutto ciò che i pugili hanno messo in atto quel giorno per agire? Il principio che ho adottato si fonda su una definizione di comprensione che, seppure in discontinuità con i termini che la caratterizzano abitualmente, credo si avvicini a quella che usiamo nella vita di tutti i giorni. Il piú delle volte, infatti, comprendere un'azione non vuol dire farsela spiegare: vuol dire renderla abbastanza familiare da non aver bisogno, appunto, di farsela spiegare. Ovvero, estrarre determinate sequenze dal film e commentarle non avrebbe funzionato. Sarebbe stato limitarsi a un lavoro di interpretazione dell'azione, là dove i pugili fanno benissimo a meno di interpretarla.*

4.

Quindi ho operato diversamente: comprendere l'azione, in questo caso, è imparare attraverso il testo a vedere il film, essendo a conoscenza di tutto ciò che l'azione contiene nel momento in cui si svolge; imparare a situare a monte di quello che fanno i pugili tutto ciò che li fa agire in un determinato modo e non in un altro. Il testo alimenta l'esperienza del film, il quale si fa carico (autonomamente, alla fine) di una comprensione dell'azione che assume i tratti di una familiarità pratica.

5.

Certo è che questo dispositivo formale è valido solo in funzione del sapere che consente di produrre. La conclusione piú notevole è che è possibile spiegare un'azione umana senza abbandonarla alla poesia dell'imprevedibile e che le scienze sociali sono

[1] G. Bateson, *Une analyse du film nazi «Hitlerjunge Quex»* [1943], poi in «20 & 21. Revue d'histoire», CLIV (2022), n. 2, pp. 111-39.

nella posizione per farlo. A questo scopo, non basta rinunciare alla pretesa di aver detto tutto parlando di determinanti mentali, bisogna anche rinunciare a voler attribuire un ruolo sufficiente agli elementi culturali. È vero che l'esistenza di riferimenti, valori e convenzioni interviene nell'agire, cosí come interviene la storia della situazione in cui si svolge l'agire[2].

Questi elementi, però, non esauriscono il problema. Comprendere un'azione vuol dire procurarsi gli strumenti per descrivere come, appunto, gli individui passano da ciò che è inteso che facciano in una data circostanza (boxare, cantare, rubare una mucca) a ciò che effettivamente li vediamo fare. La teoria dell'habitus di Bourdieu, per quanto preziosa da questo punto di vista, non è sufficiente poiché non coglie la dimensione cognitiva dell'agire. O meglio: se un'azione – come questo combattimento di boxe avvenuto nel passato – si basa senz'altro sulle disposizioni acquisite in precedenza dagli attori, le disposizioni, sempre esposte all'eventualità di essere prese alla sprovvista, sono agenti solo nella misura in cui intervengono operazioni mentali di adattamento che le rendono o le mantengono agenti. Questi atti mentali non sono liberi, ma il prodotto di una socializzazione pratica. Come non pensiamo da soli perché pensiamo nella lingua di tutti gli altri, cosí non agiamo da soli.

6.

Ma la conclusione è forse meno interessante del procedimento per arrivarci. In questo libro c'è un tentativo metodologico che reputo necessario. Consiste nell'allargare gli orizzonti disciplinari sui quali solitamente ci basiamo. Come sarebbe possibile comprendere un'azione umana senza prendere sul serio le ricerche delle discipline che tendono a questo obiettivo? Il libro non si accontenta di fare appello, in misura diversa, alla storia,

[2] Per una formulazione un po' antiquata: P. F. Lazarsfeld e M. Rosenberg, *The Study of Buying as a Paradigm for the Empirical Analysis of Action*, in Idd. (a cura di), *The Language of Social Research. A Reader in the Methodology of Social Research*, Free Press, Glencoe 1955, pp. 392-417, citazione a p. 393.

all'etnografia, alla sociologia, alla conversation analysis, *alla cinesica, alla filosofia analitica e alle scienze cognitive: infonde all'articolazione di queste discipline la forma visibile di un dialogo attraverso il quale si dirime l'elaborazione del sapere. Cosí, ho voluto mettere in evidenza una proprietà centrale della ricerca, sottesa a ciò che mostra il mio libro: il sapere che elaboriamo è sempre elaborato a partire dal sapere degli altri. Mi sono semplicemente limitato ad allargare la cerchia degli «altri» a discipline che di solito comunicano poco fra loro. Il dialogo mi è parso fondamentale perché è una forma di lotta contro l'inaridirsi dei metodi di ricerca. Il ripiegamento disciplinare e l'iperspecializzazione ostacolano lo studio del comportamento umano, che pure costituisce l'orizzonte dei nostri saperi.*

7.

Un ultimo punto ha pesato nell'elaborazione di questo libro. Gli oggetti del nostro studio occupano sempre un posto nello spazio dei saperi, e questo posto non è estraneo al sapere che su di essi produciamo. Se ho scelto di dedicarmi a questi quindici minuti del passato è anche perché hanno un aspetto trascurabile ma, allo stesso tempo, permettono di affrontare snodi notevoli. Il metodo non è affatto nuovo. È quello, caro a Howard Becker e a tanti altri, che consiste nel «ragionare sul mondo a partire da un caso»[3]*. L'obiettivo non è tanto assumere il molto piccolo come la scala di comprensione del reale, quanto dotarsi di un modo piú realistico per descrivere la vita. Poter dire, nel caso di* questo *combattimento, come si svolge l'azione è uno strumento utile a sottrarsi alle spiegazioni generali, che riescono cosí bene a spiegare cosa vuol dire agire solo perché non devono mai descrivere la minima azione reale. Capire come boxano Siki e Carpentier quel giorno è un invito a non accontentarsi di dire che il re tocca gli scrofolosi o che la cuoca prepara una crema inglese.*

[3] Questo il titolo della prima sezione di H. S. Becker, *What About Mozart? What About Murder? Reasoning from Cases*, The University of Chicago Press, Chicago 2014.

Lavorare nel dettaglio *è stato per me cercare un modo di descrivere la vita avvicinandomi a essa il piú possibile. Ho voluto raccogliere la sfida che Virginia Woolf, e altri insieme a lei, lanciano alle scienze sociali. Comprendere le azioni umane, ci ricorda la scrittrice, vuol dire comprendere che vengono colte* nel loro svolgersi; *non hanno nulla di lineare; si fanno beffe dei predicati e delle categorie già pronte; sono fatte di storie stratificate che non sono gli attori a inventare e che si attualizzano sí nel presente, ma in modo disordinato, in un qui e ora che oppone resistenza e le obbliga a compiersi diversamente. Ho voluto, indagando a fondo quei quindici minuti, mostrare che è un disordine solo apparente e che è possibile rendere conto di che cosa è fatto.*

8.

Ebbene, per riuscirci bisognava avvicinarsi abbastanza; sezionare la scena e non accontentarsi di presentarla cosí: il 24 settembre 1922, vicino ai bastioni di Parigi, un pugile ha sconfitto un altro pugile[4].

[4] Una versione online del combattimento si trova a questo link: https://youtu.be/1g7V9LwZykM.

Dossier

Fonti

Archivi.

Archivi del British Film Institute (Londra):
14364, 35 mm, b/n, muto, 306 metri.
913, C-154907, 16 mm, b/n, muto, 192 metri.
42915A, C-21423, 35 mm, b/n, muto, 312 metri.
C-1049287, 35 mm, nitrato, b/n, muto, 297 metri.

National Film and Sound Archive (Canberra):
75125: Carpentier *v* Siki, b/n, muto, 1922.
75206: Carpentier *vs* Siki, b/n, muto, s.d.
75122: [Georges Carpentier *v* Battling Siki], b/n, muto, 28 luglio 1922 [*sic*].
75158: [Georges Carpentier *v* Battling Siki], b/n, muto, 24 settembre 1922.
12917: «On with the gloves», Carpentier *vs* Siki, b/n, muto, 24 settembre 1922.

Archivi nazionali:
Fondo Le Journal, 1874-1961: 8/AR/252, Les sports («Le Journal»).
Légion d'honneur (banca dati Léonore), 19800035/1347/56061, Carpentier Georges Benoît.
Centre des archives diplomatiques du ministère des Affaires étrangères (La Courneuve): 152Qo, Successions, cartella n. 49, Fall Louis (detto Battling Siki), 1937.

Archivi nazionali d'oltremare (Aix-en-Provence):
État civil Sénégal, Quartier de Saint-Louis, f. 143, n. 566.
État civil Sénégal, 16 settembre 1897, Table annuelle des naissances, Saint-Louis, 1897: «966. Fall M'Baye Oumar, Migné Cissé, Jugement 28.8.52».

Archivi del mondo del lavoro (Roubaix):
Association des journalistes sportifs, 2011 010 005, «État des sociétaires de l'AJS».

Archivi dipartimentali di Parigi:
DU5 1656, Tribunal correctionnel de la Seine, Affaire Mac Vea, 1912.

Servizio storico della Difesa (Caen):
AC 21 P 86965, Dossier individuel de personnel, M'Baye Fal[l], Extrait des services: classe 1914, numéro matricule 421.

Archivi dipartimentali di Hauts-de-Seine (Nanterre):
1D Num Mon 1921 1 e 2, Censimento della popolazione, Montrouge, 1921.

Biblioteca nazionale di Francia (Parigi):
38728630: Cartella stampa sull'incontro di boxe Carpentier-Siki, s.d.
38728631: *ibid.*
38728632: *ibid.*

Fonti stampate.

Stampa:
«Annuaire du ring»
«Boxing»
«Bulletin municipal officiel de la Ville de Paris»
«Chicago Defender»
«Chicago Tribune»
«Comoedia»
«Floréal»
«Journal de la Société des Africanistes»
«Journal officiel»
«La Boxe & Les Boxeurs»
«L'Action française»
«La Dépêche» (Toulouse)
«La Dépêche Coloniale et Maritime»
«L'Aéro»
«La Gazette de Paris»
«La Liberté»
«La Patrie»
«La Presse»
«La Revue de Paris»
«L'Athlète. Journal hebdomadaire de tous les sports» (Bordeaux)
«La Tribune de l'Aube»
«L'Auto»
«L'Avenir d'Arcachon»
«La Vie au grand air»
«La Vie Douaisienne»
«L'Écho d'Alger»
«L'Écho de Paris»

«L'Écho des Sports»
«L'Éclair»
«Le Cri de Toulouse»
«Lectures pour Tous»
«Le Franc-Parler. Journal républicain indépendant de l'arrondissement d'Orthez»
«Le Gaulois»
«Le Grand Écho du Nord»
«Le Journal»
«Le Matin»
«Le Miroir des sports»
«Le Paria»
«Le Petit Parisien»
«Le Peuple. Organe quotidien de l'île de La Réunion»
«Le Populaire»
«Les Nouvelles. Journal quotidien du soir» (Alger)
«L'Excelsior»
«L'Humanité»
«L'Intransigeant»
«L'Œuvre»
«Paris-Journal»
«Recueil Dalloz»
«The New York Herald»
«The New York Times»
«The Ring»
«Toulouse-Spectacles»

Contributi.

Carpentier, Georges, *Ma Méthode ou la Boxe Scientifique*, Oudin, Paris 1914.
– *Comment je m'entraîne*, in «Lectures pour Tous», 1° settembre 1919, pp. 1608-11.
Charlys, *Le Match Carpentier-Siki, ou Sur les nerfs de Siki*, Paris 1922.
– *Le Match fatal, ou les mémoires d'un «Knock'outé»*, Paris 1922.
Cuny, Fernand, *La Boxe*, Nilsson, Paris 1918.
Desnos, Robert, *L'érotisme*, in «Paris-Journal», 20 aprile 1923.
Fédération française de boxe, *Rapport de la commission d'enquête. Nommée dans la Séance du Conseil de la F. F. B., le 11 décembre 1922, chargée d'enquêter sur les tractations qui auraient précédé le match Siki-Carpentier, disputé le 24 septembre 1922 au Vélodrome Buffalo, en vue d'en régler les péripéties et le résultat*, Imprimerie Reiter, Paris 1923.
Historique du 1er Régiment d'Artillerie à pied et 71e R. A. L. G. P. Guerre 1914-1918, Fournier, Paris 1921.

Interview de Battling Siki, in «La Gazette de Paris», 16 ottobre 1921, p. 3.
Johnson, Jack, *Mes combats*, Pierre Lafitte & Cie, Paris 1914.
Mauriac, François, *La Gloire de Georges Carpentier*, in «La Revue hebdomadaire», XXX (2 luglio 1921), n. 27, pp. 36-42.
Millous, Pierre, *Le coefficient de robustesse ou indice Pignet chez les Noirs de la côte occidentale d'Afrique*, in «Journal de la Société des Africanistes», III (1933), n. 1, pp. 57-72.
Question de MM. Émile Massard et L. Guibert sur les combats de boxe, in «Bulletin municipal officiel de la Ville de Paris», 23 marzo 1912, pp. 1552-57.
Règlement de boxe anglaise de la Fédération des sociétés françaises de boxe, Paris 1918.
Rozet, Georges, *Les deux Sams*, in «La Revue de Paris», 1° marzo 1911, pp. 843-52.
Salmson-Creak, *La Boxe pour Tous*, Brenet, Paris 1924.

Bibliografia

Abbott, Andrew, *The Causal Devolution* [1998], poi in Id., *Time Matters. On Theory and Method*, The University of Chicago Press, Chicago 2001, pp. 108-9.

Adams, Fred e Aizawa, Kenneth, *Why the Mind Is still in the Head*, in Philip Robbins e Murat Aydede (a cura di), *The Cambridge Handbook of Situated Cognition*, Cambridge University Press, Cambridge 2008, pp. 78-95.

Anscombe, Elizabeth, *Rules, Rights and Promises*, in Id., *Ethics, Religion and Politics*, Blackwell, Oxford 1981, pp. 97-103.

– *Intenzione*, trad. di C. Sagliani, Edizioni Università della Santa Croce, Roma 2004 [1957].

Aronson, Ronald, *On Boxing: «Incarnation» in «Critique», II*, in «Revue internationale de philosophie», XXXIX (1985), nn. 152-53, pp. 149-71.

Askolovitch, Claude, *Battling Siki, l'autre héros noir que la France supplicia*, in «Slate», 28 febbraio 2016.

Auerbach, Erich, *Mimesis. Il realismo nella letteratura occidentale*, trad. di A. Romagnoli e H. Hinterhäuser, Einaudi, Torino 1956 [1946].

Austin, John L., *Quando dire è fare*, trad. di M. Gentile e M. Sbisà, Marietti, Torino 1974 [1962].

Baldwin, Dare A. e Baird, Jodie A., *Discerning Intentions in Dynamic Human Action*, in «Trends in Cognitive Sciences», V (2001), n. 4, pp. 171-78.

Bateson, Gregory, *Some Components of Socialization for Trance*, in «Ethos», III (1975), n. 2, pp. 143-55.

– *Naven. Un rituale di travestimento in Nuova Guinea*, trad. di B. Fiore Cardona, Einaudi, Torino 1988 [1936].

– *Une analyse du film nazi «Hitlerjunge Quex»* [1943], poi in «20 & 21. Revue d'histoire», CLIV (2022), n. 2, pp. 111-39.

Bateson, Gregory e Mead, Margaret, *Balinese Character. A Photographic Analysis*, New York Academy of Sciences, New York 1942.

Baxandall, Michael, *Pittura ed esperienze sociali nell'Italia del Quattrocento*, a cura di M. P. e P. Dragone, Einaudi, Torino 1978 [1972].

Bazin, Jean, *L'anthropologie en question: altérité ou différence?* [2000], poi in Id., *Des clous dans la Joconde. L'anthropologie autrement*, Anacharsis, Toulouse 2008, pp. 35-50.

– *Questions de sens* [1998], poi in Id., *Des clous dans la Joconde. L'anthropologie autrement*, Anacharsis, Toulouse 2008, pp. 435-63.

– *Science des mœurs et description de l'action* [2000], poi in Id., *Des clous dans la Joconde. L'anthropologie autrement*, Anacharsis, Toulouse 2008, pp. 347-80.

Beauchez, Jérôme, *L'empreinte du poing. La boxe, le gymnase et leurs hommes*, éd. de l'Ehess, Paris 2014.

Becker, Howard S., *Outsiders. Saggi di sociologia della devianza*, trad. di C.-L. Vuadens, M. Croce e D. Brignoli, Edizioni Gruppo Abele, Torino 1987 [1963].

– *I mondi dell'arte*, a cura di M. Sassatelli, il Mulino, Bologna 2004 [1982].

– *What About Mozart? What About Murder? Reasoning from Cases*, The University of Chicago Press, Chicago 2014.

Bénac, Gaston, *Champions dans la coulisse*, L'Actualité Sportive, Toulouse 1944.

Bennett, H. Stith, *On Becoming a Rock Musician*, Columbia University Press, New York 2017 [1980].

Benson, Peter, *Battling Siki. A Tale of Ring Fixes, Race, and Murder in the 1920s*, University of Arkansas Press, Fayetteville 2006.

Bentouhami-Molino, Hourya, *L'emprise du corps. Fanon à l'aune de la phénoménologie de Merleau-Ponty*, in «Cahiers philosophiques», n. 138 (2014), pp. 34-46.

Benveniste, Émile, *Le relazioni di tempo nel verbo francese* [1959], poi in Id., *Problemi di linguistica generale*, I, trad. di M. V. Giuliani, il Saggiatore, Milano 1971 [1966], pp. 283-300.

– *L'apparato formale dell'enunciazione* [1970], poi in Id., *Problemi di linguistica generale*, II, trad. di M. V. Giuliani, il Saggiatore, Milano 1985 [1974], pp. 96-106.

Berthoz, Alain, *La scienza della decisione*, trad. di F. Niola, Codice, Torino 2004 [2003].

– *La vicarianza. Il nostro cervello creatore di mondi*, trad. di S. Ferraresi, Codice, Torino 2015 [2013].

– *L'inibizione creatrice*, trad. di S. Ferraresi, Codice, Torino 2021 [2020].

Besnier, Niko, Brownell, Susan e Carter, Thomas F., *The Anthropology of Sport. Bodies, Borders, Biopolitics*, University of California Press, Berkeley 2018.

Birdwhistell, Ray L., *Kinesics and Context. Essays on Body Motion Communication*, University of Pennsylvania Press, Philadelphia 1970.

– *Un exercice de kinésique et de linguistique: la scène de la cigarette*, in Yves Winkin (a cura di), *La nouvelle communication*, Seuil, Paris 1981, pp. 160-90.

Blake, Jody, *Le Tumulte noir. Modernist Art and Popular Entertainment in Jazz-Age Paris, 1900-1930*, Pennsylvania State University Press, University Park 1999.

Bloch, Marc, *I re taumaturghi. Studi sul carattere sovrannaturale attribuito alla potenza dei re particolarmente in Francia e in Inghilterra*, trad. di S. Lega, Einaudi, Torino 1989 [1924].

Bloch, Maurice, *How We Think They Think. Anthropological Approaches to Cognition, Memory, and Literacy*, Westview Press, Boulder 1998.

Boddy, Kasia, *«Under Queensberry Rules, So to Speak»: Some Versions of a Metaphor*, in «Sport in History», XXXI (2011), n. 4, pp. 398-422.

Boltanski, Luc, *Della critica. Compendio di sociologia dell'emancipazione*, trad. di F. Peri, Rosenberg & Sellier, Torino 2014 [2009].

Bonhomme, Julien, *Incident autour d'un poteau. Rituel, script et performance dans le Bwiti du Gabon*, in «L'Homme», CCXXVII-CCXXVIII (2018), n. 3, pp. 153-78.

Bourdieu, Pierre, *Comment peut-on être sportif?* [1978], poi in Id., *Questions de sociologie*, Minuit, Paris 1989, pp. 173-95.

– *Piété religieuse et dévotion artistique. Fidèles et amateurs d'art à Santa Maria Novella*, in «Actes de la recherche en sciences sociales», CV (1994), n. 5, pp. 71-74.

– *Meditazioni pascaliane*, trad. di A. Serra, Feltrinelli, Milano 1998 [1997].

– *La délégation et le fétichisme politique* [1984], poi in Id., *Langage et pouvoir symbolique*, Seuil, Paris 2002, pp. 259-79.

– *La fabrique de l'habitus économique*, in «Actes de la recherche en sciences sociales», CL (2003), n. 5, pp. 79-90.

– *Per una teoria della pratica*, con *Tre studi di etnologia cabila*, trad. di I. Maffi, Raffaello Cortina, Milano 2003 [1972].

– *Il senso pratico*, trad. di M. Piras, Armando, Roma 2005 [1980].

– *Le regole dell'arte. Genesi e struttura del campo letterario*, trad. di A. Boschetti e E. Bottaro, il Saggiatore, Milano 2005 [1992].

– *Manet. Une révolution symbolique*, Raisons d'agir - Seuil, Paris 2013.

– *La distinzione. Critica sociale del gusto*, trad. di G. Viale, il Mulino, Bologna 2024 [1979].

Bouveresse, Jacques, *L'animal cérémoniel: Wittgenstein et l'anthropologie* [1977], poi in Id., *Essais I. Wittgenstein, la modernité, le progrès et le déclin*, Agone, Marseille 2000, pp. 139-91.

– *Que veut dire «Faire la même chose»?*, in «Archives de philosophie», LXIV (2001), n. 3, pp. 479-503.

Bradley, J. Frank, *The Boxing Referee. An Exhaustive Treatise on the Duties of a Referee and an Explanation of the Queensberry Rules Relating to Boxing Contests and Competitions*, Queenhithe & Co., London 1910.

Brass, Marcel e Haggard, Patrick, *The Hidden Side of Intentional Action: The Role of the Anterior Insular Cortex*, in «Brain Structure & Function», CCXIV (2010), nn. 5-6, pp. 603-10.

Bruner, Jerome, *Life as Narrative*, in «Social Research», LXXI (2004), n. 3, pp. 691-710.

Bucklin, Mary A., Brown Geoffrey e Gordon Keith E., *People Adapt a Consistent Center-of-Mass Trajectory in a Novel Force Field*, in «Journal of Neurophysiology», CXXIX (2023), n. 2, pp. 298-306.

Burke, Peter, *Testimoni oculari. Il significato storico delle immagini*, trad. di G. C. Brioschi, Carocci, Roma 2020 [2001].

Cerulo, Karen A., *Establishing a Sociology of Culture and Cognition*, in Id. (a cura di), *Culture in Mind. Toward a Sociology of Culture and Cognition*, Routledge, New York - London 2002, pp. 1-12.

– (a cura di), *Culture in Mind. Toward a Sociology of Culture and Cognition*, Routledge, New York - London 2002.

Chambliss, Daniel F., *The Mundanity of Excellence: An Ethnographic Report on Stratification and Olympic Swimmers*, in «Sociological Theory», VII (1989), n. 1, pp. 70-86.

Chamois, Camille, *Le perspectivisme est-il une «théorie de l'esprit locale»?*, in «L'Homme», CCXXXVIII (2021), n. 2, pp. 35-62.

Charle, Christophe, *Théâtres en capitales. Naissance de la société du spectacle à Paris, Berlin, Londres et Vienne*, Albin Michel, Paris 2008.

Chèbre, Aurélien, *Les sensibilités à l'effort en course à pied (France, 1910-1940). Genèse d'une culture athlétique*, tesi in Staps, Université Rennes 2, Rennes 2023.

Cicourel, Aaron V., *La sociologie cognitive*, Puf, Paris 1979.

– *Le raisonnement médical. Une approche socio-cognitive*, Seuil, Paris 2002.

Cisek, Paul e Kalaska, John F., *Neural Mechanisms for Interacting with a World Full of Action Choices*, in «Annual Review of Neuroscience», XXXIII (2010), n. 1, pp. 269-98.

Clayman, Stephen E., *Booing: The Anatomy of a Disaffiliative Response*, in «American Sociological Review», LVIII (1993), n. 1, pp. 110-30.

Clymer, Jeffory A., *The Market in Male Bodies: Henry James's «The American» and Late Nineteenth Century Boxing*, in «The Henry James Review», XXV (2004), n. 2, pp. 127-45.

Collins, Randall, *Interaction Ritual Chains*, Princeton University Press, Princeton 2004.

– *Violenza. Un'analisi sociologica*, trad. di G. L. Carlino, Rubbettino, Soveria Mannelli 2014 [2008].

Collins, Thérèse, Andler, Daniel e Tallon-Baudry, Catherine (a cura di), *La cognition. Du neurone à la société*, Gallimard, Paris 2018.

Combrisson, Étienne, Perrone-Bertolotti, Marcela, Soto, Juan LP, Alamian, Golnoush, Kahane, Philippe, Lachaux, Jean-Philippe, Guillot, Aymeric e Jerbi, Karim, *From Intentions to Actions: Neural Oscillations Encode Motor Processes through Phase, Amplitude and Phase-Amplitude Coupling*, in «NeuroImage», CXLVII (2017), pp. 473-87.

Conklin, Alice L., *A Mission to Civilize. The Republican Idea of Empire in France and West Africa, 1895-1930*, Stanford University Press, Stanford 1997.

– *In the Museum of Man. Race, Anthropology, and Empire in France, 1850-1950*, Cornell University Press, Ithaca 2013.

Connell, R. W., *Maschilità. Identità e trasformazioni del maschio occidentale*, trad. di D. Mezzacapa, Feltrinelli, Milano 1996 [1995].

Corbin, Alain, *Un villaggio di cannibali nella Francia dell'Ottocento*, trad. di G. Viano Marogna, Laterza, Roma-Bari 1991 [1990].

Cowan, Nelson, *The Magical Number 4 in Short-Term Memory: A Reconsideration of Mental Storage Capacity*, in «Behavioral and Brain Sciences», XXIV (2001), n. 1, pp. 87-114.

Crubellier, Michel, *Les définitions de la προαίρεσις dans les «Éthiques»*, in «Revue de Philosophie Ancienne», XXXVIII (2020), n. 2, pp. 215-45.

Darmon, Muriel, *Devenir anorexique. Une approche sociologique*, La Découverte, Paris 2003.

– *Classes préparatoires. La fabrique d'une jeunesse dominante*, La Découverte, Paris 2013.

– *Analyser empiriquement un inobservable: comment «attrape-t-on» une disposition?*, in Séverine Depoilly e Séverine Kakpo (a cura di), *La différenciation sociale des enfants. Enquêter sur et dans les familles*, Presses Universitaires de Vincennes, Vincennes 2019, pp. 109-37.

Davidson, Donald, *Action*, in Jocelyn Benoist, Jacques Bouveresse, Stanley Cavell, Donald Davidson, Vincent Descombes, Gilles-Gaston Granger, Ian Hacking, John R. Searle, Salvatore Veca e Jules Vuillemin, *Quelle philosophie pour le XXIe siècle?*, Gallimard, Paris 2001.

Day, Dave, *«Science», «Wind» and «Bottom»: Eighteenth-Century Boxing Manuals*, in «The International Journal of the History of Sport», XXIX (2012), n. 10, pp. 1446-65.

Defrance, Jacques, *The Making of a Field with Weak Autonomy: The Case of the Sports Field in France, 1895-1955*, in Philip S. Gorski (a cura di), *Bourdieu and Historical Analysis*, Duke University Press, Durham 2013, pp. 303-25.

Descombes, Vincent, *Comment savoir ce que je fais?*, in «Philosophie», LXXVI (2003), n. 1, pp. 15-32.

– *Le complément de sujet. Enquête sur le fait d'agir de soi-même*, Gallimard, Paris 2004.

– *Le istituzioni del senso*, trad. di M. G. Botti, Marietti, Genova-Milano 2006 [1996].

Desjarlais, Robert, *Counterplay. An Anthropologist at the Chessboard*, University of California Press, Berkeley 2011.

Desrosières, Alain, *Quand une enquêtée se rebiffe: de la diversité des effets libérateurs, ou les arguments des trois chatons*, in «Genèses», LXXI (2008), n. 2, pp. 148-59.

Dhers, Gilles, *Années 1920: Battling Siki, coupable d'avoir battu Carpentier*, in «Libération», 19 gennaio 2019.

Downey, Greg, *Learning Capoeira. Lessons in Cunning from an Afro-Brazilian Art*, Oxford University Press, Oxford 2005.

– *«Practice without Theory»: A Neuroanthropological Perspective on Embodied Learning*, in «Journal of the Royal Anthropological Institute», XVI (2010), s1, pp. S22-S40.

Ducoudray, Aurélien e Vaccaro, Eddy, *Championzé. Une histoire de Battling Siki. Champion du monde de boxe, 1922*, Futuropolis, Paris 2010.

Duneier, Mitchell, *Garder sa tête sur le ring? Sur la négligence théorique et autres écueils de l'ethnographie*, in «Revue française de sociologie», XLVII (2006), n. 1, pp. 143-57.

Duranti, Alessandro, *Further Reflections on Reading Other Minds*, in «Anthropological Quarterly», LXXXI (2008), n. 2, pp. 483-94.

Durkheim, Émile, *Il dualismo della natura umana e le sue condizioni sociali*, a cura di G. Paoletti, Ets, Pisa 2009 [1914].

– *Le forme elementari della vita religiosa. Il sistema totemico in Australia*, a cura di M. Rosati, Mimesis, Milano-Udine 2013 [1912].

Efron, David, *Gesture and Environment. A Tentative Study of Some of the Spatio-Temporal and «Linguistic» Aspects of the Gestural Behavior of Eastern Jews and Southern Italians in New York City, Living under Similar as well as Different Environmental Conditions*, King's Crown Press, New York 1941.

Ejzenštejn, Sergej, *Al di là delle stelle* [1940], poi in Id., *Il metodo*, I, trad. di A. Cervini, M. Meringolo e A. Roberti, Marsilio, Venezia 2018, pp. 3-13.

Elias, Norbert, *Sport e violenza*, in Norbert Elias e Eric Dunning, *Sport e aggressività*, il Mulino, Bologna 2001 [1986], pp. 191-222.

– *Boxing and Duelling*, in Jan Haut, Paddy Dolan, Dieter Reicher e Raúl Sánchez García (a cura di), *Excitement Processes. Norbert Elias's Unpublished Works on Sports, Leisure, Body, Culture*, Springer, Wiesbaden 2018, pp. 173-216.

Elias, Norbert e Dunning, Eric, *Dinamiche degli sport di gruppo con particolare riferimento al calcio* [1966], poi in Idd., *Sport e aggressività*, trad. di V. Camporesi, il Mulino, Bologna 2001 [1986], pp. 243-60.

Erlmann, Veit, *«Spectatorial Lust»: The African Choir in England, 1891-1893*, in Bernth Lindfors (a cura di), *Africans on Stage. Studies in Ethnological Show Business*, Indiana University Press, Bloomington 1999, pp. 107-34.

Fabre, Michel, *The Ring and the Stage: African Americans in Parisian Public and Imaginary Space before World War I*, in Klaus Benesch e Kerstin Schmidt (a cura di), *Space in America. Theory History Culture*, Rodopi, Amsterdam 2005, pp. 521-28.

Fanon, Frantz, *Pelle nera, maschere bianche*, trad. di S. Chiletti, Ets, Pisa 2015 [1952].

Fauconnet, Paul e Mauss, Marcel, *La sociologie: objet et méthode* [1901], poi in Marcel Mauss, *Essais de sociologie*, Seuil, Paris 1971, pp. 6-41.

Faulkner, Robert R. e Becker, Howard S., *«Do You Know...?» The Jazz Repertoire in Action*, The University of Chicago Press, Chicago 2009.

Fleischer, Nat, *How to Referee and How to Judge a Fight*, «The Ring» Athletic Library, New York 1933.

– *Storia dei pesi massimi. Dalle origini ai giorni nostri*, trad. di N. Pensa, Tris, Milano 1958 [1949].

Frère, Bruno, *Incertitudes sur l'habitus*, in «European Journal of Sociology / Archives Européennes de Sociologie», XLVI (2005), n. 3, pp. 469-94.

Gadamer, Hans-Georg, *Verità e metodo*, a cura di G. Vattimo, Bompiani, Milano 1983 [1960].

Gardner, Howard, *La nuova scienza della mente. Storia della rivoluzione cognitiva*, trad. di L. Sosio, Feltrinelli, Milano 2016 [1985].

Garrett, Steven R., Pagano, Christopher, Austin, Gary e Turvey, Michael T., *Spatial and Physical Frames of Reference in Positioning a Limb*, in «Attention, Perception, & Psychophysics», LX (1998), n. 7, pp. 1206-15.

Gaudin, Benoît, *La codification des pratiques martiales. Une approche socio-historique*, in «Actes de la recherche en sciences sociales», CLXXIX (2009), n. 4, pp. 4-31.

Gauny, Gabriel, *Le philosophe plébéien*, La Fabrique, Paris 2017.

Geach, Peter, *Mental Acts. Their Content and Their Objects*, Routledge & Kegan Paul, London 1971 [1954].

Geertz, Clifford, *On the Nature of Anthropological Understanding: Not Extraordinary Empathy but Readily Observable Symbolic Forms Enable the Anthropologist to Grasp the Unarticulated Concepts that Inform the Lives and Cultures of Other Peoples*, in «American Scientist», LXIII (1975), n. 1, pp. 47-53.

– *Interpretazione di culture*, trad. di E. Bona, il Mulino, Bologna 2007 [1973].

Gibbs, Raymond, *Intentions as Emergent Products of Social Interactions*, in Bertram F. Malle, Louis J. Moses e Dare A. Baldwin (a cura di), *Intentions and Intentionality. Foundations of Social Cognition*, The MIT Press, Cambridge (Mass.) 2001, pp. 105-22.

Giere, Ronald N. e Moffatt, Barton, *Distributed Cognition: Where the Cognitive and the Social Merge*, in «Social Studies of Science», XXXIII (2003), n. 2, pp. 301-10.

Ginzburg, Carlo, *Microstoria: due o tre cose che so di lei* [1994], poi in Id., *Il filo e le tracce. Vero falso finto*, Feltrinelli, Milano 2006, pp. 241-69.

– *Parigi 1647: un dialogo su finzione e storia* [1992], poi in Id., *Il filo e le tracce. Vero falso finto*, Feltrinelli, Milano 2006, pp. 78-93.

Glotz, Gustave, *Histoire grecque*, I: *Des origines aux guerres médiques*, Puf, Paris 1925.

Goffman, Erving, *Forme del parlare*, trad. di F. Orletti, il Mulino, Bologna 1987 [1981].

– *I rituali dell'interazione*, trad. di A. Evangelisti e V. Mortara, il Mulino, Bologna 1988 [1967].

– *Frame Analysis. L'organizzazione dell'esperienza*, trad. di I. Matteucci, Armando, Roma 2001 [1974].

– *La vita quotidiana come rappresentazione*, trad. di M. Ciacci, il Mulino, Bologna 2009 [1959].

– *L'interazione strategica*, trad. di D. Cabrini e V. Mortara, il Mulino, Bologna 2009 [1969].

Gold, Joshua I. e Shadlen, Michael N., *The Neural Basis of Decision Making*, in «Annual Review of Neuroscience», XXX (2007), pp. 535-74.

Graeber, David, *Frammenti di antropologia anarchica*, trad. di A. Prunetti, elèuthera, Milano 2006 [2004].

Granger, Christophe, *L'admiration. Exercice sur une «rature» de Proust*, in «Sensibilités. Histoire, critique & sciences sociales», I (2016), n. 1, pp. 68-85.

– *Joseph Kabris, ou les possibilités d'une vie, 1780-1822*, Anamosa, Paris 2020.

– *Bannir le drapeau du pape (v. 1910). Pratiques symboliques et réflexivité en action*, in «Ethnologie française», LIII (2023), n. 2, pp. 195-210.

– *Rule Matters: On Sport, Violence, and the Law*, in «Historical Social Research», XLIX (2024), n. 2, pp. 172-94.

Green, Jeffrey P., *Boxing and the «Colour Question» in Edwardian Britain: The «White Problem» of 1911*, in «The International Journal of the History of Sport», V (1988), n. 1, pp. 115-19.

Grosset, Yoan, *Aux origines du mouvement sportif français. L'histoire d'une institutionnalisation du sport et de l'olympisme (1887-1930)*, tesi in Staps, Université de Grenoble, Grenoble 2010.

Hadjeras, Stéphane, *Georges Carpentier. L'incroyable destin d'un boxeur devenu star*, Nouveau Monde, Paris 2021.

Haggard, Patrick, *Human Volition: Towards a Neuroscience of Will*, in «Nature Reviews Neuroscience», IX (2008), n. 12, pp. 934-46.

– *The Neurocognitive Bases of Human Volition*, in «Annual Review of Psychology», LXX (2019), pp. 9-28.

Halbwachs, Maurice, *La classe ouvrière et les niveaux de vie. Recherche sur la hiérarchie des besoins dans les sociétés industrielles contemporaines*, Félix Alcan, Paris 1912.

Haÿ, Ginette, *Georges Carpentier*, Gauheria, Liévin 1993.

Hewes, Gordon W., *World Distribution of Certain Postural Habits*, in «American Anthropologist», LVII (1955), n. 2, pp. 231-44.

Hicheur, Halim, Pham, Quang-Cuong, Arechavaleta, Gustavo, Laumond, Jean-Paul e Berthoz, Alain, *The Formation of Trajectories during Goal-Oriented Locomotion in Humans. I. A Stereotyped Behaviour*, in «European Journal of Neuroscience», XXVI (2007), n. 8, pp. 2376-90.

Hoberman, John, *Darwin's Athletes. How Sport Has Damaged Black America and Preserved the Myth of Race*, Houghton Mifflin Company, Boston - New York 1997.

Hubert, Henri e Mauss, Marcel, *Saggio di una teoria generale della magia* [1902-903], poi in Marcel Mauss, *Teoria generale della magia*, trad. di F. Zannino, Einaudi, Torino 2000, pp. 5-152.

Hubscher, Ronald, *Métiers du corps, corps de métiers: le sport-travail*, in Ronald Hubscher, Jean Durry e Bernard Jeu (a cura di), *L'histoire en mouvements. Le sport dans la société française (XIXe-XXe siècle)*, Armand Colin, Paris 1992, pp. 461-87.

Hughes, Everett C., *Lo sguardo sociologico*, trad. di R. Falcioni e M. Sassatelli, il Mulino, Bologna 2010 [1971].

Hutchens, Benjamin, *Organized Rifts in the Social Fabric: Sartre on the Phenomenon and Praxis of Boxing*, in «Sartre Studies International», XVI (2010), n. 1, pp. 24-39.

Ignatiev, Noel, *How the Irish Became White*, Routledge, New York - London 1995.

Jacknis, Ira, *Margaret Mead and Gregory Bateson in Bali: Their Use of Photography and Film*, in «Cultural Anthropology», III (1988), n. 2, pp. 160-77.

Jackson, C. V., *The Influence of Previous Movement and Posture on Subsequent Posture*, in «Quarterly Journal of Experimental Psychology», VI (1954), n. 2, pp. 72-78.

Jäger, Jens, *A Fist on the Cover. Some Remarks on Visual Sources in Sports History*, in «Historical Social Research», XLIII (2018), n. 2, pp. 39-52.

Jobert, Timothée, *Champions noirs, racisme blanc. La métropole et les sportifs noirs en contexte colonial (1901-1944)*, Presses Universitaires de Grenoble, Grenoble 2006.

– *Les combattants «nègres» de Paris: comparaison franco-américaine de l'attitude des «blancs» à l'égard des pugilistes «noirs» durant la Belle Époque (1907-1914)*, in «Staps», LXXI (2006), n. 1, pp. 23-36.

Jullier, Laurent, *Analyser un film. De l'émotion à l'interprétation*, Flammarion, Paris 2012.

Kalinowski, Isabelle, *La mélodie du monde. Les musiques extra-européennes en Allemagne autour de 1900*, Philharmonie de Paris, Paris 2023.

Kaye, Andrew M., *«Battle Blind»: Atlanta's Taste for Black Boxing in the Early Twentieth Century*, in «Journal of Sport History», XXVIII (2001), n. 2, pp. 217-32.

Keevak, Michael, *Becoming Yellow. A Short History of Racial Thinking*, Princeton University Press, Princeton 2011.

Kessler, Klaus, Cao, Liyu, O'Shea, Kieran J. e Wang, Hongfang, *A Cross-Culture, Cross-Gender Comparison of Perspective Taking Mechanisms*, in «Proceedings of the Royal Society B: Biological Sciences», CCLXXXI (2014), n. 1785, online.

Khamassi, Mehdi e Pacherie, Elisabeth, *L'action*, in Thérèse Collins, Daniel Andler e Catherine Tallon-Baudry (a cura di), *La cognition. Du neurone à la société*, Gallimard, Paris 2018, pp. 270-313.

Klaus, Frank, *The Art of In-Fighting. A Treatise on a Too-Neglected Science*, Ewart, Seymour and Co., London 1913.

Labov, William, *The Isolation of Contextual Styles* [1966], poi in Id., *Sociolinguistic Patterns*, University of Pennsylvania Press, Philadelphia 1972, pp. 70-109.

– *The Social Stratification of (r) in New York City Department Stores* [1966], poi in Id., *Sociolinguistic Patterns*, University of Pennsylvania Press, Philadelphia 1972, pp. 43-69.

Lahire, Bernard, *Portraits sociologiques. Dispositions et variations individuelles*, Nathan, Paris 2002.

– *Dans les plis singuliers du social. Individus, institutions, socialisations*, La Découverte, Paris 2013.

– *Ceci n'est pas qu'un tableau. Essai sur l'art, la domination, la magie et le sacré*, La Découverte, Paris 2015.

Lahire, Bernard e Rosental, Claude (a cura di), *La Cognition au prisme des sciences sociales*, Éditions des archives contemporaines, Paris 2016.

Laurans, Guy, *Qu'est-ce qu'un champion? La compétition sportive en Languedoc au début du siècle*, in «Annales. Économies, Sociétés, Civilisations», XLV (1990), n. 5, pp. 1047-69.

Lave, Jean, *Cognition in Practice. Mind, Mathematics and Culture in Everyday Life*, Cambridge University Press, Cambridge 1997 [1988].

Laville, Frédéric, *La cognition située. Une nouvelle approche de la rationalité limitée*, in «Revue économique», LI (2000), n. 6, pp. 1301-31.

Lazarsfeld, Paul F. e Rosenberg, Morris, *The Study of Buying as a Paradigm for the Empirical Analysis of Action*, in Idd. (a cura di), *The Language of Social Research. A Reader in the Methodology of Social Research*, Free Press, Glencoe 1955, pp. 392-417.

Lemerle, Sébastien, *Le singe, le gène et le neurone. Du retour du biologisme en France*, Puf, Paris 2014.

Le Roy Ladurie, Emmanuel, *Montaillou. Storia di un villaggio occitanico durante l'Inquisizione*, trad. di G. Bogliolo, il Saggiatore, Milano 2019 [1975].

Lignier, Wilfried, *Prendre. Naissance d'une pratique sociale élémentaire*, Seuil, Paris 2019.

– *Histoire d'une socialisation exceptionnelle*, in «Genèses», CXXIV (2021), n. 3, pp. 143-49.

– *Les neurosciences non sociales? À propos du traitement de la socialité dans l'étude expérimentale du cerveau*, in «Actes de la recherche en sciences sociales», CCXL (2021), n. 5, pp. 78-93.

Lignier, Wilfried e Mariot, Nicolas, *Où trouver les moyens de penser? Une lecture sociologique de la psychologie culturelle*, in Bruno Ambroise e Christiane Chauviré (a cura di), *Le mental et le social*, éd. de l'Ehess, Paris 2013, pp. 191-214.

Livet, Pierre, *Qu'est-ce qu'une action?*, Vrin, Paris 2005.

Lizardo, Omar e Strand, Michael, *Skills, Toolkits, Contexts and Institutions: Clarifying the Relationship between Different Approaches to Cognition in Cultural Sociology*, in «Poetics», XXXVIII (2010), n. 2, pp. 205-28.

Loudcher, Jean-François, *La sportivisation de la boxe anglaise. Étude temporelle des combats à poings nus*, in «Science & Motricité», LXV (2008), n. 3, pp. 93-106.

– *Georges Carpentier's Training: A «Scientific Method» of Boxing?*, in Dave Day (a cura di), *Sport and Leisure on the Eve of the First World War*, Manchester Metropolitan University, Manchester 2016, pp. 207-21.

Loudcher, Jean-François e Fabian, Thomas, *The First Elite Sport Training Camp in France: Manitot (1912-1924)*, in «European Journal of Sport Science», XX (2020), n. 10, pp. 1387-94.

Malinowski, Bronisław, *The Problem of Meaning in Primitive Languages*, in Charles K. Ogden e Ivor A. Richards (a cura di), *The Meaning of Meaning. A Study of the Influence of Language upon Thought and of the Science of Symbolism*, Harcourt, Brace and Co., New York 1923, pp. 296-336.

Malle, Bertram F., *How the Mind Explains Behavior. Folk Explanations, Meaning, and Social Interaction*, The MIT Press, Cambridge (Mass.) 2004.

Malle, Bertram F., Moses, Louis J. e Baldwin, Dare A. (a cura di), *Intentions and Intentionality. Foundations of Social Cognition*, The MIT Press, Cambridge (Mass.) 2001.

Mariot, Nicolas, *Qu'est-ce qu'un «enthousiasme civique»? Sur l'historiographie des fêtes politiques en France après 1789*, in «Annales. Histoire et Sciences Sociales», LXIII (2008), n. 1, pp. 113-39.

– *La réflexivité comme second mouvement*, in «L'Homme», CCIII-CCIV (2012), n. 3, pp. 369-98.

Martin, John Levi, *Life's a Beach but You're an Ant, and Other Unwelcome News for the Sociology of Culture*, in «Poetics», XXXVIII (2010), n. 2, pp. 229-44.

Martin-Breteau, Nicolas, *Corps politiques. Le sport dans les luttes des Noirs américains pour l'égalité depuis la fin du XIXᵉ siècle*, éd. de l'Ehess, Paris 2020.

Mauss, Marcel, *Nozione di tecnica del corpo* [1936], poi in Id., *Teoria generale della magia*, trad. di F. Zannino, Einaudi, Torino 2000, pp. 385-409.

Mazouz, Sarah, *Race*, Anamosa, Paris 2020.

McQuown, Norman A., *The Natural History of an Interview*, manoscritto, The University of Chicago Library, Chicago 1971.

Merleau-Ponty, Maurice, *Fenomenologia della percezione*, trad. di A. Bonomi, il Saggiatore, Milano 1965 [1945].

– *Il linguaggio indiretto e le voci del silenzio* [1952], poi in Id., *Segni*, trad. di G. Alfieri, il Saggiatore, Milano 1967 [1960], pp. 63-115.

Moore, Louis, *I Fight for a Living. Boxing and the Battle for Black Manhood, 1880-1915*, University of Illinois Press, Urbana 2017.

Morsel, Joseph, *Les sources sont-elles «le pain de l'historien»?*, in «Hypothèses», VII (2004), n. 1, pp. 271-86.

Moulin, Raymonde e Quemin, Alain, *La certification de la valeur de l'art. Experts et expertises*, in «Annales. Économies, Sociétés, Civilisations», XLVIII (1993), n. 6, pp. 1421-45.

Nagaï, Nobuhito, *Les conseillers municipaux de Paris sous la IIIᵉ République (1871-1914)*, Publications de la Sorbonne, Paris 2002.

Natali, Carlo, *Actions et mouvements chez Aristote*, in «Philosophie», LXXIII (2002), n. 2, pp. 12-35.

Noiriel, Gérard, *Chocolat clown nègre. L'histoire oubliée du premier artiste noir de la scène française*, Bayard, Paris 2012.

Ochs, Elinor e Capps, Lisa, *Living Narrative. Creating Lives in Everyday Storytelling*, Harvard University Press, Cambridge (Mass.) 2001.

Ortner, Sherry B., *Anthropology and Social Theory. Culture, Power, and the Acting Subject*, Duke University Press, Durham 2006.

Piette, Albert, *Ethnographie de l'action. L'observation des détails*, éd. de l'Ehess, Paris 2020 [1996].

Piketty, Thomas, *Les hauts revenus en France au XXe siècle*, Grasset, Paris 2001.

Platt, Michael L. e Glimcher, Paul W., *Neural Correlates of Decision Variables in Parietal Cortex*, in «nature», CD (1999), pp. 233-38.

Proust, Marcel, *Giornate di lettura* [1905], poi in Id., *Saggi*, a cura di M. Bongiovanni Bertini e M. Piazza, il Saggiatore, Milano 2015, pp. 301-31.

Rauch, André, *Boxe, violence du xxème siècle*, Aubier, Paris 1992.

Reynaud Paligot, Carole, *La République raciale. Paradigme racial et idéologie républicaine 1860-1930*, Puf, Paris 2006.

Rivers, Christopher, *Settling Their Differences in the Ring: French Boxer Georges Carpentier's Conquest of England, 1911-1919*, in «Contemporary French Civilization», XXXVIII (2013), n. 2, pp. 155-77.

Robbins, Philip e Aydede, Murat (a cura di), *The Cambridge Handbook of Situated Cognition*, Cambridge University Press, Cambridge 2008.

Roche, David, *Quentin Tarantino. Poetics and Politics of Cinematic Metafiction*, University Press of Mississippi, Jackson 2018.

Roskies, Adina, *Neuroscientific Challenges to Free Will and Responsibility*, in «Trends in Cognitive Sciences», X (2006), n. 9, pp. 419-23.

– *How Does Neuroscience Affect Our Conception of Volition?*, in «Annual Review of Neuroscience», XXXIII (2010), pp. 109-30.

Rowlands, Mark, *Externalism. Putting Mind and World Back Together Again*, McGill - Queen's University Press, Montreal 2003.

Runstedtler, Theresa, *Jack Johnson, Rebel Sojourner. Boxing in the Shadow of the Global Color Line*, University of California Press, Berkeley 2012.

Ryle, Gilbert, *Lo spirito come comportamento*, a cura di F. Rossi-Landi, Einaudi, Torino 1955 [1949].

– *Collected Papers*, II: *Collected Essays 1929-1968*, Hutchinson, London 1971.

Sapir, Edward, *The Unconscious Patterning of Behavior in Society* [1927], poi in David. G. Mandelbaum (a cura di), *Selected Writings of Edward Sapir in Language, Culture and Personality*, University of California Press, Berkeley - Los Angeles 1963, pp. 544-59.

Sartre, Jean-Paul, *Critica della Ragione dialettica*, II: *L'intelligibilità della Storia*, a cura di F. Cambria, Marinotti, Milano 2006 [1985].

Scanlon, Bob, *The Record of a Negro Boxer*, in Nancy Cunard (a cura di), *Negro. An Anthology, 1931-1933*, Ungar Publishing, New York 1970 [1934].

Schaub, Jean-Frédéric e Sebastiani, Silvia, *Race et histoire dans les sociétés occidentales (xve-xviiie siècle)*, Albin Michel, Paris 2021.

Schegloff, Emanuel, *Sequence Organization in Interaction*, I: *A Primer in Conversation Analysis*, Cambridge University Press, Cambridge 2007.

Schotté, Manuel, *La construction du «talent». Sociologie de la domination des coureurs marocains*, Raisons d'agir, Paris 2012.

– *Le don, le génie et le talent. Critique de l'approche de Pierre-Michel Menger*, in «Genèses», XCIII (2013), n. 4, pp. 144-64.

– *Dans la course. La construction d'une hiérarchie en action*, in «Actes de la recherche en sciences sociales», CCIX (2015), n. 4, pp. 100-15.

– *L'économie de la grandeur*, in «Sensibilités. Histoire, critique & sciences sociales», I (2016), n. 1, pp. 26-37.

– *Les possibles corporels: support biologique, déterminations sociales*, in «Revue européenne des sciences sociales», LIV (2016), n. 1, pp. 201-20.

– *La Valeur du footballeur. Socio-histoire d'une production collective*, Cnrs Éditions, Paris 2022.

Schütz, Alfred, *Making Music Together. A Study in Social Relationship*, in «Social Research», XVIII (1951), n. 1, pp. 76-97.

Selling, Lowell S., *An Experimental Investigation of the Phenomenon of Postural Persistence*, in «Archives of Psychology», 1930, n. 118.

Settis, Salvatore, *La colonne Trajane: invention, composition, disposition*, in «Annales. Économies, Sociétés, Civilisations», XL (1985), n. 5, pp. 1151-94.

Shoemaker, Nancy, *How Indians Got to Be Red*, in «The American Historical Review», CII (1997), n. 3, pp. 625-44.

Small, Mario Luis e Calarco, Jessica McCrory, *Qualitative Literacy. A Guide to Evaluating Ethnographic and Interview Research*, University of California Press, Berkeley 2022.

Spivak, Gayatri Chakravorty, *The Rani of Sirmur: An Essay in Reading the Archives*, in «History and Theory», XXIV (1985), n. 3, pp. 247-72.

Stoler, Ann Laura, *Carnal Knowledge and Imperial Power. Race and the Intimate in Colonial Rule*, University of California Press, Berkeley 2002.

Strand, Michael e Lizardo, Omar, *The Hysteresis Effect: Theorizing Mismatch in Action*, in «Journal for the Theory of Social Behaviour», XLVII (2017), n. 2, pp. 164-94.

Streible, Dan, *A History of the Boxing Film, 1894-1915. Social Control and Social Reform in the Progressive Era*, in «Film History», III (1989), n. 3, pp. 235-57.

– *Fight Pictures. A History of Boxing and Early Cinema*, University of California Press, Berkeley 2008.

Sudnow, David, *Ways of the Hand. The Organization of Improvised Conduct*, Harvard University Press, Cambridge (Mass.) 1978.

Taylor, Matthew e Ville, Sylvain, *Un marché pugilistique franco-anglais. Histoire transnationale de l'organisation des spectacles de boxe à Londres et à Paris (1880-1920)*, in «Histoire Urbaine», LVII (2020), n. 1, pp. 47-66.

Thiery, Thomas, Saive, Anne-Lise, Combrisson, Étienne, Dehgan, Arthur, Bastin, Julien, Kahane, Philippe, Berthoz, Alain, Lachaux, Jean-Philippe e Jerbi, Karim, *Decoding the Neural Dynamics of Free Choice in Humans*, in «PLoS Biology», XVIII (2020), n. 12, online.

Thompson, Edward Palmer, *The Moral Economy of the English Crowd in the Eighteenth Century*, in «Past & Present», L (1971), n. 1, pp. 76-136.

Tilly, Charles, *Regimes and Repertoires*, The University of Chicago Press, Chicago 2006.

Traugott, Mark (a cura di), *Repertoires and Cycles of Collective Action*, Duke University Press, Durham 1995.

Van Maanen, John, *Tales «of the» Field. On Writing Ethnography*, The University of Chicago Press, Chicago 2011 [1988].

Veyne, Paul, *Conduites sans croyance et œuvres d'art sans spectateurs*, in «Diogène», 1988, n. 143, pp. 3-22.

– *Propagande expression roi, image idole oracle*, in «L'Homme», XXX (1990), n. 114, pp. 7-26.

Ville, Sylvain, *Donner la boxe en spectacle. Une histoire sociale des débuts de la boxe professionnelle à Paris, à la Belle Époque*, in «Actes de la recherche en sciences sociales», CCIX (2015), n. 4, pp. 10-27.

– *Georges Carpentier, naissance d'une célébrité sportive (1894-1926)*, in «Genèses», CIII (2016), n. 2, pp. 49-71.

– *Portrait des boxeurs de métier en France (1905-1914)*, in «Le Mouvement Social», CCLIV (2016), n. 1, pp. 13-29.

– *Comment se comporter dans un spectacle sportif? Le cas des spectacles de boxe au tournant du 20e siècle*, in «20 & 21. Revue d'histoire», CLIII (2022), n. 1, pp. 121-36.

– *Le théâtre de la boxe. Naissance d'un spectacle sportif (Paris-Londres, 1880-1930)*, Presses Universitaires de Rennes, Rennes 2022.

Wacquant, Loïc, *Anima e corpo. La fabbrica dei pugili nel ghetto nero americano*, trad. di I. Bussoni e S. De Petris, DeriveApprodi, Roma 2002 [2000].

Wacquant, Loïc e Vandebroeck, Dieter, *Carnal Concepts in Action: The Diagonal Sociology of Loïc Wacquant*, in «Thesis Eleven», CLXXX (2023), n. 1, pp. 111-43.

Weber, Florence, *Métier d'historien, métier d'ethnographe* [1996], poi in Id., *Manuel de l'ethnographe*, Puf, Paris 2009, pp. 48-73.

Wittgenstein, Ludwig, *Pensieri diversi*, a cura di M. Ranchetti, Adelphi, Milano 1980.

– *Grammatica filosofica*, a cura di M. Trinchero, La Nuova Italia, Scandicci 1990 [1969].

– *Ricerche filosofiche*, trad. di R. Piovesan e M. Trinchero, Einaudi, Torino 2009 [1953].

Worth, Sol e Adair, John, *Through Navajo Eyes. An Exploration in Film Communication and Anthropology*, Indiana University Press, Bloomington 1972.

Yon, Jean-Claude, *Du droit de siffler au théâtre en France au XIXe siècle*, in Philippe Bourdin, Jean-Claude Caron e Mathias Bernard (a cura di), *La Voix et le Geste. Une approche culturelle de la violence socio-politique*, Presses Universitaires Blaise-Pascal, Clermont-Ferrand 2005, pp. 321-37.

Zolesio, Emmanuelle, *La chirurgie et sa matrice de socialisation professionnelle*, in «Sociologie», III (2012), n. 4, pp. 377-94.

Indice dei nomi

Indice dei concetti

Ringraziamenti.

Un grazie sentito va a Loïc Wacquant, suo malgrado colui che ha fatto nascere molto tempo fa il desiderio di osservare piú da vicino che cosa contiene un combattimento di boxe e di approfondire le potenzialità dell'habitus, e che ha letto e sostenuto il libro in un momento in cui ero assalito dai dubbi.

I brevi «titoli» a fine volume presentano quelle e quelli che a un dato momento mi hanno aiutato nell'elaborazione di questo libro-film. A loro vanno i miei ringraziamenti. Aggiungo Antoine, Doris e Marie-Pierre, e sono contento di avere compiuto questo viaggio insieme a Chloé Pathé e alla casa editrice Anamosa. La ricchezza dell'editoria indipendente non è solo realizzare libri che abbiano una dimensione umana: è soprattutto infondere negli autori la voglia di reinventare la natura e le possibilità dei libri.

Per concludere, siccome dedicare anni della propria vita a una manciata di minuti, sempre gli stessi, può rendere difficile la convivenza, devo un grazie infinito a Victoria, che senza mai scomporsi mi ha sentito rimuginare incessantemente sulla storia del combattimento e ha fatto il possibile perché avessi il tempo e la libertà di dare una forma concreta a quanto avevo in mente. Senza di lei questo libro non ci sarebbe.

Indice

Stampato per conto della Casa editrice Einaudi
presso ELCOGRAF S.p.A. - Stabilimento di Cles (Tn)
nel mese di febbraio 2025

C.L. 26538

Ristampa — Anno

0 1 2 3 4 5 — 2025 2026 2027 2028